Wolfgang G. Esser/Susanne Kothen · Die Seele befreien

Wolfgang G. Esser/Susanne Kothen

Die Seele befreien

Spiritualität für Kinder
Ein Praxisbuch

Mit Beiträgen von

Edeltraud Rohrmoser
Markus Arenhövel
Friedhelm Munzel
Rainer Schmitt
Jürgen Müller

Kösel

Für Luca und Luis,
Julian, Simon, Kira
und die vielen anderen neuen Kinder

ISBN 3-466-36503-1
© 1998 by Kösel-Verlag GmbH & Co., München
Printed in Germany. Alle Rechte vorbehalten
Druck und Bindung: Kösel, Kempten
Umschlag: Elisabeth Petersen, München
Umschlagmotiv: © Sikora Tomek / The Image Bank-Bildagentur GmbH, München

1 2 3 4 5 · 02 01 00 99 98

Gedruckt auf umweltfreundlich hergestelltem Werkdruckpapier (säurefrei und chlorfrei gebleicht)

Inhalt

Sein Bewusstsein erweitern 149

Sein Bewusstsein vertiefen 231

Sein Bewusstsein verändern 303

Rückblick 393

Deine Seele ist ein Vogel

Deine Seele ist ein Vogel,
stutze ihm die Flügel nicht,
denn er will sich doch erheben
aus der Nacht ins Morgenlicht.

Deine Seele ist ein Vogel,
stopf nicht alles in ihn rein.
Er wird zahm und satt und träge,
stirbt den Tod am Brot allein.

Deine Seele ist ein Vogel,
und er trägt in sich ein Ziel.
Doch wird er zu oft geblendet,
weiß er nicht mehr, was er will.

Deine Seele ist ein Vogel.
Hörst du ihn vor Sehnsucht schrein,
darfst den Schrei du nicht ersticken,
bleibt er stumm, wird er zu Stein.

Deine Seele ist ein Vogel,
stutze ihm die Flügel nicht,
denn er will sich doch erheben
aus der Nacht ins Morgenlicht.

Gerhard Schöne

Vorwort

Es gibt nur zwei Dinge, die wir unseren Kindern mitgeben können:
Wurzeln und Flügel.

Nach einem chinesischen Sprichwort

Mehr als wir Erwachsene sind Kinder dem geheimnisvollen Wunder des Lebens verbunden. Zeitlich dem Anfang des Lebens sehr nahe, ist die Erinnerung an ihren Sprung ins Leben in der Kinderseele kaum verblasst. Mehr schlafend noch, mehr träumend bewahrt ihre Seele die Erinnerung an den göttlichen Ursprung ihres Lebens auf. – Wie lange noch?

Es ist ein Widerhall ihrer frühen und noch bis in die Grundschulzeit lebendigen inneren Erfahrungen, wenn Vier-, Fünfjährige jetzt in Worte zu fassen beginnen, was ihnen auf der Seele brennt: Warum lebe ich eigentlich? Wer bin ich? Warum bin ich kein anderer? Warum ist die Welt keine andere? Und warum bleibt der Gott im Himmel?

Im Kindergarten- und Grundschulalter haben Kinder noch ein großes Gespür dafür, dass ihr Auf-der-Welt-Sein nicht selbstverständlich ist. Sie bestaunen und befragen das Leben und die Welt um sich herum. Wo kommt das alles her und wo geht das alles hin? Sie wundern sich über sich selbst und bewundern alles, was sie vorfinden. Wie könnte es auch anders sein bei diesen Erdneulingen, die wir ja auch alle einmal waren? Jetzt können sie die inneren Erfahrungen ihrer Seele zur Sprache bringen, das religiöse Grundphänomen ihrer prinzipiellen, also ursprünglichen, ihrer existentiellen, also ihr ganzes Leben bewegenden Weltfremdheit. Jetzt können sie bewusst ihre angeborene Religiosität (= Zurück-Gebundenheit), ihre »allverbundene Einmaligkeit« (Thomas von Aquin), den Ursprung aller Religion entdecken.

Aber bald schon treiben ihnen die normale (auch manche so genannte, aber wenig aufgeklärte religiöse) Erziehung und Sozialisation diese religiösen Primärerfahrungen aus, welche Staunen und tiefere Einsicht, Teilnahme und Teilhabe hervorrufen. Sie treiben sie hinein in die bloß informatorische Besitzergreifung einer Oberflächenwelt der äußeren realen Fakten und Tatsachen sowie in eine Scheinwelt von Heilsversprechungen, die im Übermaß das gesellschaftliche und individuelle und auch das religiöse Leben bestimmen. Was da aber uneingestanden versteckt für die neuen Götter gehalten und angebetet wird, verschließt das Innere der Menschen, die Seele. Der schon früh »um die Erfahrungen der inneren Welt betrogene Mensch ist verstümmelt, auch in seiner interpersonellen Erfahrung und seiner Wahrnehmungsfähigkeit«[1].

Deshalb wendet sich dieses Buch an alle, die mit Kindern zwischen drei und zehn Jahren leben, ob sie sich selbst (noch) für religiös oder nicht (mehr) religiös halten. Es geht davon aus, dass Religiosität nicht zu allererst eine Sache des Bekenntnisses oder des Glaubens an bestimmte Dogmen oder kultisch-ritueller Handlungen ist, sondern eine der Erfahrung der transzendenten Innenseite unser selbst und der Welt, in der wir leben. »Erfahrung nannte man früher Seele.«[2]

Wie können wir den Kindern helfen, ihre Seele zu befreien? Wie können wir in einer nur noch von religiösen Restbeständen zehrenden Zeit und Gesellschaft den Erdneulingen helfen, ihre ursprüngliche Verbundenheit mit dem Geheimnis des Lebens, ihr neugieriges Fragen nach dem Sinn des Ganzen, ihre noch nicht überdeckte, noch nicht entfremdete Religiosität zu erhalten? Wie können wir helfen, ihre Wahrnehmungsfähigkeit und ihr Bewusstsein für die erfahrbare Innenseite ihrer selbst und ihrer Beziehung zu anderem und fremdem Leben zu schärfen und zu entfalten? Dieses nicht nur denkende, auch fühlende Bewusstsein erfordert die Erkenntnistätigkeit des Herzens, die ohne Nähe, Intimität und Innigkeit nicht möglich ist.[3]

Solche Hilfe nennen wir *ästhetisch*-religiöse Erziehung, weil sie auf der *Wahrnehmung* von elementaren religiösen Erfahrungen beruht. Es ist eine Er-ziehung »von unten« und »von innen«, Hervorziehung und Freisetzung im Kind schlummernder und aufzuweckender Kräfte und Fähigkeiten für ein tieferes und weiteres Bewusstsein, welches die Kinder auch für die Zukunft einer bewohnbaren Erde notwendig brauchen.

Die Fragen, die wir uns stellen, stellen sich auch noch oder schon wieder manche Eltern und Großeltern, Erzieherinnen und Erzieher, Lehrerinnen und Lehrer, die in ihrer eigenen Religiosität verunsichert sind, ihre angelernte Religion

---

1   Ronald D. Laing: Phänomenologie der Erfahrung, Frankfurt/M. 1970
2   Dorothee Sölle: »Erfahrung nannte man früher Seele«, in: Die Hinreise. Zur religiösen Erfahrung, Stuttgart ²1976, 45
3   Vgl. Annette Ayasse: Leben ist Leidenschaft. Auf den Spuren des Glücks, München 1996, 74

einerseits den Kindern nicht überstülpen möchten, sie andererseits auch nicht ohne jeglichen Lebensglauben aufwachsen lassen wollen.

Ist ihre Befürchtung falsch, dass in einer nur an Profit und Konsum, an Leistung und Amusement orientierten, der Natur und der Tradition entfremdeten Gesellschaft die Kinder ohne den Halt eines solchen Lebensglaubens der Gefahr ausgesetzt sind, ihr Sinnbewusstsein erschreckend einzuengen, das über das Dahinleben im Alltag nicht hinauskommt, die weiterreichenden Bedürfnisse ihrer Seele unterdrückt und die Ehrfurcht vor dem eigenen und fremden Leben verkümmern lässt?

Wenn wir mehr für unsere Kinder wollen, als dass sie ihr Leben über die Runden bringen und einen Platz in der Gesellschaft finden, an dem sie bloß überleben können; vielmehr ihnen ein frohes, glückliches und sinnerfülltes Leben wünschen, dann müssen wir dafür auch sorgen und können nicht die Hände in den Schoß legen.

Dieses Buch lädt zu einer spirituellen Entdeckungsreise mit Kindern ein und will praktische Anregungen zu einer ästhetisch-religiösen Entfaltung und Erziehung geben. Die darin vorgestellten Elemente sollten nicht – wie oft in der Praxis – isoliert verwendet werden. Erst im Zusammenspiel können diese elementaren Selbstwahrnehmungs- und Bewusstwerdungsübungen der Kinderseele ein wenig beistehen. Ihre Wirkung bleibt – wie die Seele – unsichtbar. Es sei denn, wir sehen unsere Kinder weniger ich-zentriert, mehr selbst-bewusst, mit ein wenig mehr Wachsein und Freude am Lebendigsein, voll Staunen und Dankbarkeit, mit Vertrauen und Mut zum Leben, mit einigen Graden mehr Hoffnung, Liebe und Verantwortung heranwachsen, getragen von einem tiefen seelischen Grund, um dafür frei zu sein, was sie ursprünglich und im Innersten sind: »Kind« und »Bild Gottes«.

Warum spirituelle Entdeckungen mit Kindern? Dieser Frage gehen wir zum Schluss des Buchs noch einmal in einem Rückblick auf die verschiedenen Elemente in ihrem Zusammenhang nach.

Anja und Markus danken wir ganz herzlich für die mühevolle Arbeit, das Manuskript zu schreiben, Hanna für die liebevoll gezeichneten Yoga-Asanas und Adam für die Computer-Grafiken.

Danken möchten wir auch Edeltraud Rohrmoser, Professor Rainer Schmitt, Dr. Friedhelm Munzel, Jürgen Müller und Markus Arenhövel, dass sie unseren Wunsch zur Mitarbeit mit ihrem Beitrag erfüllt haben.

Wir beide fanden es schön, zusammen ein Buch zu schreiben.

Tief, tief in uns wohnt die Seele.
Noch niemand hat sie gesehen,
aber jeder weiß, dass es sie gibt.
Und jeder weiß auch, was in ihr ist.

Und noch nie,
noch kein einziges Mal,
wurde ein Mensch ohne Seele geboren.
Denn die Seele schlüpft in uns,
wenn wir geboren werden,
und sie verlässt uns nie,
keine Sekunde,
solange wir leben.
So, wie wir auch nicht aufhören zu atmen,
von unserer Geburt bis zu unserem Tod ...

In der Seele,
in ihrer Mitte,
steht ein Vogel ...
Der Seelenvogel ...

Manche Leute hören den Seelenvogel oft,
manche hören ihn selten.
Und manche hören ihn
nur einmal in ihrem Leben.
Deshalb ist es gut, wenn wir
auf den Seelenvogel horchen,
der tief, tief in uns ist.
Vielleicht spät abends,
wenn alles still ist.

Michal Snunit

Sich selbst kennen lernen

1 Sich selbst kennen lernen durch Körpererleben

Tu deinem Körper Gutes,
damit deine Seele Lust hat,
darin zu wohnen.

Teresa von Avila

Jakob öffnet die Tür, und wir betreten gemeinsam den großen weitläufigen Flur des Kindergartens. Für mich ist es kein gewöhnlicher Morgen; denn ich bringe Jakob nur diese Woche zum Kindergarten. Für ihn aber ist es ein Tag wie jeder andere. Wir sind nicht die Ersten. Eine ganze Reihe von Kindern bewegt sich bereits wildvergnügt und ausgelassen im Raum umher. Einige Kinder klettern auf Leitern und Stangen zur Spielplattform hinauf, um gleich darauf auf der anderen Seite wieder hinunterzurutschen. Sie haben sichtlichen Spaß daran, die Rutschbahn auf unterschiedliche Art und Weise zu erproben; mal sitzend, mal liegend oder mit dem Kopf voran sehe ich die Kinder lachend hinunterflitzen.

Ein paar Schritte weiter kann ich durch die offene Tür der Gymnastikhalle beobachten, wie einige Kinder geschwind ihre Schuhe ausziehen und sich auf die dicke Matte stürzen und sie im Nu »erobern« und sich darauf austoben. Mit welcher Lebensfreude sie sich doch diesem Spielen hingeben können!

Wenige Minuten später stehe ich in meiner Klasse. Während ich die Stühle von den Tischen nehme und die Spielgeräte ordne, sind meine Gedanken bereits bei meinen Schülerinnen und Schülern.[1]

David (sieben Jahre) mit seinem großen Bewegungsdrang wird gleich wieder ein Spielgerät suchen, um darauf zu hüpfen, zu turnen, zu schaukeln oder zu klettern. Neugierig und mutig probiert er immer wieder neue Bewegungs- und Spielmöglichkeiten aus. Ich muss immer noch an die Situation vor etwa zwei Wochen denken, als er – der noch nicht alleine laufen kann – plötzlich ohne Hilfestellung seine ersten Schritte lief. Mit welch freudigem Gesichtsausdruck und mit welchem Stolz er den langen Flur der Schule entlanglief und wir ihm ansehen

---

1   Die Schülerinnen und Schüler meiner Klasse sind sehgeschädigt (blind oder sehbehindert) und geistig behindert (mit unterschiedlicher Entwicklungsverzögerung), einige sind darüber hinaus körperbehindert, sprachbehindert und hörgeschädigt.

konnten, wie er dieses Können selber erlebte und bestaunte! Immer wieder wollte er es in den nächsten Tagen zeigen, dass er laufen gelernt hatte, und es allen erzählen mit den aufgeregten Worten: »David laufen; David, David laufen!«

Ich denke aber auch an Tobit (sechs Jahre), der gerade seinen Körper immer mehr entdeckt. Sein erst abwehrendes, doch dann plötzlich freudig lachendes Überraschtsein darüber, dass es seine eigenen Füße sind, die er da selber kitzelt. Wie kann ich eigentlich von ihm erwarten, dass er selbständig Schritte geht (außer an meiner Hand), wenn er noch gar nicht weiß und er noch gar nicht sicher sein kann, dass es seine eigenen Füße sind, die ihn tragen, dass er es selber ist, der da laufen kann?

Was haben diese wenigen Gedanken und Situationsbeschreibungen nun mit dem Thema dieses Kapitels zu tun?

1. Viele Erwachsene drohen in einer Gesellschaft, die den menschlichen Körper immer mehr zu einer bloßen Maschine instrumentalisiert, welche auf eine bestimmte Art und Weise zu funktionieren und vorgegebenen Normen zu entsprechen hat, in eine immer größere Kluft zwischen Körper und Geist, zwischen Gefühl und Verstand hineinzugeraten. Ausschließlich alles naturwissenschaftlich Beweisbare und verstandesmäßig Nachvollziehbare wird als Entscheidungs- und Handlungsmaxime akzeptiert und toleriert. Auf der Grundlage dieses Menschenbildes müssen sich Menschen heute immer mehr als sich freuende, als trauernde, liebende, geliebte, enttäuschte, fühlende und erlebende Personen in Frage gestellt sehen; denn sie scheinen dann nicht mehr als nur außengesteuerte und fremdbestimmte Marionetten zu sein, die den Bedürfnissen und Wünschen einer Welt zu gehorchen haben, die den Raum für die Entwicklung eines eigenen Lebenssinns immer mehr einengt.

2. Wenn wir hier von »Sich selbst kennen lernen durch Körpererleben« sprechen, verstehen wir darunter, sich selbst in seiner Ganzheit und Einheit von Körper, Geist und Seele zu erleben – in Ruhe und Entspannung, bei Berührung und in Bewegung.

Das ist es, was unsere Kinder uns in Kindergarten, Schule und zu Hause lehren können, uns wieder mehr selbst wahrzunehmen – in Einheit und Ganzheit des eigenen Menschseins.

Die eingangs beschriebenen Situationen erzählen uns von Kindern, die (noch) keinen Unterschied zwischen Körper, Geist und Seele zu machen scheinen. Ihre Phantasie und Spiellust, ihre Experimentierfreude und ihr Überrascht-sein-Können über ihre eigene Körperlichkeit scheinen in ihrer Ursprünglichkeit noch nicht eingeschränkt, begrenzt und verletzt worden zu sein. Ihr Handeln, Denken und Fühlen geschieht im Einklang mit ihrem Körper. Dagegen treffen wir unter Erwachsenen und zunehmend auch unter Kindern solche, die in ihrem

Körper »nur einen mehr oder weniger gut funktionierenden Untersatz zur Versorgung und Bewegung ihres Gehirns«[2] sehen. Dieser »Untersatz« wird nur dann wahrgenommen, wenn er nicht so funktioniert, wie man es möchte. Die körpereigenen Bedürfnisse nach Bewegung, Berührung und Entspannung werden nur selten wahrgenommen oder befriedigt.

Eltern scheuen heute häufig keine Mühen und finanziellen Mittel, die besonderen Fähigkeiten ihrer Kinder auszubilden (oder ausbilden zu lassen). Sie melden sie in großer Zahl in Sport-, Musik- und Tanzgruppen an. Gemeinsam mit Lehrern und Erziehern fördern sie die intellektuellen Fähigkeiten ihrer Kinder bis an deren Leistungsgrenzen (und manchmal auch darüber hinaus). Alle diese geistigen, seelischen und körperlichen Fähigkeiten entfalten sich aber nur durch eine Vielzahl und Unterschiedlichkeit an Erfahrungen und Erlebnissen. Leider wird dabei nicht selten der Körper und alles Körperliche in seiner Bedeutsamkeit und Wesentlichkeit für ganzheitliche Entfaltung des Menschen in den Hintergrund gedrängt oder gar vergessen. Nur das Kennenlernen und Berücksichtigen seiner Bedürfnisse und die Entwicklung seiner Empfindungsfähigkeit führen letztlich auch zu einer stabilen Persönlichkeit.

Eine bewusste Rückbesinnung auf die unserem Wesen eigene Körperlichkeit kann uns dazu verhelfen, uns wieder mehr ganz, eins und heil in einer zerissenen, verletzten und oft schon zerstörten Welt zu fühlen – und das mit unseren Kindern. Vielleicht ist es so möglich, dass Kinder ohne die innere Zerissenheit von Körper und Geist groß werden?

3. »Tu deinem Körper Gutes, damit deine Seele Lust hat, darin zu wohnen.« Dieses Wort der spanischen Mystikerin Teresa von Avila bringt die Wechselbeziehung von Körper und Seele treffend zum Ausdruck.

Körpererleben hat für uns eine doppelte Bedeutung. Wir leben in unserem Körper und wir erleben gleichzeitig mit unserem Körper. Denken, Fühlen und Handeln stehen damit in engem Zusammenhang. In Stresssituationen z.B. reagieren wir mit Verspannungen, die uns unbeweglich machen für weiteres Handeln. Sie machen uns handlungsunfähig.

Auch unsere geistige Fähigkeit, etwas zu be-greifen ist körpergebunden. Das Be-greifen hat seine Wurzeln im Greifen. Das ist uns heute nicht immer bewusst, und diese Verbindung fällt auch nicht unmittelbar ins Auge. Mir ist das erst deutlich geworden im Zusammensein mit meinen blinden Schülerinnen und Schülern, die kaum begreifen können, ohne zu greifen. »Greife und du kannst begreifen.«[3]

---

2 Franz Mittermair: Körpererfahrung und Körperkontakt. Spiele, Übungen und Experimente für Gruppen, Einzelne und Paare, München [3]1996, 11
3 Lilli Nielsen: Greife und du kannst begreifen, Würzburg [2]1995

Manchmal fühlen wir uns »nicht wohl in unserer Haut« oder könnten »aus der Haut fahren«. Dann werden wir uns bewusst, wie sehr wir mit unserem Körper verbunden sind und in ihm leben. Wir könnten auch sagen, er ist für uns gleichsam ein »Körperhaus«. Haben wir dieses Haus gut gebaut und halten es in Ordnung? Sowohl für uns als auch für unsere Kinder? Wie geborgen und sicher wir uns darin fühlen, ist entscheidend davon abhängig, in welcher Weise wir unseren Körper in den ersten Lebensmonaten und Lebensjahren erleben konnten und welche Erlebnisqualitäten wir ihm unser ganzes Leben lang zugestehen. Mit dem Wort Teresas von Avila sehen wir das Anliegen dieses Kapitels und der nachfolgenden Übungen darin: unserem Körper Gutes tun und so die Grenzen unseres Körpers ausweiten, um die Möglichkeiten unseres Geistes zu erweitern und unsere Seele aus ihren (engen) Grenzen zu befreien; denn die Grenzen des Körpers bilden auch die Grenzen der Seele (* Kap. 13).

Berührung und Körpererleben

Berührung ist die lebenswichtigste Sinneswahrnehmung unseres Körpers. Sie ermöglicht die unmittelbarste Erfahrung von Nähe, Zuneigung und Liebe, von Mit- und Umwelt.

Unsere gesamte Entwicklung hängt vom ersten Tag unseres Lebens davon ab, wie wir berührt werden und wie wir selbst andere berühren können. Klaus W. Vopel spricht in diesem Zusammenhang von einer spezifischen Berührungskultur in jeder Familie, »die für unser weiteres Schicksal von großer Tragweite ist«[4]. Über Berührungen lernen der Säugling und das Kleinkind langsam sich ihrer selbst bewusst zu werden. Das Berührungsempfinden ist über die gesamte Hautoberfläche ausgebreitet; ohne dieses Empfinden, ohne den haptischen Sinn wäre ein Mensch nicht lebensfähig. Dennoch nehmen wir unsere Haut als größtes menschliches Organ kaum wahr oder als selbstverständlich hin.

> Die Berührung ist die Wurzel.
> Und so sollten wir mit ihr auch umgehen.
> Wir müssen unsere Babys so nähren,
> dass sie wirklich satt werden,
> innen wie außen.
> Wir müssen zu ihrer Haut sprechen
> und zu ihrem Rücken,

---

4   Klaus W. Vopel: Kinder ohne Stress. Band 4: Zauberhände, Salzhausen 1994, 17

denn die hungern und dürsten und schreien
genauso wie ihr Bauch.
Wir müssen sie mit Wärme und Zärtlichkeit
genug und übergenug füttern.
Denn das brauchen sie,
so sehr wie Milch.
Berührt, gestreichelt und massiert werden,
das ist Nahrung für das Kind.
Nahrung, die genauso wichtig ist
wie Mineralien, Vitamine und Proteine.
Nahrung, die Liebe ist.
Wenn ein Kind sie entbehren muss,
will es lieber sterben.
Und nicht selten
stirbt es wirklich.«[5]

Es ist aber nicht nur der Säugling, der Berührungen braucht, um sich gesund und glücklich entwickeln zu können. Zärtlichkeiten, Körperkontakt und Berührungen zählen zu den Grundbedürfnissen jedes Menschen, und besonders Kinder sehnen sich nach Nähe, Streicheleinheiten und einer liebevollen Umarmung. Sie sind diesen ursprünglichen Bedürfnissen noch viel näher als jene Erwachsenen, denen sie durch gesellschaftliche Gepflogenheiten und Verhaltensnormen »abgewöhnt« wurden.

Die Bedeutung der Berührung im menschlichen Erleben spiegelt sich in zahlreichen alltäglichen Redewendungen. Ein tiefes Gefühl »rührt« uns »an«. Wir erleben Ereignisse und Empfindungen als »rührend«. Unvorhergesehene Schreckensnachrichten »berühren« uns tief.

Die Intention der folgenden Berührungsübungen kann mit Ashley Montagu zusammengefasst werden: »Taktile Berührungen werden der Bedeutung entsprechend, die ihnen die Erfahrung verlieh, zu Wahrnehmungen. Wenn durch die Berührung Zuneigung und Verbundenheit vermittelt werden, ist es sowohl dieser Sinn, den sie besitzen, als auch das Gefühl der Sicherheit und Befriedigung, mit dem das Kind sie assoziiert. Ungenügendes taktiles Erleben führt zu einem Mangel an solchen Assoziationen und infolgedessen zu einem Unvermögen, mit anderen Menschen Verbindung zu finden. Deshalb ist die Berührung von so großer Bedeutung für den Menschen.«[6]

---

5   Frédérick Leboyer: Sanfte Hände – Die traditionelle Kunst der indischen Baby-Massage, München [16]1997, S. 16 f.

6   Ashley Montagu: Körperkontakt. Die Bedeutung der Haut für die Entwicklung des Menschen, Stuttgart [9]1997, 222

Innerhalb der Familie sollte dem Bedürfnis des Kindes (auch der Erwachsenen) nach Nähe und Berührung immer nachgegeben werden. Auch Schulkinder sehnen sich nach einer liebevollen Umarmung und einem tröstenden Streicheln. In Kindergarten und Schule ist es ebenso.

Kinder mögen es oft sehr, wenn man ihnen den Rücken massiert. Dabei können sie ganz ruhig einfach nur daliegen oder aber auch ihre Sorgen loswerden. Das geht oft leichter, wenn solch ein massierender Körperkontakt besteht.

In Schule und Kindergarten, wo Berührung oft nur mit Aggression und Gewalt vorkommt, was mitunter auch einen versteckten Wunsch nach Körperkontakt beinhaltet, können kleine Spiele und Übungen in den Alltag eingebaut werden. Dabei dürfen wir Kinder jedoch niemals zur Teilnahme zwingen. Wir können sie nur motivieren und ihnen die Möglichkeit zum Zuschauen geben, in der Hoffnung, dass sie sich dadurch ermutigen lassen.

An dieser Stelle sollen einige Übungen vorgestellt werden. Eine große Anzahl davon findet sich in der am Kapitelende angegebenen Literatur.

1. Abbau von Berührungshemmungen

★ Die Kinder sitzen im Stuhlkreis. Die Hände liegen ruhig auf den Oberschenkeln. Die Beine stehen gerade nebeneinander. Für die Übung wird eine geeignete Musik bereitgehalten. Folgender Text wird langsam und leise gesprochen:

Deine Hände machen jetzt gleich eine kleine Reise. Schließe die Augen, wenn du möchtest. Deine Hände beginnen zu reisen. Sie reisen zu den Knien. Sie spüren die runde Fläche auf dem Knie. Die Hände reisen weiter über das Bein nach unten. Sie kommen an den Knöcheln an und machen auf den Füßen eine Pause. Gefällt es den Händen hier? Die Hände reisen wieder weiter. Sie reisen auf der anderen Seite des Beins nach oben. Sie reisen wieder über das Knie und die Oberschenkel. Sie reisen weiter bis zum Bauch. Dort drehen die Hände eine Runde. Gefällt das deiner Hand? Dann drehe noch eine Runde. Die Hände reisen hoch hinauf zum Hals. Sie kommen im Gesicht an. Da gibt es viel zu fühlen.

Der Mund. Wie fühlt er sich an? Die Nase. Gefällt sie dir? Die Augen. Sind sie offen? Und weiter hinter die Ohren. Da sind auch noch Haare. Wie fühlen sie sich an? Du kannst nun mit deinen Händen noch ein bisschen weiterreisen. Mache es so, wie du es möchtest. Die Musik zeigt dir, wann die kleine Reise langsam zu Ende geht.

(Musik wird zu Beginn der Reise eingeblendet und langsam leiser gedreht, um die Bereitschaft zum Ende der Reise zu signalisieren.)

2. Berührungskontakt zu einem Partner

★ Die Kinder sitzen in einem Kreis hintereinander. Die Hände liegen auf den Schultern des rechten Kreisnachbarn. Der folgende Text wird ruhig und langsam gesprochen:

Stellt euch vor, ihr habt Zauberhände. Wenn ihr gleich die Schultern und den Nacken eures Kreisnachbarn sanft knetet, dann ist es möglich, dass ihr ihm vielleicht so gut tut, dass er sich ganz wohlfühlt. Massiert die Schultern so schön, dass es eurem Nachbarn richtig gut tut. Und wenn ihr bemerkt, wie angenehm eure eigenen Schultern verwöhnt werden, könnt ihr auch die Zauberhände hinter euch spüren. Vielleicht spürt ihr, wie es euch jetzt immer wohler wird und ganz, ganz gut geht. Und wenn ihr wollt, schließt die Augen.[7]

(Zum Abschluss kann eine kleine Musik eingeblendet werden; so merken die Kinder, dass sie noch weitermachen dürfen.)

3. Wettermassage

★ Je ein Kind liegt auf dem Bauch auf einer weichen Unterlage (z.B. auch auf der Wiese). Sechs Kinder knien rund um das Kind herum und machen die entsprechenden Handbewegungen.
Der folgende Text wird langsam und leise erzählt:

Stell dir vor, du liegst an einem Sommertag auf einer schönen Wiese.

Die Sonnenstrahlen scheinen ganz warm auf deinen Körper.	Handinnenflächen drücken leicht auf alle Körperteile, wechseln auch mal die Stelle.
Es kommt ein leichter Wind auf.	Handinnenflächen bewegen sich im Abstand von wenigen Zentimetern über die Körperoberfläche.
Langsam und leise beginnen erst kleine Regentröpfchen auf dich zu fallen.	Die Fingerspitzen »tanzen« einzeln und leicht über den ganzen Körper.
Der Regen wird stärker.	Die Fingerspitzen drücken etwas fester und schneller auf einzelne Körperteile.
Nun hagelt es richtig dicke Körner.	Die Hand wird zur Faust geballt, und die Knöchel »prasseln« auf den Körper.
Auch der Wind wird immer stärker und zu einem richtigen Sturm.	Der Körper des Kindes wird hin- und hergeschüttelt.
Langsam wird der Sturm schwächer	Die Hände streichen fest vom Kopf zu den Füßen.
und die Sonne beginnt wieder zu scheinen.	Wie oben.

---

7   Nach einer Idee von Klaus W. Vopel: Zauberhände, a.a.O., 52

20

4. Sensibilisierung für taktile Wahrnehmung

★ Ein Kind malt oder schreibt auf dem Rücken des anderen Kindes etwas, und dieses muss es erraten.

★ Wir streicheln oder massieren einzelne, vorher festgelegte Körperteile, z.B. das Gesicht, die Hände, die Füße oder den Rücken. Das können wir ganz sachte mit unseren Fingerspitzen machen. Zur Abwechslung benutzen wir auch mal eine Feder, ein kleines Stück Fell, Wolle oder ein feines Stück Schmirgelpapier.

★ Wenn wir in Schule oder Kindergarten eine Weile sehr angestrengt gearbeitet haben, gönnen wir uns eine Pause. Wir suchen uns einen Partner und massieren uns Nacken und Schultern, evtl. auch die Arme bis hinunter zum Handteller und zu den Fingerspitzen.

★ Berührungshemmungen können außerdem abgebaut und Körpererleben erweitert werden, wenn wir die Umgebung so gestalten, dass Räume für Berührungserfahrungen zur Verfügung stehen, an denen Kinder Nähe zu Freunden als schön und erlaubt erfahren. Z.B. kann mit wenig Aufwand eine Kuschelecke eingerichtet werden, in der man sich zusammen Bücher o.a. anschauen kann. Dazu reichen ein altes Sofa oder ein Teppich mit ausrangierten Matratzenteilen oder einige große Kissen, die die Kinder vielleicht auch selber mitbringen können.

★ Vorschulkinder bauen sich auch gerne eine Höhle. Oft reichen dafür nur ein paar Decken und Wäscheklammern.

★ Zahlreiche Lieder laden ebenfalls dazu ein, sich gegenseitig zu berühren und in taktilen Kontakt zu treten.

Ich hab' eine Hand

1. Ich hab' ei - ne Hand! Du hast ei - ne Hand!
Sind wir uns schon gut be - kannt? Die er - zählt von mir!
Die er - zählt von dir! Und zu - sam - men sin - gen wir!

T: 1. Strophe: Wolfgang Longardt/2. Strophe: geändert
M: nach einem Gospelsong
(c) Verlag Ernst Kaufmann, Lahr

2./: Du ich spüre dich!
Und du spürst auch mich!
Allein zu sein wär' fürchterlich! :/

Körperbild und Körpererleben

Die Entwicklung eines positiven Körperbildes bildet die Grundlage für ein gesundes Selbstbewusstsein.

Das intensive und differenzierte Empfinden des eigenen Körpers als Ganzheit in Wechselwirkung mit der Seele ermöglicht es jedem, den eigenen Körper als Ort des Bei-sich-selbst-Seins zu erleben.

Die Entwicklung eines positiven Körperbildes wird durch soziale und kulturelle Einflüsse oft nachhaltig gestört.

Erwachsene, die sich in ihrer Kindheit z.B. stets unterordnen mussten, werden sich immer als »klein« erleben, und es ist zu beobachten, dass sie häufig ihren Kopf zwischen den Schultern herunterziehen, egal wie groß sie nun wirklich sind.

Kinder, die ihre Füße bewusst erleben lernen und erfahren »meine Füße tragen mich«, »auf meinen Füßen kann ich stehen«, werden es auch leichter haben, Ereignisse und Anfechtungen zu »ertragen« und »durchzustehen« und ein Standbein in der Gesellschaft zu bekommen. (★ Kap. 7, S. 139 ff.)

Die folgenden Übungen wollen dazu anregen, ein inneres Körperbild zu entwickeln, mit dem sich unsere Kinder immer besser kennen lernen, um so schrittweise selbst-bewusster zu werden.

★ Kinder betrachten gerne Fotos von sich und von anderen Kindern, auch aus Zeiten, in denen sie noch jünger und viel kleiner waren. Das kann für uns Anlass sein, diese Fotos zu sammeln und jedem Kind die Möglichkeit zu geben, eine DIN A 3 Tonpappe zu gestalten mit dem Titel »Das bin ich«. Anschließend hängen wir alle gestalteten Tonpappen zu einer großen Fotowand zusammen.

★ Um alle einzelnen Körperteile begrifflich kennen zu lernen, eignet sich folgendes Lied:

Ich habe einen Kopf

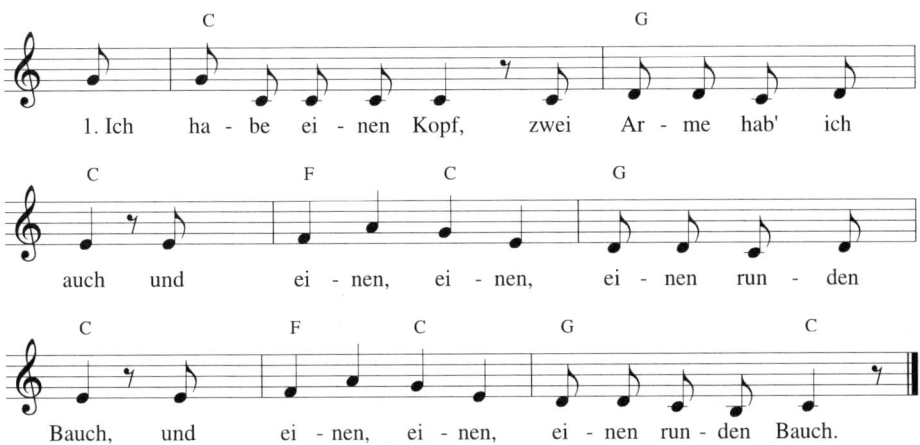

1. Ich ha - be ei - nen Kopf, zwei Ar - me hab' ich auch und ei - nen, ei - nen, ei - nen run - den Bauch, und ei - nen, ei - nen, ei - nen run - den Bauch.

T: Rolf Krenzer
M: Ludger Edelkötter
Aus: Hast Du etwas Zeit für mich
Alle Rechte Impulse Musikverlag Ludger Edelkötter, 48317 Drensteinfurt

2. Ich habe einen Kopf,
   zwei Beine hab' ich auch.
   Und einen, einen,
   einen runden Bauch

3. Die Augen, die sind hier
   Der Mund, mit dem man spricht.
   Die Nase, Nase
   ist mitten im Gesicht.

4. Ich hab' ja so viel Haar.
   Und Füße, um zu stehn.
   Und Muskeln, Muskeln
   das kann ein jeder sehn.

5. Zehn Finger hab' ich hier
   Zehn Zehen wackeln froh
   Und hinten,
   da hab ich noch den Po.

6. Die Beine, um zu gehen.
   Die Ohren, die sind hier.
   Jetzt weißt du,
   weißt du viel von mir.

7. Wir haben einen Kopf,
   und in dem Kopf Verstand.
   Und denken, denken
   uns so allerhand.

8. Ja, alles, was ich hab',
   das hast du ebenso.
   Drum tanzen, tanzen,
   tanzen wir so froh.

Die einzelnen Körperteile werden beim Singen des Liedes bewegt.

★ An dieser Stelle würde sich auch sehr schön die Übung zum Abbau von Berührungshemmungen eignen. (* S. 19)

★ Wir können dann die Aufmerksamkeit der Kinder auf einzelne Körperteile lenken; z.B. gestalten wir eine Gemeinschaftscollage mit unseren Hand- und Fußabdrücken. (Am besten eignet sich hierfür hinsichtlich ihrer Verträglichkeit geprüfte Fingerfarbe.) Größere Kinder können ihre Hand- und Fußabdrücke zunächst auf ein eigenes Blatt bringen und dann ausschneiden und aufkleben. Wir sprechen in diesem Zusammenhang auch über unsere Finger und Zehen.

★ Die Erfahrungen mit unseren Händen und Füßen vertiefen wir durch Übungen, bei denen die einzelnen Körperteile bewegt werden. (* S.25 ff.)

★ Füße und Hände können wir auch in Salzteig oder Gips abdrücken.

★ Wer möchte, kann auch versuchen, sie zu modellieren – z.B. mit selbsttrocknender Tonmasse (Hobby- und Heimwerkermärkte oder gut sortierte Spielwarenläden führen diese).

★ Den Kopf können wir ein wenig besser kennen lernen, indem wir z.B. eine Gipsmaske von unserem Gesicht abnehmen. (Wer möchte, kann sie auch noch bemalen und Haare ankleben.)

★ Kinder, denen das Abnehmen einer Gipsmaske unangenehm ist, dürfen sich einmal mit viel bunter Karnevalsschminke das Gesicht »verschönern« und den anderen vorstellen.

★ Wir sprechen dann über unsere Sinnesorgane – die Augen, die Ohren, die Nase und den Mund. (Da dürfen wir dann auch einmal die Zunge ausstrecken – na, wer kommt denn an die Nasenspitze?) (* S. 34 ff.)

★ Sind uns die Körperteile schon gut bekannt, können wir ein Spiel machen. Eltern, Erzieher oder Lehrer nennen nacheinander die Körperteile, und die Kinder zeigen sie jeweils. Erst wird ganz langsam gespielt, nachher werden die Körperteile immer schneller genannt und müssen immer schneller gezeigt werden.

★ Verschiedene Körperteile »erzählen« aus ihrer Sicht, was sie heute schon getan haben, z.B.:
Füße: »Wir sind schon zur Schule gelaufen.«
Kopf: »Ich habe bei der Mathematikarbeit schon viel gerechnet.«
»Ich habe schon ein ganzes Legohaus ausgedacht.«
Hände: »Wir haben heute Morgen schon ein Butterbrot geschmiert.«
Bauch: »Ich habe schon ordentlich geknurrt, weil ich Hunger hatte.«

★ Wir träumen einmal, was unsere Körperteile am liebsten mögen. Dazu malen wir ein Bild.

★ Mit älteren Kindern kann man in diesem Zusammenhang auch einmal hinterfragen, wie es kommt, dass wir so vieles mit unserem Körper schaffen können. Wir fühlen dann einmal unsere Gelenke und Muskeln, Knochen, Sehnen und Nägel.

Bewegung und Körpererleben

Die veränderte Kindheit in unserer Zeit hat zu einer Verarmung des Körpererlebens geführt. Zum einen favorisiert unsere Gesellschaft kognitive Leistungen gegenüber praktisch erlebbaren Körpererfahrungen; das kindliche Spiel ist zunehmend bestimmt von einem computer- und /oder mediengesteuerten Umfeld. Zum anderen finden Bewegungsspiele häufig nur noch in eigens dafür vorgesehenen Räumlichkeiten und Vereinen statt, oft zum Zweck einer reinen Leistungsförderung und Technikverbesserung. Orte für freie und weitläufige Bewegungserfahrungen sind besonders in städtischen Ballungsgebieten rar.

Unsere Selbstwahrnehmung hängt ganz entscheidend von der Wahrnehmung unseres Körpers ab. Muskeln, Gelenke, Blutdruck und Atem nehmen wir wahr, wenn wir uns bewegen, ebenso einzelne Körperteile. Wir lernen unseren Körper zu beherrschen, indem wir mit ihm üben und spielen. Unsere Bewegungen können entspannter, aber auch angespannter Art sein; manchmal strengen wir uns an, und manchmal sind wir ganz locker; wir können uns ruckartig, aber auch leicht und fließend bewegen.

Kinder können sich nur dann als Subjekt ihres eigenen Lebens entwickeln und lernen ihr eigenes Leben selbstbestimmt zu entfalten, wenn sie ihren Körper bewusst wahrnehmen, kennen lernen und beherrschen. Das ist die Voraussetzung dafür, auch die Mit- und Umwelt wahrzunehmen und zu gestalten.

Die folgenden Übungen wollen Beispiele dafür sein, wie wir mit unseren Kindern beginnen können, uns selbst in Bewegungsspielen mehr wahrzunehmen und kennen zu lernen; denn »die Kraft und Energie, die in Körperhaltungen gebunden oder vergeudet wird, ... beeinflusst nicht nur die Qualität unserer körperlichen Bewegungen, sondern auch unsere geistige Beweglichkeit und unsere Gemütsbewegungen«[8]. Wenn wir erst zu spielen beginnen, können wir ganz sicher eine Menge Lebensfreude und Lebenslust erleben.

★ Wir beginnen mit einem Bewegungslied:

---

8   Helmut Milz: Der wieder entdeckte Körper. Vom schöpferischen Umgang mit sich selbst, München 1992, 14

Sich bewegen und sich regen

1. Heu - te möch - te ich gern tur - nen. Da - zu fällt mir
Dre - he mich und schwing' die Ar - me, reck' mich hoch, mach'

Refrain

vie - les ein. Sich be - we - gen und sich re - gen!
mich ganz klein.

Nicht nur sit - zen Stund um Stund! Sich be - we - gen

und sich re - gen! Macht so froh und ist ge - sund!

T: Lore Kleikamp
M: Anke und Detlev Jöcker
Aus Buch, CD und MC: Mile male mule, ich gehe in die Schule
Alle Rechte im Menschenkinder Verlag, Münster

2. Darum will ich heute springen,
leicht und hoch, so gut ich kann,
vor, zurück und auch zur Seite
dreh im Springen mich sodann.

   Refrain:
   Sich bewegen und sich regen!
   Nicht nur sitzen Stund um Stund!
   Sich bewegen und sich regen
   Macht so froh und ist gesund.

3. Darum will ich heute tanzen,
will nicht sitzen steif und stumm.
Schwing die Beine, wieg und dreh mich
hin und her und rundherum.

   Refrain:
   Sich bewegen und sich regen ...

4. Darum will ich heute boxen,
einfach in die Luft hinein.
Brauche dazu keinen andern.
Boxe für mich ganz allein.

   Refrain:
   Sich bewegen und sich regen ...

5. Darum will ich heute radfahr'n,
ohne Fahrrad, kann's auch so.
Heb die Füße, dreh die Kreise,
sitz gemütlich auf dem Po.

   Refrain:
   Sich bewegen und sich regen ...

(Weitere Spiel- und Bewegungslieder in der Literaturliste)

* »Was meine Hände (Füße, Rumpf, Kopf) alles können«:
  Wir setzen uns im Kreis auf den Boden, und je ein Kind macht eine Bewegung mit den Händen (Füßen, Rumpf, Kopf) vor. Alle anderen machen die Bewegung nach.

* »Wer hat Angst vorm schwarzen Mann«?
  An einer Seite des Raumes steht der »schwarze Mann«; an der gegenüberliegenden Seite alle anderen Kinder.
  Der schwarze Mann ruft: »Wer hat Angst vorm schwarzen Mann?«, Kinder: »Niemand«, schwarzer Mann: »Und wenn er kommt?«, Kinder: »Dann ... wir«. Die Kinder denken sich eine Bewegungsform aus, z.B. laufen, springen, krabbeln ... Dann wechseln sie die Seiten mit dem schwarzen Mann. Der versucht einen neuen »schwarzen Mann« zu fangen.

* Alle Kinder bilden eine Schlange. Der Schlangenkopf (das erste Kind) bestimmt die Bewegungsart und -richtung. Alle anderen Kinder folgen. Nach einer vereinbarten Zeit wird gewechselt.

* »Wir sind ein Tier«:
  Je drei oder vier Kinder denken sich ein Tier aus und versuchen, es gemeinsam darzustellen. Die anderen Gruppen versuchen herauszubekommen, was es ist.

* Spielgeräte darstellen können wir auch, z.B. eine Wippe, eine Hängebrücke, eine Rutschbahn, ein Karussell. Fällt uns noch was anderes ein?

* Abgesehen von den hier vorgestellten Übungen und Spielen sollte man immer wieder nach Gelegenheiten suchen, Kindern Räume und Plätze zugänglich zu machen, wo sie ihren Körper bis an die Grenzen seiner Leistungsfähigkeit treiben können:

  o im eigenen Garten,

  o in der weiteren und näheren freien Natur,

  o am Wochenende bei einem Ausflug,

  o im öffentlichen Schwimmbad,

  o in Sport- und Spielvereinen, die auch freie Spielangebote machen,

  o auf Abenteuerspielplätzen,

  o auf den Schulhöfen (evtl. Elterninitiative zur Öffnung der Spielplätze an Nachmittagen und/oder Wochenenden).

* Darüber hinaus finden sich zahlreiche Spiel- und Bewegungsideen in der folgenden Literaturliste und in Kapitel 7 sowie eutonische Übungen zum Körpererleben in Kapitel 13.

Weiterführende Literatur und Praxisbeispiele

Marianne Austermann und Gesa Wohlleben: Zehn kleine Krabbelfinger. Spiel und Spaß mit unseren Kleinsten, München 1989

Anne Lief Barlin: Fliegen möcht ich – kreative Bewegungserziehung mit Kindern, Ravensburg 1982

Marcella und Manfred Bartl: Kribbel-Krabbel-Kuschelspiele, Freiburg 1996

Hajo Blank (Hrsg.): Hüpfekästchen, Münster 1993

Gela Brüggebors: Körperspiele für die Seele, Reinbek 1996

Abrun Kerksiek und Klaus W. Vopel: Der Ziegenbock im Rübenfeld. Geschichten und kreative Bewegung für Kinder von 3-8 Jahren, Salzhausen 1996

Frédérick Leboyer: Sanfte Hände, München [15]1996

Sylvia Lendner-Fischer: Bewegte Stille. Wie Kinder ihre Lebendigkeit ausdrücken und zur Ruhe finden, München 1997

Christine Meier und Judith Richle: Sinn-voll und alltäglich. Materialsammlung für Kinder mit Wahrnehmungsstörungen, Dortmund [2]1995

Franz Mittermair: Körpererfahrung und Körperkontakt. Spiele, Übungen und Experimente für Gruppen, Einzelne und Paare, München 1985

Karin Neuschütz: Lieber spielen als fernsehen, Freiburg 1994

Volker Scheid und Robert Pohl: Kinder wollen sich bewegen, Dortmund 1988

Susanne Stöcklin-Meier: Komm wir spielen, Zürich 1996

Susanne Stöcklin-Meier: Die schönsten Spielideen rund ums Jahr, Zürich 1988

Klaus W. Vopel: Kinder ohne Stress, Band 1: Bewegung im Schneckentempo, Salzhausen [3]1994

Klaus W. Vopel: Interaktionsspiele für Kinder. Teil 3, Salzhausen 1987

2 Sich selbst kennen lernen über Sinneswahrnehmungen und sensitives Naturerleben

Durch nichts als die Seele sind die Sinne zu heilen, und durch nichts als die Sinne ist die Seele zu heilen.

Oscar Wilde

Drei Pfade hat der Mensch in sich, in denen sich sein Leben verwirklicht: die Seele, den Leib und die Sinne. Die Seele belebt den Leib und leitet auch in die Sinne den Lebenshauch. Der Leib zieht die Seele an sich und öffnet die Sinne (nach außen). Die Sinne schließlich berühren die Seele und vermitteln dem Körper die Reize (der Außenwelt).

Hildegard von Bingen[1]

Was wir im 20. Jahrhundert erst langsam und mühsam wieder zu begreifen begonnen haben, hat Hildegard von Bingen schon im 12. Jahrhundert so beschrieben: »Leib und Seele existieren, trotz ihrer verschiedenen Naturen, als eine einzige Wirklichkeit ... Und das ist das Wesen des Menschen.«[2]
Sie betont nicht nur das beziehungsreiche psychosomatische Zusammenspiel zwischen der Seele, dem Körper und den Sinnen, sondern auch die Priorität der Seele, die »den Körper belebt und in die Sinne den Lebenshauch leitet«. Sie macht aber auch darauf aufmerksam, dass die Sinne nicht einfach als selbstverständlich hinzunehmen sind, sondern geschärft und eingeübt werden wollen, damit sie ihre Aufgaben erfüllen können. Dass sie der Bildung und Übung bedürfen, muss heute erst neu erkannt werden. »Es ist ein Irrtum zu meinen, dass wir Sinne ›haben‹, und dass sie automatisch funktionieren. Wir ›haben‹ Sinne so wenig wie Verstand. Was der Mensch in seinen Sinnesorganen mitbringt, sind unausgebildete Möglichkeiten.«[3]

---

1   Scivias. Wisse die Wege, ins Deutsche übertragen von Maura Böckeler. Salzburg 1954, zit. nach Otto Betz: Hildegard von Bingen. Gestalt und Werk, München [2]1998, 100

2   Liber divinorum operum. Welt und Mensch, übertragen von Heinrich Schipperges, Salzburg 1965, 167

3   Georg Picht: Kunst und Mythos, Stuttgart 1986, 336; Vorlesungen und Schriften. Studienausgabe [4]1993

Sie zu bilden, ist für uns heute geradezu lebensnotwendig, weil die fortschreitende Technisierung und Mediatisierung unserer Lebenswelt es mit sich bringt, dass die Eigentätigkeit unserer Sinne zunehmend eingeengt wird, ungenutzt bleibt und verkümmert. Leben aber erlahmt, wo die Sinne erlahmen. »Was uns erschöpft, ist die durch Gleichförmigkeit erzwungene Nicht-Inanspruchnahme der Vielfalt unserer körperlichen und sinnenhaften Fähigkeiten und Kräfte. Was uns erfrischt und aufbaut, ist deren Inanspruchnahme.«[4]

Unsere Lebensgewohnheiten versperren uns auch mitunter den Blick für Hildegards Erkenntnis von der »rechten Wahrnehmung«. Die Sinneswahrnehmung ist auch zur Unterscheidung anzuleiten zwischen dem, was in der Außenwelt schön und hässlich, gut und böse, sinnvoll und unsinnig ist, damit nicht alles beliebig durch »Tür und Fenster« der Sinne im »Haus« des Menschen ein- und ausgehen kann. Erinnern wir uns an das jesuanische Wort: »Was wird es dem Menschen nützen, wenn er die ganze Welt gewinnt, aber seine Seele Schaden nimmt?« (Matthäus 16,26). Bedenken wir das zur Genüge z.B. in der Medienerziehung der Kinder und vorab in unseren eigenen Gewohnheiten im Umgang mit den Medien? Die Aufklärungspädagogen Comenius, Rousseau und Pestalozzi hatten im 17. und 18. Jahrhundert zwar schon die Bedeutung der Sinneswahrnehmungen für die Vernunfterziehung erkannt, weil der Mensch nur das begreift, was er durch die Sinne aufnimmt. In der Zwischenzeit war die Erziehung der Sinne aber in ihrer Bedeutung für den Menschen wieder unterschätzt worden. Im Aufklärungszeitalter hatten die Sinne allerdings eine der Vernunft untergeordnete und ihr dienende Funktion, wie es auch die zeitgenössischen Philosophen Locke, Leibniz und Kant lehrten. Das sehen wir heute anders. Die Sinneswahrnehmung hat ihre eigene Wertigkeit für den ganzen Menschen. Wahrnehmen und Denken bedingen einander auf dem Weg zum rechten Verhalten gegenüber seiner Mitwelt wie gegenüber sich selbst. Sinnlich wahrnehmendes Denken ist ein Denken in vernetzten Zusammenhängen, ist Gestaltwahrnehmung, verhindert eher Fehleinschätzungen des rationalen, einzelne Elemente aus ihrem Gesamtzusammenhang herauslösenden, analysierenden Denkens und verführt weniger zu falschem Handeln. »Wir denken zu viel und sehen zu wenig«[5] ist eine ernst zu nehmende Warnung an unsere persönliche Lebensführung wie an unser politisches, Gesamtzusammenhänge gern ausblendendes Bewusstsein, vor allem jedoch an unsere verengte Selbstwahrnehmung. Sie leidet darunter, dass wir in hohem Maß in sekundäre Systeme eingespannt sind, die uns von außen zu definieren trachten. Dadurch entfremden wir uns von uns selbst und verlieren – weitgehend unbemerkt – den Kontakt zu uns selber.[6]

4 Hugo Kükelhaus und Rudolf zur Lippe: Entfaltung der Sinne, Frankfurt/M. 1982, 43; (Tb) [13]1997

5 Rudolf Arnheim: Wir denken zu viel und sehen zu wenig, in: Psychologie heute, 1979, 22-30

6 Vgl. F. Kümmel: Leiblichkeit und menschliche Lebensform, in: Werner Loch (Hrsg.): Lebensform und Erziehung. neue pädagogische Bemühungen Bd. 91, Essen o. J., 11

Natur – Erfahrungsfeld sinnlicher Wahrnehmung

Die Entwicklung sinnlicher Wahrnehmungsfähigkeit bedarf fein differenzierter Außenreize, eigener Anstrengung und Aktivität. Wir müssen uns den Dingen annähern und wieder Abstand nehmen, um so vergleichen, entscheiden und uns orientieren zu können. Ein eigener Zugang und ein individuelles Bild der Wirklichkeit kann Kindern nur erschlossen werden, wenn ihnen eine unmittelbare und sinnenhafte Auseinandersetzung mit der sie umgebenden Welt ermöglicht wird, wobei sie sich identifizieren oder sich selbst behaupten, anpassen oder abgrenzen, etwas verändern oder aneignen können.

Nur was wir unmittelbar mit unseren Sinnen begreifen, berührt uns und bringt uns zur Besinnung. »Unsere Sinne entfalten ... eigene Intelligenz. Es gibt eine Intelligenz der Sinne.«[7] Diese kann sich aber nur entwickeln, wenn ganzheitliche Sinneserfahrungen ermöglicht werden, alle Sinne angesprochen sind, zusammenwirken und sich zu einer differenzierten Sichtweise ergänzen. Unsere alltägliche, technisierte und mediatisierte Lebenswelt verlangt jedoch von uns nicht selten nur noch den Gebrauch der Fernsinne Sehen und Hören. Die damit erzwungene ausschließlich distanzierte Betrachtungsweise der Wirklichkeit führt zu einem irrealen und lückenhaften Bild der Wirklichkeit. Was ich nur von ferne (im Fernsehen) sehe oder höre, berührt mich weniger oder gar nicht. Anders ist es mit dem, was ich unmittelbar mit allen Sinnen – auch den Nahsinnen Riechen, Schmecken, Tasten und Fühlen – erlebe. Wo aber können wir noch mit allen Sinnen wahrnehmen und begreifen? Was wir für uns und unsere Kinder brauchen, sind Erfahrungsfelder der Besinnung.[8] Diese finden wir vor allem in der Natur. Wir müssen wieder aufmerksam werden für sensitives Naturerleben.

Mit allen Sinnen die Natur zu erleben, befreit unsere gelähmten Sinne aus ihren begrenzten Horizonten, befreit die menschlichen Seelen aus Teilnahmslosigkeit, Achtlosigkeit und Unlebendigkeit und kann helfen, ein unmittelbareres Verhältnis zur Natur wiederzugewinnen, das auch viele Kinder schon verloren haben. Die Erfahrung der (ursprünglichen) Einheit von Mensch und Natur ist kaum noch vorhanden.

Weil der Mensch aber Teil der Natur ist, führt die zunehmende Entfremdung von der Natur auch zu seiner zunehmenden Selbstentfremdung und umgekehrt.

---

7   Hans-Georg Gadamer: Verlust der sinnlichen Bildung als Ursache des Verlustes von Wertmaßstäben, in: Ders. u.a.: Der Mensch ohne Hand oder die Zerstörung der menschlichen Ganzheit, München 1979, 22 f.

8   Vgl. Hugo Kükelhaus, a.a.O.

Sie bedingen einander. Deshalb ist die achtsame Wahrnehmung der lebendigen Natur (nicht nur) für unsere Kinder ebenso wichtig wie die Achtung vor den Menschen. Wir sind alle »ein Teil der Erde«, wie es in jener berühmten Rede, die dem indianischen Häuptling Seattle zugeschrieben wird, heißt.

> »Aus diesem Grunde sitzt auch der alte Indianer immer noch auf der Erde, anstatt sich höher zu betten, getrennt von den Leben spendenden Kräften. Auf der Erde zu sitzen oder zu liegen bedeutet für ihn, schärfer denken zu können und tiefer zu fühlen; dort kann er die Geheimnisse des Lebens klarer deuten und empfindet nahe Verwandtschaft mit allem Leben um sich her ... Manche Lakotas fühlten sich ihren gefiederten und pelztragenden Nachbarn so nah, dass sie die Sprache der wilden Geschöpfe verstehen konnten. Der alte Lakota war weise. Er wusste, dass fern von der Natur das Herz des Menschen verhärtet, und er wusste: wer Pflanzen und Tiere nicht achtet, wird auch bald seine Achtung vor den Menschen verlieren. Deshalb sah er darauf, dass die jungen Leute sich dem besänftigenden Einfluss der lebendigen Natur nicht entzogen.«[9]

Darauf müssen auch wir heute mehr denn je achten, wenn wir wollen, dass unsere Kinder sich selbst kennen lernen. Für beides, die intensive Wahrnehmung der Natur und die Selbstwahrnehmung, sollen sie gelingen, müssen wir gegen die Hektik in unserer Gesellschaft den Wert der Langsamkeit wiederentdecken[10], damit sensitives Naturerleben die tiefen Strukturen unserer Seele durchdringen und umfangen kann. Die lateinische Sprache bringt diesen Vorgang prägnant zum Ausdruck. Animadvertere = wahrnehmen, Acht geben, aufmerken. Dieses Verb hat das Substantiv anima, die Seele, in sich aufgenommen. Das Verb advertere aber bedeutet hinwenden, zuwenden, auf etwas richten. Und so geschieht in der Wahrnehmung eine achtsame Hinwendung und Zuwendung der Seele. So ist es dann im bewussten und aktiven Prozess sinnlicher Wahrnehmung nicht das Auge, das sieht, sondern der Mensch, der ganz Auge ist. Und es ist auch nicht das Ohr, das hört, sondern der Mensch, der ganz Ohr ist.[11]

Ehrfurcht vor fremdem Leben wie vor sich selbst

Heutige Bemühungen um eine Wiederbelebung ästhetischer Erziehung sind aus der einsichtigen Sorge erwachsen, dass eine »verkopfte« Wissensbildung der ganzheitlichen Leib-Seele-Geist-Struktur des Menschen nicht gerecht wird. In der religiösen Erziehung hat diese Einsicht zunächst methodische Konsequen-

---

9 T.C. Mc Luhan: ... wie der Hauch eines Büffels im Winter. Indianische Selbstzeugnisse, Hamburg 1979
10 Vgl. Sten Nadolny: Die Entdeckung der Langsamkeit, Frankfurt/M. 1987; München [35]1995
11 Vgl. Hugo Kükelhaus, a.a.O., 44

zen. Sensibilisierung der sinnlichen Wahrnehmungsfähigkeit und die Fähigkeit, dem Wahrgenommenen gestaltend Ausdruck zu geben[12], gewinnen an Bedeutung. Sie wirken sich jedoch auch auf die Inhalte und die Intentionen dieser Erziehung aus.

Infolge ihrer Wirksamkeit verändert sich die Beziehung zu unserer Mitwelt wie zu uns selbst. Je achtsamer wir wahrzunehmen lernen und das Wahrgenommene gestaltend zum Ausdruck bringen, umso mehr rücken wir ab von der eingefahrenen Gewohnheit, die Wirklichkeit als Objekt im Verhältnis des Ich zum Es zu *haben*; wir gewinnen eine un-mittelbare, lebendige *Beziehung* zur Wirklichkeit, welche Martin Buber eine religiöse nennt, weil sie uns in Staunen und Ehrfurcht versetzt, womit »alle religiöse Wirklichkeit beginnt«[13]. Wir nehmen »Abschied vom Bescheidwissen«[14] über die Dinge, über die »Sache« mit Gott und der Welt und treten ein in das »Ergriffensein von dem unendlichen, unergründlichen, vorwärts treibenden Willen, in dem alles Sein gegründet ist«, in die »Ehrfurcht vor dem Leben«[15]. Für Albert Schweitzer ist diese Religiosität der Angelpunkt zur »Aufhebung des Fremdseins zwischen uns und den anderen Wesen«[16]. Denn »das Wesen des lebendigen Seins außer mir kann ich nur aus dem lebendigen Sein, das in mir ist, begreifen«[17] und umgekehrt. Im Erleben der Natur nähern wir uns nicht nur den Geheimnissen in der Natur, unseren Mitgeschöpfen, sondern auch uns selbst als Teil dieser Schöpfung – Voraussetzung wachsender ökologischer Weltverantwortung, die zur Lebensweise im Alltag werden kann (★ Kap. 19).

Bei allen Übungen zur Sinneswahrnehmung und zum sensitiven Naturerleben sollten wir immer wieder bedenken, dass sie Vorübungen religiöser bzw. spiritueller Erfahrung sind. Wir sollten sie nicht gering und keine für unbedeutend erachten. Denn »verblendete Augen, verstopfte Ohren, ein verkümmertes Tastgefühl, sie können nur belanglose Bruchstücke eines unbegriffenen Ganzen aufnehmen, alles bleibt zugesperrt, beziehungslos. Aber wenn sich erst einmal ein Fenster geöffnet hat, den Blick in ungeahnte Weite freigab, ist ein Ansatz gewonnen, der immer neue Abenteuer des Geistes eröffnet.«[18] Mit den Übungen machen wir uns langsam auf den Weg, sensibel zu werden für das, was *hinter* dem Feststellbaren, Handhabbaren und Machbaren liegt, für die religiöse Dimension in allem Leben.

12 Vgl. Georg Hilger: Religionsunterricht und Ästhetik, in: Katechetische Blätter 1996, H. 5, 315 ff. – Rainer Lachmann: Vom religionspädagogischen Rang des Methodischen, ebd., 319 ff.

13 Martin Buber: Gottesfinsternis, in: Ders., Werke. 1. Bd., München 1962, 529

14 Horst Rumpf: Abschied vom Bescheidwissen, in: Katechetischen Blättern, 1994, H. 4, 232 ff.

15 Albert Schweitzer: Gesammelte Werke. Bd. 2, 347

16 Ders.: Was sollen wir tun? 12 Predigten über ethische Probleme, Heidelberg ²1986, 25

17 Ders.: Gesammelte Werke. Bd. 2, 347

18 Otto Betz: Religiöse Erfahrung. Wege zur Sensibilität, München 1977, 31

Übungen zur Sensibilisierung der Sinne

Wir sehen, schmecken, hören, riechen und fühlen jeden Tag unterschiedlichste und zahlreiche Dinge. Oft ist uns das aber nicht bewusst. Dabei strömen viele Eindrücke auf uns ein, und wir verschwenden unsere Sinne für unsinnige Dinge. Mit den folgenden Übungen können wir mit unseren Kindern den rechten Gebrauch der Sinne einüben und lernen, auf Missachtetes, Übergangenes und Außerachtgelassenes zu schauen, zu lauschen, es zu schmecken, zu riechen und zu fühlen. Es kommt dabei weniger darauf an, »unsere Sinne zu schärfen, als ihrer Entfaltung nicht im Wege zu stehen«[19].

Auch wenn im Folgenden die Übungen getrennt für die einzelnen Wahrnehmungsbereiche aufgeführt sind, bleiben wir uns bewusst, dass die Sinne nicht getrennt voneinander arbeiten, sondern sich gegenseitig beeinflussen, verknüpfen und zu *einer* Sinnlichkeit vereinen.

Schauen

★ Unter den Sinnesorganen hat das Auge eine dominante Stellung. Mit ihm nehmen wir die meisten Reize aus unserer Umwelt auf. Deshalb mögen Übungen zur Sensibilisierung überflüssig erscheinen. Es geht hier aber nicht darum, »besser« sehen zu lernen, »besser« mit den Augen wahrnehmen zu lernen, es geht darum, vertieft, aufmerksam und mit Freude zu schauen. Wie oft im Alltag genügt uns doch ein schneller Blick, ein Hinsehen aus der Ferne, und wir meinen, wir wüssten Bescheid. Die folgenden Übungen wollen mehr als nur dieses oberflächliche Sehen.

★ Bevor wir mit einer Übung beginnen, lassen wir unsere Augen eine kurze Zeit (je nach Alter und Bereitschaft der Kinder) ausruhen. Wir schließen die Augen und lassen das Dunkel auf uns wirken. Wenn wir die Augen wieder geöffnet haben, können wir uns aufmerksamer und konzentrierter auf die Übungen einlassen als zuvor.

★ Wir schauen unsere Hände an, die Handinnenflächen, den Handrücken. Wir vergleichen unsere Hände – linke und rechte – und beschreiben die Unterschiede.

★ Ebenso können wir es mit unserem Gesicht vor einem Spiegel machen.

★ Wir betrachten ein Bild – »Vase mit Sonnenblumen« von Vincent van Gogh (1888) oder »Kind mit Taube« von Pablo Picasso (1901) – und beschreiben es

---

19   Helmut Milz: Der wieder entdeckte Körper. Vom schöpferischen Umgang mit sich selbst, München 1992

anschließend (* Kap. 12). Das Bild kann auch von den Kindern abgemalt werden, um ein vertieftes, wiederholtes Betrachten anzuregen.

★ Zu zweit setzen wir uns gegenüber und schauen uns in die Augen. Können wir mit unseren Augen sprechen? Was sagen die Augen des Gegenüber?

★ Jedes Kind sucht sich einen Platz in der Natur (es kann auch mal eine Straße in der Stadt sein) und schaut, wie viele Farben und Farbtöne es sieht.

★ Nachher können wir uns erzählen, was wir gesehen haben.

★ Wir spielen »Ich sehe was, was du nicht siehst« und grenzen es z.B. auf natürliche Gegenstände, auf Kleidungsstücke, auf bestimmte Farben oder Formen oder was uns sonst einfällt, ein.

★ Wir legen uns auf den Rücken und schauen uns die uns umgebende Welt aus einer veränderten Perspektive an. Wie wirkt sie doch so ganz anders.

★ Wir suchen uns einen Platz an einem belebten Ort und konzentrieren unseren Blick auf einen Punkt. Was nehmen wir wahr, ohne den Blick zu verändern? Unser Blickfeld ist groß.

★ Haben wir schon bemerkt, dass Häuser und andere Gebäude auch verschiedene Fenster haben?

★ Besondere Seherlebnisse ergeben sich, wenn wir durch ein Mikroskop oder eine Lupe oder ein Fernglas schauen. Mit einer Lupe für jedes Kind können alle gleichzeitig auf Entdeckungen gehen: Blüten, Blätter, Insekten, Gräser, Steine, Baumrinden ...

Lauschen

Auch das Ohr hat unter den Wahrnehmungsorganen eine vorrangige Stellung. Geräusche und ganze Geräuschkulissen umgeben uns rund um die Uhr. Am Morgen auf dem Weg zur Schule, zum Kindergarten, zur Arbeit: Autohupe, anfahrende PKWs, Bremsengequietsche, ... im Bus mittags lärmende Schulkinder, die sich angestaute Frustrationen und Aggressionen aus der Seele zu brüllen glauben. Nachmittags machen sich nicht selten diese Kinder mit lauter Technomusik oder laufendem Fernseher zu. Die Kinder und wir Erwachsene hören gut und wir hören viel. Aber auf *was* hören wir da?

Das Geräusch der Grille
Eines Tages verließ ein Indianer die Reservation und besuchte einen weißen Mann, mit dem er befreundet war.
In einer großen Stadt zu sein – mit all dem Lärm, den Autos und den vielen Menschen, die es alle so sehr eilig haben, war neuartig und recht verwirrend für den Indianer.
Der rote und der weiße Mann gingen die Straße entlang, als plötzlich der Indianer seinem Freund auf die Schulter tippte und sagte: »Bleib doch einmal stehen. Hörst du auch, was ich höre?«
Der weiße Mann antwortete: »Alles, was ich höre, ist das Hupen der Autos und das Rattern der Omnibusse. Und dann freilich auch die Stimmen und das Geräusch der Schritte vieler Menschen. Was ist es denn, was dir besonders aufgefallen ist?«

»Nichts von alledem, aber ganz in der Nähe höre ich eine Grille zirpen.«
Der weiße Mann horchte. Dann schüttelte er den Kopf. »Du musst dich täuschen, Freund«, sagte er, »hier gibt es keine Grillen. Und selbst, wenn es hier irgendwo eine Grille gäbe, würde man doch ihr Zirpen bei dem Lärm nicht hören können.«
Der Indianer ging ein paar Schritte. Vor einer Hauswand blieb er stehen. Wilder Wein rankte an der Mauer. Er schob die Blätter auseinander und da – sehr zum Erstaunen des weißen Mannes – saß tatsächlich eine Grille, die laut zirpte. Nun, da der weiße Mann die Grille sehen konnte, nahm er auch das Geräusch wahr, das sie von sich gab.
Als die beiden Männer weitergegangen waren, sagte der Weiße nach einer Weile: »Freilich hast du die Grille hören können. Dein Gehör ist besser geschult als meines. Indianer hören eben einfach besser als Weiße.« Der Indianer lächelte, schüttelte den Kopf und erwiderte: »Du täuschst dich, mein Freund. Das Gehör eines Indianers ist nicht besser und nicht schlechter als das eines weißen Mannes. Pass auf, ich will es dir beweisen.« Er griff in die Tasche, holte ein 50-Cent-Stück heraus und warf es auf das Pflaster.
Es klimperte auf dem Asphalt, und die Leute, die mehrere Meter von dem weißen Mann entfernt gingen, wurden auf das Geräusch aufmerksam und sahen sich um. Endlich hob einer von ihnen das Geldstück auf, steckte es ein und ging weiter.
»Siehst du«, sagte der Indianer, »das Geräusch, das das 50-Cent-Stück gemacht hat, war nicht lauter als das der Grille, und doch hörten es viele der weißen Frauen und Männer und drehten sich um, während das Geräusch der Grille niemand hörte außer mir. Es stimmt nicht, dass das Gehör der Indianer besser ist als das der weißen Männer. Der Grund liegt darin, ... dass wir alle stets das gut hören können, worauf wir zu achten gewohnt sind.«[20]

★ Wir sitzen im Zimmer oder in der Klasse, sind ganz leise und lauschen. Was können wir hören?

★ Wir lauschen auf Außengeräusche, unterscheiden nach Natur- (Wind, Regen, Blätter), Tier-, Menschen- und Maschinengeräuschen; oder lauschen nur auf verschiedene Stimmen von Menschen (Kinder, Frauen, Männer, Einzelne, mehrere?).

★ Wir lauschen bei geöffnetem Fenster auf Außengeräusche, von denen sich jeder möglichst viele merkt. Nach der Übung können die Hörerlebnisse ausgetauscht werden.

★ Mit einem Partner setze ich mich ganz leise in eine ruhige Ecke. Wir hören auf unseren Atem. Was können wir noch hören?

★ Ein Kind macht ganz leise Geräusche vor. Die anderen Kinder versuchen bei geschlossenen Augen das Geräusch zu identifizieren. Reizvoll ist es, wenn ein Kind, welches das Geräusch erkannt hat, das gleiche Geräusch erzeugt.

★ Verschiedene Instrumente erzeugen auch verschiedene Klänge.

★ Die Stimmung verschiedener Musikstücke mit auszuwählenden Farben wiedergeben (Farbplättchen, Buntstifte, Wasserfarben ...).

★ Wir erzeugen selber mit geschlossenen Augen Klänge mit Gegenständen, die wir zusammenschlagen oder aneinander reiben, und identifizieren sie. Die Gegenstände können z.B. auf einem Gang durch die Natur gesucht werden (Blätter, Kastanien, Steine, ...).

---

20   Aus: Frederick Hetmann: Kindergeschichten der Indianer, Frankfurt/M. 1979

★ Ein Kind spielt einen Trapper (mit verbundenen Augen), der lauscht, ob sich einer der Indianer aus dem großen Stuhlkreis um ihn herum an ihn heranschleicht, um ihn zu berühren. Der Trapper wird ausgewechselt, wenn er berührt wurde.

★ Ein Kind spielt mit dem Rücken zu den anderen Kindern einen Hund, der horcht, ob sich ein anderer Hund heranschleicht, um ihm seinen »Knochen« zu stehlen; das Kind bellt, wenn es einen Laut hört; es wird ausgewechselt, wenn ihm der »Knochen« gestohlen werden konnte.

★ Alle Kinder sind jetzt Elefanten; sie fühlen sich so schwer wie Elefanten; mit ihren Füßen stehen sie fest auf dem Boden; die Augen geschlossen, lauschen sie mit ihren großen Ohren auf Geräusche; dabei atmen sie ruhig und tief ein und aus.

Schmecken

Täglich schmecken wir bei der Befriedigung unseres natürlichen Nahrungstriebs unterschiedliche Lebensmittel. Ob es sich dabei immer um Geschmacks*erlebnisse* handelt, bleibt eine offene Frage. In Hektik verschlungene Frühstücks- und Pausenbrote, mikrowellengegarte Einheitsgerichte motivieren nicht eben zu einem bewussten und vertieften Schmecken. Echte Geschmackserlebnisse können wir nur da erzielen, wo wir uns selbst mit unseren Kindern wohlfühlen, z.B. bei einem freundlich gedeckten Frühstückstisch, ob zu Hause, im Kindergarten oder in der Schule, beim Picknick im Wald oder dem gemeinsamen Mittag- oder Abendessen mit vertrauten, lieben Menschen. Da lassen sich die folgenden Übungen und Spiele mit Leichtigkeit in die Alltagssituation einbauen.

★ Einer schmeckt mit geschlossenen Augen etwas und versucht herauszufinden, was es ist.

★ Wir essen eine Mahlzeit mit geschlossenen Augen und versuchen herauszufinden, was wir alles schmecken. (Diese Übung wird erschwert, aber auch reizvoller z.B. bei Pizza oder Auflaufgerichten.)

★ Wir essen einen Apfel (oder ein anderes Obst) ganz bewusst, konzentrieren uns auf jeden Bissen neu, achten auf den Geschmack, die Bewegungen, wie der Apfel immer flüssiger wird und dann beim Schlucken langsam den Hals hinuntergleitet. Anschließend können wir beschreiben, was uns aufgefallen ist.

★ Wir suchen treffende Eigenschaftswörter, wenn wir verschiedene Sachen probieren: kalt, heiß, sauer, süß, bitter, salzig, angebrannt ... nach Himbeere, Schokolade, Vanille, Zitrone, Kaffee, Wein, Apfel, Birne ...

★ Verschiedene Eissorten oder Säfte eignen sich besonders gut für verschiedene Geschmackserlebnisse.

★ Wir können auch Geschmacksunterschiede erleben, wenn wir andere ähnliche Lebensmittel geschmacklich vergleichen. Hierfür eignen sich z.B. verschiedene Nüsse (Haselnüsse, Walnüsse, Erdnüsse, Paranüsse, …), Apfelsorten (süße, saure, herbe, mürbe, saftige, harte, mehlige) oder auch verschiedene Teesorten, Brotsorten …

★ Wie verändert sich der Geschmack von Lebensmitteln durch Kochen? Auch das können wir erleben, wenn wir es gemeinsam tun. Wie anders schmeckt doch die rohe Kartoffel gegenüber der Pellkartoffel, die Salzkartoffel gegenüber dem Pürree oder gar den Bratkartoffeln.

★ Das gemeinsame Vor- und Zubereiten der Lebensmittel hat großen Einfluss auf das anschließende Geschmackserlebnis. Um wie vieles besser schmecken doch die selbst gebackenen Weihnachtsplätzchen als die selbigen, die schon seit September in den Regalen der Supermärkte liegen.

Riechen

In unserer Gesellschaft wird der Geruchsinn in seiner Bedeutung für das menschliche Erleben am wenigsten beachtet und genutzt. Er ist auch nicht mehr lebensnotwendig, wie er es für frühere Kulturen war. Gefahrenquellen wie z.B. Waldbrände werden heute durch moderne technische Überwachungsgeräte erkannt. Oftmals werden mit dem Geruchsinn heute eher negative Erlebnisse verbunden, z.B. die schlechte Luft in den von Abgasen und Smog verpesteten Ballungszentren; so ist es vielen Menschen lieb, dass ihr Geruchsinn nicht besser ausgebildet ist. Gerüche können uns aber auch eine Menge wahrnehmen lassen, was wir sonst nicht erfahren können. Die folgenden Übungen können uns helfen, unsere Nase zu schulen und auf Bedeutsames zu richten. Je mehr wir üben, umso besser können wir später riechen. Auch Erwachsene können das noch (wieder) lernen.

★ In der Schule oder im Kindergarten riechen wir mit geschlossenen Augen an unseren Pausenbroten. Was ist drauf?

★ Im Supermarkt versuchen wir z.B. zehn verschiedene Gerüche zu erkennen. Wer kann auch bestimmen, aus welcher Ecke es riecht?

★ Im Freien, z.B. auf dem Spielplatz, dem Schulhof, der Straße versuchen wir möglichst viele Gerüche zu entdecken.

★ Mit geschlossenen Augen lassen wir uns durch die Stadt oder unseren Ort führen: Bäckerei, Parfümerie, Apotheke, Obst- und Gemüseläden, Schreinerei, Café, Schuhgeschäft, Krankenhaus …

★ Auch eine Riechwanderung durch einen Bauernhof oder eine Gärtnerei oder an verschiedenen Blumenbeeten vorbei macht großen Spaß.

★ Wir basteln uns ein Geruchsmemory. Dazu brauchen wir leere Filmdöschen. (Die bekommt man im Fotogeschäft. Wenn man den Händler bittet, sammelt er sie.) In je zwei Filmdöschen kommt der gleiche Geruch. In den Deckel machen wir kleine Löcher. Die Geruchspaare müssen anschließend im Spiel gefunden werden. Als Gerüche eignen sich verschiedene Gewürze (z.B. Nelken, Zimtstangen, Muskatnüsse) oder mit Duftölen getränkte Wattebäusche (z.B. Zitronen- und Orangenöl).

★ Wir können uns auch einmal den Spaß machen, an »geruchsfreien« Gegenständen zu schnuppern. Dann merken wir, dass auch das Buch im Regal, die CD im Ständer und selbst das weiße Papier auf dem Schreibtisch einen Geruch haben. Wie riecht es?

★ Nun spielen wir einmal, wir seien ein Hund. Wir schnuppern an allem, was uns unter die Nase kommt. Finden wir auch etwas, was nicht riecht?

Tasten und Fühlen

Tasten und Fühlen gehören zu den elementarsten Bedürfnissen eines jeden Menschen. Wir wollen die uns umgebenden Dinge nicht nur mit unseren Fernsinnen Sehen und Hören wahrnehmen. Wir wollen sie auch mit unserem Nahsinn erleben und begreifen. Dieses Bedürfnis ist bei vielen Erwachsenen und häufig auch schon bei Kindern von zahlreichen gesellschaftlichen und verinnerlichten Tabus überlagert. Dabei muss das Bedürfnis des Befühlens und Betastens aus anthropologischer Sicht als Leben erhaltendes Orientierungsbedürfnis verstanden werden. Es liegt *jeder* menschlichen Erkenntnistätigkeit zugrunde.[21]

Neben den folgenden Übungen, die zu einem bewussten Tasten anleiten, könnte jede(r) sich auch einmal überlegen, wo Tast-Tabus im Alltagsleben abgebaut werden könnten. Oftmals verbieten wir unseren Kindern, Dinge und Gegenstände in die Hände zu nehmen oder zu befühlen. Dabei sind sie oft von sich aus instinktiv vorsichtig, sodass wir ihnen diese Tasterlebnissse ohne weiteres erlauben könnten.

---

21 Vgl. Max J. Kobbert: Psychologische Grundlagen haptiler Formwahrnehmung und haptomorpher Formgestaltung, in: Klaus Spitzer und Margarethe Lange (Hrsg.): Tasten und Gestalten. Kunst und Kunstunterricht bei Blinden, Waldkirch [2]1988, 18 f.

★ Mit den kleinen Kindern können wir im Alltag immer wieder die unterschiedlichen Stoffqualitäten von Kleidungsstücken und Polstermöbeln betasten. Diese können mit zahlreichen Begriffen beschrieben werden – grob, fein, weich, hart, kratzig, glatt, rau, seidig, wollig, strukturiert, genoppt ... Dabei können wir auch die Augen zumachen.

★ Später basteln wir uns ein Tastmemory. Wir schneiden je zwei gleiche Stoffreste aus der gleichen Qualität zurecht und kleben sie auf Pappkärtchen. (Blanko-Karten gibt es in zahlreichen Heimwerker- und Dekorationsläden.) Wir spielen mit verbundenen Augen.

★ In einem Krabbelsack verstecken wir unterschiedliche Gegenstände. Nur durch Betasten versuchen wir herauszubekommen, was es ist.

★ In eine Reihe von Flaschen schütten wir unterschiedlich temperiertes Wasser. Wer bringt die Flaschen in die richtige Reihenfolge von kalt nach heiß? (Dieses Spiel ist auch im Winter reizvoll, wenn man die Flaschen mit Tee oder Kakao füllt.)

★ Wir fühlen unseren Pulsschlag oder unseren Herzschlag. Für manche Kinder ist es leichter, den Puls an der Halsschlagader zu fühlen.

★ Wir trinken im Winter, wenn wir ganz kaltgefroren sind, ein warmes Getränk und spüren, wie es langsam den Hals hinunterläuft und es uns langsam vom Bauch ausgehend wieder warm wird.

Übungen zum sensitiven Naturerleben

Ich freue mich

Refrain

Ich freu - e mich, ich freu - e mich,
ü - ber die - sen Tag. Ich freu - e mich, ich
freu - e mich, ü - ber al - les, was ich mag!

Melodie

1. Fühl' mal, wie die Blu - men blühn,
fühl' das Gras beim Barfuß - gehn. Fühl die Sonne, sie
wär - met mich, warm und wun - der - schön!

T/M: Volker Rosin
Aus: Volker Rosin, Die Liederwiese. 40 Lieder, Spiele und Ideen für Kindergarten und Grundschule.
Don Bosco Verlag, München. © Moon-Records-Verlag, Düsseldorf
Die 1. Strophe haben wir abgeändert. Das Lied ist mit weiteren 16 Liedern auf einer MC (45 Min.)
lieferbar, zu beziehen bei Volker Rosin, Maschkamp 6, 32549 Bad Oeynhausen.

2. Hört mal, wie der Vogel singt,
   wie er uns Freude bringt!
   In den Bäumen rauscht der Wind,
   singt ein Lied geschwind!

Mit diesem Lied können wir die Kinder immer wieder neu auf die Spiele und Entdeckungsreisen in der Natur einstimmen. Bei allem, was wir mit unseren Kindern in der Natur tun, sollten wir darauf achten, es in großer Aufmerksamkeit und aus tiefstem Herzen zu tun, damit sich diese Einstellung auf die Kinder übertragen kann. Denn:

»Ich schütze nur, was ich liebe.
Ich liebe nur, was ich kenne.
Ich kenne nur, was ich wahrnehme.
Ich nehme nur wahr,
was für mich eine Bedeutung hat,
... und diese Bedeutung vermitteln Erwachsene den Kindern«.[22]

★ Mit den Kindern können wir gemeinsam einen Baum aussuchen und ihm einen Namen geben. Wir besuchen den Baum zu allen Jahreszeiten und schauen, wie er sich verändert.

★ Schön wäre es auch, wenn z.B. zu Beginn der Schulzeit mit dem Kind (vielleicht auch mit der Schulklasse) ein Baum gepflanzt wird. Der Baum ist der Freund des Kindes (der Kinder). Ihm kann man alles erzählen. Er ist immer da und hört zu.

★ Die Bäume tragen vielfältige Früchte, die auf unterschiedliche Weise erlebt werden wollen. Kastanien, Bucheckern und Eicheln, Nüsse, Tannenzapfen, Kiefernadeln, ... sie alle haben ihren eigenen Reiz – ihre eigene Tastqualität, ihr eigenes Aussehen und ihren eigenen Duft.

★ Aus einer Kastanie oder Walnuss könnten wir versuchen, eine neue, lebensfähige Pflanze zu ziehen.

★ Wir sammeln verschiedene Früchte und nehmen sie dann mit in Kindergarten, Schule oder nach Hause. Sie können uns die jeweiligen Jahreszeiten täglich neu veranschaulichen. (Natürlich dürfen wir auch mit den Früchten der Natur etwas basteln.)

★ Im Herbst sammeln wir Blätter. Jedes Kind sucht sich fünf verschiedene Blätter aus, die es mitnimmt. Jetzt kann es anfangen, ein eigenes Blätterbuch zu gestalten.

★ An einem See oder Teich sehen wir ins Wasser. Unzählige kleine Lebewesen können wir entdecken, wenn wir geduldig sind und genau hinschauen.

★ Wir schauen, wie sich an einem See oder Teich Wellen bilden, wenn ein Kind einen Stein ins Wasser wirft. Sind keine Wellen mehr zu sehen, darf das nächste Kind einen Stein ins Wasser werfen.

Hierzu könnten Erzieher, Lehrer oder Eltern auch folgendes Lied anstimmen:

---

22 Raingard Knauer und Petra Brandt: Ich schütze nur, was ich liebe, Freiburg 1995, 14

Ins Wasser fällt ein Stein

Ins **Was** - **ser** **fällt** **ein** **Stein,** **ganz**
Und **ist** **er** **noch** **so** **klein,** **er**

heim - **lich,** **still** **und** **lei** - **se.**
zieht **doch** **wei** - **te** **Krei** - **se.**

Wo **Got** - **tes** **gro** - **ße** **Lie** - **be** **in** **ei** - **nen**

Men - **schen** **fällt,** **da** **wirkt** **sie** **fort** **in**

Tat **und** **Wort** **hi** - **naus** **in** **uns** - **re** **Welt.**

T/M: Kurt Kaiser; Deutsch: Manfred Siebald
(c) by Bud John Songs. Rechte f. D, A, CH: Universal Songs, Holland. Used by permission.
CopyCare Deutschland c/o Hänssler Verlag, 7376 Neuhausen-Stuttgart

2. Ein Funke, kaum zu sehn,
   entfacht doch helle Flammen,
   und die im Dunkeln stehn,
   die ruft der Schein zusammen.
   Wo Gottes große Liebe
   in einem Menschen brennt,
   da wird die Welt vom Licht erhellt;
   da bleibt nichts, was uns trennt.

3. Nimm Gottes Liebe an.
   Du brauchst dich nicht
   allein zu mühn, denn seine Liebe
   kann in deinem Leben Kreise ziehn.
   Und füllt sie erst dein Leben
   und setzt sie dich in Brand,
   gehst du hinaus, teilst Liebe aus,
   denn Gott füllt dir die Hand.

★ Wir beobachten den Sonnenaufgang oder den Sonnenuntergang. Dazu müssen wir sehr lange an einem Platz ruhig sitzen bleiben. Wie schnell am Ende des Sonnenuntergangs die Sonne doch »hinunterfällt«?

★ Wir lassen unsere Kinder ihre Erfahrungen machen, wenn sie bei Regen durch alle Pfützen laufen wollen oder die Tropfen mit dem Mund aufzufangen versuchen, und gewöhnen ihnen nicht krampfhaft die Benutzung des Regenschirmes an.

★ An einem Bach oder See, auf einer Wiese oder auf dem Waldboden können wir einmal die Schuhe und die Strümpfe ausziehen und die verschiedenen Untergründe barfuß erleben. Wie fühlt es sich an (kribbelig, weich, nadelig, angenehm, unangenehm, warm, kalt, luftig, ...). Anschließend beschreiben wir unsere Gefühle.

★ Auf einer Wanderung durch den Wald bekommt jedes Kind den Auftrag, drei schöne Dinge mitzunehmen. Anschließend werden die Dinge gezeigt und eine kleine Ausstellung arrangiert.

★ Mit Zeichenblöcken und Wachsmalkreiden gehen wir in den Wald und malen »Rindenbilder«.
Je zwei Kinder entdecken gemeinsam schöne Baumstämme. Während ein Kind ein Blatt Papier am Baumstamm anlegt und festhält, paust das andere Kind mit Wachsmalkreiden durch das Blatt hindurch die Rinde ab. Die Bilder schmücken anschließend die Wand des Klassenzimmers.

★ Bei einem Spaziergang oder einer Wanderung durch den Wald gehen wir einmal ein Stück ganz leise und schweigend. Können wir Tierstimmen und -geräusche erkennen?

★ Verschiedene Vogelstimmen und Insektengeräusche laden uns ein, auch einmal stehen zu bleiben und zu schauen, ob wir sie entdecken.

★ Einige Tiere können wir beim Fressen beobachten. Wer hat denn schon einmal einer Schnecke beim Fressen zugehört?

★ Mit größeren Kindern und ausgerüstet mit einem Fernglas oder einer guten Kamera können wir vielleicht auch scheue Waldtiere entdecken. Dazu müssen wir uns früh am Morgen auf den Weg in den Wald machen.

★ Auf dem Waldboden können wir eine Menge Kleinstlebewesen entdecken. Dazu bekommt jedes Kind den Auftrag, ein kleines abgegrenztes Stück Boden genau zu bertachten. Was entdecken wir?

★ Einige Kinder haben Haustiere. Kennen wir die Bedürfnisse der Tiere und werden wir ihnen gerecht?

★ Auch die Spinnen und Fliegen in der Wohnung müssen wir nicht töten. Wir können sie mit einem Marmeladenglas und einer Postkarte fangen und draußen wieder freilassen.

★ Tierliebe entsteht durch die Begegnung mit Tieren. Wer einmal auf dem Bauernhof die Geburt eines Kälbchens erleben konnte oder es gestreichelt hat, bekommt eine andere Einstellung zur Massentierhaltung.

★ Wir können auch einmal auf Spurensuche gehen. Besonders im Schnee können wir Tierfährten entdecken.

★ Auch andere Dinge verraten etwas über das Leben und den Aufenthalt der Tiere: verlassene Schneckenhäuschen und Vogelnester, Eierschalen, Wolle von Schafen, Vogelfedern, Mauslöcher, der Eingang zu einem Fuchsbau, Ameisenhügel, Wespen- und Bienennester, Spinnennetze, Froschlaich, ...

★ Auch die unbelebte Natur ist unterschiedliche Entdeckungsreisen wert. Wie vielfältige Bodenqualitäten können wir doch schon auf einer kleinen Wanderung erkennen. Wie unterschiedlich fühlen sich verschiedene Erdarten an? Können wir diese auch beschreiben?, z.B. als lehmig, trocken, krümelig, staubig, schwer, leicht, feucht, nass?

★ Ebenso können wir unsere Aufmerksamkeit einmal auf verschiedene Gesteinsarten lenken. Kleineren Kindern (auch größeren) können wir den Auftrag geben, ihren Lieblingsstein zu suchen. Später legen wir dann vielleicht eine Steinsammlung an (alle zusammen oder jeder für sich, da können die Kinder natürlich mitentscheiden).

Der Natur begegnen wir überall, auch in der Stadt

★ Auch in der Stadt begegnen wir Pflanzen und Bäumen. Wo können wir sie entdecken und durch die Jahreszeiten hindurch beobachten?

★ Haben wir schon einmal längere Zeit zugeschaut, wie der Wind mit den Zweigen und Blättern eines Baumes spielt? Haben wir schon auf das Rascheln seiner Blätter gelauscht?

★ Wie »schmeckt« die Luft nach einem Regen ... an einem vorher heißen Sommertag ... nach einer nebligen und versmogten Wetterperiode?

★ Wer entdeckt im Frühling die ersten Frühjahrsknospen und -blüten?

★ Wann kommen die ersten Bienen? Wo Bienen sind, müssen auch Pflanzen sein, von denen sie sich ernähren.

★ Wir können auch einmal ein Gewitter beobachten und es auf uns wirken lassen. Wir machen alle Lichter aus und kuscheln uns ganz eng zusammen.

★ Auch in der Stadt können wir mal bei Regen barfuß auf die Straße laufen und so richtig nass werden.

★ Wo wohnen die Vögel in der Stadt? Wir stellen Futterkästen im Winter auf die Fensterbank, und wenn wir ganz ruhig von drinnen aus die Vögel beobachten, können wir eine Menge entdecken.

★ Im Herbst pfeift der Wind um die Ecken der Häuserblocks. Wir hören ihm zu oder lassen ihn uns draußen um die Ohren wehen.

★ Zu jeder Jahres- und Tageszeit können wir uns den Himmel anschauen, seine unterschiedliche und oft nuancenreiche Färbung, die ziehenden Wolken, die unterschiedliche Wolkenbildung.

★ Und am Abend gehen wir vor Sonnenuntergang hinaus und schauen dem wechselnden Lichtspiel am Himmel zu.

★ Ist es dunkel geworden, warten wir bei wolkenlosem Himmel auf die ersten Sterne. Können wir auch Sternbilder erkennen?

Weiterführende Literatur und Praxisbeispiele

Hilde Adam (Hrsg.): Der Garten der fünf Sinne. Ein Stationsspiel für drinnen und draußen, in: Institut für ökologische Forschung und Bildung, Umwelt im Spiel, Münster 1988
Joseph Bharat Cornell: Mit Kindern die Natur erleben, Prien 1979
Joseph Bharat Cornell: Mit Freude die Natur erleben, Mülheim an der Ruhr 1991
Joseph Bharat Cornell: Auf die Natur hören, Mülheim an der Ruhr 1990
Deutsche Umwelthilfe (Hrsg.): Natur-Erlebnis-Tag (Aktionsmappe), Radolfzell, Göttinger Str. 19
Volker Friebel: Wie Stille zum Erlebnis wird. Sinnes- und Entspannungsübungen im Kindergarten, Freiburg 1995
Nancy Hoenisch und Elisabeth Niggemeyer: Komm liebe Spinne, Ravensburg 1982
Nancy Hoenish und Elisabeth Niggemeyer: Heute streicheln wir den Baum, Ravensburg 1986
Sabine und Susanne Hufmann: Bäume sind Freunde. Naturmeditationen mit Kindern, München 1998
Sabine und Susanne Hufmann: Blumen der Sonne. Naturmeditationen, München 1997
Margarete und Wolfgang Jehn: Ich bin der Baum vor deinem Haus, Worpsweder Musikwerkstatt 1985
Dominik Jost (Hrsg.): Sinn – Salabim. Tasten – Hören – Sehen: Erfahrungsspiele für Kinder, Mülheim an der Ruhr 1993
Herbert Kersberg und Ulla Lackmann (Hrsg.): Spiele zur Natur- und Umwelterfahrung, Hamburg 1994
Kiga für Vorschul-Pädagogik: Hörst du die Regenwürmer husten? St. Ingbert 1996
Winfried Kneip und Wilfried Stascheit: Wasser erleben und erfahren, Mülheim an der Ruhr 1997
Dorothée Kreusch-Jacob: Lieder von der Natur, Ravensburg 1993 (dazu MC/Patmos Düsseldorf)
Landesbund für Vogelschutz in Bayern: Naturerfahrungsspiele (91161 Hilpoltstein)
Wolfgang Löscher: Riech- und Schmeckspiele. Sinnvolle Frühpädagogik, München 1987
Wolfgang Löscher: Hör-Spiele. Sinnvolle Frühpädagogik, München 1982
Wolfgang Löscher (Hrsg.): Vom Sinn der Sinne, München 1994
Karin Mönkemeyer: Mit Kindern Umwelt und Natur entdecken (4 Bändchen: Frühling, Sommer, Herbst, Winter), Hamburg 1991
Karin Mönkemeyer: Spiele für alle fünf Sinne, Reinbek 1988
Winfried Noack und Eberhard Reese: Von Bäumen, Brot und kleinen Biestern. Beispiele aus der Arbeit der Freiluftschule Burg, Landeshauptstadt Hannover o.J. (Schulamt)
Rheinisch-Westfälische Wasserwerksgesellschaft (RWW) und Verlag an der Ruhr (Hrsg.): Wasser erspielen und erfahren. Das Element Wasser im Kindergarten, Mülheim an der Ruhr 1990
Wasser erleben und erfahren. Das Element Wasser in der Grundschule, Mülheim an der Ruhr 1990
Wasser begreifen und erfahren. Das Element Wasser an der Sonderschule, Mülheim an der Ruhr 1991
Rudolf Seitz (Hrsg.): Seh-Spiele. Sinn-volle Frühpädagogik, München 1985
Rudolf Seitz (Hrsg.): Tast-Spiele. Sinn-volle Frühpädagogik, München 1986
Susanne Stöcklin-Meier: Naturspielzeug. Spiele mit Blüten, Blättern, Gräsern, Samen und Früchten, Ravensburg 1987
Peter Thiesen: Mit allen Sinnen spielen. Wahrnehmungsförderung in Kindergarten, Grundschule und Familie, Weinheim 1996
Klaus W. Vopel: Denken wie ein Berg, fühlen wie ein Fluss. Spiele und Experimente für eine respektvolle Einstellung zur Natur. Band 1, Hamburg 1991
Vogelstimmen: Kassette mit Bildkarten von Klaus Ruge und Carola Preuß, Mülheim an der Ruhr 1997
Walderlebnisspiele: Mülheim an der Ruhr 1997
Die Waldlernralley: Mülheim an der Ruhr 1997
Waldgeräusche-Spiel: Kassette mit Bildkarten von Carola Preuß und Klaus Ruge, Mülheim an der Ruhr 1997
Wassergeräusche-Spiel: Kassette mit Bildkarten, Mülheim an der Ruhr 1997
Wettergeräusche-Spiel: Kassette mit Bildkarten, Mülheim an der Ruhr 1997

Sich selbst bewusst erfahren

3 Sich selbst bewusst erfahren durch Übungen der Stille und meditatives Natur-erleben

Und ich erkannte, dass sie die Stille nötig hatten, denn nur in der Stille kann die Wahrheit eines jeden Wurzeln schlagen.

Antoine de Saint-Exupéry

Die größte Offenbarung ist die Stille.

Laotse

Zeit für Ruhe (Kanon)

T: Gerhard Krombusch
M: Ludger Edelkötter
Aus: Weil du mich so magst/Komm mit zur Quelle
Alle Rechte Impulse Musikverlag Ludger Edelkötter, 48317 Drensteinfurt

Wie kaum ein anderes Lied hat sich dieser Kanon seit Jahren als Einladung empfohlen, mit Kindern auf den Weg in die Stille[1] zu gehen. Ohne Stille, die in die Selbstbesinnung führt, ist es weder Kindern noch Erwachsenen möglich, von der reizüberfluteten, von sich selbst ablenkenden Alltagswelt zurückzutreten, um tief unter unserer von außen gesteuerten, unsere Seele gefangen nehmenden Macht- und Haben-Mentalität unsere unverfälschte, ursprüngliche religiöse Sehnsucht nach nicht-kaputtem Selbstsein und Sinn findendem Tun erfahren und realisieren zu können. Schon Maria Montessori machte die Erfahrung, dass Stille den Kindern Selbstwahrnehmung ermöglicht, die – wird sie häufig geübt – zu tief zufriedener Übereinstimmung mit sich selbst führt, dem Wesen des Kindes entspricht und sein Wesen nachhaltig formt.[2]

Nach vielleicht anfänglichen Startschwierigkeiten empfindet es jedes Kind als wohltuend und heilend, wenn es bei der Hand genommen und ihm eine Möglichkeit eröffnet wird, Abstand zu nehmen von der Schul- und Freizeithektik, von der lärmenden, vereinnahmenden Flut der schnelllebigen Bilder und Geräusche, die es von morgens bis abends anspringen, von den ununterbrochenen äußeren Anforderungen, denen es ausgesetzt ist. Stille-Übungen und meditatives Naturerleben helfen ihm, sich selbst bewusst zu erfahren, indem es seine Überdrehtheit verlangsamt, sein Bedürfnis nach innerer Ruhe wieder wahrnimmt und seine Fähigkeit zum Innehalten, zur Sammlung und zur Selbstbesinnung nach und nach entfaltet. Wer im Alltag kraftvoll anwesend sein will, braucht auch Zeiten der Abwesenheit und Stille (★ Kap. 13 und 17). Stille-Übungen zielen also keinesfalls auf einen Rückzug aus der Welt, sondern – im Gegenteil – auf eine Sensibilisierung für die Welt. Stille zu erfahren, ist eine Chance für vielfältigeres Entdecken und intensives Erleben.

Heilsame Unterbrechungen des Tages-, Wochen- und Jahresrhythmus, heilige und geheiligte Zeitbezirke, wie sie die Religionen und die religiösen Orden in der Geschichte entwickelt haben, feste Gebetszeiten, Fest- und Fastenzeiten waren und sind immer schon Wege, die begangen werden wollen aus den Zerstreuungen der Alltagsrealität zur Sammlung und Konzentration auf den Sinnzusammenhang des eigenen Lebens.

Auch in den kleinen, bescheidenen Formen meditativen Naturerlebens und der Stille-Übungen geht es um beides: zuerst Distanz und Abstand zur platten Diesseitigkeit oberflächlicher Realitätserfahrung zu gewinnen, umso empfindsamer für sich selbst und andere und Natur zu werden und sich dann vielleicht auch der religiösen Tiefendimension unserer Wirklichkeit wieder anzunähern, sich ihr zuzuwenden und unsere verborgene Verbundenheit mit dem Ursprung und Geheimnis der Fülle des Lebens zu entdecken.

---

1   Gerhard Krombusch: Mit Kindern auf dem Weg in die Stille, Drensteinfurt [2]1991, 58 (aus MC »Weil du mich so magst«, Impulse Musikverlag Drensteinfurt)

2   Vgl. Kinder sind anders, München [7]1992, 128. 172

»Nicht darum also geht es, der Jugend Religion aufzuerlegen, sie in eine Ordnung des Wissbaren und Tubaren einzustellen, sondern darum, in ihr ihre eigene latente Religion zu erwecken; das ist: die Bereitschaft, der Berührung des Unbedingten standzuhalten. Es gilt nicht, der Jugend zu predigen, diese und keine andere sei Gottes Offenbarung, sondern ihr zu zeigen, dass kein Ding unfähig ist, ein Gefäß der Offenbarung zu werden.«[3]

Sich darin zu üben, die Stille zu suchen, könnte in die Entdeckung einmünden, dass der einzige Ort, wo ich mit mir selbst in Einklang kommen kann, in mir selber liegt und nicht anderswo außerhalb von mir, wo ich immer wieder das große Glück zu suchen versucht werde. Diesen Ort in mir selbst zu suchen, dazu fordert auch Benedikt, der Begründer abendländischen Mönchtums, auf, dessen Wort – einstimmig oder im Kanon gesungen – sich auch gut zur Einstimmung in gemeinsame Stille-Übungen eignet.

Schweige und höre (Kanon)

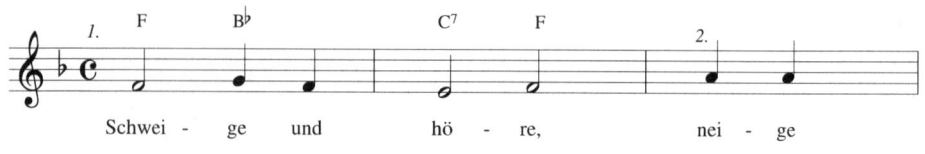

T: Benedikt von Nursia
M: aus England

»Man sieht nur mit dem Herzen gut ... Die Augen sind blind. Man muss mit dem Herzen suchen«, lässt Exupéry den Fuchs zum »Kleinen Prinzen« sagen. Und wenn Benedikt dazu auffordert, mit dem Ohr des Herzens zu hören, so weisen beide auf den gleichen Ort hin: das Herz als Symbol der Mitte der inneren Werte eines jeden Menschen, wo allein der Friede mit uns selber entstehen und von dort auf die Menschen und die Welt um uns sich ausbreiten kann.
Stille mag zunächst als leere Stille empfunden werden, aber schon bald auch als schöne, ästhetische Stille, in der wir andere, sonst nicht wahrnehmbare Dinge um uns sehen und hören lernen und erleben können. Erst leere Stille wird zu erfüllter Stille, und schließlich weicht das Staunen über das sonst Nicht-Wahr-

---

3   Martin Buber: Eine Bekehrung. In: Nachlese, Heidelberg 1965

genommene, über die jetzt mit dem Herzen gesehene und gehörte Außenwelt, dem Staunen über mich selbst: Ich merke nach und nach nicht nur, dass ich in relativer Unabhängigkeit von anderen Menschen und Dingen bei mir selbst Wohnung nehmen und zu Hause sein kann, sondern ich entdecke mich – obschon scheinbar ein Produkt aus abermilliarden Möglichkeiten und chaotischen Zufälligkeiten – gehalten und getragen von einem undurchschaubaren Geheimnis des Lebensgeflechts, das mir ein einzigartiges, unverwechselbares eigenes Selbst schenkt, dessen Urheber und Ursprung ich nicht bin und in dem ich mich doch »wunderbar geborgen« erfahren kann.

Sich selbst so zu erfahren im All-eins-Sein mit dem göttlichen Urgrund und Sinngrund auch meines Selbst, mag eine späte Frucht anspruchsvoller meditativer Übungen sein. Vorübungen zur Stille auch mit unseren Kindern sollten wir aber deshalb nicht missachten, sondern ihnen Raum geben. Den Frieden, den Schalom des Ganz- und Heilseins ihres eigenen Selbst, von dem die Bibel spricht, könnten sie sich – in der Stille – schon früh erschließen.

Stille im Alltag üben

Es ist ja nicht so, als ob wir uns mit Übungen der Stille auf ein uns völlig fremdes Territorium begäben. Vielmehr kennen wir alle diese kleinen, wenn auch kurzen Unterbrechungen des Alltagslebens.

Manchmal springen wir nicht sogleich aus dem Bett, wenn wir aufwachen, und manchmal schlafen wir auch nicht sofort ein, wenn wir ins Bett gehen. Aufwachen und Einschlafen sind solche Unterbrechungen, die uns einladen, einen Blick auf den vor uns oder hinter uns liegenden Tag zu werfen.

Wenn wir mit einer Arbeit beginnen oder eine Arbeit beenden, halten wir auch oft einen Augenblick inne, blicken nach vorn oder blicken zurück, bedenken das, sorgen uns um dies, freuen uns über jenes.

Gehen wir durch einen Park, über eine Wiese, durch einen Wald, an einem Bach, einem Fluss, einem See entlang, so laden uns diese schon selbst zur Stille ein. Um den Gesang eines Vogels, das Rauschen des Windes oder des Wassers zu hören, bedarf es der Stille.

Das alles sind auch Gelegenheiten, wo wir selbst und mit Kindern im Alltag Stille üben können, indem wir die stillen Momente zeitlich ganz bewusst ausdehnen und unsere Aufmerksamkeit horchend der Musik der Natur, schauend dem Flug des Vogels, den um eine Mitte kreisenden Blütenblättern einer Blume, der am Horizont verschwindenden Sonne oder den leuchtenden Sternen am Abendhimmel schenken. Oft genügt ein »Horch mal«, »Schau mal«, um uns und die Kinder zur Stille einzuladen. Und wenn es uns selbst zur oft geübten schönen Gewohnheit geworden ist, werden bald auch schon die Kinder uns zum stillen Schauen und Horchen bitten.

Im Familienalltag, in Kindergarten und Schule gibt es viele Situationen, die genutzt werden wollen, uns innerlich zu sammeln und innezuhalten. Bis ins Grundschulalter hinein könnten wir das Kind morgens mit einer zärtlichen Geste wecken und noch eine Weile still an seinem Bett sitzen, um es in den Tag zu begleiten statt unsere Hektik auf das Kind zu übertragen. Ein ähnliches Ritual will abends gepflegt sein, bevor das Kind einschläft. Ein Lied, ein Märchen oder eine andere Geschichte, ein Gebet, ein gemeinsames Bedenken des vergangenen Tages oder das gemeinsame Hören meditativer Musik können den Raum für die Stille vor dem Einschlafen öffnen, statt das Kind − noch die Bilder des Fernsehens im Kopf − einfach ins Bett zu schicken.

Der Morgenkreis in Kindergarten und Schule, Anfang und Ende manch einer Unterrichts- oder Spielstunde, Erzählen, Bildbetrachtung, Musik hören, Malen, Spaziergänge bieten vielfältige Gelegenheiten, Wege zu ausgesprochenen Stille-Übungen zu finden. Entscheidende Voraussetzung für ihr Gelingen ist aber die persönliche innere Ruhe des Erwachsenen, der die Kinder mit innere Ruhe ausstrahlender Stimme einfühlsam und geduldig zur Stille einzuladen vermag.

Es gibt kurze, in den Alltag zu Hause, im Kindergarten, in der Schule eingefügte Stille-Übungen und länger andauernde mit Phantasiereisen, Imaginationen und sogar Meditationen (* Kap. 17). Kurze wie lange Übungen brauchen eine angemessene Atmosphäre. Für kurze Übungen mag das Abstellen von möglichen Lärmquellen oder das Sitzen (im Kreis) auf einem Teppich genügen. Für längere, verschiedene Elemente miteinander kombinierende Übungen (mit Lied, Bild, Erzählung, Autogenem Training, Massage) brauchen die Kinder vielleicht auch ein Sitz- oder Kopfkissen und eine Decke. Eventuell müssen wir den Raum abdunkeln, eine brennende Kerze oder Blumen oder eine Klangschale in die Mitte stellen, einen Edelstein, eine Glaskugel, ein aus Naturmaterialien gefertigtes Mandala auf ein buntes, rotes, grünes oder violettes Tuch legen. Das sind nicht nur äußere Attribute. Ein schön gestalteter Raum oder ein schön gestalteter Platz, den wir immer wieder für längere Stille-Übungen aufsuchen, wirkt einladend und motivierend nicht nur auf die Kinder.

Übungen zur Achtsamkeit und Stille

Oft genug schiebt sich bei vielen Kindern zwischen ihr tiefes Bedürfnis nach Ruhe und das Angebot der ErzieherInnen, diesem Bedürfnis entgegenzukommen, eine äußere und innere Unruhe der Kinder, die vielfältige Ursachen haben kann. Jetzt Stille-Übungen zu erzwingen, würde alle überfordern und das

Gelingen von Anfang an in Frage stellen. Es gilt, ein Gespür dafür zu entwickeln, wann und wo die Kinder offen genug sind, sich auf solche Übungen einzulassen, oder ob sie sich dagegen sperren. Es kann auch sein, dass nur ein Teil der Gruppe in die Stille hineingeführt werden möchte; dann sollten wir es den anderen Kindern freistellen, ob sie trotzdem mitmachen oder abseits der Übungsgruppe sich anderweitig beschäftigen, ohne die Stille zu stören.

Es ist wichtig, bevor wir mit Stille-Übungen beginnen, das Vertrauen der Kinder erworben zu haben. Sie sollten wissen, dass wir jetzt nichts von ihnen verlangen, wozu sie selbst nicht bereit sind. Sie sollten vielmehr wissen und mit der Zeit zunehmend selbst erfahren: Stille tut mir und tut uns gemeinsam gut. Und die Kinder, die heute nicht dazu bereit sind, sollten wissen: Es wird von den anderen akzeptiert; ich bin kein Spielverderber und kein Außenseiter.

Damit Kindern im Vor- und Grundschulalter Stille-Zeiten zu etwas Selbstver-ständlichem werden können, üben wir anfangs vielleicht nur zweimal in der Woche. Nach und nach bekommen sie dann ihren regelmäßigen Ort im Tagesrhythmus. Es empfehlen sich Übungen zur Achtsamkeit auf die Sinne, die Gefühle und den Atem, von denen hier einige angeregt werden.

Wir horchen schweigend:

★ auf den Ton einer Klangschale, einer Triangel, eines Glöckchens o. Ä. und schließen dann die Augen, bis der Ton nach ca. ein oder zwei Minuten erneut erklingt;

★ ausschließlich auf ein Naturgeräusch, das anschließend auch malend darge-stellt werden kann (Hörbild: Wind; Sturm; Regen; Vogelbild);

★ mit geschlossenen Augen auf Geräusche, die jeweils ein Kind erzeugt, und identifizieren sie;

★ auf geflüsterte Sätze, die wir im Kreis (dem Nachbarn ins Ohr) weitergeben; das jeweils letzte Kind sagt den Satz laut;

★ mit geschlossenen Augen in einem Raum oder draußen verteilt auf imitierte Regengeräusche; jedes Kind hat sich aus einem Steinhaufen zwei Steine genommen; von Lehrer(in) bzw. Erzieher(in) angerührt, beginnen die einzel-nen Kinder nacheinander die Steine erst in einem langsamen Rhythmus leise aneinander zu schlagen, dann nach einer zweiten Berührung schneller und lauter, nach einer dritten Berührung wieder langsamer und leiser; schließlich nach einer vierten Berührung verstummt das Regengeräusch allmählich; wir horchen noch eine Weile in die Stille; in einer größeren Gruppe können auch zwei Kinder beim Berühren auf ein vereinbartes Zeichen hin helfen;

★ mit geschlossenen Augen im Kreis sitzend auf den Klang von zwei chinesischen Qigong-Kugeln, welche jeweils ein Kind in der hohlen Hand bewegt und dann behutsam und still an den Nachbarn weitergibt; erst nach ca. 15 - 30 Sekunden sollen die Kugeln erneut erklingen;

★ mit geschlossenen oder geöffneten Augen auf ruhige Musik oder Naturgeräusche, die von einer Kassette abgespielt werden; dabei können die Kinder mit dem Rücken auf dem Boden liegen, jedes auf einer Decke; schön wäre es auch, wenn wir zusammen das Bild einer Sonne bilden würden, indem wir Beine und Arme so weit ausstrecken, bis Beine und Arme der Nachbarn berührt werden.

★ Die Kinder stellen sich in einem Raum oder draußen verteilt, jedes mit einem Orff-Instrument (Fingerzimbel, Glöckchen, Triangel, Tambourin, Holzblocktrommel, Klangschale ...), auf; sie stellen die Bäume eines Waldes dar; ein Kind geht mit geschlossenen Augen durch den Wald, ohne einen Baum zu berühren; wenn es einem Baum zu nahe kommt, gibt der Baum mit seinem Instrument einen Ton von sich, damit das Kind den Standort des Baumes wahrnehmen kann.

★ Wir bilden Paare; jeweils ein »sehendes« Kind führt ein »blindes« Kind in einem großen Raum oder draußen mit dem Klang eines Orff-Instruments.

Wir schauen schweigend:

★ bei einem Unterrichtsgang oder einer Wanderung durch die Natur gemeinsam den einen oder anderen schön geformten Stein an, eine Blume mit ihren kreisrund besetzten Blütenblättern, ein Baumblatt, einen Baum, die Jahresringe eines abgesägten Baumstammes, einen Käfer, einen Ameisenhügel, ein Bachbett, Fische in einem Fluss oder See, eine Muschel, eine Wolkenformation ...;

★ bei einem Unterrichtsgang oder einer Wanderung nach Dingen und Erscheinungen in der Natur, die uns gefallen; ist einem Kind etwas aufgefallen, flüstert es dies der Lehrerin, der Erzieherin oder einem anderen Kind ins Ohr, damit beide es zusammen anschauen können. Variation: Ein »Sehrohr« (Klopapierrolle) oder Fernglas eröffnet neue Sehperspektiven (konzentrierteres Sehen);

★ einen frei stehenden Baum von fern an, gehen schweigend auf ihn zu und bilden einen Kreis um ihn, indem wir uns an den Händen fassen. Es könnte sich eine Übung zum meditativen Naturerleben anschließen, bei der wir uns mit dem Baum identifizieren (S. 60 f.);

★ nach einem Gegenstand in der Natur, der nach Stille aussieht; nach einiger Zeit darf jedes Kind sagen, warum er es an Stille erinnert;

★ jedes Kind von einem selbst gewählten Platz in der Natur, wie viele Farben und Farbtöne es sehen kann, ohne den Kopf zu drehen;

★ indem wir in eine Kirche gehen und uns von der Stille dieses Raumes einladen lassen, selbst still zu werden; von verschiedenen Orten (Portal, Seitenschiff, Apsis) lassen wir den Raum auf uns wirken; langsam durchwandern wir still den Raum, verweilen vor einem Bild, einem Kruzifix, einem bemalten Fenster, dem »ewigen Licht«, einem Pfeiler, einer Säule und wandern mit dem Auge hinauf zur Decke, zum Gewölbe; nach einiger Zeit treffen wir uns unten in der Kirche wieder, setzen uns in eine Bank und erzählen uns, was uns besonders aufgefallen ist;

* im abgedunkelten Raum in die Flamme einer Kerze, schließen dann die Augen und schauen die Flamme mit unseren inneren Augen; nach ein oder zwei Minuten kann jedes Kind sich dazu äußern;

* ein Bild (Dia) an, das eine Meer-, Gebirgs- oder Flusslandschaft, eine Wiese oder ein Sonnenblumenfeld zeigt, schließen dann die Augen und schauen mit unseren inneren Augen; jedes Kind kann später etwas dazu erzählen, vielleicht auch eine Geschichte, die in diesem Bild auftauchte;

* wie sich im abgedunkelten Raum langsam ein Lichtkreis bildet; dazu entzündet reihum nacheinander jedes Kind ein Teelicht an einer Kerze in der Mitte des Stuhlkreises.

Wir schmecken, riechen, tasten und fühlen schweigend:

* Dazu eignen sich manche der Übungen zum Körpererleben (* Kap. 1) wie auch zu Sinneswahrnehmungen und zum sensitiven Naturerleben (* Kap. 2).

Wir achten schweigend auf unseren Atem:

* indem wir uns auf den Rücken legen (auf einen Teppich oder jedes Kind auf seine Decke), eine Hand auf den Bauch legen und spüren, wie er sich beim Einatmen durch die Nase hebt, beim Ausatmen durch den Mund senkt – zuerst schneller, besonders nach dem Herumtollen oder nach einem Bewegungsspiel, dann langsamer und immer ruhiger;

* indem wir die Hand auf den Bauch eines anderen Kindes legen und dessen Atem wahrnehmen; was können wir beobachten, bei dem anderen und bei uns selbst?;

* indem jedes Kind sich auf den Rücken legt und sich ein (sein) Plüschtier auf den Bauch setzt, um zu beobachten, wie es sich im Rhythmus des Ein- (durch die Nase) und Ausatmens (durch den Mund) auf- und abbewegt: je langsamer es sich bewegt, umso ruhiger und entspannter fühlt sich das Kind; dann kann es die Augen schließen und die Ruhe noch ein wenig genießen;

* indem wir uns Papierschiffchen, die wir zuvor gebastelt haben, auf den Bauch setzen, nachdem wir uns auf den Rücken gelegt haben; jetzt stellen wir uns vor, wir seien ein Bach, Fluss oder See und das Papierschiffchen würde sich mit den Wellen auf- und niederbewegen, während wir ein- (durch die Nase) und ausatmen (durch den Mund); wenn die Kinder dem Schiffchen einige Zeit zugeschaut haben, schließen sie die Augen und stellen sich das mit den inneren Augen vor; dann können sie auch erzählen, was sie gesehen haben;

55

* indem wir im Stuhlkreis sitzend das rechte Bein über das linke legen und mit beiden Händen die Knöchel des rechten Beins umfassen und die Augen schließen; beim Einatmen drücken wir die Zunge oben gegen den Gaumen, beim Ausatmen lassen wir die Zunge wieder locker;

* indem wir die Füße auf den Boden stellen, die Knie ein wenig auseinander halten, die Fingerspitzen beider Hände sich berühren lassen, die Augen schließen und wieder gleichmäßig ruhig ein- und ausatmen;

* indem wir im Stuhlkreis sitzend die Füße auf den Boden stellen, die Knie ein wenig auseinander halten, das Kinn locker hängen lassen, den Mund ein wenig offen, die Hände auf die Oberschenkel legen; mit jedem Einatem holen wir in Gedanken alles Schöne in uns hinein, ganz sanft und langsam, bei jedem Ausatem lassen wir alles Belastende aus uns heraus, indem wir stark und ruckartig ausatmen; wir können auch einen Hut in die Mitte legen: ruhig ein- und ausatmend schreiben wir in Gedanken einige Sorgen auf den Zettel, den wir dann in Gedanken in den Hut legen, damit die Sorgen von uns ablassen;

* indem wir im Stuhlkreis sitzend oder auf dem Rücken liegend die Augen schließen (Beine und Füße stets nebeneinander, im Liegen stets ausgestreckt und nicht angewinkelt) und nur auf unseren ein- und ausströmenden Atem achten; nach einiger Zeit dann sollen die Kinder sich bei jedem Ausatmen (durch den Mund) das Wort »still« denken; noch schöner ist es, wenn wir nach jedem Ausatmen noch eine kleine Atempause machen und das Wort »still« darin verhallen lassen;

* indem wir uns mit geschlossenen Augen auf dem Rücken liegend vorstellen, ein leerer Luftballon zu sein (welche Farbe hat er?); mit jedem Einatem bläst er sich auf, wird größer und größer, wird leichter und leichter und fängt an zu schweben; bis an die Decke, bis übers Dach, noch höher und höher? Wenn wir hoch genug geflogen sind, leichter und leichter uns gefühlt haben, lassen wir bei jedem Ausatem die Luft wieder nach und nach aus dem Luftballon heraus, bis er wieder ganz klein geworden und auf dem Boden angekommen ist;

* indem wir mit geschlossenen Augen sitzend oder liegend uns unterhalb unseres Bauchnabels eine Stelle vorstellen, an der es ganz warm ist; mit jedem Einatem (durch die Nase) führen wir nun die Luft an diese tiefe Stelle im Bauch und lassen sie wärmer werden und sich ausdehnen, jedes Mal ein wenig größer werden; dann lassen wir die angesammelte Kraft aus dem Bauch hinaufströmen in den Brustkorb, Nacken und Kopf, während wir langsam durch die Nase ein- und durch den Mund ausatmen;

* indem wir im Stuhlkreis oder auf dem Boden im Schneidersitz sitzen, die Handflächen wie beim Gebet aneinander legen und auf unsere Hände schauen; dann öffnen wir bei jedem Einatem (durch die Nase) die Hände zu der uns zugewandten Seite und schließen sie wieder bei jedem Ausatem (durch den Mund); die Kinder können sich vorstellen, die Handflächen seien

die Blütenblätter einer Tulpe oder einer Mittagsblume, die sich bei jedem Einatem öffnen, bei jedem Ausatem schließen;

★ indem wir im Freien oder in einem großen Raum einen großen Kreis bilden mit viel Abstand (mehrere Meter) zu dem Nachbarn; zuerst atmen wir ruhig ein und aus auf der Stelle, dann geht jedes Kind bei seinem Ausatem (durch den Mund) einen Schritt zur Mitte und bleibt bei jedem Einatem (durch die Nase) stehen; wenn sich der Kreis geschlossen hat, wenden sich alle um und gehen auf die gleiche Weise wieder zu ihrem Ausgangspunkt zurück – bei jedem Ausatem einen Schritt weiter; das ganze kann – auch mit entsprechender Begleitmusik – einige Male wiederholt werden. Auf diese Weise bilden wir zusammen eine Blume, die ihre Blütenblätter langsam öffnet und schließt;

★ indem wir im Freien oder in einem großen Raum stehend einen Kreis bilden mit etwas Abstand zu den Nachbarn und mit geschlossenen Augen ruhig und gleichmäßig ein- und ausatmen; wir konzentrieren uns jeder auf sich selbst: wie fühle ich mich? Nach einiger Zeit gehen wir auf ein entsprechendes Zeichen zusammen einen Schritt nach vorn, sodass wir unsere Nachbarn an den Schultern berühren und spüren: wie fühle ich mich jetzt? Nach einiger Zeit legen wir auf ein entsprechendes Zeichen unsere Arme dem linken und rechten Nachbarn um die Hüfte, rücken noch ein wenig näher zueinander und atmen gleichmäßig jeder in seinem Rhythmus weiter: Wie fühle ich mich jetzt?;

★ indem wir einen Kreis bilden und uns mit geöffneten Augen erst dem einen, später dem anderen Nachbarn zuwenden, gleichmäßig ein- und ausatmend den langsam kreisenden Fingerspitzen des Nachbarn spiegelbildlich folgen, ohne einander zu berühren.

Übungen zum meditativen Naturerleben

Haben wir mit Kindern in mannigfaltigen Übungen zur Sensilibisierung der Sinne und zum sensitiven Naturerleben (★ Kap. 2) wie auch durch Übungen zur Achtsamkeit und Stille – wieder – Nähe zur Natur erfahren, so können wir, zumal mit älteren Kindern, einen Schritt weitergehen. Folgende Anregungen zielen nicht nur darauf ab, uns neu der Natur zu öffnen, sondern in und mit der Natur auch eine Beziehung zu uns selbst, zu unserer Mitte zu finden. Dabei können uns lebendige Begegnungen mit der Natur helfen. Sie ist belebt wie wir. Wir sind verwandt mit ihr. Wir sind ein Teil von ihr. Ohne sie gäbe es uns nicht. Wir können von ihr lernen, wie wir von Menschen lernen können. Lassen wir uns von ihr helfen, uns selbst bewusst zu erfahren, damit wir mit einer veränderten Einstellung zu ihr auch uns selbst verändern – Voraussetzung dafür, dass wir seelisch lebendig bleiben und innerlich wachsen.

»Die Geburt ist nicht ein augenblickliches Ereignis, sondern ein dauernder Vorgang. Das Ziel des Lebens ist es, ganz geboren zu werden, und seine Tragödie, dass die meisten von uns sterben, bevor sie ganz geboren sind. Zu leben bedeutet, jede Minute geboren zu werden. Der Tod tritt ein, wenn die Geburt aufhört.«[4]

Es bleibt nicht aus, dass wir uns mit unseren Kindern weiterentwickeln, wenn wir wie in den bisherigen Übungen aufmerksamer und achtsamer die Natur und uns selbst wahrnehmen. Darüber sind wir auch schon oft ins Staunen geraten. Staunen aber ist erst der Anfang jeder Erkenntnis, weil sie uns offen macht für neue Entdeckungen und neue Lebensperspektiven, die uns verändern statt seelisch zu verkrusten – Grund genug, von und mit den Kindern das Staunen zu lernen.

Immer wieder sollten wir die Kinder bitten, bemerkenswerte Dinge, die sie am Wochenende oder auf dem Weg zum Kindergarten oder auf dem Schulweg finden, mitzubringen und uns selbst daran beteiligen. Da darf nichts zu minderwertig, nichts zu unbedeutend sein, um unsere Aufmerksamkeit zu gewinnen. Auch schon an Steinen aus dem Bach, an Rinden von Bäumen, Zweigen und Blättern, Blüten und Knospen, Moosen, Farnen und Gräsern, Vogelfedern und Käfern finden Kinder etwas Staunenswertes, das es mitzubringen, anderen zu zeigen und mitzuteilen wert ist. Ganz allmählich wächst so eine Haltung des Staunens heran, die uns hilft, die Dinge um uns herum sehend, hörend, riechend, schmeckend, tastend bewusst wahrzunehmen. Gehen wir doch hin und wieder an einen Ort, an dem wir die Schönheit der Natur bewundern können. Hier können wir auch meditativ Natur erleben.

★ Auf einer Wiese stellen wir uns zuerst in einem Kreis auf und legen uns dann so auf den Rücken, dass unsere Füße und Hände die der Nachbarn berühren; so bilden wir zusammen eine strahlende Sonne; mit geschlossenen oder geöffneten Augen horchen wir auf die Musik der Natur (Säuseln des Windes, Rascheln der Baumblätter, Vogelgesang, Plätschern eines Baches, ...).

---

4   Erich Fromm: Psychoanalyse und Zen-Buddhismus. In: Ders. u.a.: Zen-Buddismus und Psychoanalyse, Frankfurt 1971, 114; (st 37) 1976

Bin ganz Ohr

T/M: Dorothée Kreusch-Jacob. Aus: Mit Liedern in die Stille. Patmos Verlag, Düsseldorf [3]1998

2. Bin ganz Ohr ...
   Hör das Flüstern in den Zweigen,
   Mücken tanzen ihren Reigen.

3. Bin ganz Ohr ...
   Hör den Wind durch Gräser wehn,
   kann die Wolken ziehen seh'n.

4. Bin ganz Ohr ...
   Trauerweide wäscht ihr Haar,
   erzählt dem See, wie's damals war.

5. Bin ganz Ohr ...
   Ins stille Wasser fällt ein Stein
   und zaubert Ring für Ring hinein.

★ Mit dem Rücken auf der Erde liegend können wir uns mit ausgebreiteten Armen auch vorstellen und spüren, wie die Erde uns trägt und Halt gibt. Ruhig und gleichmäßig ein- und ausatmend können wir mit geschlossenen Augen auch das Bild in uns entstehen lassen, wie die Kräfte der Erde uns durchdringen.

★ Angesichts einer weitläufigen Landschaft atmen wir sanft und tief durch Nase und Mund und stellen uns vor, diese Landschaft breite sich in uns aus und mache unsere Seele weit und frei. Nach zwei bis drei Minuten lassen wir jeweils beim Ausatmen durch den Mund die Weite der Landschaft wieder aus unserem Körper hinausströmen.

★ Vor einem majestätischen Berg stellen wir uns beim Einatmen vor, dass unser Körper sich ausdehnt, bis er so groß wie der Berg ist. Dann absorbieren wir die gespürte Macht und Größe des Berges beim Ausatmen wieder.

★ Vor einem See konzentrieren wir unsere Aufmerksamkeit im Herzen, während wir sanft und tief ein- und ausatmen; wir stellen uns vor, dass die Ruhe und der Friede dieses Sees unser Herz erfüllt, während wir einatmen, und nach zwei bis drei Minuten geben wir jeweils beim Ausatmen diese Ruhe und diesen Frieden des Sees an unsere Umgebung weiter.

★ Jede(r) sucht sich einen Baum aus, den er/sie schön findet; dann lassen wir jeweils beim Einatmen die Lebendigkeit des Baums, sein festes Verwurzeltsein in der Erde, die weit ausladenden Äste und Zweige und wie er sich zum Himmel emporreckt, in uns lebendig werden, bis er uns ganz erfüllt; nach einigen Minuten lassen wir jeweils beim Ausatmen das Leben des Baums wieder aus uns herausströmen.

★ Solche Übungen können wir mit geschlossenen Augen, aber auch ohne dass wir dabei die Augen schließen, ausführen; und wenn wir keine weite Landschaft, keinen Berg und keinen See vor uns haben, lassen sich diese Übungen ebenfalls durchführen, indem wir uns diese mit geschlossenen Augen vorstellen.

Ich bin ein Baum

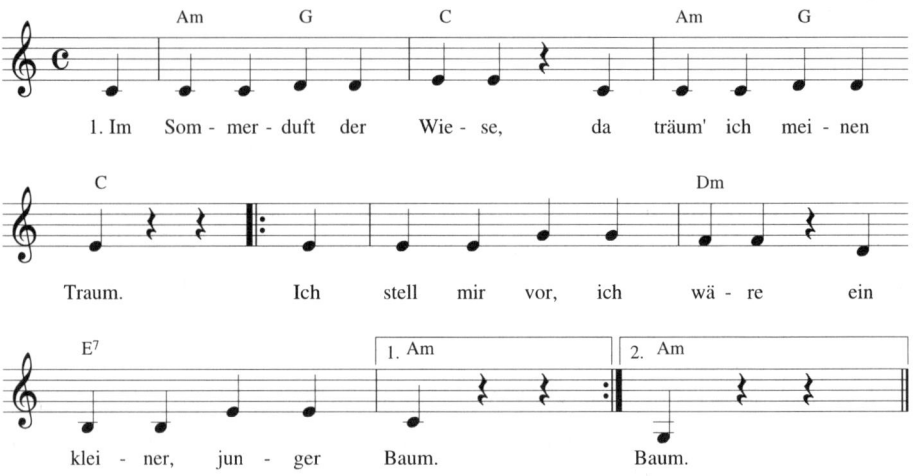

1. Im Som - mer - duft der Wie - se, da träum' ich mei - nen Traum. Ich stell mir vor, ich wä - re ein klei - ner, jun - ger Baum. Baum.

T/M: Dorothée Kreusch-Jacob
Aus: D. Kreusch-Jacob, Mit Liedern in die Stille. Patmos-Verlag, Düsseldorf ³1998

2. Ich spür' die Wurzeln wachsen,
   tief in die Erde rein.
   Sie dringen tief und tiefer,
   da muss doch Wasser sein?

3. Ich spür' mich größer werden
   und wachse in die Höh'.
   Ich seh' mit meiner Krone
   bis hin zum grünen See.

4. Der Wind spielt mit den Blättern,
   ich breit' die Äste aus.
   Die Sonne wärmt die Rinde,
   ich atme ein und aus.

5. Ich atme und ich stehe
   verwurzelt, aufrecht, fest.
   Und trag' in meinen Zweigen
   ein kleines Vogelnest.

6. Der Regen lässt mich wachsen,
   ich bin ein Blätterhaus
   für Käfer, Bienen, Vögel,
   sie fliegen ein und aus.

7. Im Sommerduft der Wiese,
   da träum' ich meinen Traum,
   spür' Wurzelkraft und Sonne,
   ich bin ein großer Baum.

★ Wir fassen uns an den Händen und bilden einen Kreis um einen frei stehenden Baum herum; leise summen wir die Melodie des Baumlieds; in ruhigen Schritten umkreisen wir den Baum erst nach rechts, dann nach links; wir lassen die Hände los, gehen einige Schritte rückwärts, dann wieder vorwärts, fassen uns wieder an den Händen, umkreisen wieder den Baum erst nach rechts, dann in Gegenrichtung; das können wir noch einige Male wiederholen; so tanzen wir einen Baumtanz. (* Kap. 18, S. 315 ff.)

★ Wo wir einen stillen Ort in der Natur gefunden haben, können wir auch einige Zeit verweilen und nur im langsamen Rhythmus ein- und ausatmen; dabei können wir uns bewusst werden, dass die Luft, die wir atmen, uns mit allen Geschöpfen verbindet, mit Pflanzen und Bäumen, mit Tieren und Menschen; die Luft schenkt uns allen das Leben; vielleicht geben wir dem Wort »Danke« in uns Raum, und gehen wir weiter, könnte Dankbarkeit uns weiter erfüllen für das, was wir unterwegs sehen, hören, riechen, schmecken, tasten, fühlen – und dass wir mit diesen Fähigkeiten begabt sind, uns von der Natur berühren zu lassen.

★ Veränderungen, um seelisch lebendig zu sein, bedürfen der Ziele, die wir ahnen, von denen wir träumen, die wir uns stecken. Sie sind uns oft nicht bewusst; lassen wir uns von der Natur dazu anregen, sie zu finden; sie hält Symbole für uns bereit, in denen wir noch in uns schlummernde Ziele erkennen können; wir brauchen uns nur neugierig, unverkrampft und mit Freude an einem solchen Spiel auf den Weg zu machen; irgendwann entdecken wir etwas, das unser Veränderungsspiel widerspiegelt: eine Baumwurzel, einen Tannenzapfen, eine Rinde, ein Blatt, eine Blüte, ein Spinnennetz, ein stilles Wasser oder einen fließenden Wasserlauf, einen fliegenden Vogel, eine Schnecke; manches kann uns zum Symbol werden, wenn wir uns darauf einlassen, an seinen Eigenschaften unsere Ziele und Wünsche wieder zu erkennen, wer und wie wir sein möchten; wir sollten auch versuchen, es in Worten auszudrücken, die Zielrichtung unserer Veränderung positiv zu formulieren, zu Hause vielleicht aufzuschreiben, um dem Vergessen vorzubeugen, was an tiefen Wünschen und Träumen in uns wachgerufen wurde.

★ Damit wir uns nicht immer nur mit unserem eigenen Ich identifizieren, sondern die Welt auch aus anderen Perspektiven sehen lernen, die unsere Weltsicht bereichern, sollten wir uns oft auch in andere und Anderes hineinversetzen, nicht nur in andere Menschen: »Wenn die Bäume die Menschen gehen sehen, haben sie Mitleid; sie glauben, dass der Wind uns davonträgt, weil wir keine Wurzeln haben« (Helder Camara).

Haben die Bäume so Unrecht? Sprechen sie nicht eine tiefe Wahrheit über uns aus? Wir können von ihnen lernen. Wir können vor allem Einfühlungsvermögen in die Natur als unsere Partnerin – nicht unser Herrschaftsobjekt – lernen, indem wir uns einmal mit einer Pflanze, mit einem Fisch, mit einem Vogel oder auch mit von den Menschen zu ihrem Nutzen oder gar zu ihrem Luxus ausgebeuteten Tieren identifizieren, Schweinen, Rindern, Hühnern, Gänsen. Wenn wir eine neue Beziehung zur Natur, zur Mutter Erde, zum Universum, zu unseren Ursprüngen aufbauen wollen, bedürfen wir der Einübung in andere Blickwinkel als nur unseren eigenen. Identifikation können wir draußen in originaler Begegnung oder auch drinnen in einem Raum nach Art einer Phantasiereise (* Kap. 4) üben.

★ Manche Menschen haben einen Lieblingsbaum, mit dem sie auch wie zu ihrem Freund sprechen können. Man kann ihm Dinge anvertrauen, die man sonst keinem Menschen anvertrauen würde. Man kann ihn Dinge fragen, die man sonst keinen Menschen fragen würde. Einen Baum zum Freund zu haben, ist deshalb eine gute Erfahrung, weil wir mit ihm unser Intimstes austauschen können, das sonst ungesagt und ungefragt, vielleicht unterdrückt und verschüttet bliebe. Jeder Baum ist ein Individuum wie wir, unverwechselbar und einzigartig. Dazu müssen wir ihn zuerst kennen lernen wie einen Menschen, damit er uns vertraut wird. Eine flüchtige Begegnung und ein einmaliger Besuch genügen da nicht. Aller Anfang ist schwer, und es wird uns zuerst »komisch« vorkommen, mit einem Baum zu sprechen. Deshalb nehmen wir uns erst einmal die Zeit, ihn in allen Einzelheiten wahrzunehmen von seinen Wurzeln bis in die Krone, ihn anzuschauen, anzufühlen, zu riechen, zu schmecken und auch ihn anzuhören – wie der Wind in seinen Blättern raschelt; wir legen das Ohr an seinen Stamm, ob wir seine Lebenssäfte steigen hören, umarmen ihn, setzen uns zu seinen Füßen, legen uns zu ihm und schauen hinauf in die Baumkrone, wie der Wind sein Spiel mit ihm treibt und sein Blätterdach uns Schutz gewährt.

In vielen Kulturen und Religionen ist der Lebensbaum zentrales Symbol für persönliches seelisches Wachstum und Gestaltung des Lebens, auch für die göttlichen Lebenskräfte, die in uns wohnen und die es zu gestalten gilt.

Kehren wir zu jeder Jahreszeit zu ihm zurück und erleben seine Wandlung, von der er uns erzählen und uns Mut und frische Kraft zu unserer eigenen Wandlung machen kann. Wir können ihn nach dem Geschenk unseres eigenen Lebens fragen; was zu verändern und zu entfalten uns hindert, um freier fühlen und denken zu können; wie wir gesünder leben, kraftvoller und inniger lieben können ... Lassen wir uns offen und neugierig auf die Antworten und neuen Erfahrungen ein, zu denen er uns anregt. Meditatives Naturerleben erneuert nicht nur unsere Beziehung zur Natur, sondern auch unsere Selbstwahrnehmung.

★ Was wir auch schon mit jüngeren Kindern machen können: im Garten, im Park, im Wald, am Meer ein Mandala legen. Auch ohne das Mandala ausdrücklich als mystisches Diagramm zu verstehen, als Hilfe zur Meditation, als Motivation zur Zentrierung unserer seelischen Vorgänge um eine innere Mitte, es macht einfach Freude und lässt stille werden, wenn wir gemeinsam oder jeder für sich mit Gräsern und verschiedenenfarbigen Blütenblättern im Garten oder auf einer Wiese, mit Ästen, Tannenzapfen, Eicheln, Bucheckern, Moos, Baumblättern, am Meer mit Muscheln, Schneckenhäuschen, Steinen, Vogelfedern, Holzstöckchen ein Mandala im Kreis oder/und Viereck um einen inneren Kern gestalten. Der Kreis symbolisiert die unablässig weiterlaufende Zeit, das Viereck den Raum, in denen wir uns bewegen und sind.

★ Wir können auch vorgefertigte Mandalas (DIN A4 - Format) zu Hause, in Kindergarten und Schule ausmalen oder selbst vorzeichnen und malen (★ Kap. 5 und 17).

Für Kinder zwischen drei und acht Jahren schlagen Sabine und Susanne Hufmann noch viele andere Übungen zu meditativem Naturerleben vor, die mit der Betrachtung und Beschreibung jeweils einer Pflanze aus der Familie der Köpfchen- und Körbchenblüter oder auch Korbblüter beginnen. Diese Übungen lassen sich auch unabhängig von der Betrachtung dieser Wildpflanze, wie wir sie überall auf Wiesen, im Park und am Wegrand antreffen können, durchführen.

Die genannten Beispiele aus dem Umkreis vieler weiterer Anregungen zu Übungen der Stille und meditativem Naturerleben bezeichnen wir deshalb mit Recht als Übungen, weil sie – wie jede Übung – zielgerichtet sind. Aber auf welches Ziel hin? Zusammen mit weiteren Wegen zur Selbstwahrnehmung, wie sie in diesem Buch beschrieben werden, bilden sie Zugänge aus dem uns übermäßig fordernden, vielfach lärmend betriebsamen äußeren Erfahrungsraum der Welt, mit dem wir es täglich zu tun haben, in den uns weithin fremd gewordenen inneren Erfahrungsraum der Stille, einer Gegenwelt, in der wir selbst selber sind.

Diese Gegenwelt schaffen wir nicht, wir stellen sie nicht her. Sie liegt in uns verborgen, zurückgezogen, überlagert von der Unrast unserer alltäglichen Problematik und Geschäftigkeit. Wer darin nicht umkommen, von ihr nicht ausgebrannt werden will, bedarf der Weckung der noch schlafenden Gegenkräfte aus der inneren Gegenwelt der Stille, damit er die Balance zwischen außen und innen, zwischen der äußeren Welt und sich selbst halten, der äußeren Welt begegnen kann statt von ihr überrollt zu werden. Und weil das nicht von heute auf morgen und nicht auf Anhieb gelingen kann, bedarf es der anhaltenden und immer wieder neuer auf das Ziel hingerichteter Übungen.

---

5   Vgl. Vom Geist des Übens. Eine Rückbesinnung auf elementare didaktische Erfahrungen, Oberwil 1987

Otto Friedrich Bollnow[5] erinnert daran, dass »übendes« Tun der germanischen Wortwurzel zufolge ursprünglich ein religiöses Tun meinte: den heiligen Naturboden bebauen, kultivieren, behüten und pflegen. So könnte auch unser ständiges Mühen um Zugänge zur Befreiung unseres inneren Erfahrungsraums zum religiösen Ritual werden – mit den Kindern ein Land zu bebauen, das sonst unfruchtbar und brachliegt.

Quellen und weiterführende Literatur:

Otto Betz: Das Unscheinbare ist das Wunderbare, Eschbach 1994

Christine Bellinghausen: 30 Mandalas zum Ausmalen und Kopieren, München 1994 (Deutscher Katecheten-Verein)

Christine Bellinghausen und Josef Schwaller: Mandalas II, München 1995

Karlheinz Burk: Kinder finden zu sich selbst, Frankfurt 1990 (Arbeitskreis Grundschule)

Rüdiger Dahlke: Mandalas der Welt, München 1994

Bruno Dörig: Schenk dir ein Mandala, Eschbach (mehrere Bändchen)

Bruno Dörig (Hrsg.): Mandalas zum Ausmalen (2 Malblocks), Eschbach 1997

Siegfried Rudolf Dunde: Spirituelles Erleben der Natur. Die Einheit von Mensch und Natur erfahren, Düsseldorf 1989

Christiane Dusza: So bunt ist die Stille. Phantasiereisen und Stille-Übungen für Kinder, Wuppertal 1996

Gabriele Faust-Siehl: Mit Kindern Stille entdecken, Frankfurt [4]1993

Helga Fiala: Selbsterfahrung mit Mandala, Steyr 1996

Volker Friebel: Wie Stille zum Erlebnis wird. Sinnes- und Entspannungsübungen im Kindergarten, Freiburg 1995

Hubertus Halbfas: Kleine Didaktik der Stille-Übung. In: Religionsunterricht in der Grundschule. Lehrerhandbuch 2, Düsseldorf 1984, S. 82 ff.

Gabriela Hoppe: Mit Kindern meditieren. Grundlagen und Anleitungen, München 1995

Sabine und Susanne Hufmann: Blumen der Sonne. Naturmeditationen mit Kindern, München 1997

Wolfgang Hund: Mandalas für Kinder. Malend zur Ruhe kommen, Mülheim/Ruhr 1996

John Isaacs: Praxis spiritueller Selbstverwirklichung. Ein umfassendes Programm geistiger und körperlicher Übungen, Freiburg 1984

Katrin Kälberer und Kurt Kuckuk: Ruhe. Meditative Übungen mit Schülern. Videokassette (Ostlandstr. 5, D-82299 Türkenfeld)

Herbert Kersberg und Ulla Lachmann (Hrsg.): Spiele zur Natur- und Umwelterfahrung, Hamburg 1994, S. 88 ff.

Kinder malen Mandalas (2 Kindermalblocks). Eschbach 1997/1998

Dorothée Kreusch-Jacob: Lieder aus der Stille. Klangbilder und Meditationen für Kinder, Düsseldorf 1996 (mit CD)

Dorothée Kreusch-Jacob: Mit Liedern in die Stille. Meditieren und Gestalten mit Kindern, Düsseldorf 1996 (mit CD/MC)

Dorothée Kreusch-Jacob: Das Wolkenboot. Neue Klangbilder und Meditationen für Kinder, Düsseldorf 1996 (mit CD)

Dorothée Kreusch-Jacob: Mandala-Musik (ab 5 Jahren), Freiburg 1997 (MC und CD)

Gerhard Krombusch: Komm mit zur Quelle. Mit Kindern auf dem Weg in die Stille. Arbeitshilfen zur Audio-Kassette, Drensteinfurt 1989

Sylvia Lendner-Fischer: Bewegte Stille. Wie Kinder ihre Lebendigkeit ausdrücken und zur Ruhe finden, München 1997

Gerda und Rüdiger Maschwitz: Am Anfang war die Stille. Phantasiegeschichten für Kinder und Erwachsene. Mit Orgelimprovisationen von Gustav A. Krieg (MC, CD), München 1997

Gerda und Rüdiger Maschwitz: Aus der Mitte malen – heilsame Mandalas, München [5]1998

Gerda und Rüdiger Maschwitz: Gemeinsam Stille entdecken. Übungen für Kinder und Erwachsene, München 1995

Gerda und Rüdiger Maschwitz: Stille-Übungen mit Kindern, München [7]1998

Gerda und Rüdiger Maschwitz: Neue Mandalas – Aus der Mitte wachsen, München 1998

Ministerium für Bildung, Kultur und Wissenschaft des Saarlandes (Hrsg.): Handreichungen – Stille und Stille-Übungen. Ein Weg zur eigenen Mitte und zu Gott, Saarbrücken 1995

Claudia Peters: Still werden und staunen, Freiburg 1998

Praxis Grundschule 1991, Heft 2 (Westermann) Braunschweig

Gisela Preuschoff: Kinder zur Stille führen, Freiburg [4]1996

Gisela Preuschoff: Kinder mit Mandalas zur Stille führen, Freiburg 1997

Manfred Reichgeld: Wege zur Stille. Kinder finden zu sich selbst, München 1995

M. Schneider/R. Schneider/D. Wolters: Meditieren mit Kindern (mit MC und Dias), Mülheim an der Ruhr 1997

Hubert Teml: Entspannt lernen, Linz 1993

Elisabeth Thierer: Stille-Übungen und Bild-Erleben, Weinheim 1996

Arthur Thömmes: 50 Mandalas zum Ausmalen und Meditieren, Trier 1995 (Katechetisches Institut)

Klaus W. Vopel: Kinder ohne Stress. Imaginative Spiele für Kinder zwischen 3 und 12 Jahren, Bd. 3: Reise mit dem Atem, Salzhausen [3]1994

4 Sich selbst bewusst erfahren durch Phantasiereisen und Autogenes Training

Die Phantasie stößt Türen auf, die das bloße Kalkül übersieht ... – eine Form des Spiels, die die Grenzen der Zukunft erweitert.

Harvey Cox[1]

Warum wohl konnte Leo Lionnis kleine Bildergeschichte von »Frederick«[2] und den vier anderen kleinen Feldmäusen seit dreißig Jahren die Herzen der Kinder wie im Flug erobern?

Sie erinnern sich vielleicht: Als der Winter kam und der erste Schnee fiel, zogen sich die Feldmäuse in ihr Versteck zwischen den Steinen zurück. In der ersten Zeit gab es noch viel von den Vorräten zu essen, welche die vier im Herbst gesammelt hatten, während Frederick abseits gesessen und sich auf andere Weise auf die vielen langen Wintertage vorbereitet hatte. Aber nach und nach waren fast alle Nüsse und Beeren aufgeknabbert, das Stroh war alle, und an Körner konnten sie sich kaum noch erinnern. Es war auf einmal sehr kalt zwischen den Steinen der alten Mauer, und keiner wollte mehr sprechen. Da fiel ihnen plötzlich etwas ein. »Frederick!« riefen sie, »was machen deine Vorräte, die du im Herbst gesammelt hast?« – »Macht die Augen zu«, sagte Frederick und kletterte auf einen großen Stein. »Jetzt schicke ich euch die Sonnenstrahlen. Fühlt ihr schon, wie warm sie sind? Warm, schön und golden?« Und während Frederick so von der Sonne erzählte, wurde den vier kleinen Mäusen schon viel wärmer. Ob das Fredericks Stimme gemacht hatte? Oder war es ein Zauber? »Macht wieder eure Augen zu«, sagte Frederick. Und als er von blauen Kornblumen und roten Mohnblumen im gelben Kornfeld und von grünen Blättern am Beerenbusch erzählte, da sahen sie die Farben so klar und deutlich vor sich, als wären sie aufgemalt in ihren kleinen Mauseköpfen ...

Was macht Frederick mit seinen Freunden anderes als eine Phantasiereise, welche Türen aufstößt, die das bloße Kalkül übersieht, eine Form des Spiels, die die Grenzen zur Zukunft erweitert?

---

1   Harvey Cox: Das Fest der Narren, Stuttgart 1970, 21 15
2   Leo Lionni: Frederick, München [7]1991

Für Kinder, die den größten Teil des Lebens noch vor sich haben, denen das Leben ein noch weithin unbeschriebenes Blatt ist, steckt es noch voller Möglichkeiten. Anders als die vier Feldmäuse, die glaubten, »vom Brot allein leben« zu können, entdeckt Frederick – ähnlich wie der Dummling oder andere »Helden« im Volksmärchen (* Kap. 9) – in sich selbst den Sinn für andere Möglichkeiten zu leben und zu überleben. Geistig aufgeschlossen, innerlich flexibel, voller Lust am kreativen Spiel, besinnt er sich auf die Kraft seiner Phantasie, um die Grenzen der so genannten »Realitäten« zu überwinden oder doch auszuweiten. Kinder mögen aus diesem Frederick Anklänge ihres eigenen kindlichen Wesens heraushören, das noch nicht festgefahren ist im Kalkül der Faktenwelt.

Spirituelle Erziehung, die diesen Namen verdient, fördert diese kindliche Gabe, scheinbar vorgegebene Grenzen phantasievoll zu verändern, um Alternativen zur Gegenwart und Vorwegnahmen einer humaneren Zukunft zu entwerfen. Zu Recht erhebt Dorothee Sölle die Phantasie in den Rang einer »Mutter der Tugenden von morgen« und erblickt in ihr eine neue »Art Transzendenz«, um produktiv unsere Umklammerung durch statische Werte wie Erwerb, Besitz und Konsum entgrenzen zu können.[3]

Was wären die menschlichen Kulturen und das Dasein jedes Einzelnen ohne Phantasie? – Ohne sie gäbe es keine Wissenschaften, keine Kunst, Politik, Religion, keine Veränderungen im gesellschaftlichen, kulturellen und religiösen Leben. Zumal die großen Philosophen und Religionsstifter es sind, die neue Menschen- und Weltbilder entwarfen, häufig im Widerspruch zu den bis dahin gültigen. Mit ihren visionären Vorstellungen waren sie ihrer Zeit voraus und eröffneten neue Möglichkeiten, die Welt zu sehen, anders denken und handeln zu können als bisher gewohnt.

Unsere Phantasie und die der Kinder zu fördern, wird uns helfen, nicht nur den Alltag lebendiger, farbiger und reicher zu erleben und zu gestalten, Konflikte und Krisen phantasievoller zu bewältigen, sondern auch Auswege aus den Nöten unserer Zeit und Zugänge zu neuen Lebensmodellen zu finden.

So unscheinbar Phantasiereisen auch sein mögen, sie können dazu anregen, sich selbst in den mehrdimensionalen Bewusstseinsmöglichkeiten zu erfahren und die engen Grenzen des eingefahrenen Alltagsbewusstseins zu durchbrechen. Märchen und andere phantastische und therapeutische Geschichten (* Kap. 9 und 10) sollten deshalb auch in Phantasiereisen vielfältig einbezogen werden.

---

3   Dorothee Sölle: Phantasie und Gehorsam, Stuttgart 1968, 68 ff. 54

Die Phantasiereise zur Ruhe und Entspannung

Schon ganz schlichte Bilder vor unseren inneren Augen entstehen zu lassen, kann dazu beitragen, wenigstens kurzzeitig die laute Schnelllebigkeit, die oberflächliche Geräusch- und Bilderflut aus den Medien, die Leistungs- und Konkurrenzsucht im Alltag von Familie, Kindergarten und Schule zu unterbrechen und von ihnen Abstand nehmen zu lernen. Im Wechsel und zusammen mit Übungen zur Stille, Achtsamkeit und meditativem Naturerleben (★ Kap. 3) kommen Phantasiereisen dem tiefen Bedürfnis der Kinder entgegen, nach Zerstreuung, Aktion und äußeren Anforderungen ein Gegengewicht schaffen zu können, um wieder zu innerer Ruhe und Sammlung zu kommen und zu sich selbst zu finden.

Das ist ein erstes Ziel, das wir mit Phantasiereisen verfolgen können. Sie dienen der geistig-seelisch-körperlichen Entspannung im Familien-, Kindergarten- und Schulalltag. Sitzend oder liegend schließen wir die Augen und reisen mit unserer Phantasie zu Orten, die zu innerer Ruhe einladen, zu Orten der Harmonie, Geborgenheit, Ausgeglichenheit und Leichtigkeit: Wiese, Waldlichtung, See, Bach, Berggipfel, Wolke. Eine kleine Erzählung führt die Kinder imaginativ dorthin und lässt sie dort beruhigende Dinge erleben, sehen, hören, riechen: verschiedene Blumen, ein hoppelndes Kaninchen, eine äsende Rehmutter mit ihrem Kitz, Vogelgesang in den Bäumen, das Rauschen des Windes, die wärmende Sonne, das Plätschern des Bachs, Enten auf dem See, das rhythmische Rauschen der Wellen am Strand.

Dabei sollten wir darauf achten, nicht zu viele Einzelheiten vorzugeben, damit der eigenen Phantasie der Kinder Raum gelassen wird. Damit eine entspannte Stimmung entstehen kann, ist langsames Lesen mit vielen Pausen unbedingt erforderlich. So erst können die den Kindern angebotenen Bilder vor den inneren Augen Gestalt annehmen. Und nicht zu viele Bilder sollten es sein, diese aber in einer logischen Reihenfolge, damit die Vorstellung nicht verwirrt oder überlastet wird. So wie wir sie mit freundlichen Worten zur inneren Vorstellung eingeladen haben, so begleiten wir sie auch wieder mit sanfter Stimme aus diesem schlichten kleinen Reich der Phantasie hinaus. Wir lassen ihnen noch ein wenig Zeit der Stille: »Wenn du noch eine Weile dort bleiben möchtest, ruhe dich noch ein bisschen aus, bis du die Augen wieder öffnest und zu uns zurückkehrst.«

Schon mit Kindern ab etwa drei Jahren können wir kleine Phantasiereisen durchführen, wenn sie vorher schon Erfahrungen mit Stille-Übungen gemacht haben. Wir sollten mit einfachen Grundbildern beginnen wie Wiese, Weg, Baum, Quelle, Wasser, Meer, der Wolken- oder Sternenhimmel, die Sonne, der Mond, ein Käfer, ein Kätzchen oder ein anderes Tier, eine Blume, ein Zauberteppich oder ein Zauberschlüssel – und bei ihnen verweilen.

Vor der Phantasiereise schütteln wir uns stehend erst einmal richtig durch, gähnen und strecken uns und atmen einige Male tief ein und aus.

Phantasiereisen können wir sitzend mit geschlossenen Augen durchführen, vor einem Tisch auch den Kopf auf unsere Arme auf den Tisch legen oder auf die Stuhllehne, wenn wir uns verkehrtherum auf den Stuhl setzen. So können wir auch im Stuhlkreis auf Phantasiereise gehen. Lässt es der Raum zu oder sind wir im Freien, können wir uns auch auf den Boden legen. Um jüngeren Kindern das Augenschließen zu erleichtern, können sie sich auch mit einem kleinen Kissen oder Tuch die Augen zudecken. Entspannend wirkt auch schon, wenn wir vorher unsere Handflächen reiben und die warmen Handflächen auf unsere geschlossenen Augen legen. Was spüren wir? Und was spüren wir, wenn wir die Hände wieder von den Augen nehmen, aber die Augen weiter geschlossen halten?

Eine zum Motiv der Traumreise passende Musik erleichtert es den Kindern, sich tief auf die Impulse zum Erleben der angeregten Bilder einzulassen.

Hoch hinaus (ab 5 Jahren)
Stell dir mal vor, du kannst fliegen. Und du schwebst hoch hinaus, durch die frische Luft nach oben. Du fliegst am Himmel, elegant und leicht. Schon bist du über die Stadt hinweggeflogen, die Sonne scheint, und wenn du magst, kannst du durch die Wolken fliegen, die dich wie sanfter, weißer Nebel umgeben können. Glücklich und ruhig fliegst du dahin ... Und wenn du magst, dann tauchst du durch die Wolken hindurch hinab auf die Erde, und du kannst dir aussuchen, wo du sicher und gekonnt wieder landen möchtest.
(Gisela Preuschoff, Kleine und große Ängste bei Kindern. Wie Eltern helfen können. München 1995, S. 88)

Ein stiller Teich
Vielleicht bist du schon einmal an einem kleinen Teich gesessen und hast in das ruhige Wasser geblickt. Diese Phantasiereise kann dir helfen, Ruhe und Stille eines Teiches zu erleben ...
Setze oder lege dich dazu entspannt hin ... Schließe deine Augen ... Mache es dir noch ein wenig bequemer ...
Stelle dir vor, du sitzt am Ufer eines kleinen Teiches ... Ein schöner Tag ..., Sonnenstrahlen spiegeln sich im Wasser ..., Bienen summen ..., es riecht nach frischem Gras ... Du blickst auf das Wasser ..., ruhig ..., still ... liegt es da ... Nichts rührt sich mehr ... Du nimmst einen kleinen Kieselstein ..., wirfst ihn ins Wasser ..., hörst das Plätschern ... Kleine Wellen breiten sich aus ..., ziehen Kreise ..., immer weiter ... und verschwinden ... Der Teich ist wieder ganz ruhig ..., glatt ..., still ... Und vielleicht sind in deinem Kopf noch störende Gedanken ... Du kannst sie gehen lassen, so wie die Wellen am Teich ... einfach ausklingen lassen ...
Vielleicht möchtest du noch weitere Kieselsteine ins Wasser werfen ..., die Wellen beobachten ..., wie sie Kreise ziehen ..., weiter ... und weiter ..., dann verschwinden ...
Nun kommst du langsam ..., in deinem Tempo ..., wieder hierher zurück ... Du bewegst deine Finger ..., atmest etwas tiefer ein und aus ... Du dehnst und räkelst dich ... und öffnest deine Augen ... Du fühlst dich erfrischt und ausgeruht, als wärst du gerade aufgewacht ...
(Helga und Hubert Teml: Komm mit zum Regenbogen. Phantasiereisen für Kinder und Jugendliche, Veritas, Linz [6]1996, S. 59 – Dort finden sich weitere Anleitungstexte zu Rastplatz,

Am Strand, Im Boot, Ein schöner Tag, Ein Regentag, In der Hängematte, Licht, Schneeflocken, Elfentanz, Pusteblume, Lieblingsfarbe, Ein kleines Kätzchen, Schneemann für Kinder ab etwa 6 Jahren und zu Zauberwort, Im Wasser, Weltraumfahrt, Ballonfahrt, Mit dem ganzen Körper für Kinder ab etwa 8 Jahren.)

Wiese
Du bist auf einer großen, weiten Wiese –
du läufst durch diese Wiese –
du spürst unter deinen Füßen das Gras –
es ist biegsam, weich, sommerwarm –
du hast Lust, dich ins Gras zu legen –
du spürst das Gras unter dir, wie eine weiche Decke –
du siehst die Gräser, viele Arten –
siehst Blumen dort –
kleine Käfer krabbeln gemächlich –
du riechst das Gras, die Erde –
ein Schmetterling schaukelt an dir vorbei –
du siehst, wie schön seine Färbung ist –
die Zeichnung seiner Flügel,
ganz aus Samt scheinen sie zu sein –
du hörst die Bienen summen und schwirren –
du schaust zum Himmel –
du siehst dort oben viel –
du bist ganz ruhig, gelöst, entspannt –
Ruhe durchströmt dich –
du bist ganz ruhig und entspannt –
(Else Müller: Du spürst unter deinen Füßen das Gras. Autogenes Training in Phantasie- und Märchenreisen. Vorlesegeschichten, Frankfurt 1983, S. 39. – In diese und weitere kleine Geschichten zu Sandstrand, Boot, Insel, Berg, Schlittenfahrt, Waldspaziergang, Regentropfen ... sind einfache Impulse des Autogenen Trainings für Anfänger eingebunden.)

Auch Volker Friebel baut in seine Phantasiereisen manchmal Entspannungsformeln aus dem Autogenen Training ein. So heißt es beispielsweise in der Phantasiereise »Brunnen am Feldweg« gegen Ende:

Du spürst die Ruhe in dir ... Du spürst die Schwere der goldenen Ähren ... Du spürst die Wärme der Sonne ... Du fühlst dich ruhig, schwer und warm ... So liegst du ein Weilchen und achtest auf alles um dich herum ... Du schöpfst dir neue Kraft aus der Stille ...

Und in »Meeratem« wird auch der Atem mit eingebunden:

Achte auf deinen Atem. Bei jedem Atemzug hörst du das mächtige Brausen einer Welle. Die Kraft des Meeres strömt in dich ... Zwischen den Atemzügen ist Stille. Alles ist ruhig und klar ... Stell dir die Tiefe des Meeres vor. Die Wellen sind nur an seiner Oberfläche. Darunter ist es still und gewaltig, von großer Kraft ... Kraftvoll und freundlich und still ... In den Wellen zeigt sich die Kraft des Meeres ... Mit diesem Atem nimmst du die Kraft in dich auf ... Die Kraft des Meeres strömt in dich ... Achte auf diesen Atem, dann spürst du die Stille und die Kraft und die Frische des Meeres ...
(Schlüssel in kleine Hände. Phantasiereisen. Geschichten und Vorstellungsübungen, Freiburg 1997, S. 18 und S. 40)

Steig in mein Luftschiff

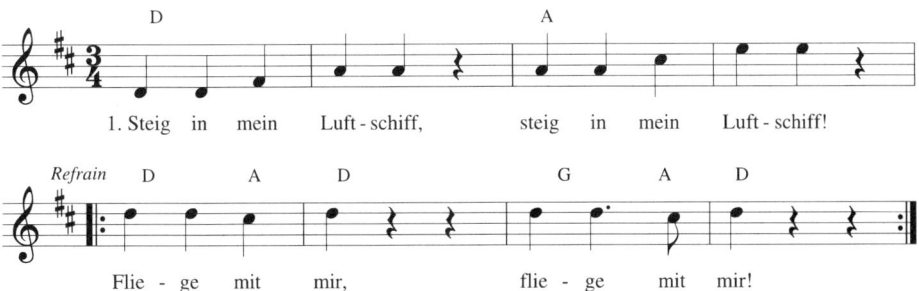

1. Steig in mein Luft - schiff, steig in mein Luft - schiff!

Refrain

Flie - ge mit mir, flie - ge mit mir!

T/M: Dorothée Kreusch-Jacob
Aus: Mit Liedern in die Stille. Patmos Verlag, Düsseldorf [3]1998

2. Schwebend und leise
   ist unsre Reise.
   Fliege mit mir,
   fliege mit mir!

3. Hoch über Wälder,
   Wiesen und Felder.
   Fliege mit mir,
   fliege mit mir!

4. Siehst du die Berge,
   Spielzeug für Zwerge?
   Fliege mit mir,
   fliege mit mir!

5. Mach dich ganz schwer,
   es geht übers Meer!
   Fliege mit mir,
   fliege mit mir!

6. Winzige Schiffe,
   Inseln und Riffe.
   Fliege mit mir,
   fliege mit mir!

7. Schau, Wolkenschimmel
   reiten am Himmel!
   Fliege mit mir,
   fliege mit mir!

8. Sonne im Blau,
   strahlend hell, schau!
   Fliege mit mir,
   fliege mit mir!

9. Welten und Sterne
   leuchten von ferne.
   Fliege mit mir,
   fliege mit mir!

Mit diesem Lied lädt Dorothée Kreusch-Jacob zu einer Phantasiereise mit dem Luftschiff ein, um die sich ein kleines Programm mit Sich-bewegen, Gestalten, Atem-erfahren, Sich-entspannen, Vertrauen-gewinnen rankt. Noch mit vielen anderen Liedern, um die sie jeweils ein am Thema des Liedes orientiertes Programm mit einer Phantasiereise vorschlägt, lädt sie die Kinder ein, Ruhe und Stille zu suchen.

Wer noch kaum Erfahrungen sammeln konnte, mit Kindern Phantasiereisen durchzuführen, lasse sich von Sylvia Lendner-Fischer an die Hand nehmen, die mit vielen Details zu sieben traumhaften Phantasiereisen mit Kindern ab drei Jahren einlädt und anleitet. Vorschläge zur Raumgrundgestaltung, zum Begleit-material und zur Begleitmusik sowie pädagogische Hinweise zu den einzelnen

Erzählschritte helfen auch den Anfängern, Freude an diesem Zugang zur Befreiung der Kinderseele zu bekommen. (Vgl. Bewegte Stille. Wie Kinder ihre Lebendigkeit ausdrücken und zur Ruhe finden, München 1997)

Solche beruhigenden und entspannenden Phantasiereisen eröffnen Kindern bereits eine alternative Lebensquelle und unterstützen ihren natürlichen Rhythmus von Aktivität und Ruhe. Mit ihr haben wir jedoch erst den inneren Raum geschaffen für eine weiterreichende Möglichkeit.

Die thematische Phantasiereise zur Persönlichkeitsförderung und Lebensgestaltung

Sie erst stößt das Tor zu unserer Vorstellungskraft (Imagination), zur Welt unserer inneren Bilder und Vorstellungen weit auf. Lösen wir diese aus ihrer Latenz und verlebendigen sie, erschließen wir uns neben der äußeren Faktenwelt eine zweite Dimension der Wirklichkeit, um unser Leben zu gestalten, reicher zu gestalten; denn die Imagination vermag nun Einfluss zu nehmen auf unsere realen Lebensfakten und sie zu verändern.

Hat nicht Fredericks Phantasiereise die kalte, farblose Welt in den kleinen Mäuseköpfen verändert – in Erinnerung an die warmen, hellen Sonnentage – und in imaginativer Vorwegnahme auch wieder hoffender und so ihr Leben erträglicher und sie selbst geduldiger und zuversichtlicher machen können? In dieser dunklen Zeit, in der »der Tod am Brot allein« gefährlich nahe gerückt war? Wer überleben will, braucht Bilder und Symbole der Hoffnung auf neue Lebensmöglichkeiten.

Phantasiereisen mit dem Ziel der Persönlichkeitsförderung und Lebensgestaltung können helfen, die sich uns seit der frühen Kindheit nach und nach stellenden Lebensaufgaben zu bewältigen. Je besser sie gelöst werden können, umso erfüllter kann Leben werden; und je unbefriedigender sie gelöst werden, umso unerfüllter kann Leben werden. Solche Aufgaben sind: Geborgenheit und Lebensvertrauen erfahren (von Geburt an), loslassendes Selbstvertrauen und Selbstbejahung aufbauen (seit dem Kleinkindalter) und Beziehungsfähigkeit im Teilen des Lebens mit anderen entwickeln (seit dem vorschulischen Spielalter).[4]

Phantasiereisen eignen sich dazu in besonderer Weise, weil die dabei beanspruchten Phantasie- und Einbildungskräfte der kreativen rechten Gehirnhälfte unmittelbaren Zugang haben zu diesen transpersonalen Urbildern des mensch-

---

4   Vgl. Wolfgang G. Esser: Gott reift in uns, München 1991, 29 ff.

lichen Unbewusstseins; denn diese überpersönlichen, zeitlosen, zu Bildern verdichteten menschheitlichen Urerfahrungen, die in der individuellen Seele gespeichert sind, stellen uns diese Aufgaben während der kindlichen Entwicklung und dann lebenslang, um – anders als das Tier, das mit seinen Instinkten fest in seine Naturumwelt eingefügt ist – überleben zu können (★ Kap. 9, S. 169 ff.). Wenn wir diese Aufgaben, die aus dem »Urquell des menschlichen Erlebens«[5] stammen, nicht oder nur ungenügend lösen, töten wir unsere Seele. Eine gnostische Weisheit sagt: »Wenn du nicht hervorbringst, was in dir ist, wird es dich umbringen.«

Deshalb müssen wir alles daransetzen, unsere und unserer Kinder kreativ-imaginativen Seelenkräfte zu entfalten, die uns mit dem Innenraum unserer Seele verbinden. So schaffen wir ein Gegengewicht zu dem in der westlichen Zivilisation überbeanspruchten abstrakten Denken, das auf die faktische Außenwelt gerichtet, aber unfähig ist, sie auf das Mögliche hin zu überschreiten und das Leben so zu gestalten und zu verändern, dass es den inneren, wesentlich menschlichen Bedürfnissen entspricht. Sonst gerät unser Leben vor lauter Außenorientierung aus dem Gleichgewicht. Ohnmacht macht sich breit in einer Seele, die ein Leben lang auf Geborgenheit und Vertrauen in die Durchsetzungskraft des Guten, auf Selbstvertrauen und Selbstbejahung und auf gegenseitig erfüllende Beziehung angewiesen ist, diese jedoch nicht finden kann.

Wenn die Einbildungskraft verkümmert und die Phantasie stirbt, ist uns der Weg zu den tiefenseelischen Urbildern abgeschnitten, aus denen unser Selbstsein seine Nahrung schöpft. Wir sind dann gezwungen, uns in der Außenwelt zu holen, was wir in uns selbst nicht zu finden vermögen, weil es sich nicht entfalten konnte. Wie störanfällig durch solchen Ausfall an Innerlichkeit unser und schon unserer Kinder Seelenleben wird, lässt sich unschwer ablesen an den ausufernden materiellen, emotionalen und religiösen Ersatzlösungen und Süchten, die dennoch nicht ersetzen können, was umgepolter Sehnsucht und »korrumpierter Liebe«[6] fehlt.

---

5   Rollo May: Der Mut zur Kreativität, Paderborn 1987, 119
6   Horst Eberhard Richter: Der Gotteskomplex, Reinbek 1979, 217 ff.

Phantasiereisen zur Imagination von Geborgenheit und Vertrauen in die Durchsetzungskraft des Guten

—————

»Seht auf der Wiese den Hirten, folgt ihm ...
Er geht über eine grüne Wiese ...
Von dort führt der Weg zum Bach ...
Ihr folgt dem Hirten auf dem Weg zur Quelle des Baches und verweilt dort ...
Nun führt der Hirte euch in ein Tal. Das Tal wird enger, auch dunkler. Wenn ihr nach oben schaut, seht ihr die Sonne. Folgt ihm weiter, bis zum Ende des Tales ... Es wird weit und grün ... Ihr seht ein Haus. Der Hirte betritt es und lädt euch ein, an einem Tisch Platz zu nehmen. Ihr setzt euch, und ihr werdet zum Essen eingeladen. Ihr eßt zusammen ...
Der Hirte schenkt euch seine Gastfreundschaft; wenn ihr wollt, seid ihr dort immer willkommen ...
Verabschiedet euch. – Kehrt nun hier in unseren Raum zurück.«
(Gerda und Rüdiger Maschwitz: Stille-Übungen mit Kindern. Ein Praxisbuch, München 1993, 169 f.)

Diese Phantasiereise in Anlehnung an Psalm 23 regt dazu an, Phantasiereisen auch um andere Grundmotive und Bilder in Psalmen zu entwickeln. Es sind zunächst die Namen für Gott, welche Erfahrungen der Geborgenheit und des Vertrauens zum Ausdruck bringen: mein Fels, meine Burg, mein Retter, mein Schutz, meine Stärke (Psalm 18), mein Licht (Ps 27), mein Schirm (Ps 32), meine Zuversicht (Ps 61), mein Lied (Ps 118).

Auch andere Vertrauensworte sprechen elementare Lebenserfahrungen der Kinder an und sind es wert, in Phantasiereisen umspielt und vertieft zu werden: Du tröstest mich in Angst (Ps 4); du hältst mir den Kopf hoch (Ps 3); mich hast du froh gemacht, ich schlafe ganz mit Frieden, nur du gibst mir Geborgenheit (Ps 4); du hörst mein Weinen (Ps 6); du verlässt nicht die, die nach dir fragen (Ps 9); ich freue mich über dich, ich bin überglücklich und will dir singen (Ps 9); den Sack der Trauer nahmst du mir fort und gabst mir ein fröhliches Kleid (Ps 30); du hast meine Klage verwandelt in Tanzen (Ps 30); meine Seele hängt an dir, deine Hand hält mich (Ps 63); du bist Sonne und wärmst uns (Ps 84); du kennst mich bei meinem Namen (Ps 91); du sättigst mein Leben mit Gutem (Ps 104); du bewahrst meine Augen vor Tränen, meine Füße vor dem Stolpern (Ps 116); wie ein gestilltes Kind bei seiner Mutter, so still bin ich (Ps 131); du hast mich gebildet im Mutterleib; ich danke dir dafür, dass ich so wunderbar gemacht bin (Ps 139); wenn ich dich rufe, so hörst du mich und gibst meiner Seele wieder Kraft (Ps 138). (Vgl. Ingo Baldermann: Wer hört mein Weinen? Kinder entdecken sich selbst in den Psalmen, Neukirchen [3]1992 – Ders.: Wie Kinder sich selbst in den Psalmen finden, in : Friedrich Schweitzer/Gabriele Faust-Siehl (Hrsg.): Religion in der Grundschule, Frankfurt/M. [2]1995, 187 ff. – Rainer Oberthür: Kinder und die großen Fragen. Ein Praxisbuch für den Religionsunterricht, München 1995, 84 ff.)

Auch manche Gleichniserzählungen sind geeignet: die Gleichnisse vom Sämann (Lukas 8), vom Unkraut, vom Schatz, von der Perle, vom Senfkorn, vom Sauerteig, vom Fischnetz (Matthäus 13) und vom verlorenen Schaf (Matthäus 18).

> Du gehst über eine große Wiese. Da triffst du einen Schäfer mit einer großen Schafherde. Der Schäfer bittet dich, für eine Zeit auf seine Schafe zu achten. Du nimmst den Hirtenstab und tust dem Schäfer den Gefallen. Du setzt dich auf einen Stein und beobachtest die Herde. Über dir ist der blaue Himmel. Du spürst die Sonne auf deiner Haut. Es wird dir ganz warm, du fühlst dich sehr wohl. Du spürst, wie du immer schwerer wirst, warm und schwer, du genießt die Stille um dich herum.
> Plötzlich hast du das Gefühl, dass ein Schaf fehlt. Du zählst die Herde nach und stellst fest, dass sie ein Schaf weniger hat. Was sollst du nun tun? Die Herde allein lassen und dich auf die Suche nach dem verlorenen Schaf machen? Du machst dich auf den Weg.
> Die Suche führt dich auf steiniges, unwegsames Gelände. Bleib stehen und schau, ob du das verlorene Schaf sehen kannst ... da, hinter dem Busch, raschelt es dort nicht? Du schaust nach und findest das verlorene Schaf. Spürst du deine Freude? Mit dieser Freude kehrst du zu der restlichen Herde zurück. (Gabriela Hoppe: Mit Kindern meditieren. Grundlagen und Anleitungen, Don Bosco Verlag, München [2]1996)

Solche Phantasiereisen zu Gleichniserzählungen und Psalmworten (* Kap. 18, S. 321 ff.) können ausklingen und weitergeführt werden, indem die Kinder im Gespräch oder schreibend ähnliche Erfahrungen aus ihrem Alltag mitteilen. Wir können die ausgelösten Gefühle auch mit Orff-Instrumenten verklanglichen, die Phantasiereise malen, in einer Pantomime oder in einem Rollenspiel, in Bewegung und Tanz darstellen (* Kap. 7) oder mit Ton gestalten.

Phantasiereisen mit biblischen Bezügen stellt mit Altersangaben auch Christiane Dusza vor. Sie berichtet aus der Praxis und ermutigt Anfänger zur Geduld, bei der ersten Schwierigkeit nicht gleich aufzugeben. (Vgl. So bunt ist die Stille, Wuppertal 1996)

Nicht vergessen sollten wir für Phantasiereisen die Märchen. Märchen, welche von Geborgenheit und Vertrauen in die Wirklichkeit und in das Gute erzählen, sind in Kapitel 9, S. 178 ff. angegeben.

Was auch immer den Inhalt einer Phantasiereise bildet, er bedarf einer eigenen Textgestaltung und Vortragsweise. Damit ein Grundbild vor unseren inneren Augen sich entfalten kann, werden alle davon ablenkenden Einzelheiten weggelassen, aber, das Grundbild ausmalend, fördernde Details hinzugefügt. Es ist darauf zu achten, dass möglichst viele Sinneskanäle angesprochen werden: Sehen, Hören, Riechen, Schmecken, Spüren. Der Text wird im Präsens und mit einer sich deutlich von der Alltagssprache unterscheidenden Stimme vorgetragen: ruhig, gleichmäßig, langsam, sanft und leise. Die leise innere Stimme in jedem Kind will angesprochen werden, Wiederholungen sind möglich, und längere Pausen tragen dazu bei, dass jedes Kind seine eigenen Bilder ungestört entwickeln kann.

Phantasiereisen zur Imagination von Selbstvertrauen und Lebensbejahung

Warum werden unsere Kinder zunehmend schwieriger? – fragt Rebecca Wild. Sie sucht die Ursache zunächst bei den Erwachsenen, Eltern und Erziehern, welche die Entwicklung der Kinder zu sehr einengen und beschneiden, »dass wir konditionieren, statt Wachstum zu ermöglichen. Unsere Erziehung ist dann mit der arbeitsaufwendigen und kunstvollen Produktion von Bonsais zu vergleichen, die sicher schöne Resultate erbringen, aber die Bedürfnisse des Lebens nicht erfüllen können.«[7]

Carl R. Rogers bemerkt, das Kleinkind habe noch eine innere Beziehung zu der allen Menschen fundamentalen Gemeinsamkeit, innerlich so frei zu sein, dass der Mensch »sich an seine wirklichen Wertsetzungen hält, der Tendenz nach seine Werte auf die Objekte, Erfahrungen und Ziele setzen wird, die seinem Überleben, seinem Wachstum und seiner Entwicklung wie auch dem Überleben und der Entwicklung der anderen zuträglich sind ... (Es weiß:) › das ist gut für mich‹, ›das ist schlecht für mich‹, ›das mag ich‹, ›das mag ich überhaupt nicht‹.«[8] Die Erziehung kann das Hören auf sich selbst und seine eigene Wertung aber verunsichern in dem Maße, wie die Erwachsenen dem Kind ihre Werturteile aufzwingen. »Dieser fundamentale Widerspruch zwischen Vorstellungen, die jemand hat, und dem, was er tatsächlich erfährt, ... ist ein Teil der grundsätzlichen Entfremdung des modernen Menschen von sich selbst.«[9]

Es ist selbstverständlich, dass Phantasiereisen nicht eine Beziehungskultur in Familie, Kindergarten und Schule ersetzen können, die den inneren, wesentlich menschlichen Bedürfnissen des Kindes entspricht.[10] Aber auch sie können dazu beitragen, Selbstvertrauen und Lebensbejahung zu stärken.

---

7   Rebecca Wild: Sein zum Erziehen. Mit Kindern leben lernen, Freiamt [7]1998
8   Carl R. Rogers: Lernen in Freiheit, München 1974/Frankfurt 1988, 264 f. 252
9   Ebd. 257
10   Vgl. Wolfgang G. Esser, a.a.O.

»Stell dir vor, du verwandelst dich in einen Bären. Als Bär lebst du mit deiner Bärenfamilie in einer Höhle. Das ist eine gemütliche Höhle, in der ihr viel Platz habt, und in der ihr sicher und geborgen seid ... Es ist jetzt früh am Morgen, die ersten Sonnenstrahlen fallen durch den Höhleneingang, und du wachst aus deinem Schlaf auf ... Du streckst deine Tatzen weit aus, gähnst noch einmal kräftig, und dann richtest du dich allmählich auf deinen vier Pfoten auf ... Die anderen schlafen alle noch, und daher beschließt du, schon mal zu einem Entdeckungsstreifzug durch den Wald aufzubrechen ... Du verlässt die Höhle und streifst durch den Wald – und du fühlst dich wohl, wie dir die ersten Sonnenstrahlen auf den Pelz fallen, und du freust dich auf den Tag, der vor dir liegt ... Du lauschst und du hörst um dich herum viele Geräusche des morgendlichen Waldes ... Du kommst an einen großen dicken Baum, und weil du nicht nur ein schneller Läufer, sondern auch ein guter Kletterer bist, kletterst du hoch auf den Baum, und von dort kannst du vieles sehen, was im morgendlichen Wald passiert ...
Dann streifst du wieder herum, und auf einer Lichtung triffst du ein paar andere Bären, die dort gerade am Tollen sind. Und ihr jagt zusammen durch die Bäume und über die Felsen und spielt Nachlaufen und Verstecken ...
Danach seid ihr müde und durstig, die Sonne ist jetzt auch schon ganz heiß, und ihr trabt zum Bach ... Dort kannst du nach Herzenslust trinken und baden, das Bachwasser ist angenehm kühl und frisch ... Du bist jetzt auch hungrig, aber du kennst ja zum Glück einen Baum, in dem ganz viele Honigwaben sind, und dort kannst du leckeren Honig naschen ... Die Bienen sind natürlich wie immer wütend, aber sie können dir nichts tun, denn du hast ja ein dickes Fell, das dich beschützt ... Im Wald gibt es auch noch viele andere leckere Sachen, die du jetzt suchen und naschen kannst ...
Bei deiner Wanderung begegnen dir auch viele andere Tiere ... Es gibt eigentlich kein Tier, vor dem du Angst haben musst, denn du bist ja bärenstark ... Und so beobachtest du neugierig die großen und kleinen Tiere, die dir begegnen ...
Schließlich kommst du auch an den großen Fluss, und an dieser Stelle bist du noch nie auf der anderen Seite gewesen ... Heute bist du ganz mutig, du schwimmst über den Fluss, denn du bist ja auch ein guter Schwimmer, und du erforschst ein wenig, was es auf der anderen Seite des Flusses zu entdecken gibt ...
Schließlich merkst du, dass es schon spät am Nachmittag ist ... Und du schwimmst wieder über den Fluss zurück, streifst zurück durch den Wald, zurück zu deiner Höhle ... Die anderen Bären sind auch schon in der Höhle, und ihr habt noch ein bisschen Zeit, etwas miteinander zu unternehmen ... Dann wird es langsam dunkel, du bist jetzt auch ganz müde und freust dich auf deinen gemütlichen und warmen Schlafplatz ... Draußen im Wald ist jetzt alles still, und du schläfst zufrieden ein ... Und du träumst noch ein wenig von dem schönen Tag, den du gehabt hast ...«
(Rüdiger Gilsdorf in: Ministerium für Bildung, Wissenschaft und Weiterbildung Rheinland-Pfalz: Kreative Ruhe – Kreativer Unterricht. Wege zum ganzheitlichen Lernen und Erleben in der Schule. Übungen und Beispiele zur Förderung von Wahrnehmung, Stille, Entspannung und Imagination im Unterricht, o.J., S. 74 f.)

Stell dir vor, du stehst auf der Wiese am Fuße eines Berges. Heute wirst du ihn besteigen. Schau ihn dir erst an, deinen Berg, wie er sich vor dir erhebt ... Und dann steig hinauf! Wenn du dich genau umschaust, findest du einen Pfad, der von der Wiese hinaufführt ... Du trittst in den Pfad. Er steigt langsam höher und höher ... Achte darauf, was es alles zu sehen gibt ... Vielleicht kommt ein Hochwald, vielleicht auch eine Alm mit Weiden und Kühen, vielleicht auch nackter Stein oder sogar Schnee und Eis ... Immer weiter gehst du, hinauf auf den Berg ... Achte auf den Takt deiner Schritte ... Auf deinen Atem achte, wie er einströmt und ausströmt ... Langsam kommt der Gipfel in Sicht ... Der Gipfel ist nun ganz nahe ... Du gehst langsamer. Schritt vor Schritt setzt du ... Nun hast du den Gipfel erreicht. Auf der höchsten Stelle des Berges stehst du und schaust hinab. Du schaust über das weite Land ... Du achtest genau darauf, was du unten sehen kannst ... Vielleicht

kannst du die Wiese erkennen, wo dein Aufstieg begann. Und vielleicht siehst du sogar den Weg, dem du gefolgt bist ...
(Volker Friebel: Schlüssel in kleine Hände. Phantasiereisen, Geschichten und Vorstellungsübungen, Verlag Herder, Freiburg 1997, 45 f., gekürzt)

»Stell dir vor, dass du deine eigene Farbe hast, die dir helfen kann, ganz du selbst zu sein, zu wissen, was du willst; dich ruhig und sicher zu fühlen ... Und welche Farbe fällt dir nun ein? Welche Farbe siehst du zuerst? ... Wenn eine Farbe auftaucht, dann kannst du beim Atmen diese Farbe in deinem ganzen Körper atmen. Stell dir die Farbe in deinem Kopf vor ... wie sie dann deine Arme anfüllt ... jetzt deine Brust und Bauch und Rücken ... Spüre, wie die Farbe in Beine und Füße strömt ... Und lass diese Lieblingsfarbe dich so machen, wie du wirklich bist. Diese Person, die weiß, was sie will, die entscheiden kann, die weiß, wie sie ruhig und zufrieden und stark sein kann ...«
(Klaus Vopel: Ausflüge im Lotussitz, Bd. 5 der Reihe »Kinder ohne Stress«, iskopress, Salzhausen [3]1994, 68 f., Auszug)

Diese bisherigen Beispiele von Phantasiereisen zeigen, wie unterschiedlich sie gestaltet werden können, recht ausgedehnt und relativ geschlossen oder nur mit wenigen Hinweisen und offen. Wir sollten mit relativ geschlossenen und stark gelenkten Phantasiereisen beginnen. Sie ermöglichen den Kindern Einübung und Gewinnen von Sicherheit in dieser ihnen noch unbekannten Methode. Aber überladen mit Einzelheiten sollten sie auch nicht sein. Bald schon gehen wir zu einer Mischform zwischen stark gelenkter und offener Phantasiereise bzw. Imagination über. Diese halb offene Form engt den eigenen seelischen Erfahrungsraum weniger ein. Die Kinder können sich hier eher selber begegnen; und es besteht weniger die Gefahr, dass sie aus der erzählten Vorstellungsgeschichte aussteigen, wenn diese sie nicht anspricht. In der offenen Phantasiereise werden die Teilnehmer direkt angesprochen (so in den beiden folgenden »Selbstvertrauen« und »Der Rosenbusch«). Für Kinder im Vor- und Grundschulalter sollte sie nur sparsam und mit großer Vorsicht eingesetzt werden; die darin intendierte Selbstbegegnung könnte in konfliktbelastete Untiefen führen, die wir nicht voraussehen können.

Immer ist darauf zu achten, dass wir die in der Literatur vorgefundenen Anleitungstexte nach Form und Inhalt dem jeweiligen Alter, den Vorerfahrungen und dem Sprachschatz der Kinder anpassen.

Bevor wir glaubwürdig Phantasiereisen mit Kindern durchführen, sollten wir uns zuerst selbst in sie einüben. Vielleicht mit den beiden folgenden?

»Sagen Sie sich das Wort › Selbstvertrauen‹ innerlich vor ... Schließen Sie dann Ihre Augen und stellen Sie sich in Ihrer Phantasie vor, wie Sie aussehen, wenn Sie voll Selbstvertrauen sind ... Achten Sie darauf, wie Sie stehen ..., sich bewegen ..., was Sie sehen ..., hören ... und spüren ... Lassen Sie die Vorstellung von › Selbstvertrauen‹ Ihren ganzen Körper durchdringen ... Spüren Sie nach, wie Ihr eigenes Selbstvertrauen ermöglicht, Kindern und Jugendlichen Freiheit und Eigenverantwortlichkeit zu geben ..., sie nicht zu bevormunden ..., ihnen etwas zuzutrauen ...«
(Helga und Hubert Teml: Komm mit zum Regenbogen. Phantasiereisen für Kinder und Jugendliche, Linz [6]1996, 100. Dort finden sich zahlreiche Anleitungstexte für Kinder ab etwa 8

bzw. 12 Jahren zur Persönlichkeitsentwicklung, die folgende Themen akzentuieren: »Nach innen gehen«, »In die Mitte kommen«, »Sich selbst spüren«, »Sich selbst finden«, »Sich selbst vertrauen«, »Schwierigkeiten bewältigen«, »Ein Ziel vor Augen haben«, »Etwas verkörpern«, »Den eigenen Weg finden«, »Schwierigkeiten bewältigen«, »Sich selbst anerkennen« ...)

Zur Selbsterfahrung und zur Einübung in Phantasiereisen führen meine Studentengruppen gern folgende Phantasiereise mit musikalischer Begleitung durch (Audiokassetten oder CD von Deuter, George Winston, Andreas Vollenweider oder von Oasis »Kitaro«):

Der Rosenbusch
Legt euch ruhig und entspannt auf die Matratze ... Sucht euch eine bequeme Stellung, achtet darauf, dass ihr genug Platz für euch habt ... Atmet ein paar Mal ruhig und tief ein ... Fangt langsam an, Eure Muskeln zu entspannen ...
Spürt, wo Ihr auf dem Untergrund aufliegt ... Fühlt Eure Körperteile dabei ganz bewusst ... Spürt die Stelle, wo euer Kopf aufliegt, fühlt, wie er schwer in den Untergrund einsinkt ...
Spürt Eure Schultern, wie sie aufliegen und schwer werden, fühlt Eure Arme – schwer, Euren Rücken, euer Becken, Euren Po. Fühlt, wie alles schwer wird und sinkt ...
Spürt Eure Oberschenkel, Eure Waden, Eure Fersen – wie sie aufliegen auf der Matratze ... Langsam wird euer ganzer Körper schwer und beginnt zu versinken ...
Habt Ihr noch etwas im Kopf, was euch beschäftigt? Sorgen ... Gedanken? Lasst sie sacht aus dem Kopf in den Hals gleiten und eine Reise durch den Körper antreten.
Sie wandern durch Eure Brust, durch den Bauch, das Becken, die Beine, ...schließlich in die Füße, in die Fersen ... Lasst euch genug Zeit, sie dorthin kommen zu lassen ... Lasst sie jetzt durch die Fersen, durch die Fußsohlen einfach hinab in den Untergrund gleiten.
Ihr fühlt euch frei werden und entspannt ... Achtet auf Euren Atem. Auch er wird immer ruhiger und gleichmäßiger ... Atmet ganz bewusst in Eurem eigenen inneren Rhythmus ein und aus ... Ein und aus ...
Ihr lasst los ... Gleitet nun langsam aus Eurem Körper hinaus und stellt euch vor, Ihr seid ein Rosenbusch! ...
Was für eine Art Rosenbusch seid Ihr? Seid Ihr sehr dick? Seid Ihr dünn? ... Tragt Ihr Blüten? Wie sehen sie aus? ... Welche Farben haben Eure Blüten? ... Tragt Ihr viele Blüten, wenige oder gar keine? Steht Ihr in voller Blüte oder habt Ihr nur Knospen? ...
Habt Ihr Blätter? Wie sehen sie aus? ... Wie sind Eure Stämme und Äste? ... Wie sind Eure Wurzeln? Oder habt Ihr vielleicht gar keine? ... Falls Ihr welche habt, sind sie lang oder kurz? Gerade, gekrümmt oder knorrig? Reichen sie tief hinab? ... Habt Ihr Dornen?
Wo befindet Ihr euch? In einem Garten? In einem Park? In der Wüste? In der Stadt? Auf dem Land? Mitten im Meer? ... Wachst Ihr in einem Topf oder im Boden, durch Zement hindurch oder vielleicht sogar irgendwo in einem Haus? ...
Was ist um euch herum? Gibt es andere Blumen oder seid Ihr alleine? ... Gibt es Bäume? Tiere? Menschen? Vögel? ... Seht Ihr wie ein Rosenbusch oder wie etwas anderes aus? ... Umgibt euch irgendwas, vielleicht ein Zaun? Wenn ja, wie sieht er aus? ... Oder befindet Ihr euch auf einer freien Fläche? ...
Was ist das für ein Gefühl, ein Rosenbusch zu sein? ... Wie bleibt Ihr am Leben? Kümmert sich jemand um euch? ... Wie ist das Wetter im Augenblick? ...
Genießt nun noch das Gefühl, ein Rosenbusch zu sein. Wenn Ihr meint, lange genug Rosenbusch gewesen zu sein, kommt langsam wieder zurück ... Gleitet zurück in Euren Körper. Wenn Ihr wollt, nehmt etwas von dem Rosenbusch mit ... Wenn Ihr bereit seid, öffnet die Augen ...
(Ursprüngliche Fassung in: John O. Stevens: Die Kunst der Wahrnehmung, München 1975 – Violet Oaklander: Gestalttherapie mit Kindern und Jugendlichen, Stuttgart 1981)

Weil eine so tief gehende Phantasiereise mit vorangehender autogener Entspannungsübung nicht immer unproblematisch ist, sollte sie nicht allein durchgeführt werden. Sie bedarf des anschließenden Austauschs in einer vertrauten Gruppenatmosphäre oder des Gesprächs zu zweit.

Aber auch Kindern und Jugendlichen sollten wir nach einfacheren Phantasiereisen oft die Gelegenheit zu Austausch und Reaktion geben: Wie fühlst du dich? Was hast du erlebt? Was hat dir am besten gefallen? Hattest du Angst?

Die Sensibilisierung für die Lebensaufgabe, Selbstvertrauen und Lebensbejahung zu entwickeln, lassen sich Phantasiereisen für Kinder auch wieder aus Psalmworten texten, besonders wenn wir die »negativen« Erfahrungen mit »positiven« aus dem Erfahrungsbereich »Geborgenheit und Vertrauen in das Gute in der Wirklichkeit« (S. 74) verbinden.

Ich bin ausgeschüttet wie Wasser (Psalm 22); ich bin so einsam und mir ist so elend (Ps 25); die Angst meines Herzens ist groß (Ps 25); ich höre, wie viele über mich lästern (Ps 31); sie fordern von mir, wovon ich nichts weiß (Ps 35); sie reden nie Gutes über die Stillen im Lande (Ps 35); ich bin verstummt und still und schweige fern der Freude und muss mein Leid in mich fressen (Ps 39); ich habe mehr Fehler als Haare auf dem Kopf (Ps 40); sie haben mir Füßchen gestellt, sie haben eine Grube für mich gegraben (Ps 57); verlasst euch nicht auf die Großen der Welt, dort ist keine Hilfe (Ps 146).

Du hältst mir den Kopf hoch (Ps 3); mit dir kann ich Hindernisse überwinden, mit dir springe ich über Mauern (Ps 18); am Abend mag man wohl weinen, doch morgens kommt wieder die Freude (Ps 30); den Sack der Trauer nahmst du mir fort und gabst mir ein fröhliches Kleid (Ps 30); du hast meine Klage verwandelt in Tanzen (Ps 30); deine Hand hält mich (Ps 63); du bist Sonne und wärmst uns (Ps 84); du kennst mich bei meinem Namen (Ps 91). (Vgl. Rainer Oberthür: Kinder und die großen Fragen. Ein Praxisbuch für den Religionsunterricht, München 1995, S. 84 f.)

Eine Vielzahl von persönlichkeitsfördernden Geschichten für kleine und große Kinder (★ Kap. 10, S. 193 ff.) ist geeignet, zu Phantasiereisen umgetextet zu werden. Selbstvertrauen und Lebensbejahung thematisieren z.B.

Mira Lobe: Das kleine Ich bin Ich
Gerdt von Basewitz: Peterchens Mondfahrt
Marcus Pfister: Der Regenbogenfisch
Eric Carle: Die kleine Raupe Nimmersatt
Leo Lionni: Swimmy
Leo Lionni: Frederick
Leo Lionni: Tillie und die Mauer
Leo Lionni: Frederick und seine Freunde (mit weiteren gesammelten Bilderbuchgeschichten)
Willi Fährmann: Ein Platz für Katrin, in: Lesen ist wie Fliegen, Würzburg 1989
Willi Fährmann: Das feuerrote Segel, ebd.

Auch lassen sich eine Reihe von Abschnitten aus umfangreichen Kinderbüchern in Phantasiereisen übertragen, z.B. aus

Michael Ende: Momo (Beppo, der Straßenkehrer, verrichtet seine Arbeit Atemzug um Atemzug – Momo und die Stundenblume)
Michael Ende: Jim Knopf (Überwindung der Angst vor dem Scheinriesen)
Michael Ende: Die unendliche Geschichte (Atrejus Berufung – Die uralte Morla – Die drei magischen Tore – Die Stimme der Stille – Der Flug zum Elfenbeinturm – Die kindliche Kaiserin – Die Silberstadt Amargánth – Die Weggenossen – Das Sternenkloster – Die Wasser des Lebens)
Michael Ende: Tranquilla Trampeltreu
Astrid Lindgren: Mio, mein Mio
Astrid Lindgren: Die Brüder Löwenherz
Astrid Lindgren: Ronja Räubertochter
Astrid Lindgren: Michel bringt die Welt in Ordnung
Antoine de Saint-Exupéry: Der kleine Prinz (vor allem der Besuch auf den Asteroiden)
Richard Bach: Illusionen (das einleitende Gleichnis von dem Geschöpf, das sich nicht immer festhalten wollte), Berlin ³1981, 13 ff. Auch in diesem Buch S. 132 f.

Wiederum nicht vergessen sollten wir auch hier die Märchen, die von Selbstvertrauen und Lebensbejahung erzählen, wie sie in Kapitel 9, S. 179 angegeben sind.

Empfehlenswert sind auch die von Helga Hoff in »Märchen geben Kindern Mut« (Freiburg 1995) eigens für Kinder ab 4 Jahren verfassten Märchen gegen Angst und Bedrohung, zum Gewinnen von Selbstvertrauen und Mut und zur Entwicklung eigener Kräfte.

Nochmals sei daran erinnert: Thematische Phantasiereisen zur Persönlichkeitsförderung und Lebensgestaltung sollten in der Regel in ein Gespräch über das Erlebte einmünden oder in Überlegungen zur Bedeutung des Erlebten im Alltag des Kindes, es sei denn es will darüber nicht sprechen. Und noch etwas: Jede für die Kinder geplante Phantasiereise führen wir vorher mit uns selbst durch, damit wir Schwach- und Gefahrenstellen frühzeitig entdecken. Die Kinder sollen nicht unsere ungenügende Vorbereitung ausbaden müssen.

Phantasiereisen zur Imagination vom Reichtum, das Leben mit anderen zu teilen

Sammle alle Kraft und Liebe tief in dir ... Sammle die Liebe und Kraft ... Sie breitet sich aus, immer mehr, bis sie dich ganz erfüllt ... Die Kraft und die Liebe ... Die Kraft und die Liebe erfüllen dich ganz ... Sie sind wie ein Meer ... Dein Atem ist wie die Wellen auf diesem Meer, wie die Wellen, so still und so tief ... Stell dir jemand vor, den du magst ... Schick ihm von dieser Kraft und Liebe ... Liebe und Kraft strömen hinüber ... Stell dir die Liebe und Kraft vor – im anderen ... und in dir ...

(Volker Friebel: Schlüssel in kleine Hände. Geschichten und Vorstellungsübungen, Verlag Herder, Freiburg 1997, 61 f., gekürzt. Diese Phantasiereise kann erweitert werden: auf alle Freunde; auf alle Menschen, die wir kennen; auf die ganze Welt; mit älteren Kindern auch ausdrücklich auf sonst negativ gesehene Menschen.)

> Ihr wandert durch einen großen Garten. In diesem Garten könnt ihr die Ruhe spüren ... Ihr seht Wölfe, die bei kleinen Lämmern wohnen, der Panther lebt bei den Ziegen ... Ihr geht weiter und seht einen kleinen Jungen und ein Mädchen Kälber und junge Löwen hüten ... Kühe, Bären und Löwen weiden nebeneinander und fressen Stroh ...
> Ein Baby spielt neben dem Zuhause einer Natter und steckt die Hand in ihr Schlupfloch ... Alle leben friedlich nebeneinander, keiner tut dem anderen weh ... Spürt den Frieden in diesem Garten ...
> (Gerda und Rüdiger Maschwitz: Stille-Übungen mit Kindern. Ein Praxisbuch, München ⁷1998, 173)

Diese Phantasiereise zur Visualisierung des Friedensreichs in Jesaja 11,6-9 regt erneut dazu an, in biblischen Erzählungen das Grundmotiv vom Reichtum, das Leben mit anderen zu teilen, aufzusuchen und den betreffenden Text nach sorgfältiger Analyse für eine Phantasiereise vorzubereiten. Ausgangspunkte sind vor allem Gleichnisse und Wundererzählungen. Damit der Umgang mit ihnen jedoch nicht unkritisch vorgenommen wird, ist eine vorangehende sachdienliche Auseinandersetzung dringend erforderlich.[11]

Reichliches Ausgangsmaterial bieten neben den oben erwähnten Kinderbüchern für Kleine und Große (allerdings jetzt hier unter Akzentuierung gerade der Beziehungsfähigkeit) auch die Vorlesebücher zum Religionsunterricht. Ausgeführte Phantasiereisen für Kinder ab etwa 8 Jahren unter den Aspekten »Ausstrahlen«, »Versöhnen«, »Miteinander sein« und »Liebe senden« finden sich bei Helga und Hubert Teml (Komm mit zum Regenbogen. Phantasiereisen mit Kindern und Jugendlichen, Linz ⁶1996, 119 ff.).

Schließlich sei auch hier wieder an die Märchen erinnert. Auch das Grundmotiv vom Reichtum, das Leben mit anderen zu teilen, findet sich in einer Reihe von Märchen, dominierend in den auf S. 180 angegebenen. Aus ihnen suchen wir das Grundmotiv heraus und umspielen es für die Phantasiereise mit passenden Bildern aus dem betreffenden oder auch aus anderen Märchen. Es geht ja nicht – wie schon bei den Psalmen, den Gleichnis- und Wundererzählungen, den Geschichten aus der Kinderliteratur, denen wir Motive für Phantasiereisen entnehmen, – um den jeweils geschlossenen Erzählzusammenhang, sondern darum, dass wir unsere eigenen Erfahrungen darin wieder finden, unsere eigenen Lebensaufgaben darin wieder erkennen und von Mal zu Mal tiefer in unsere

---

11 Dazu empfehlenswert: Walter Neidhart: Erzählen von biblischen Geschichten, in: Friedrich Schweitzer/Gabriele Faust-Siehl (Hrsg.): Religion in der Grundschule, Frankfurt ³1996, S. 180 ff. – Werner Simon: Gleichnisse, ebd., S. 196 ff. – Hubertus Halbfas: Religionsunterricht in der Grundschule, Düsseldorf 1984 ff., Bd. 2, S. 283 ff., Bd. 3, S. 319 ff. und S. 541 ff.

Seele einsickern lassen – motivierend, dass unser Leben gelingen kann. Wir nennen deshalb auch keinen Märchentitel oder die Namen von Märchenfiguren, »die geeignet wären, von eigenem Tun auf eine schon bekannte und objektivierte Sache zu verweisen«[12]. Vielmehr sollten wir den Text so fassen, dass er inhaltlich und zeitlich auf die Möglichkeiten und Schwierigkeiten *unserer* Kinder abzielt.

Auch die in der Literatur so zahlreich vorhandenen Beispiele für Phantasiereisen sind als Vorschläge zu verstehen, die es jeweils situativ abzuändern und zu konkretisieren gilt. Sie wollen anregend, nicht einengend wirken und nicht einfach übernommen werden. Besonders zu achten ist darauf, dass die erzählten Motive der geplanten Phantasiereise in Kindergarten und Schule möglichst im Zusammenhang mit dem Tages- bzw. Unterrichtsthema stehen. Das ermöglicht thematisch eingebundene Phantasiereisen mit vorbereitenden und weiterführenden Aktivitäten der Kinder.

Autogenes Training und Phantasiereisen

Wie schon das Beispiel auf S. 79 gezeigt hat, werden Phantasiereisen gern mit Übungen aus dem Autogenen Training verbunden. Auf diesem Weg kann man »selbst« (griechisch: autós) das »Entstehen« (griechisch: génesis) körperlich-seelischer Ruhe und Entspannung bewirken und seinen Körper bewusster wahrnehmen. Auch für Kinder wird diese Methode heute immer häufiger angewandt, um bei ihnen Stress und Nervosität, Konzentrationsschwierigkeiten und Schlafstörungen, Überreiztheit und Aufgedrehtheit abzubauen, die durch (schulischen) Leistungsdruck, Ängste, Verkehrslärm, übermäßiges Fernsehen oder familiäre Konflikte verursacht werden. Kurzfristig kann Autogenes Training oft schon zur Entspannung und zu besserer Konzentration beitragen, langfristig und regelmäßig praktiziert ein ausgeglicheneres Verhalten erzielen und das Selbstbewusstsein stärken.

Die Einbindung von Phantasiegeschichten ist nicht nur ein Anreiz für Kinder, sich auf die Übungen einzulassen, sondern wirken sich zusätzlich positiv aus. Leichter als Erwachsene können sie sich den Bildern einer Geschichte hingeben und sie vor ihren inneren Augen entstehen lassen. Beruhigende Bilder beruhigen Geist und Seele und auch – in Einheit mit ihnen – den Körper.

---

12   Hubertus Halbfas: Religionsunterricht in der Grundschule. Lehrerhandbuch 2, Düsseldorf 1984, 92

Im Zusammenhang mit ästhetisch-religiöser Entfaltung und Erziehung haben das Autogene Training jedoch ebenso wie die Geschichten der Phantasiereisen noch eine andere Bedeutung. Ruhe und Entspannung bilden ja erst den Vorraum, durch den wir gehen, um uns selbst bewusster wahrnehmen zu können und in eine Beziehung zu uns selbst zu kommen, die befreit von den uns entfremdenden Außeneinflüssen, welche sich unser so bemächtigen und Herr über unsere Seele werden können, dass wir nicht mehr »Herr im eigenen Haus«, nicht mehr wir selber sind.

Hier decken sich die Intentionen Autogenen Trainings mit Intentionen ästhetisch-religiöser Entfaltung und Erziehung. Zusammen mit anderen Wegen zur Selbstwahrnehmung, wie den Übungen zur Stille, zu sensitivem und meditativem Naturerleben und mit Phantasiereisen, ist auch Autogenes Training mit Kindern ein Weg, auf dem sie Abstand zu gewinnen vermögen von so manchen sozialen, politischen, wirtschaftlichen und ökologischen Problemen, denen sie ebenso wie die Erwachsenen ausgesetzt sind und die sie verarbeiten müssen. Aber können sie das? Die in den neunziger Jahren verstärkt auftretenden psychosomatischen Beschwerden lassen daran zweifeln. »Sie (die Kinder) sind von Kopfschmerzen, Konzentrationsschwierigkeiten und Unausgeruhtheit begleitet. Oft sind sie mit Müdigkeit, Gereiztheit, Überforderung, Angst und Einsamkeit verbunden.«[13] Das sind deutliche Signale nicht oder kaum vorhandener Abwehrkräfte, welche eine gesunde Selbstentfaltung auch behindern.

Nicht nur Erwachsenen, auch Kindern fällt es heute schwerer, auf Distanz zu gehen zu den sich anbietenden Zerstreuungen, in die wir uns flüchten, um uns gegenüber so manchen Anforderungen und Überforderungen im Beruf (auch Schüler-sein ist ein Beruf), im öffentlichen Leben und in zwischenmenschlichen Beziehungen scheinbar den erholsamen Ausgleich zu verschaffen. Tatsächlich setzen wir so nur mit anderen Mitteln fort, wovor wir uns geflüchtet haben. Die Überreizung unserer Sinne und die Überflutung unserer Seele werden nur noch weiter gesteigert und lenken uns nur noch weiter von uns ab.

Übungen zur Selbstwahrnehmung wollen diesen Kreislauf heilsam unterbrechen. Autogenes Training mit Phantasiereisen ist auch für Kinder ein weiteres geeignetes Element auf dem Weg zur Selbstwahrnehmung, den wir mit den leichter zugänglichen und sehr konkreten Übungen zur Sinneswahrnehmung und zum Verweilen in der Gegenwart der Stille begonnen haben und mit weiteren Methoden der geistigen Wahrnehmung und der Bewusstwerdung unser selbst fortsetzen können.

Auch beim Autogenen Training gibt es wie schon in den vorangegangenen Kapiteln für Kinder wieder etwas Neues zu entdecken, obgleich es an den

---

13   Klaus Hurrelmann: Die alten Kinder, in: Psychologie heute, Heft 10/1994, 73

bisherigen Übungen anknüpft. Mehr noch: Körpererleben, sensitives und meditatives Naturerleben und Sich-Einlassen auf Stille und Phantasiereisen sind gute Vorübungen. Auch bei diesen hat sich das Kind bereits an einer entspannten und friedvollen Atmosphäre erfreuen können, die es auf einfache Weise in Einklang brachte mit sich selbst, dem tiefsten Bedürfnis, das alle Menschen haben, woran sie aber doch so vieles hindert. Aus mir selbst entsteht (auto-gen), was mir gut tut und mir die Kraft gibt, innerlich gelassen, im Gleichgewicht mit mir selbst das Leben zu bestehen, ohne von den Anforderungen, die von außen an mich herantreten, umgeworfen zu werden. Hier kann ich mit mir selbst in Berührung kommen; das macht mich stark.

Die Phantasiereisen unterstützen diesen Bewusstwerdungsprozess, wenn sie mit ihren Vorstellungen nicht nur den Körper beruhigend beeinflussen, sondern mit ihren Bildern auch Kontakt aufnehmen zu unseren tiefen Sehnsüchten nach Geborgenheit und Vertrauen in die Durchsetzungskraft des Guten in der Wirklichkeit, nach Selbstvertrauen und Lebensbejahung, nach dem Reichtum, friedvoll mit anderen das Leben zu teilen – Kinderwünsche, die übereinstimmen auch mit den biblischen Verheißungen des Gottesreichs, das in den Menschen beginnt, die daran reich werden wollen, woran Gott reich ist.

Etwa ab dem 5. Lebensjahr können wir Autogenes Training und Phantasiereisen miteinander kombinieren. Was bei den bisherigen Übungen gegolten hat, gilt auch hier: Was wir mit den Kindern üben wollen, müssen wir erst selber üben und auch Freude daran gefunden haben. Sonst können wir die Kinder schwerlich dazu motivieren. Und motivieren lassen sie sich am leichtesten und überzeugendsten, wenn sie etwas von den Erwachsenen abgucken können. Übungen zur Selbstwahrnehmung *für* Kinder sind Übungen zur Selbstwahrnehmung *mit* Kindern. Das Bedürfnis der Erwachsenen nach Formen der Meditation steigt stetig. Auch anspruchsvolle Formen wie Zazen sind gefragt. Hier werden manchmal Stufen auf einem Weg übersprungen, der mit den einfacheren Formen der Stille und Ruhe – vorab bei der großen Lehrmeisterin der Meditation und Kontemplation, der Natur – beginnen sollte. Auch das Autogene Training ist eine gute Vorübung zur Meditation, weil hier die Selbstwahrnehmung des Körpers mit allen Sinnen die oft überbeanspruchte Kopfarbeit des Reflektierens in den Hintergrund treten lässt.

Autogenes Training – wie geht das?

★ Bevor wir mit den Übungen zum Autogenen Training beginnen, empfiehlt es sich, das eine oder andere Bewegungsspiel durchzuführen, falls nicht schon eine Aktivität vorangegangen ist, bei der die Kinder überschüssige Kräfte abreagieren konnten. Interaktionsspiele (* Kap. 11), die keinen Kampf- und Wettbewerbscharakter haben, sind geeignet; kreative Bewegung (* Kap. 7) und Tanzen nach Musik mit wechselnden Rhythmen, Imitationsspiele und Pantomimen. Oder werfen Sie einfach einen oder mehrere Luftballons in die Gruppe: »Wir wollen sie möglichst lange in der Luft halten, ohne dass sie auf den Boden fallen.«

★ Bedingung für die folgenden Übungen ist ein ruhiger, von Lärm und anderen Ablenkungen abgeschirmter Raum, der vielleicht auch noch etwas abgedunkelt werden kann.

★ Die Körperhaltung sollte es ermöglichen, alle Muskeln zu lockern und zu entspannen. Hilfreich sind drei Grundhaltungen, zwischen denen die Kinder wählen können; nach einiger Zeit des Experimentierens sollten sie aber nicht mehr wechseln, sondern bei der ihnen angenehmsten bleiben:
Liegend auf einer nicht zu harten und nicht zu weichen Unterlage, die Arme leicht angewinkelt neben dem Körper, die Füße locker zur Seite;
passiv sitzend auf einem Stuhl mit Armlehne zum Ruhen der Unterarme und einer Rückenlehne zum Anlehnen des Kopfes;
aktiv sitzend wie ein »Droschkenkutscher« auf einem Stuhl, den Kopf vornübergebeugt, Unterarme und Hände auf den Oberschenkeln, die Beine leicht geöffnet auf dem Boden; wer schon den Lotussitz kann, mag auch diesen wählen.

★ Keine einengende Kleidung (Gürtel, Schuhe); die geschlossenen Augen helfen, Außenreize fern zu halten und unterstützen die Selbstversenkung.

★ Die Übungen bauen schrittweise aufeinander auf: Ruhe – Schwere – Wärme – Atem. Das sind die Grundübungen, die noch durch die Herzübung, die Übung durch das Sonnengeflecht und die Übung für die Stirnkühle erweitert werden können, jedoch in ihrer Anwendbarkeit und Wirkung umstritten sind.

★ Die Ruhe-Übung wird zusammen mit der Schwere-Übung trainiert. Haben wir uns in der für uns geeigneten entspannenden Körperhaltung niedergelassen und noch etwas ausbalancierend zurechtgerückt, spricht die Trainerin oder der Trainer (Mutter, Vater, Erzieherin, Erzieher, Lehrerin, Lehrer) mit leiser, einfühlsamer, Ruhe ausstrahlender Stimme »Ich bin ganz ruhig« und wiederholt diesen Satz mindestens sechsmal in immer ein wenig größer werdenden Abständen.

★ Nach zwei bis drei Minuten gehen wir zur Schwere-Übung weiter, bei der wir unsere Aufmerksamkeit auf den rechten Arm, bei den meisten Kindern »ichnahen« Arm lenken (für Linkshänder ist es der linke Arm). Die Schwere-Formel, die jetzt ebenso ruhig gesprochen werden soll, heißt: »Mein Arm ist schwer, ganz schwer.« Auch diese Formel ist einige Male, jedes Mal ein bisschen leiser zu wiederholen. Bei einer späteren Übung können auch der andere Arm, dann die Beine mit einbezogen werden, später auch das Becken und der Kopf. Durch die Schwere-Übung wird die Muskelspannung deutlich herabgesetzt.

★ Schon an die Schwere-Übung kann eine kleine Phantasiereise angeschlossen werden. Wenn sie den Kindern gefällt und sie sie bei der nächsten Übung wiederholt haben möchten, bleiben wir noch die eine oder andere Übung bei ihr, bevor wir zu einer anderen übergehen.

★ Wichtig ist der Abschluss der Übung, der dazu auffordert, aus der Versenkung wieder »aufzutauchen«: »Wenn du möchtest, öffne jetzt wieder deine Augen, recke und strecke deine Arme, deine Beine, atme tief durch ...« o.Ä.

★ Nach einigen Ruhe- und Schwere-Übungen können wir das nächste Mal zu einem weiteren Schritt kommen, der Wärme-Übung. Sie kann die Hautdurchblutung verstärken durch Weitung der Blutgefäße. Sie beginnt wieder mit der uns bekannten Ruhe- und Schwere-Übung und wird dann eingeleitet mit der Formel » Mein Arm wird warm, mein Arm wird ganz warm«, wobei es wieder dem Kind überlassen bleibt, welcher Arm jetzt ganz warm werden soll. Diese Wärme-Formel wird auch wieder einige Male mit »warmer« Stimme immer leiser wiederholt. Bei weiteren Übungen können wieder beide Arme und auch die Beine einbezogen werden: »Mein Körper ist ganz warm, strömend warm.« Wenn gewünscht, folgt eine dazu passende Phantasiereise, die von wärmender Sonne, einem warmen Sonnentag oder von Geborgenheit, miteinander verbindender Liebe, Freundschaft und gegenseitigem Vertrauen erzählt, die uns warm ums Herz werden lässt.
Dann folgt die Schlussformel: Augen auf – tief durchatmen – strecken.

★ Haben wir nach einigen Wochen genügend Ruhe, Schwere und Wärme geübt, kann noch die Übung mit dem Atem folgen – eine wunderschöne Übung, die uns erfahren lässt, wie die Luft, die wir ein- und ausatmen, uns mit allen Geschöpfen verbindet. Nicht »Ich atme« heißt die dementsprechende Formel, sondern »Es atmet mich« oder »Es atmet in mir«, was uns auf unsere Geschöpflichkeit und auf das in uns pulsierende, nicht uns selbst zu verdankende Leben aufmerksam macht, das mich trägt und in gleichmäßigem Rhythmus leben lässt. »Es atmet mich. Es atmet in mir – ruhig und gleichmäßig.« Hier beobachten wir nicht aktiv eine Veränderung im Innern unseres Körpers wie bei der Schwere- und Wärmeübung, sondern lassen das Atmen beobachtend einfach geschehen.

Hilfreiche Einführungen, wie wir mit Kindern Autogenes Training üben können, bieten vor allem für jüngere Kinder Sabine Friedrich und Volker Friebel: Entspannung für Kinder. Übungen zur Konzentration und gegen Ängste, Reinbek 1989 (mit Audiokassette); Ursula Rücker-Vogler: Yoga und Autogenes Training mit Kindern. Anleitungen, Übungen, Märchen für Kindergarten und Grundschule, München [3]1993; für ältere Kinder Gisela Eberlein: Autogenes Training für Kinder, Berlin 1985; Waltraut Kruser: Entspannung. Autogenes Training für Kinder, Köln-Lövenich., 1977; Norbert Güntler und Doro Kammerer: Stillwerden und Entspannen. Übungen und Vorlesegeschichten zum Autogenen Training mit Kindern, Freiburg 1995; Patricia Aden: Autogenes Training mit Kindern und Jugendlichen. Ein praktischer Leitfaden für Eltern und Erziehende, Freiburg 1996; Reiner Kemmler: Autogenes Training für Kinder, Jugendliche und Eltern, München 1975 und Peter Kruse/Klaus Haak: Autogenes Training für Kinder ab 6 Jahre, Niederhausen/Taunus 1995 (mit Audiokassette).

Weitere Beispiele für Phantasiereisen mit und ohne Autogenes Training

Christine Bruckner: Stillsein ist lernbar. Konzentration, Meditation, Disziplin in der Schule, Freiburg 1994

Jennifer Day: Schließe deine Augen und stell dir einmal vor … Wie Kinder durch Visualisieren ihr Selbstvertrauen stärken und Probleme lösen, München 1996

Christa Dettweiler Lauber: Wenn die Seele ihre Flügel ausbreitet. Meditative Fantasiereisen mit Kindern, Zürich 1996

Christiane Dusza: So bunt ist die Stille. Phantasiereisen und Stille-Übungen für Kinder, Wuppertal 1996

Gisela Eberlein: Autogenes Training mit Kindern, Düsseldorf 1984

Volker Friebel: Weiße Wolken – stille Reise. Wahrnehmungs- und Entspannungsgeschichten für Kinder ab vier Jahren. Buch mit Tonträger. Ökotopia, Münster 1996

Volker Friebel: Schlüssel in kleine Hände, Freiburg 1997

Grundschule 1997, Heft 1: Themenheft Phantasie und Stille entdecken, (Westermann) Braunschweig

Reinhard Horn und Werner Horn: Einmal Himmel und zurück. 13 musikalische Phantasiereisen für Kinder von 4 bis 11 Jahren (mit CD)

Reiner Kemmler: Autogenes Training für Kinder, Jugendliche und Erwachsene, München 1975

Dorothée Kreusch-Jacob: Lieder aus der Stille. Klangbilder und Meditationen für Kinder (CD), Düsseldorf 1995

Dorothée Kreusch-Jacob: Mit Liedern in die Stille. Meditieren und Gestalten mit Kindern (mit MC/CD), Düsseldorf 1996

Dorothée Kreusch-Jacob: Das Wolkenboot. Neue Klangbilder und Meditationen für Kinder ab 5 Jahren (mit MC), Düsseldorf 1996

Sylvia Lendner-Fischer: Bewegte Stille, München 1997

Eva Manteufel und Norbert Seeger: Selbsterfahrung mit Kindern und Jugendlichen. Ein Praxisbuch, München [2]1994

Gerda und Rüdiger Maschwitz: Phantasiereisen zum Lebenssinn. Anregungen für Kinder, Jugendliche und Erwachsene, München 1998

H. P. Meyer/H. Hoefs/J. Votteler: Piratenträume (mit Kassette und Dias), Mülheim an der Ruhr 1997

Hannelore Morgenroth: Den Brunnen aufschließen. Selbstentdeckungen mit biblischen Geschichten, München [4]1996

Maureen Murdock: Dann trägt mich meine Wolke. Wie Große und Kleine spielend leicht lernen, Freiburg [6]1994

Doris Müller: Phantasiereisen im Unterricht, Braunschweig 1994

Else Müller: Der Klang der Bilder. Phantasiereisen mit Klangschalen (mit MC und CD), München 1996

Else Müller: Du spürst unter deinen Füßen das Gras. Autogenes Training in Phantasie- und Märchenreisen, Frankfurt [17]1996 – MC und CD München 1995

Else Müller: Träumen auf der Mondschaukel. Autogenes Training mit Märchen und Gute-Nacht-Geschichten (mit MC), München [8]1995

Else Müller: Inseln der Ruhe. Ein neuer Weg zum Autogenen Training für Kinder und Erwachsene (mit MC), München [3]1996

Gisela Preuschoff: Kinder zur Stille führen, Freiburg [4]1997

Elisabeth Thierer: Stille-Übungen und Bild-Erleben. 20 erprobte Beispiele für »Tagträume« im Unterricht, Weinheim 1996

Klaus W. Vopel: Im Wunderland der Phantasie, Bd. 2 der Reihe »Kinder ohne Stress. Imaginative Spiele für Kinder zwischen 3 und 12 Jahren«, Salzhausen [3]1994

Klaus W. Vopel: Zauberladen. Phantasiereisen für kleine Kinder von 3 bis 6 Jahren, Salzhausen 1995

Sich selbst zum Ausdruck bringen

5 Sich selbst zum Ausdruck bringen durch bildnerisches Gestalten

Es stimmt zu sagen, dass die Welt mit jedem Menschen anfängt und endet. Das heißt, jede von euren Handlungen ist wichtig und trägt zur Erfahrung von anderen bei, die ihr nicht kennt, sodass jedes Individuum ein Zentrum ist, um das sich die Welt entfaltet.

Jane Roberts [1]

Maler sein ist etwas Ungeheures. Die Malerei gibt die Möglichkeit, in unerforschte Regionen vorzustoßen, die sehr weit weg sind von uns. Ich glaube, dass Malen eine religiöse Beschäftigung ist.

Friedensreich Hundertwasser [2]

Bildnerisches Gestalten ist nicht in erster Linie eine Sache des Gegenstandes, den wir malen oder gestalten wollen, sondern eine Sache des Experimentierens mit unserem eigenen Wesen. Das können wir sehr gut beobachten, wenn wir die Entwicklung im Zeichnen und Malen der Kinder nachvollziehen.
Es ist nicht mangelnder Realismus, der Kinder noch nicht so zeichnen, malen und gestalten lässt, dass es dem äußeren Aussehen der Dinge entspricht. Erst ab etwa zehn Jahren ahmen sie bildnerisch die Wirklichkeit so nach, dass Erwachsene urteilen können: Jetzt hast du »richtig« gezeichnet; so sieht es in Wirklichkeit aus. Aber hat das Kind früher die Wirklichkeit »nicht richtig« wiedergegeben? War es nicht etwa eine andere Wirklichkeit? Die Wirklichkeit aus der Perspektive des Kindes? – Es war die Wirklichkeit, wie das Kind sie gesehen und gefühlt hat, wie es sie *sich* allmählich aufbaut, wie es sie für *sich* konstruiert. Indem es das von den Dingen zeichnet oder malt, was für es selbst wesentlich (geworden) ist, findet es zu seinem eigenen Wesen. Es findet also ein Selbstfindungsprozess

---

1   Die Natur der Psyche. Ihr menschlicher Ausdruck in Kreativität, Liebe und Sensibilität. Ein Seth-Buch, München [4]1995, 165

2   Regentage, München 1972

statt in Auseinandersetzung mit der wahrnehmbaren Umwelt, die es sich zeichnend und malend nach und nach aneignet, in der es sich beheimatet, damit es darin und mit ihr wohnen kann und sie ihm nicht fremd bleibt. Die Malerei gibt dem Erdneuling die Möglichkeit, in unerforschte Regionen vorzustoßen, die neue Welt für sich zu erkunden und ihrem Geheimnis auf die Spur zu kommen – eine zutiefst »religiöse Beschäftigung«.

Wie schon in den ersten beiden Lebensjahren auf anderen Wegen, so stellt das Kind ab etwa drei Jahren jetzt auch zeichnend und malend die Beziehung zu seiner Um- und Mitwelt her, um sich auch auf diese Weise ihr anzunähern und ihrer gewiss zu werden. Es ist ein dialogischer Prozess zur Selbstfindung und Selbstgestaltung. Denn wie wir Menschen alle, so ist erst recht das Kind auf Beziehung angewiesen, um sich selbst zu finden und zu gestalten. Und weil jeder, der auf diese Welt kommt, neu damit anfangen muss, ist es auch ein Prozess der Neufindung seiner selbst, eben seiner individuellen »allverbundenen Einmaligkeit« (Thomas von Aquin).

Dem Zeichnen und Malen kommt dabei eine ganz besondere Bedeutung zu: Weil das Kind sehr viel stärker als der Erwachsene noch in Bildern zu denken vermag, kann es sich auch eher in Bildern ausdrücken. Hinzu kommt, dass ihm, seinem Alter entsprechend, für vieles noch die Worte fehlen. Der Prozess der kindlichen Selbstfindung und Selbstgestaltung ist ein ganzheitlicher Prozess, der die Sinne und das Fühlen ebenso in Anspruch nimmt wie das Denken, das Unbewusste ebenso wie das Bewusstsein. Dem korrespondiert die Tätigkeit des Malens, auch die des Formens. Malen und Formen erfordern die Aktivierung der Sinne, und zwar nicht nur der visuellen und taktilen Wahrnehmung; sie aktivieren die Gefühle und helfen, sie zum Ausdruck zu bringen; sie ermöglichen, die Wirklichkeit denkend zu ordnen und zu deuten; sie sind ein Weg, um das uns Unbewusste mit dem Bewusstsein zu verbinden. Schließlich ist jegliches bildnerische Gestalten eine Form des Spielens, des Experimentierens mit uns selbst, mit unseren Träumen und Möglichkeiten, mit unseren Grenzen und grenzüberschreitenden kreativen Fähigkeiten, eine wahrhaft »religiöse Beschäftigung«, die noch vertieft wird durch ihre Nähe zum meditativen Erleben. Bildnerisches Gestalten ist ganzheitliche Erfahrung, die Kindern gemäß ist und die wir ihnen zu ihrer Entfaltung nicht vorenthalten dürfen.

Womit zeichnen, malen, formen und gestalten?

Möglichst früh sollten wir den Kindern das entsprechende Material zur Verfügung stellen, damit sie ihre Neuerfindungen zum Ausdruck bringen können. Aber auch im Vorgang bildnerischen Gestaltens findet Schritt für Schritt

Selbstfindung statt. Während das Kind zeichnet, malt und formt, erschließt sich ihm seine Welt und es öffnet sich der Welt – ein kreativ-dialektischer Vorgang. Die Möglichkeiten dazu sind recht dürftig, wenn man dazu nur ein Notizblöckchen oder ein Schulheft, einen Bleistift oder Kugelschreiber zur Verfügung hat. Diese werden zwar in den meisten Fällen die ersten Zeichnen- und Kritzelversuche initiieren, weil die Kinder Mutter oder Vater beobachten, wie sie etwas aufschreiben oder skizzieren und sie nun dasselbe tun wollen.

Spätestens jetzt sollten wir uns Gedanken darüber machen, was wir unseren Kindern zur Verfügung stellen können, um ihren Drang, sich zeichnend, malend oder auch nur kritzelnd zum Ausdruck zu bringen, zu unterstützen und ihnen nicht im Wege zu stehen bei der Entfaltung gesunder Entwicklungsmöglichkeiten.

Genügend Papier in verschiedenen Formaten (bis zu 60 x 40 cm und größer) brauchen wir, um großzügig und schwungvoll malen zu können und unserer Phantasie freien Lauf zu lassen. Auch schmale und runde Formate laden gelegentlich zu neuen Experimenten ein. Wenn wir einen Malblock kaufen, sollten wir darauf achten, dass er groß genug ist (wenigstens DIN A 3) und möglichst viele Blätter enthält. Große Skizzierblöcke eignen sich noch besser. Weniger Kosten bereiten die Endlosbahnen des Computer- und des Einwickelpapiers von der Rolle. Allerdings müssen sie auf eine angemessene Größe zurechtgeschnitten werden. Für Gemeinschaftsarbeit in Kindergarten und Schule brauchen wir auch große Rollen Packpapier oder Restbestände von Tapetenrollen, auf deren Rückseite gearbeitet werden kann. (In Tapetengeschäften sollten wir darum bitten, sie regelmäßig für uns aufzubewahren.) Ist es nicht auch sehr reizvoll, auf farbigem Papier (Fotokarton oder Tonpapier) zu malen? Mit welchem Handwerkszeug und mit welchen Farben Kinder beginnen, etwas aufs Papier zu bringen, richtet sich nach dem Angebot, das sie vorfinden. Dabei entscheidet dieses Angebot oftmals schon über die Art und die Möglichkeiten der Malerei.

So sind Bleistifte und Kugelschreiber, Buntstifte und Faserschreiber eher geeignet zum Skizzieren und Zeichnen gegenständlicher Bilder und Formen und auch schon erster Kritzelzeichnungen. An Bleistift und Kuli werden die Kinder aber schnell die Lust verlieren, haben sie erst einmal den Farbenreichtum und die Leuchtkraft der bunten Stifte entdeckt. (Manchmal greifen sie auch in der vom Realitätsbewusstsein geprägten Phase der späten Grundschulzeit wieder auf die Klarheit und Einfachheit von Bleistift und Kuli zurück.) Mit breiten Filzstiften lassen sich schon intensiv farbige Flächen malen, während Farbmischungen und Farbabstufungen mit diesen nicht erreicht werden können.

Aber auch eine Materialbeschränkung auf Bunt- und Filzstifte – häufig in Kindergarten und Schule festzustellen – sollte auf jeden Fall vermieden werden. Abgesehen davon, dass jüngere Kinder noch Schwierigkeiten im Umgang mit diesen Stiften haben (sie brechen leicht ab oder die Mine drückt sich ein), ist das großflächige Malen mit Buntstiften und schmalen Filzstiften mühsam und verbraucht schon oft den ganzen Stift.

Für die ersten Malversuche der ganz Kleinen eignet sich am besten Fingerfarbe. Voll Freude erleben sie ihre eigenen Finger und die Hände als vortreffliche, gefügige und lenkbare Werkzeuge. Der Umgang mit der Farbe geschieht lustbetont, wie die Matscherei mit Wasser im Sandkasten oder mit Papas Rasierschaum. Wir bekommen die *ungiftige* Farbe in jeder gut sortierten Spielwarenabteilung (im Versand auch in Großpackungen) oder stellen sie mit den Kindern selbst her: 2 Tassen Mehl, 1 Tasse Wasser, 1 Tube Lebensmittelfarbe. Auch ältere Kinder malen gern mit Fingerfarben und Kleisterfarben (noch billiger), um starke Erlebnisse, ihre Gefühle und Stimmungen zum Ausdruck zu bringen. Sie eignen sich deshalb auch besonders gut zum Malen nach Musik; das Gefühl lässt sich leicht und unkompliziert in Farbflecken, Linien und Flächen umsetzen. Als Unterlage eignet sich jedes saugfähige Papier. Nur großflächig sollte es sein.

Einige Kindergärten und Schulen verfügen für gemeinsame Malaktionen über große Fensterscheiben; manche besitzen auch ganze »Matschräume«, in denen die Gestaltung der Kachelwände besondere Freude bereitet.

Steht den Kindern ein besonderer Malraum oder wenigstens eine Malwand zur Verfügung, so können sie hier ihr Malpapier (fest und groß, wenigstens im Format 40 x 50 cm) aufhängen, um vor ihm stehend zu malen. Der ganze Körper malt jetzt mit. Weil Oberkörper und Arme frei beweglich sind, kann schwungvoll gemalt werden. Zu solchen großflächigen Malaktionen sollten die Kinder aber vorher ein altes Hemd oder einen anderen Malkittel überziehen. Als geeignete Pinsel kommen runde Anstreichpinsel oder die eigenen Hände infrage, als Farben Gouache-Farben in Schraubdeckelgläsern. Tapetenkleister, den man zuerst auf dem Papier mischen kann, sollte nicht fehlen. Zum Pinselauswaschen braucht jedes Kind auch einen Eimer mit Wasser.

Gerade beim großflächigen Malen kommt es kaum vor, dass Kindern die Ideen ausgehen. Sollte das wirklich einmal der Fall sein, lassen wir das Kind eine Farbe aussuchen, die es heute besonders schön findet, und schon entwickelt sich aus den ersten Strichen, Punkten oder Kreisen die Idee eines Bildes. Überhaupt ist nicht das Ergebnis eines fertigen Bildes das Wichtigste, sondern das sinnenhafte Erleben des Malens selbst: Farben anfassen, mischen, anschauen, Figuren entstehen sehen, den Pinsel oder die Hand über das Papier gleiten hören, Farben und Kleister riechen, sich selbst ausdrücken und als kreativ erfahren können.

Hier können Kinder ihrer Phantasie freien Lauf lassen, nichts ist vorgegeben, nichts gilt als »richtig« oder »falsch«. Beim Ausdrucksmalen können sie ihre Ängste oder Aggressionen loslassen, ihre Träume sichtbar machen, sich mit ihrer Außen- und Innenwelt auseinander setzen, ihre Wahrnehmung und Selbstwahrnehmung erweitern. Kein Wunder, wenn manches Kind hier malend zu summen oder zu singen beginnt, weil es seine Seele fließen fühlt.

In einem fortgeschrittenen Alter ist die Malerei mit Wasser- oder Plakafarben reizvoller. Um mit ihnen zu malen, benötigen wir unterschiedlichste Pinsel (dicke, feste Borstenpinsel bis zu feinen Haarpinseln). Jüngeren macht es Spaß, die Farben mit Schwämmchen aufzutragen.

Bei der Wahl der Farbkästen sollten wir darauf achten, dass die Farbsteine nicht zu klein sind und die Farbenvielfalt auf höchstens zwölf, besser noch auf sechs beschränkt ist (die drei Grundfarben Gelb, Rot und Blau, die Sekundärfarbe Grün, schließlich Schwarz und Weiß), um die Kinder zu eigenen Farbmischungen anzuregen und sie in ihrer Kreativität zu fördern. Sie sind meistens sehr erstaunt, wie viele Farben sie zustande bringen. Wasserfarben decken; mit reichlich Wasser vermischt, wirken sie durchsichtig.

Die so genannten pastosen Farben (Farben, die schon leicht flüssig sind) erhält man in Plastikflaschen oder Gläsern, aber auch als Pulver, das man selber anrühren kann. Diese Farben haben den Vorteil, dass man sie in großen Mengen und recht billig bekommt und sie vielfältige Verarbeitungsmöglichkeiten bieten. Immer wieder bewähren sich auch weiche, farbintensive Pastellkreiden, Wachsmalkreiden oder Straßenkreiden, die sich sowohl zum Zeichnen als auch zum Malen eignen. Mit Wachs- und Pastellkreide können wir groß- und kleinformatige Bilder auf weißes, aber auch auf getöntes Papier malen. Wir können mit ihnen kräftige Farben erzielen, aber auch zarte Pastelltöne, je nach dem wie stark wir die Farbe aufdrücken. Viele Kinder lieben es, ihre Gemälde stehend an einer Tafel oder Malwand anzufertigen, oder aber auch einmal im Freien mit Straßenkreide das Hofpflaster zu gestalten.

Für die eher ruhigen Einzelarbeiten bringt die so genannte Buttermilch-Kreidetechnik einen besonderen Effekt. Dabei erhält jedes Kind einen kleinen Becher mit Buttermilch, in die es die Kreide vor dem Malen eintaucht. Auf festem Tonpapier entstehen so wunderschön leuchtende Motive.

Zum dreidimensionalen Formen bietet sich als vorzügliches Material Ton an. Sogar mit geschlossenen Augen können wir dieses schmiegsame Material bearbeiten; es fühlt sich gut an, weckt Tastsinn und sinnenhafte Freude. Ton lässt sich klopfen, biegen, auseinander reißen, zusammenfügen, mit anderen Materialien verbinden, ist vielseitig verwendbar und immer wieder veränderbar. Jedes Kind braucht zum Tonen eine feste Arbeitsunterlage aus fester Wellpappe, Plastik oder Holz und ein Schälchen mit Wasser.

Bevor wir – zumal mit kleineren Kindern – anfangen mit Ton zu formen, können wir erste Bekanntschaften mit ihm machen, um mit seiner »Gutmütigkeit« zu experimentieren: Streicheln, Abtasten, Drücken, Kneten, Pressen, Schlagen mit der Handfläche, Handkante und Faust, Kugeln formen, Würste drehen und immer dünner ausrollen, bis sie reißen. Ton lässt sich alles gefallen. Dreidimensional formen lässt sich auch mit farbiger Knete, Fimo und Efaplast. Salz- oder Mehlteig können wir selber preiswert herstellen und bei Bedarf mit Lebensmittelfarbe einfärben. Wenn wir die Kinder schon an der Herstellung beteiligen, ermöglichen wir ihnen damit ein ganzheitliches und sinnliches Erleben. Nach ersten Gestaltungserfahrungen mit solchen Materialien können wir den Kindern auch Draht, Stoffreste, Krepp- und Seidenpapier, Gold- und Alufolie, Pappschachteln und -rollen, Blechdosen und vieles andere anbieten oder gemeinsam mit ihnen in einer Kramkiste sammeln, damit sie uns zur Verfügung stehen, wenn wir sie zum Gestalten brauchen.

Und noch etwas: Zu Hause, im Kindergarten und im Klassenzimmer sollten wir mit den Kindern eine kreative Ecke anlegen, ausgestattet mit Bleistiften, Bunt- und Wachsmalstiften, Wasserfarbkasten, Pinseln unterschiedlicher Größe, Klebstoff und Scheren, Ton, Knetgummi, Fimo und Efaplast, einem Vorrat an verschieden dickem und verschieden farbigem Papier und Karton, gesammelt und aufbewahrt in Kartons und Dosen, auf Regalen oder in einem Schrank. Ohne aufwendiges Suchen und Zusammenstellen geeigneten Materials zur Ausführung der Mal- und Gestaltungsidee kann das Kind sich jederzeit an sein Projekt heranmachen, ohne dass Zeit verstreicht und es darüber vielleicht die Lust verliert.

Gleichzeitig leiten wir die Kinder auch zu einem verantwortungsvollen Umgang mit allen Materialien und Utensilien an. Pinsel, Unterlagen und Farbtöpfe bedürfen nach dem Gebrauch der Reinigung; wir wollen doch lange Freude daran haben. Damit wir bei jeder neuen Gestaltungs- oder Malaktion auch gleich beginnen können, hat alles seinen Platz, wo es hingehört und einsortiert ist, um lästiges und zeitaufwendiges Suchen zu vermeiden.

Anlässe zum bildnerischen Gestalten

Die ersten und wichtigsten Anlässe sind die eigenen Erlebnisse und spontanen Vorstellungen der Kinder. Sie nicht nur mit Worten, sondern auch in Bildern und Gebilden auszudrücken, ist ein den Kindern eigenes Bedürfnis, zumal sich in der Bildsprache oft mehr sagen lässt als Worte fassen können. Inneres Erleben findet seinen sichtbaren Ausdruck auf dem Papier. Was das Kind innerlich erlebt, liegt nun außen vor ihm. Aus dieser Distanz kann es sich besser verstehen.

Auch Träume und Konflikte, welche das Kind beschäftigen, wollen ihren Ausdruck finden, um sie bearbeiten und so oft das seelische Gleichgewicht wieder finden zu können. Was auf Papier Gestalt gefunden hat, regt die Erwachsenen zwar oft zum hilfreichen, mehr interessiert fragenden als selbst deutenden Gespräch an, aber auch ohne dieses löst sich oft schon ein seelischer Knoten durch die bloße bildliche Darstellung. Indem das Kind etwas ausdrückt, versteht es dieses Etwas tiefer, klärt es und verändert sein Verhältnis zu ihm.

Auf jeden Fall braucht das Kind genügend Zeit und auch einen ruhigen Ort, damit es allein oder mit uns zusammen starke Eindrücke verarbeiten kann. Das gilt auch für Kindergarten und Schule: Eine ruhige Atmosphäre und eine vertrauensvolle Beziehungskultur ohne Leistungsdruck zwischen Kindern und Erwachsenen bilden die Voraussetzung, damit das Kind die nötige Gelassenheit und den Mut aufbringen kann, sich selbst malend und gestaltend zum Ausdruck zu bringen.

Zeichnend, malend und formend kann es auch seine Um- und Mitwelt besser verstehen, indem es das Erlebte oder Phantasierte in Form und Farbe festhält und einander zuordnen kann. »Von der äußeren Sicherheit der Gestaltung findet es (wieder) zur inneren. Es gewinnt Selbstvertrauen, es findet zu sich und beruhigt sich zugleich.«[3]

Ob das jüngere Kind seinen Stift mit Wucht aufs Papier haut, schwungvoll Linien zieht, den geraden Verlauf von Strichen zickzackartig immer wieder unterbricht, seinen Kritzeleien einen wechselnden Sinn unterlegt (einmal ist es Mama, ein anderes Mal ist es Opa), bald schon deutliche Formen entstehen (Kreis, Kreuz), daraus wieder erste Andeutungen eines Menschen (Kreis mit Strichen, also Kopf mit Beinen oder auch Armen), dessen Körper in einem weiteren Schritt um weitere Körperteile ergänzt wird, immer handelt es sich um Bewusstwerdung: um Bewusstwerdung eigener Kräfte und Fähigkeiten oder um Bewusstwerdung eigener Vorstellungen von der Außenwelt mit Merkmalen, die dem Kind jetzt gerade als wesentliche Kennzeichen für dieses und jenes aufgegangen sind.

Es ist der Eindruck, den Menschen und Dinge in der Vorstellung hinterlassen – nicht das optisch wahrnehmbare Aussehen –, was zeichnend und malend formuliert wird. Dabei bedient sich das Kind weiterhin abstrakter Formen, um durch Trennung und Zuordnung in seine Vorstellung von der Welt Ordnung zu bringen. Senkrechte, Waagerechte, Kreis, Rechteck, Dreieck werden zeichenhaft eingesetzt, um Dinge, Pflanzen, Tiere und Menschen, auch sich selbst, und auch schon kleine Szenen darzustellen. Es entspricht auch nicht der äußeren Realität, wenn das Wichtige groß und das Nebensächliche klein gemalt wird – so, wie das Kind das Erlebte sich vorstellt, welchen Eindruck etwas in seiner Seele hinterlässt und wie es Einzelheiten in seinem Bild bewertet.

Anlässe zum Zeichnen, Malen und Formen ergeben sich also zunächst spontan aus den alltäglichen Begegnungen und Erlebnissen. Damit sie nicht nur flüchtig und oberflächlich wahrgenommen, sondern für das Kind erkannt werden können, sollte es stets zu Hause, im Kindergarten und im Klassenzimmer die schon genannte kreative Ecke geben, wo es die unterschiedlichen Materialien

---

3   Rudolf Seitz: Zeichnen und Malen mit Kindern. Vom Kritzelalter bis zum 8. Lebensjahr, München [7]1995, 12

zum Zeichnen, Malen, Formen und Gestalten vorfindet, die es zu unterschiedlichster kreativer Verarbeitung anzuregen vermögen. Hilfeich ist es aber auch für viele Kinder, einen Erwachsenen zu haben, der sie zu derlei Ausdrucksmöglichkeiten anleitet und ermuntert und der im Anschluss daran ein Ohr für ein Gespräch darüber hat.

Anlässe ergeben sich aber auch im Zusammenhang mit dem pädagogisch geleiteten Alltag. Und das meint nicht (nur) die Unterrichtsstunde im Fach Kunst, sondern Malen, Formen und Gestalten als integratives Element im Gesamtprogramm der in diesem Buch angeregten ästhetisch-religiösen Entfaltung. Anlässe können Übungen zum Körper- und Naturerleben, zur Stille und Imagination ebenso sein wie Impulse, die sich aus dem Nachdenken über das Leben, aus Märchen und therapeutischen Geschichten, aus der Begegnung mit der Bibel oder aus der Betrachtung von Bildern ergeben. Denn alle diese Elemente verfolgen *zusammen* das Ziel, dem Kind Zugänge zu seiner Selbstfindung, zum Verständnis seiner selbst, zu seinem inneren Wachstum zu ermöglichen und in der äußeren Welt bestehen zu können. Darin können sie sich nur gegenseitig unterstützen, und keines von ihnen kann isoliert und als Einziges dem Kind den Weg dorthin eröffnen.

Die Anregungen auf den folgenden Seiten wollen Beispiele sein, wie Kinder im bildnerischen Gestalten sich selbst zum Ausdruck bringen können, und wollen dazu ermutigen, im spontanen oder pädagogisch geleiteten Alltag aufmerksam Anlässe zu erspüren, an denen wir solchem Ausdruck Raum geben oder ihn intensivieren.

Ich bin – Ich habe

Über bildnerische Gestaltungsaufgaben können Kinder etwas über ihren eigenen Körper bewusst erfahren. Bisher unbewusste Erfahrungen und Wahrnehmungen werden zum Ausdruck gebracht und können weiterentwickelt werden.

★ Wir beginnen mit Hand-, Finger- und Fußabdrücken. Dazu können wir unsere jeweiligen Körperteile mit Fingerfarbe anmalen (am besten etwas Spülmittel oder Seifenpulver beimischen, damit sie sich besser abwaschen lässt) und dann auf Papier oder Pappe abdrucken. Wir können den Abdruck aber auch in Ton oder in eine andere Modelliermasse drücken. Welche Farbe wählen die Kinder? Wie viel Farbe benutzen sie? Wie fest drücken sie ihre Körperteile in die Modelliermasse? Wir sprechen über unsere Körperteile, über Größe, Form, Bewegungsmöglichkeiten. Was können wir mit ihnen alles machen? Brauchen wir sie? Gefallen sie uns?

★ In einer Partnerarbeit stellen wir ein Umrissbild unseres Körpers her. Jeweils ein Kind legt sich auf dem Rücken auf ein ausreichend großes Papier. Das andere Kind zeichnet mit Filzstift oder Wachskreide die Umrisskonturen. Dann wechseln wir. Im Anschluss malen die Kinder ihr Körperbild aus und schreiben ihren Namen neben das Bild. Schön wäre es, wenn wir dann alle Bilder rundherum im Raum aufhängen könnten. Fällt uns an den Bildern etwas auf?

★ (Für die folgende Übung benötigen wir mehrere Spiegel.)
Wir betrachten unseren Körper ganz aufmerksam. Wir beginnen bei den Füßen; unsere Blicke wandern über die Beine zum Bauch, dann rechts und links von den Fingerspitzen hinauf zu den Schultern, zum Hals, zum Kopf, Mund, Nase, Augen, Ohren, Haare.
Danach setzen wir uns zusammen und versuchen, das Bild mit geschlossenen Augen zu imaginieren. Den Kindern können wir z.B. folgende Anleitung vorsprechen:
Ihr habt euch jetzt lange im Spiegel angesehen. Versuche dich nun an das Bild von deinem Körper zu erinnern. Kannst du ihn erkennen? Die Füße, die Beine, den Bauch, ... (alles wiederholen). Das bist du.
Wir warten eine kurze Weile und fordern die Kinder dann auf, die Augen zu öffnen. Sie sollen nun versuchen, das Bild, das sie von sich selbst gesehen und imaginiert haben, zu malen. Dazu stellen wir Fingerfarben und großformatiges Papier zur Verfügung. Die Kinder sollen mit ihren Fingern malen. (Für Kinder, denen das sehr unangenehm ist, stellen wir dicke Borstenpinsel bereit).
Die Aufgabe kann abgewandelt werden. Die Kinder modellieren ihr Körperbild dann aus Ton. Wie malen und formen die Kinder sich selbst? Können sie uns etwas über sich erzählen?

★ Schulkinder können ihren Namen kreativ gestalten. Der eigene Name spielt eine wesentliche Rolle im Zusammenhang mit der Identitätsentwicklung. Wir lassen die Kinder kreativ mit den Buchstaben jonglieren. Es bieten sich zahlreiche Gestaltungsmöglichkeiten an:

  ○ aus Zeitschriften und Katalogen Buchstaben des Namens ausschneiden und anordnen;

  ○ mit Wachsmalkreiden, Buntstiften oder Fingerfarben zeichnen und malen; Buchstaben aus Ton formen und an einer Schnur aufreihen.

Ich lebe – Ich liebe

★ In einer Imaginationsübung visualisieren wir das Haus, in dem wir leben, und die Menschen, mit denen wir zusammenwohnen.
Heute wollen wir das Haus malen, in dem wir wohnen. Jeder von euch ist heute Morgen von zu Hause gekommen. Schließt einmal die Augen und stellt euch das Haus oder die Wohnung vor. Wo bist du heute Morgen wach geworden? Wo hast du gefrühstückt? In welchen Räumen warst du heute Morgen? Wie viele Räume gibt es? Versuche einmal durch die Wohnung zu wandern. Kinderzimmer – Flur – Badezimmer – Küche – Wohnzimmer – Schlafzimmer – gibt es noch weitere Räume?

Wem hast du heute Morgen »Hallo« gesagt? Wen hast du begrüßt? Wer wohnt in deiner Familie? Mama? Papa? Wer noch? Haben alle ein eigenes Zimmer? Jetzt kannst du die Augen wieder öffnen und dein Haus, deine Wohnung und deine Familie malen.

Für die Malaufgabe legen wir Papier in Din A3-Bögen aus und Filzstifte, wahlweise Wachsmalkreiden.

★ Zu einer weiteren Malarbeit können wir die Kinder in einer Phantasiereise anleiten, ihr Wunschhaus mit den liebsten Menschen zu träumen und dies im Anschluss zu malen.

Besonders Kindern aus unvollständigen Familien hilft diese Aufgabe, sich ihrer Situation mit all ihren positiven und negativen Seiten bewusster zu werden und ihr Ausdruck zu geben.

★ Wir können die Familienmitglieder auch modellieren (aus Ton, Salz- oder Mehlteig). Es empfiehlt sich, die Gruppengröße möglichst zu begrenzen, um eine ruhige, entspannte, angstfreie Atmosphäre zu gewährleisten.

Die Kinder sollen zu Beginn wissen, dass es nicht wichtig ist, die modellierten Personen genau zu erkennen; Hauptsache, die Kinder selbst können sie identifizieren.

Nachdem sie ihre Familienmitglieder modelliert haben, fordern wir sie auf, sie auf einer Pappunterlage (ca. 30 x 30 cm) aufzustellen.

Wie stellen wir sie auf? Nah beieinander, etwas entfernter? Wer steht nahe bei wem? Wo stehe ich?

★ Die Kinder bringen von zu Hause Fotos ihrer Familienangehörigen, Verwandten, Freunde usw. mit; von Menschen, die in ihrem Leben eine Rolle spielen. Jedes Kind erhält einen farbigen Fotokarton seiner Wahl, Klebstoff und Schere und erstellt nun eine Fotocollage.

Wie ordnen wir die Fotos an? (s.o.)

Wenn Kinder keine Fotos haben, dürfen sie die Personen auch malen und zuschneiden, um sie dann aufzukleben. (Im Ausschneiden kann das Kind unbewusst erleben, dass jede Person einzeln ist.)

★ Wir malen mit Wasserfarben ein Bild zu folgender Phantasiegeschichte: »Stellt euch vor, ihr habt eine Reise gewonnen. Ihr dürft euch aussuchen, wohin ihr reisen wollt. Ihr könnt ans Meer reisen oder in die Berge, nach Afrika, in den Dschungel, an den Nordpol zu den Eskimos. Außerdem dürft ihr noch jemanden mitnehmen. Wer soll das sein?«

★ »Auf die Reise nehmen wir alles mit, was wir brauchen: Kleidung, etwas zum Essen und Trinken. Wir haben auch noch Platz für ein Schatzkästlein, in das wir das hineintun können, was wir unbedingt noch mitnehmen wollen. Ein Kuscheltier, einen schönen Stein, ein Foto, ... Was möchtet ihr hineinlegen?« Aus alten Pappschachteln und mit Temperafarben gestaltet sich jedes Kind sein Schatzkästlein für seine wichtigen Gegenstände. Diese kann es dann dort hineinlegen. (Entweder das Original oder wir modellieren eine Nachbildung.)

Ich wünsche – Ich träume

★ Auf einer Phantasiereise entdecken wir auf dem Boden des Meeres eine Schatztruhe. Was ist da drin?
Die Kinder malen mit Wachskreide ein Blatt weißes Papier mit Blau-, Gelb- und Grüntönen farbig aus.
Auf diesem Hintergrund (»Meeresgrund«) malen sie eine Fläche (die »Schatztruhe«) schwarz aus. Mit einem Kratzer wird der »Schatz« (z.B. ein Stern, ein Teddybär, ein Kleeblatt ...) aus der schwarzen Fläche herausgekratzt. Er erscheint in den Farben des Hintergrunds.

★ Nach einem Gespräch mit den Kindern über nächtliche Angstträume lassen wir sie ihre Angst machenden Gespenster, Monster oder gefährlichen Tiere modellieren.
Wenn wir mit Salz- oder Mehlteig arbeiten, können die entstandenen Formen angemalt werden.

Ich bin phantasievoll

★ Bei den folgenden Gestaltungsaufgaben lassen wir uns ganz von unserer eigenen Intuition und Gestaltungskraft leiten.
Die Aufgaben wecken unsere Phantasie, Vorstellungskraft und unsere Entdeckungslust.

★ Jedes Kind bekommt ein vorbereitetes Blatt Papier (Din A 3, für jüngere Kinder Din A 4), auf dem eine Linie oder eine abstrakte Figur abgebildet ist, z..B.:

Wir erzählen dazu, dass dies der Anfang eines Bildes sei, das sie nun nach ihren Ideen weiter- und fertigmalen können.
Für diese Aufgabe benutzen wir Filz- oder Buntstifte oder aber Wachsmalkreiden.

★ Eine ähnliche Aufgabe stellen wir den Kindern zum Formen mit Salz- oder Mehlteig.
Zu Beginn erhält jedes Kind eine farbige Teigkugel und eine ausreichende Menge farblosen Teig. Die farbige Teigkugel soll in die Gestaltung mit dem farblosen Teig integriert werden.

Wie arbeiten die Kinder? Vermischen sie die farbige Teigkugel mit dem farblosen Teig? Wird die Kugel um- oder eingeschlossen? Stehen die beiden Teile in einem Zusammenhang? Wie sind sie zusammengefügt?
Können wir für unser eigenes Gebilde einen Namen finden?

Malen zu Musik

★ Kinder reagieren sehr unterschiedlich auf verschiedene Musikstücke.
Zum Malen nach Musik eignet sich sowohl Klassik als auch Rock / Pop, Jazz und Folklore ebenso wie eher stille Musik (Deuter, Kitaro, Vollenweider). Wir können ruhige, aber auch beschwingte oder schnelle Musik einsetzen.
Allgemein können sich Kinder besser auf das Malen zu Instrumentalmusik einlassen. Wir müssen ausprobieren, was Kindern am besten gefällt, wovon sie sich am besten ansprechen lassen.
Dabei geht es entsprechend der Intention dieses Kapitels weder darum, gehörte Musik zu visualisieren, also Tonhöhe, Tempo, Rhythmus etwa graphisch und farblich sichtbar zu machen, noch darum, erzählende Musik wie »Peter und der Wolf«, »Karneval der Tiere«, »Till Eulenspiegels lustige Streiche«, »Die vier Jahreszeiten« oder »Wassermusik« und »Feuerwerksmusik« malend nachzuerzählen. Hier stünden die gehörten und nachgemalten Gegenstände im Vordergrund. Musik kann die Kinder auch anregen, eigenen Gefühlen oder Ideen bildnerisch zum Ausdruck zu verhelfen, welche mit der Musik assoziiert werden, der Phantasie freien Lauf zu lassen, sich den unbewussten Wünschen, Sehnsüchten oder Ängsten zu öffnen, kurz: sich auf sich selbst zu konzentrieren statt sich auf einen Gegenstand zu fixieren. Diese entspannende Form, zu Musik zu malen, will keine Fertigkeiten erzielen, sondern wiederum ein Stück Selbstwahrnehmung ermöglichen.
Zum Malen können wir außer den schon genannten Farbmaterialien und Papieren auch einmal nicht trocknende Zauberfarbe (siehe unten das Rezept »Zauberfarbe«) nehmen und auf Plastik- oder Metalltabletts mit den Händen »malen«. Immer wieder entstehen dann neue Formen und Muster. Mit dieser Technik suchen wir kein fertiges Bildprodukt zu erreichen, sondern einem spontan wechselnden Bilderleben nachzuspüren.
Interressant wird es auch, wenn wir mit zwei und mehr unterschiedlichen Farben malen.
Musik, zu der wir malen können:

Johann Sebastian Bach: Brandenburgische Konzerte 1- 6
Johann Sebastian Bach: Doppelkonzert d-Moll BWV 1043, 2. Satz
Ludwig van Beethoven: Romanze F-Dur
Georg Friedrich Händel: Wassermusik, Feuerwerksmusik (Ouvertüre)
Modest Mussorgski: Bilder einer Ausstellung (1. Gnomus, 3. Tuilleries)
Friedrich Smetana: Die Moldau
Sergei Prokoviev: Peter und der Wolf
Rimsky-Korsakow: Hummelflug u. a.

Camille Saint- Saens: Der Karneval der Tiere
Richard Strauss: Till Eulenspiegels lustige Streiche
Antonio Vivaldi: Die vier Jahreszeiten
Romance d'Amour: 32 Melodien im Panflöten-Sound
Franz Schubert: Quintett A-Dur, 3. Satz
Peter Tschaikowsky: »Blumenwalzer« aus »Der Nussknacker«
Terje Rypdal: Horizon u. a.
Jean Christian Michel: Fuge u.a.
Enja: The Memory of Trees
Amanda Marshall: Let it rain
Michael Jackson: Earth u.a.

★ Sehr viele Kinder sprechen mehr noch auf elektronisch hergestellte Musik an. Zu ihrem Einsatz bedarf es aber vorher einer sorgfältigen Auswahl, an der wir die Kinder beteiligen sollten.

★ Zur Musik können wir auch in Sand »malen«. In einen quadratischen Pappkartondeckel (ca. 20 x 30 cm) füllen wir Sand. In den Mittelpunkt legen wir einen schönen runden Stein oder ein Schneckenhäuschen. In konzentrischen Kreisen lassen wir nun unsere Finger um den Mittelpunkt drehen. Immer wieder fällt der Sand in der Bewegung in die entstehenden Täler und türmen sich neue Hügel auf.

★ Ist es nicht vielleicht auch reizvoll, um einen vom Kind ausgewählten symbolischen Gegenstand, der auf seine Wünsche, Träume, bedeutsamen Erlebnisse, Hoffnungen, Freundschaften hinweist, ein Mandala zu legen oder zu malen? (* Kap. 3, S. 62 f. und Kap. 17, S. 298 f.)

Rezepte für Farben und Modelliermassen

Fingerfarbe
3 Teile Wasser
1 Teil Stärkemittel
Temperafarbe nach Wahl
Das Wasser zum Kochen bringen. Stärkemittel in etwas kaltem Wasser auflösen und unter ständigem Rühren in das kochende Wasser geben.
Das Ganze so lange aufkochen, bis eine klare dickflüssige Masse entsteht. Die Temperafarbe nach Wahl hinzufügen. Die Farbintensität ergibt sich aus der beigegebenen Menge. Die Farbe kann kalt und auch warm verwendet werden. Zur Aufbewahrung eignen sich verschließbare Plastiktöpfchen. Zu fest gewordene Farbe kann mit etwas Wasser wieder verflüssigt werden.

Zauberfarbe
Temperafarben können durch Beimischen verschiedener Zutaten in Konsistenz und Leuchtkraft »verzaubert« werden.
In je eine Tasse Temperafarbe rühren wir:
1/4 Tasse Leim für glänzende Farben
3 EL Stärkemehl für porzelanähnliche, feste Farbe
1/2 Tasse Kleister für dicke Anstriche
1/2 Tasse Babyöl für nichttrocknende Farben.

Salzteig

3 Tassen Salz

3 Tassen Mehl

2 Tassen Wasser

evtl. Lebensmittel- oder Temperafarbe

Salz und Mehl in einer Schüssel vermischen. Das Wasser dazugeben und gut durchkneten, bis ein glatter fester Teig entsteht. Fertig!

Die modellierten Gegenstände trocknen an der Luft oder bei 150° C in 2-3 Stunden im Backofen. Der Salzteig kann vor der Verarbeitung eingefärbt werden. Dazu einfach Temperafarbe oder Lebensmittelfarbe unterkneten.

In luftdicht verschlossenen Behältern kann er längere Zeit aufbewahrt werden.

Salzteig mit Stärkemehl

1 Tasse Salz

1 Tasse Stärkemehl

1/2 Tassen kochendes Wasser

evtl. Lebensmittel- oder Temperafarbe

Salz, Stärkemehl und kochendes Wasser mischen. Bei niedriger Temperatur auf dem Herd so lange rühren, bis ein fester, glatter Teig entsteht. Nach Belieben einfärben. Dieser Salzteig ist geschmeidiger als der herkömmliche (s.o.), trocknet aber schneller aus und ist nicht so lange haltbar.

Mehlteig

4 Tassen Mehl

1 Tasse Salz

1 ½ Tassen Wasser

evtl. Lebensmittel- oder Temperafarbe

Mehl, Salz und Wasser mischen und gut durchkneten. Achtung, der Teig darf nicht zu feucht sein, dann ist er für die Verarbeitung zu klebrig. Im Kühlschrank ist der Teig längere Zeit haltbar. Trocknet er aus, mit etwas Wasser wieder geschmeidig kneten. Gestaltete Gegenstände am besten im Backofen bei 150° C in ca. 2-3 Stunden trocknen.

Quellen und weiterführende Literatur

Bettina Egger: Bilder verstehen, Bern 1987
Bettina Egger: Faszination Malen, Bern [4]1987
Miriam Ehrlich und Klaus W. Vopel: Malen und Formen. Wege des Staunens Bd. 2, Hamburg [3]1992
Renate Ferrari: Fantasie für kleine Hände, Freiburg 1997
Rose Fleck-Bangert: Kinder setzen Zeichen. Kinderbilder sehen und verstehen, München 1994
Margarete Luise Goecke-Seischab: Miteinander kreativ sein, Freiburg 1988
Margarete Luise Goecke-Seischab, Mit Stift und Papier. Kreativität, die Kindern Spaß macht. 130 Vorschläge, München 1998
Helmut Hanisch: Die zeichnerische Entwicklung des Gottesbildes bei Kindern und Jugendlichen, Stuttgart 1996
Eva Heller: Wie Farben wirken, Reinbek 1991
Mary Ann F. Kohl: Das Kunst-Ideenbuch. Künstlerische Techniken für Kinder ab 5 Jahren, Mülheim a. d. Ruhr 1997
Christiane Krempien: 50 Bildnerische Techniken. Ein Aktionsbuch für Kindergarten, Schule und Familie, Weinheim 1994
Armin Krenz: Was Kinderzeichnungen erzählen, Freiburg [3]1997
Dorothée Kreusch-Jacob: Mandala-Musik (MC/CD mit Mandala-Büchlein), Freiburg 1997
Peter Lange-Weber: Mein Malkasten. Farben erkunden mit Kindern, Mülheim a. d. Ruhr 1996
Gerda und Rüdiger Maschwitz: Aus der Mitte malen. Heilsame Mandalas. Anregungen für Kinder, Jugendliche und Erwachsene, München [5]1998
Eva Müller: Bildnerische Eigentätigkeit im Religionsunterricht der Primarstufe, Frankfurt/M. 1990
Eva Müller: Gestalterische Arbeitsformen. In: Friedrich Schweitzer/Gabriele Faust-Siehl (Hrsg.), Religion in der Grundschule, Frankfurt/M. [2]1995, 276 ff.
Ruth Oberthür: Malen im Religionsunterricht, Essen 1988
Gisela Preuschoff: Kinder mit Mandalas zur Stille führen, Freiburg 1997
Stefan Reichelt: Verstehen was Kinder malen, Zürich 1996
Ingrid Riedel: Maltherapie, Stuttgart 1992
Gertraud Schottenloher: Kunst- und Gestaltungstherapie, München [4]1995
Rudolf Seitz: Ästhetische Elementarbildung – ein Beitrag zur Kreativitätserziehung, Donauwörth 1974
Rudolf Seitz: Kunst in der Kniebeuge. Ästhetische Elementarbildung, München [8]1995
Rudolf Seitz: Zeichnen und Malen mit Kindern. Vom Kritzelalter bis zum 8. Lebensjahr, München [7]1995
Brigitte Sommer: Tausend-Fühler. Kreativität in Krippe und Kindergarten, Neuwied 1996
Karin Wölfel und Ulrike Schrader: Farbspiele mit Kindern (ab 2 Jahren), München [3]1997

6 Sich selbst zum Ausdruck bringen durch klangliches Gestalten

Rainer Schmitt

> *Die musikalische Sprache*
> *ist unbegrenzt,*
> *sie enthält alles,*
> *sie kann alles ausdrücken.*

Honoré de Balzac

Am Anfang steht der Schrei als unüberhörbares Signal neugeborenen Lebens und zugleich als deutliches Zeichen für den Willen des Menschen, sich während seines Lebens auf dieser Welt durch selbst produzierte Klänge verständlich zu machen und auszudrücken. Insofern gehört das Sich-Ausdrücken mit klanglichen Mitteln zu den elementaren Bedürfnissen unserer menschlichen Existenz. Die musikwissenschaftliche Sicht des Menschen geht daher von der Annahme einer grundsätzlichen und elementaren Mensch-Musik-Beziehung aus, die wesentlicher Bestandteil seiner biologischen, sozialen und kulturellen Entwicklung ist. In dieser Hinsicht sind drei Aspekte klanglichen Gestaltens bedeutsam:

1. *Klangliches Gestalten befriedigt das Bedürfnis des Menschen, sich auszudrücken.*
2. *Klangliches Gestalten befriedigt das Bedürfnis des Menschen, sich mitzuteilen.*
3. *Klangliches Gestalten befriedigt das Bedürfnis des Menschen, sich in seiner Umwelt zurechtzufinden.*

Da Gestaltungs- und Ausdrucksmittel nicht trennbar sind, bleibt klangliches Gestalten auch dort »Sprache des Gefühls«, wo es durch Formbildung verfeinert bzw. zu musikalischer Kunst kultiviert ist.

Empfinden wir den ersten Schrei bei der Geburt des Menschen noch als einfache orale Äußerung, so zeigt das Kind mit zunehmendem Alter ein immer breiteres Spektrum stimmlicher Ausdrucksqualitäten, etwa das zufriedene Lallen nach der Sättigung, das Jammern bei Schmerzempfindungen, das Jauchzen bei Freude oder das Schreien als Ausdruck von Unzufriedenheit. Damit steht fest, dass stimmliche Äußerungen dem Menschen als elementare Mittel persönlichen

Ausdrucks dienen. Singen ist in diesem Zusammenhang eine kultivierte Form stimmlichen Ausdrucks und in seiner Art und Qualität zweifellos auch beeinflusst von bestimmten Singgewohnheiten des jeweiligen Kulturraums.

Wie jedoch verhält es sich mit Musikinstrumenten, die nicht – wie die Stimme – Teil des menschlichen Körpers sind? Kann auch das Instrumentalspiel als besondere Art klanglichen Gestaltens auf vorsoziale Bedingungen zurückgeführt werden? Die Antwort ist eindeutig ja, denn die Wurzel jeglichen Instrumentalspiels liegt in den Klängen und Geräuschen, die beim Umgang des Menschen mit Objekten entstehen. So entdeckt das Kleinkind bereits früh, dass durch das Bewegen von Gegenständen akustische Signale erzeugt werden können. Es stellt z.B. fest, dass man mit einem Löffel nicht nur essen, sondern auch auf den Tisch schlagen kann, wobei laute Geräusche entstehen, die anwesende Personen unter Umständen sogar zu bestimmten Reaktionen veranlassen. Bei solchen Gelegenheiten macht das Kind nicht nur erste Erfahrung in der Erzeugung von Klängen und Geräuschen, sondern auch mit deren Wirkung. Die Folge ist eine zunehmende Freude am Produzieren akustischer Signale durch Bewegen von Objekten. Auf diese Weise werden Gegenstände unterschiedlichster Art zu ersten Musikinstrumenten der Kinder. Sie schlagen oder werfen die Objekte nicht, um diese zu zerstören, sondern weil sie damit Hörbares produzieren und sich akustisch bemerkbar, d.h. durch Klänge mitteilen und ausdrücken können.

Zur Entwicklung musikalischer Ausdrucksfähigkeit

Über die Entwicklung musikalischer Ausdrucksfähigkeit von Kindern wissen wir heute aufgrund von empirischen Forschungen vor allem amerikanischer Wissenschafler wesentlich besser Bescheid als noch vor wenigen Jahrzehnten. Bei der folgenden, kurzen Beschreibung der musikalischen Ausdrucksmöglichkeiten von Kindern ist zu berücksichtigen, dass es sich hierbei um durchschnittliche Erfahrungswerte handelt und dass der musikalische Entwicklungsprozess im Einzelfall auch anders verlaufen kann.

Vielfältige Begegnungen mit Musik und entsprechende Anregungen durch Elternhaus und Umwelt befähigen das Kind frühzeitig, auf Musik emotional und rational zu reagieren, mit musikalischem Material selbständig umzugehen und sich selbst durch klangliches Gestalten zum Ausdruck zu bringen. Aufgrund physischer und psychischer Reifungsprozesse können sich allerdings bestimmte musikalische Fähigkeiten trotz günstiger Umwelteinflüsse erst in bestimmten Altersstufen entfalten.

Bei normaler körperlicher und geistiger Entwicklung und bei einem kulturell anregenden sozialen Umfeld haben Kinder im Alter von ca. 6 Jahren in der Regel schon eine Fülle von musikalischen Erfahrungen gemacht. Dementsprechend verfügen sie auch schon über ein hohes Potential an musikalischen Fähigkeiten. Was Kinder in bestimmten Altersstufen bereits musikalisch können und was sich bei ihnen diesbezüglich noch entwickeln muss, soll im Folgenden kurz skizziert werden:

a. Durch Elternhaus, Kindergarten und eventuell durch musikalische Früherziehung verfügen Kinder mit ca. 6 Jahren bereits über ein mehr oder weniger großes Repertoire an Liedern, die sie anhand von kleinen Phrasen wieder erkennen und auch mit- oder nachsingen können. Der amorphe, d.h. ungestaltete Gesang der ersten beiden Lebensjahre hat mittlerweile einem festen Repertoire an Gesangsformeln Platz gemacht, deren Gestalt stark vom kulturellen und medialen Umfeld beeinflusst wird. Es darf allerdings nicht erwartet werden, dass alle Kinder des 1. und 2. Schuljahres ein Lied »sauber« singen, also die Tonhöhenstufen der jeweiligen Melodie genau treffen. Kinder dieses Alters speichern nämlich in ihrem Gedächtnis melodische Konturen und Phrasen, jedoch keine Intervalle. Das ermöglicht ihnen zwar ein Erkennen von Liedern und ein Mit- oder Nachsingen, jedoch kein genaues Treffen der einzelnen Tonhöhen. Selbst elfjährige Kinder lassen sich noch durch Lautstärken- oder Klangfarbenänderungen in den Tonhöhen irritieren.
Wir können also feststellen, dass fast alle Schulanfänger ein Gefühl für melodische Phrasen entwickelt haben und fähig sind, Melodien ungefähr nachzusingen sowie höhere und tiefere Töne zu unterscheiden (die Kinder nennen sie in der Regel hellere und dunklere Töne). Andererseits müssen wir akzeptieren, dass ein Gefühl für Tonalität in der Regel erst ab dem sechsten Lebensjahr eintritt und daher noch nicht alle Schulanfänger fähig sind, ein Lied konstant auf das gleiche tonale Zentrum zu beziehen.

b. Der Stimmumfang normal entwickelter Kinderstimmen im Alter von vier bis sechs Jahren ist kaum größer als eine Quinte. Dabei unterscheiden sich die Stimmlagen der einzelnen Kinder erheblich, was bei gemeinschaftlichem Singen im Kindergarten z.B. häufig zu unbeabsichtigter »Vielstimmigkeit« führt. »Unsauberes« Singen entsteht daher auch oft dadurch, dass Lieder zu hoch oder zu tief angestimmt werden oder der Umfang der Kinderstimmen nicht berücksichtigt wird. Andererseits wird beobachtet, dass sich der Tonumfang von Kinderstimmen durch häufiges Singen innerhalb kürzester Zeit auf eine Oktave erweitert.

c. Im Gegensatz zu den noch nicht ganz entwickelten Fähigkeiten im tonalen Bereich verfügen sechsjährige Kinder im rhythmischen Bereich bereits über ein erstaunliches Repertoire an Kenntnissen und Fertigkeiten. Sie können problemlos Sprachrhythmen aufnehmen und imitieren, ein Metrum durchhalten sowie längere Rhythmen und sogar Synkopen nachklatschen. Allerdings sind die rhythmischen Fähigkeiten oft noch abhängig von einer Unterstützung durch die Sprache. Erst ab dem siebten Lebensjahr werden differenzierte Rhythmen auch ohne Text geklatscht oder gespielt. Grundsätzlich steht fest, dass das Rhythmusgefühl zu Beginn der Grundschule bei den meisten Kindern bereits gut entwickelt ist. Dies zeigt sich auch daran, dass Kinder dieses Alters im Erfinden eigener Rhythmen sehr produktiv sind. Allerdings beziehen sich alle rhythmischen Gestaltungen des Kindes bis zum achten Lebensalter ausschließlich auf gradtaktige Verhältnisse. Ungradtaktige Metren und Rhythmen kann das Kind auch danach zunächst nur rational nachvollziehen, was dazu führt, dass z.B. ein Musizieren und Sich-Bewegen zu Liedern oder Stücken im Dreivierteltakt in der Regel selbst Zehnjährigen noch große Schwierigkeiten bereitet.

d. Kinder sind bis zum achten Lebensjahr in der Regel noch nicht fähig, zwischen harmonisch passenden und nicht passenden Harmonien zu unterscheiden. Entsprechende Tests haben gezeigt, dass einem Drittel sechsjähriger Probanden eine Akkord-Begleitung in E-Dur zu einer Melodie in F-Dur nicht unpassend fand. Den übrigen Kindern kam die falsche Begleitung lediglich lauter vor (nach Bruhn 1993, S. 286). Von Kindern unter acht Jahren wird noch jede Dissonanz akzeptiert. Aufgrund der nicht ausgeprägten Differenzierung von konsonanten und dissonanten Klängen sind daher Kinder dieses Alters sehr offen gegenüber jeder Art von Musik und klanglicher Gestaltung.

Arten musikalischen Ausdrucks

Die uns vertrauten, zum Teil sehr unterschiedlichen akustischen Signale der Umwelt vermögen wir zu deuten und zu benennen. Das warnende Hupen eines Autos, das Besetzt-Zeichen des Telefons oder die Klingel unserer Haustür dienen der Verständigung und sind in dieser Hinsicht als klangliche Gebilde eindeutig definierbar.
Anders verhält es sich jedoch mit den akustischen Zeichen der Musik, deren Zweck nicht in einer umgangsmäßigen Verständigung liegt. Auch Musik kann zwar Mitteilungscharakter haben, ihre klanglichen Zeichen entziehen sich jedoch begrifflicher Eindeutigkeit. Hören wir z.B. einen Wiener Walzer von Johann Strauß, so ist unsere Interpretation der Mitteilung dieser Musik letztlich

abhängig von unserer subjektiven Erfahrung; d.h. nicht die Musik teilt uns etwas Bestimmtes mit, sondern wir schreiben ihr im Hinblick auf Mitteilung und Ausdruck bestimmte Qualitäten zu. So wird der eine beim Erklingen einer Walzermelodie vielleicht an eine Reise nach Österreich denken, der andere an eine bestimmte Filmszene erinnert und wieder ein anderer findet die Musik einfach nur schwungvoll und lässt sich durch sie in eine heitere Stimmung versetzen.

Die Frage, wie letztlich bestimmte Wirkungen von Musik auf den Menschen zu verstehen und zu definieren sind, beschäftigte bereits die Philosophen der Antike und ist, spätestens seit der Barockzeit, wichtigster Gegenstand musik-ästhetischer Dispute. Haben Rhythmen und Melodien etwa einen mimetischen Charakter (nach Aristoteles »Abbilder ... der eigentümlichen Natur«), bildet die Musik bestimmte menschliche Empfindungen nach (nach Kant »ein schönes Spiel der Empfindungen«) oder ist sie etwa eine Widerspiegelung menschlichen und gesellschaftlichen Lebens, wie im 20. Jahrhundert Georg Lukács annimmt? Hier ist nicht der Platz, auf entsprechende Positionen näher einzugehen. Fest steht, dass Musik über ein großes Inventar an Formen und Strukturen verfügt, die aus verschiedenen Tonskalen, typischen Melodiefloskeln, rhythmischen Modellen und bestimmten Arten von Klängen bestehen. Mit ihrem Repertoire akustischer Zeichen, das sich im Verlauf der Geschichte stets ändert, ist Musik »Teil der Symbolwelt des Menschen«, aber auch dessen »Gebrauchsgegenstand« (Wolfgang Suppan). Als »Tonsprache« hat sie durchaus semantische Qualität, ohne dass jedoch ihren Mitteilungen die Eindeutigkeit sprachlicher Begriffe innewohnt. So wird Musik in kulturspezifischem Kontext zu einem nonverbalen Ausdrucksträger und ermöglicht auf ihre besondere Weise zwischenmenschliche Kommunikation.

Obwohl die Musik in verschiedenen Epochen und Kulturen sehr unterschiedliche Ausdrucksqualitäten besitzt, legen neuere Untersuchungen den Schluss nahe, dass der Reichtum musikalischen Ausdrucks in Verbindung mit spezifischen menschlichen Verhaltensweisen auf vier grundlegende emotionale Ausdrucksmuster zurückgeführt werden kann, nämlich Freude, Trauer, Macht und Zärtlichkeit. Die folgende Tabelle nach Helmut Rösing gibt einen Überblick über die unabhängig von gesellschaftlichen Normen und kulturellen Gewohnheiten bei menschlichen Verhaltensweisen eingesetzten musikalischen Strukturen (nach Bruhn 1993, S. 580 f.):

Verhalten	Musik				
	Tempo	Rhythmus	Lautstärke/ Klangfarbe	Melodik	Harmonik
1. Freude/ Prestotyp	schnell, mit Accelerandi	punktiert, synkopiert, abwechs- lungsreich	laut, hell, strahlend	großer Ambitus, sprunghafte Intervalle, aufwärts- strebende Motive	einfache Harmonien, Betonung der Diskanttöne
2. Trauer/ Adagiotyp	langsam, mit Ritardandi	konturlos, mit Tendenz zum › Stehen- bleiben‹	leise, dunkel, verschmel- zend	geringer Ambitus, kreisend, schrittweise fallende Motive	komplexe Harmonik mit kompli- zierten Akkordfort- schreitungen
3. Machtgefühl	nicht zu schnell, gemessen	stark akzentuiert	laut, voluminös, massiv	weitge- spannt, großer Ambitus	dichte Zusammen- klänge, Grundton- betonung
4. Zärtlichkeit (Demuts- gebärde) Wiegenlied	gemäßigt	gleichmäßig pulsierend	leise, hell, durchhör- bar	kurze Motive in Bogenform	einfache Harmonien

Mittel musikalischen Ausdrucks

Will ein kleines Kind sich klanglich bemerkbar machen oder ausdrücken, so hat es dafür zwei Möglichkeiten, nämlich den Einsatz seiner Stimme oder die Bewegung von klingenden Gegenständen. Auf welche Weise die Stimme als Ausdrucksträger einzusetzen ist und welche Reaktionen bestimmte stimmliche Äußerungen bei umstehenden Personen hervorrufen, erfährt das Kind – wie eingangs erwähnt wurde – bereits im ersten Lebensjahr. Schon kleine Kinder im vorsprachlichen Alter verfügen daher über ein reiches Repertoire an stimmlichen Äußerungen, die in verschiedenen Kulturen ähnliche Grundmuster aufweisen.

Beim Singen kommt es durch Akkulturationsprozesse zur Entwicklung bestimmter Singarten als Ausdrucksträger. Entsprechende Erfahrungen macht ein Kind spätestens dann, wenn es z.B. den Unterschied bemerkt zwischen einem schwungvollen, den Körper zu spontanen Bewegungen anregenden Tanzlied und einem ruhigen, von der Mutter leise zum Einschlafen gesungenen Wiegenlied.

Die vielseitigen Möglichkeiten, ihre Stimmen als Klang- und Ausdrucksträger einzusetzen, erkunden Kinder besonders häufig beim Betrachten von Bilderbüchern. Die bildlichen Darstellungen zum Teil bekannter Lebenssituationen regen die Kinder zu spontanen stimmlichen Aktionen an. Während sie im frühen Alter die bildlich dargestellten Personen, Tiere, Gegenstände oder Situationen meist nur tonmalerisch imitieren, sind sie ab dem vierten Lebensjahr in der Regel auch fähig, ihre Stimme kreativ einzusetzen.

Hinsichtlich der Objekte seiner Umgebung erfährt das Kind zunächst, dass diese nur dann klingen, wenn man sie in Bewegung setzt. Da werden bereits von Ein- und Zweijährigen mit großer Lust Kochtöpfe aus dem Schrank gezogen und laut schallend auf den Boden fallen gelassen. Und welche Lust bereitet dem kleinen Kind eine Tageszeitung, die es durch langsames Zerknautschen zum »Klingen« bringen kann. Dass Holz anders klingt als Metall und Kunststoff anders als Glas, erfahren die meisten Kinder bereits im Verlauf ihres ersten Lebensjahres. Sie tasten, schmecken und schlagen die Objekte, um diese kennen zu lernen, mit ihnen vertraut zu werden und sie besser identifizieren zu können. In solchen Objekterkundungen, d.h. im bewegenden Spiel mit »Instrumenten« der unmittelbaren Umgebung, liegen die Anfänge musikalischer Grunderfahrung. Wenn Kinder derartige Erfahrungen mit Objekten ihrer Umwelt z.B. aus Angst vor Sachbeschädigung nicht machen dürfen, dann fällt es ihnen später oft auch schwer, sich mit Hilfe einer Verklanglichung von Gegenständen, d.h. durch Musikmachen auszudrücken. Es gehört daher zu den wichtigen Aufgaben der Erziehung des Kindes, ihm für seine Ausdrucksbedürfnisse auch die adäquaten Mittel bereitzustellen. Das gilt für bildnerisches Gestalten ebenso wie für klangliches.

In vielen Kindergärten und Grundschulen steht für das Musikmachen eine mehr oder weniger große Anzahl von Schlaginstrumenten zu Verfügung. Erweitert werden kann dieses Instrumentarium durch verschiedene Melodie- und Harmonieinstrumente, z.B. Flöten, Gitarren und elektronische Keyboards, deren verschiedene Sounds sich für manche besonderen klanglichen Effekte gut eignen. Leider bisher nur wenig genutzt wird der Einsatz von Selbstbauinstrumenten, die nicht nur billig herzustellen sind, sondern an denen auch elementare Erfahrungen mit klingendem Material gemacht werden können. Beim Bau von

Instrumenten aus Alltagsmaterialien sollten Eltern und Lehrer/innen Anregungen und Hilfestellungen geben, nicht jedoch ihre eigenen Vorstellungen den Kindern aufzwingen. Erst ein freier, experimenteller Umgang mit dem klingenden Material wird die Bereitschaft fördern, sich hiermit auch auszudrücken. Vor dem Bau eines Instruments sollten mit den Kindern folgende Fragen besprochen werden:

a. Aus welchem Material soll das Instrument sein (z.B. Holz, Kunststoff, Metall)?
b. Was soll schwingen (z.B. Saiten, Felle, Platten, Luft)?
c. Womit soll die Schwingung erzeugt werden (z.B. Finger, Hände, Lippen, Schlegel, Mundstück, Rohrblatt)?
d. Wie sollen die Schwingungen verstärkt werden (z.B. Größe und Form des Resonanzkörpers oder des direkt zur Schwingung angeregten Materials)?

Im Folgenden werden einige aus Umweltgegenständen leicht herstellbare Instrumente vorgestellt, geordnet nach dem klingenden Material:

Selbstklinger (Ideophone): Bambusstöcke können als Klangstäbe dienen. In unterschiedlicher Länge lässt sich aus ihnen auch leicht ein primitives Xylophon herstellen. Installationsröhren oder Werkzeugschlüssel, in unterschiedlicher Länge aufgehängt, ergeben beim Anschlag einen den Metallophonen bzw. Glockenspielen ähnlichen Klang. Kokosnussschalen, gefüllt mit getrockneten Erbsen, ergeben Kugelrasseln. Topfdeckel oder Radkappen können als Becken oder Gongs dienen. Weingläser lassen sich als Glasharmonika verwenden, indem man sie in unterschiedlicher Höhe mit Wasser füllt und den Rand dann mit feuchtem Finger bestreicht.

Fellklinger (Membranophone): Waschmitteltonnen, mit Tuch, Leder oder Plastik bespannt, können Trommeln und Congas ersetzen. Joghurtbecher oder runde Keksdosen klingen, wenn man sie straff bespannt, wie Bongos.

Luftklinger (Aerophone): Trinkhalme oder Bambusrohre verschiedener Größe kann man auf einem Papierstreifen in einer Reihe anbringen und erhält so eine einfache Panflöte. Die genaue Festlegung der gewünschten Tonhöhe durch eine entsprechende Rohrlänge sollte vor der Befestigung erfolgen. Flaschen, am Rand angeblasen, ergeben einen vollen Ton, der durch Auffüllen der Flaschen mit Wasser in seiner Höhe verändert werden kann.

Saitenklinger (Cordophone): Auf einem Brett in Reihe befestigte Zigarrenkästen, über die eine Geigen- oder Gitarrensaite gespannt wird, ergeben ein gut klingendes Monochord. Verschiedene Töne können durch Verschieben eines kleinen, kantigen Holzsteges erzeugt werden, der zwischen Saite und Resonanzkörper gelegt wird. Hat man keine Stahlsaiten zur Hand, so tut es auch eine Plastikschnur (vom Drachenfliegen oder Angeln) oder notfalls auch eine dünne Kordel. Als Resonanzkörper dienen gegebenenfalls auch andere Behälter.

Das klangliche Gestalten hat seinen Beginn im experimentellen Umgang mit Umweltmaterialien. Hier können die Kinder untersuchen, welche verschiedenen Spielweisen möglich sind und wie sich diese auf den Klang der Gegenstände auswirken. Auch lassen sich mit den selbstgebauten Instrumenten kleine Klangkompositionen erstellen, Lieder begleiten oder Geschichten vertonen. Nur wer über geeignete Mittel verfügt, kann sich auch klanglich ausdrücken.

Anlässe musikalischen Ausdrucks

Das Erfinden einer Musik mit primär klanglichen Strukturen kann grundsätzlich von zwei Aspekten ausgehen, und zwar vom Material oder von der Funktion. So bietet z.B. der Vorschlag, zu einem Bilderbuch oder einer Geschichte mit Instrumenten passende Klänge und Geräusche herzustellen, einen willkommenen Anreiz zur Auseinandersetzung mit dem zur Verfügung stehenden Instrumentarium und seinen klanglichen Möglichkeiten. Die Kinder werden nach Klängen suchen, die zu ganz bestimmten Aussagen der Bildergeschichte oder Erzählung passen. Dabei ergeben sich Art, Folge und Kombination der Klänge und Geräusche aus ihrer Funktion, nämlich die Geschichte akustisch zu untermalen bzw. das Gesagte zu verdeutlichen.

Obwohl ein solcher funktionaler Ansatz für Kinder sehr motivierend ist, sollte nicht versäumt werden, in gleichem Umfang auch einen am Material orientierten Weg zu beschreiten. Denn geschieht dies nicht, wird ein einseitiger, nur auf bildhaftes Hören und Gestalten ausgerichteter Umgang mit Musik gefördert. Dabei wird dann lediglich verstärkt, wozu das Kind bereits naturgemäß neigt, nämlich zum Vergleich musikalischer Prozesse mit außermusikalischen Erfahrungen. »Das hört sich an wie ...« ist bei Grundschulkindern der wohl häufigste Satzbeginn zur Erläuterung von Musik. Materialbezogene Spiele mit musikalischen Strukturen und Formen können hier den notwendigen Ausgleich schaffen. Wer nie gelernt hat, Freude allein am Spiel mit musikalischen Strukturen und an der Formung musikalischen Materials zu haben, dem wird später auch eine Fuge von J. S. Bach oder eine Sinfonie von W.A. Mozart verschlossen bleiben.

Im Folgenden werden für die Arbeit mit Kindern in der gebotenen Kürze einige material- und themenbezogene Anregungen für einfache musikalische Ausdrucksspiele gegeben.

Spiele mit Stimmen

★ Durch den Raum gehen, einen bestimmten Ton summen und diesen mit den Tönen der anderen (Vater, Mutter, Geschwister, Mitschüler) vergleichen.

★ Mit Atem- und Stimmgeräuschen bestimmte Gefühle oder Stimmungen ausdrücken und diese von anderen erraten lassen.

★ Den Klang bekannter Musikinstrumente (z.B. Flöte, Gitarre) imitieren und diese erraten lassen.

★ Lieder auf unterschiedliche Weise singen: freudig, traurig, gelangweilt, erregt, laut, leise, langsam, schnell usw.

★ Sich in einer frei erfundenen Sprache unterhalten und dabei durch die Art des Sprechens sowie durch Mimik und Gestik bestimmte Gefühle zum Ausdruck bringen.

★ Zu einem Zeichentrickfilm (ohne Ton) mit den Stimmen spontan passende Geräusche und Klänge produzieren.

★ Einzelne Begriffe in den Raum rufen und diese mit Klängen darstellen, z.B. Löwen, Wasserfall, Wind, Spielplatz usw. Alternative: Die Begriffe von anderen nach den entsprechenden stimmlichen Aktionen erraten lassen.

★ Einfache dadaistische oder konkrete Gedichte (z.B. von Kurt Schwitters oder Ernst Jandl) mit Stimmen verklanglichen.

★ Einen Satz in seine Wort-, Silben- oder Buchstabenklänge zerlegen und aus dem Material eine Komposition für Stimmen machen.

★ Alle möglichen stimmlichen Äußerungen von Tieren sammeln, diese dann nach bestimmten Kriterien ordnen und daraus eine Klangkomposition für Stimmen entwickeln.

Spiele mit Schlag- und Effektinstrumenten:

★ Klänge erzeugen zu bekannten Begriffen der Umwelt wie Wasser, Vögel, Maschinen, Gewitter, Sternenhimmel usw.

★ Klänge unterschiedlichen Gefühlen zuordnen, z.B. angenehm – unangenehm, wütend – freudig, aggressiv – zärtlich usw.

★ Situationen oder Gefühle pantomimisch darstellen, dabei Ausdruck und Körperbewegungen mit entsprechenden Klängen unterstützen.

★ Auf bestimmte Klänge mit bestimmten Bewegungen reagieren und umgekehrt.

★ Die Instrumente nach dem schwingenden Material ordnen und die entsprechenden Gruppen unterschiedlich kombinieren, z.B. Fellklinger, Metallklinger, Holzklinger, Geräuschinstrumente. Möglicher Impuls: Mein Instrument sucht eine(n) Freund(in).

* Mit Instrumenten »Gespräche« führen und andere Kinder herausfinden lassen, wie sich die Partner zueinander verhalten haben: streitend, aufeinander eingehend, »ins Wort fallend« usw.
* Gedachte Sätze trommeln, z.B. Frage und Antwort.
* Mit der Hand in der Luft einen Melodieverlauf zeigen und danach spielen.
* Selbst gemachte Bilder (z.B. eine Collage aus bunten Wollfäden und bunten Papierstücken in unterschiedlicher Form) verklanglichen.
* Zu Gemälden (z.B. von Kandinsky oder Klee) eine passende Musik improvisieren.
* Zeichen (Grafiken) erfinden und diese in Klang umsetzen.

Zur Bedeutung von Spiel und Improvisation

Schon die Tatsache, dass uns Musik und Spiel im alltäglichen Sprachgebrauch als vertrautes Begriffspaar begegnen, weist auf deren enge Beziehung hin: Spiel kennzeichnet den Umgang der Musiker mit Musik, und auch eine Komposition offenbart sich letztlich als notiertes Spiel vorgestellter Töne und Klänge. Es ist heute bekannt, wie wichtig die Anwendung des Spiels als eine Form menschlichen Lernens ist. Beim Spiel geht es nicht nur um den Aufbau von Beziehungen zwischen Kind und Gegenstand, sondern auch um Lebenspraxis, Selbsterfahrung, Sozialisation und Umweltverständnis. Spielen mit Musik heißt letztlich auch Spielen mit den Sinnen, und so tauglich der Begriff Spiel zur Beschreibung des ästhetischen Phänomens Musik ist, so geeignet ist auch die Erfahrung von Spiel zu deren Vermittlung. Spiele mit Klängen wirken einer »Entsinnlichung« des Menschen entgegen. Sie ermöglichen individuellen Ausdruck und regen die Phantasie an. Indem sie Interaktion und Kommunikation fördern, verhindern musikalische Spiele Isolation und Eskapismus. Eltern und Lehrer/innen sollten sich daher bemühen, den Kindern Musik als Spiel nahe zu bringen und durch Spiele mit Musik die unterschiedlichen Möglichkeiten des Ausdrucks durch klangliches Gestalten erfahrbar zu machen.
Musikalisches Spiel ist der vermittelnde Weg zwischen dem Subjekt, das sich klanglich ausdrücken und mitteilen will, und der Qualität des ästhetischen Objekts, das wir Musik nennen. Damit stellt sich für uns die Frage nach geeigneten Ebenen dieser Vermittlung. Wir finden diese in den drei Bereichen Sprache, Bewegung und Bild, deren Beziehung zur Musik wie folgt dargestellt werden kann:

Musik als Spiel – Spiele mit Musik (Bedürfnis nach Ausdruck, Wahrnehmung und Kommunikation)		
Sprache	Bewegung	Bild
Sprachcharakter der Musik (Klang/Syntax/Semantik)	Musik durch Bewegung (Klangerzeugung)	Musik als Bild oder Grafik (Notation)
Musik zur Sprache (Textvertonung)	Bewegung zur Musik (z.B. Tanz)	Bilder zur Musik (Assoziation/Malen zur Musik)
Sprache als Material für Musik (Sprachkomposition)	Musik zur Bewegung (z.B. Filmmusik)	Musik zu Bildern (z.B. Programm-Musik)
Musik erfahren – Musik begreifen		

Von Improvisation zu sprechen macht nur dort Sinn, wo sich das musikalische Produkt abhebt von Komposition, Werk, Aufführung, Wiedergabe und Interpretation. Bei Kindern, die sich durch freies klangliches Gestalten zum Ausdruck bringen, ist Improvisation der Regelfall. Ein solches »Musizieren aus dem Stegreif« kann allerdings sehr unterschiedlich aussehen. Ein von äußeren Einflüssen weitgehend freies und keinen Vorgaben verpflichtetes Spiel nennen wir seit Jahrhunderten Fantasie. In einer musikalischen Fantasie kann das Subjekt seine musikalische Produktion ganz auf die eigene Person beziehen, also auf eigene Einfälle, Ideen, Gefühle usw. Anders verhält es sich mit musikalischen Improvisationen über Modellen (z.B. bekannten Melodien), bestimmten Harmoniefolgen (z.B. Blues-Schema) oder nach formalen Gerüsten (z.B. Rondo). Auch hier hat der Spieler die für eine Improvisation notwendigen Freiräume, kann diese jedoch nur innerhalb des gesteckten Rahmens ausnutzen. Ein Improvisieren in der Gruppe, mit dem wir es beim gemeinsamen Musizieren von Kindern bis zu zehn Jahren meistens zu tun haben, erfordert stets vorherige Vereinbarungen hinsichtlich der Materialauswahl und -bearbeitung, denn nur so kann sich eine zufrieden stellende klangliche Gestaltung ergeben. Dass auch musikalische Gruppenimprovisationen durchaus Freiräume für individuellen musikalischen Ausdruck lassen, beweist der Jazz.

Literatur

Manfred Ansohn: Eigene Klangwelten finden. Komponieren in Klasse 3-6. In: Musik und Unterricht 1992

Herbert Bruhn/Manfred Oerter/Helmut Rösung (Hrsg.): Musikpsychologie. Ein Handbuch. Hamburg 1993

Theo Hartogh: Spielen mit Klang und Rhythmus. Essen 1995

Christian Hoerburger: Kinder erfinden Musik. Ein Beitrag zur musikpädagogischen Unterrichtsforschung. Essen 1991

Hartmut Höfele und Susanne Steffe: Wir wollen Musik erfinden. Musizieren mit selbstgebauten Musikinstrumenten. Hamburg 1991

Hans Holthaus: Klangdörfer. Musikalische und soziale Vorgänge spielerisch erleben. Boppard 1993

Tom Klöwer: Die Welten der Trommeln und Schlaginstrumente. Südergellersen 1994

Dorothée Kreusch-Jacob: Keine Angst vor falschen Tönen. Wie Kinder die Musik und ihr Instrument entdecken. München 1993

Diether de LaMotte: Musik ist im Spiel. Geschichten, Spiele, Zaubereien, Improvisationen. Lassel 1990

Heidrun Liess: Spaß mit Klängen, Tönen, Geräuschen. Kinder erleben spielerisch Musik. 1995

Ortwin Nimczik: Spielräume im Musikunterricht. Frankfurt 1991

Petra Polman Tuin und Brita Glathe: Spiel mit Musik und Material. Wolfenbüttel 1992

Michael Reimann: Entdecke die Musik in dir. Vom Vergnügen, die eigene Musikalität zu entdecken (mit CD), München 1998

Juliane Ribke: Grundlagen der elementaren Musikerziehung. Regensburg 1994

Rainer Schmitt: Gedichte mit Musik. In: Praxis Grundschule 1995

Rainer Schmitt: Musik erfinden. In: Siegmund Helms u.a.(Hrsg): Handbuch des Musikunterrichts. Bd. 1 Primarstufe. Regensburg 1997

Rainer Schmitt: Musik und Bild – mehr als ein Projektthema. In: Grundschule 1995

Rainer Schmitt: Musik und Spiel in Religionsunterricht und Jugendarbeit. Praktische Anleitungen, Beispiele und Modelle. Stuttgart u. München 1983

Rainer Schmitt: Musikbaukasten. Freier Umgang mit musikalischem Material. In: Grundschule 1987 und Praxis Grundschule 1987

Rainer Schmitt: Musikunterricht. In: Dieter Haarmann (Hrsg.): Handbuch Grundschule. Bd. 2. Weinheim u. Basel [3]1997

Matthias Schwabe: Musik spielend erfinden. Improvisieren in der Gruppe für Anfänger und Fortgeschrittene. Kassel 1992

Björn Tischler: Musik aktiv gestalten. Ideen für die sonderpädagogische und therapeutisch-orientierte Praxis. Frankfurt 1994

Horst Wagner: Spielen mit Musik. Musikalische Spielideen und Spielaktionen für Kinder. Köln 1987

Klangliches Gestalten: Trommeln

Friedhelm Munzel

Wenn Tarzan, der Held des Urwalds, nach Art der Gorillas seinen Brustkasten mit den Fäusten bearbeitete, erklang ein dunkles Dröhnen – Zeichen des Angriffs, der Stärke oder eines animalischen Imponiergehabes. Er benutzte seinen Brustkorb als Trommel, und er konnte durch Auf- und Absenken der Stimme beeindruckende melodische Resonanzen erzeugen. Wer hätte als Kind oder im Jugendalter nicht schon einmal Erfahrungen mit diesem nahe liegenden Körperinstrument gemacht?

Die Trommel begegnet uns lebenslang in immer wieder neuen Formen. Sie ist rein äußerlich ein Instrument, das durch seine Konstruktion fasziniert und einen hohen Aufforderungscharakter hat: Kaum ein Mensch kann bei ihrem Anblick dem Drang widerstehen, sie zu berühren und ihren Klang zu vernehmen. Im Gegensatz zu vielen anderen Instrumenten, bei denen sich nur mittelbar Töne erzeugen lassen (durch Klöppel, Schlegel usw.), kann direkt mit den Händen geschlagen werden. So ist neben dem Schauen und Hören vor allem der Tastsinn angesprochen. Als ein Instrument, das nicht nur die Sinne anspricht, sondern auch in der Religion vieler Völker verankert ist, wird sie interessant für die ästhetisch-religiöse Erziehung.

Trommeln kann und will hier jedoch keinen musiktheoretischen oder musikwissenschaftlichen Ansprüchen gerecht werden, sondern beschränkt sich auf Erfahrungen mit einem beliebten Klangkörper. Hierbei soll auf die Beziehung des Menschen zum Rhythmus, auf Animationscharakter, Art und Funktion der Trommel sowie die Verbindung zwischen Trommeln und psychischer Befindlichkeit und religionspädagogischer Anwendungsebene hingewiesen werden.

Mensch und Rhythmus

In seinem Buch »Emotionale Intellienz« geht Daniel Goleman ausführlich auf das Phänomen des »Fließens« ein.[1] Das Gefühl des Fließens trägt die Kennzeichen positiver Spannung und spontaner Freude. »Es ist ein Zustand, in dem man ganz in dem aufgeht, was man tut, ihm seine ungeteilte Aufmerksamkeit schenkt, wo das Bewusstsein nicht mehr vom Handeln getrennt ist.«[2] Charakteristisch für das Fließen ist die Gleichzeitigkeit von hoher Konzentration und Entspannung. Lernen und Fließen erscheinen Goleman geradezu als »ein neues Modell für Erziehung«[3]. Wir haben hier die Verbindung zum Begriff »Rhythmus«[4] (*rheo* [griech.] = *fließen*), den wir lediglich unter dem Aspekt der personalen Einheit betrachten: Der Mensch gerät in einen dynamischen Zustand der Harmonie mit sich selbst, der ganzheitliche Kräfte evoziert, d.h. ein Zusammenspiel von körperlicher Bewegung, geistiger Beweglichkeit und psychischer Bewegtheit bewirkt. Dass alles »fließt«, ist eine alltägliche Erfahrung, die der Mensch schon immer gemacht hat. Er unterliegt dem Rhythmischen, sei es im Makro- oder Mikrokosmos, in den Elementen Erde, Wasser, Luft und Feuer, in Lebenszyklen, im Jahreskreis oder Tagesablauf; der Mensch muss seinen eigenen »Biorhythmus« finden. Das Rhythmische begegnet ihm in Tanz, Gesang, Musik und Kunstwerk, in den Funktionen von Körpervorgängen, in Arbeit und Freizeit. Allzuoft sieht er seinen Rhythmus gestört, wenn etwa der Sprach»fluss« oder der Bewegungs»fluss« gestört wird.

Der Herzschlag kann als Urrhythmus gelten. Der Herzschlag der Mutter, den das Kind im Mutterleib bis zu seiner Geburt vernimmt, lässt sich als rhythmisches Grunderleben und als verlässliche Ordnung betrachten. So beruhigen Herzschläge vom Tonband schreiende Neugeborene. Dies alles verstärkt den Eindruck, dass das Trommeln als Klangrhythmus etwas mit Urerfahrungen des Menschen zu tun hat und starke Reaktionen auszulösen vermag.[5]

---

1 Vgl. Daniel Goleman: Emotionale Intelligenz, München ²1997, 119-125

2 A.a.O., 120

3 A.a.O., 123

4 Mit der Vielschichtigkeit des Begriffs »Rhythmus« kann ich mich hier nicht näher auseinander setzen. Vgl. dazu etwa: Brita Glathe/Hannelore Krause-Wichert: (Hrsg.): Rhythmik – Grundlagen und Praxis, Wolfenbüttel 1981, VI-X, Teil 1.2 (Rhythmus).

5 Man kann psychoanalytisch die begründete Meinung vertreten, dass alle Musik der ausgeprägten Sehnsucht nach einer Ureinheit und Geborgenheit entstammt, wie sie ein jeder als Kind im Schoß seiner Mutter erfahren hat; allein schon diese Sehnsucht verleiht der Musik einen wesentlichen religiösen Ausdruckswert. Dabei ist das musikalische Erleben zunächst nicht so sehr an die Tonfolge, als vielmehr an den Rhythmus gebunden ...«. (Eugen Drewermann: Der Trommler. Grimms Märchen tiefenpsychologisch gedeutet, Olten ⁴1992, 23)

Dynamik der Trommel

Die Trommel ist ein ungemein vielseitiges und ambivalentes Instrument, mit dem Transzendenzerfahrungen möglich sind. Naturvölker glauben, dass Haut und Körper der Trommel bestimmen, wer oder was ins Leben gerufen wird. Manchen Trommeln wird »Transportfähigkeit« nachgesagt, weil sie den Musiker und seine Zuhörer (= »Mitfahrer«) mit auf eine Reise nehmen.[6] Trommeln kann aber auch zu einer »Reise ins Innere« animieren. Trommeln kann die Tiefenschichten des Menschen erreichen und seelische Veränderungen hervorrufen, manchmal beängstigend, manchmal befreiend. Es kann in einen rauschartigen Zustand versetzen, das Gefühl für Zeit und Raum verändern und neue Erlebensdimensionen schaffen. So wird von dem Gefühl des Fliegens in die Weite berichtet, von der Empfindung, dass Zeit »wachsen« kann und Zeiträume intensiver wahrgenommen werden (Zeit hat mehr »Platz«).[7] Trommeln bewirkt indes mehr als das augenblickliche Erleben des Rhythmischen; es löst Impulse aus, die nachhaltig auf das Leben Einfluss nehmen können. Vor allem führt es zu einer Begegnung mit dem natürlichen Leben, mit der eigenen Natur, mit Ursprünglichkeit.

Die Trommel kann zu einer ordnenden und beruhigenden Kraft gleichermaßen werden: Sie bringt Ordnung ins Chaos und Ruhe in Lärm, sie führt – über leiser werdende Klänge oder Verlangsamung – zur Stille.

In diesem Zusammenhang spielt der Beat und Offbeat, die »Pause« als rhythmisches Ereignis eine wichtige Rolle. Hier ereignet sich das rhythmische Prinzip der Polarität.

 Der Kreis symbolisiert Ruhe/Stille, ebenso das ruhende Trommelfell.

 **Erfolgt in diese Stille ein Ereignis (hier der Schlag auf das Trommelfell), so wird die Betonung als Klang vernehmbar.**

Beat

Zwischenraum

Offbeat

---

6   Vgl. Clarissa Pincola Estés: Die Wolfsfrau. Die Kraft der weiblichen Urinstinkte, München [9]1997, 161
7   Vgl. Fritz Hegi: Improvisation und Musiktherapie. Möglichkeiten und Wirkungen freier Musik, Paderborn 1986, 39

Der wiederholte Schlag wird als Klang mit Zwischenraum bis zum nächsten Schlag und Klang in der Folge

Ereignis – Ruhe – Ereignis

erlebt. Die »Pause« ist also keineswegs Leere. Der Zwischenraum bietet »Platz« für verschiedene Betonungen durch weitere Schläge. Charakteristisch ist der »Gegenschlag«, entweder als »Pause« [etwa mit einer Handbewegung angedeutet] oder als weiterer Klang. Diese beiden Elemente *Schlag* und *Gegenschlag* (Beat und Offbeat) machen den Urrhythmus aus.

Eigenart und Herstellung der Trommel

Die Kinder sollten wesentliche Grund- und Kontextinformationen erhalten, die ihnen den Umgang mit der Trommel in ein anderes Licht rücken, und die dazu dienen, adäquate Klänge zur Eigenart der Trommel zu produzieren.

In der Trommel kommen Pflanze, Tier und Mensch zueinander. Der Klangkörper ist aus Holz (Baum), das Trommelfell vom Tier, z.B. Ziege, Antilope, was damit gleichzeitig ein Symbol für Kraft und Beweglichkeit ist. Die Klänge ruft der Mensch hervor. Das Holz für die Trommel wird hauptsächlich von besonderen Bäumen gewonnen, wie auch der Baum symbolisch für die Verbindung zwischen Himmel und Erde steht. In ihm fließen die Wasser der Erde nach oben.

Beim Herstellungsvorgang sind alle Elemente beteiligt. Das mit Wasser befeuchtete oder eingeweichte Trommelfell wird dem Feuer (der Sonne) zum Trocknen ausgesetzt. Das Holz entspricht dem Element der Erde, und die Luft ermöglicht den Ton.

Die heilende Kraft der Klänge und der Musik ist seit Menschengedenken bekannt (vgl. »Wolfsfrau«). So wie der Mensch die Natur erlebt, so äußert er sich in der Musik: Säuseln des Windes, Rauschen des Wassers, Donnern und Tönen der Naturgewalten, Summen der Bienen, Zirpen der Grillen, Zwitschern der Vögel bis zu eigenen Lauten der Freude, des Jubels, aber auch der Angst und Trauer bilden »Klangmaterialien« für die Musik.

Die »Trommelfamilie«

Die Trommel ist die »Königin der Instrumente«[8]. Jede Trommel besitzt ihre spezifische Fähigkeit und hat ihre Wirkung. Sie hat ihren Platz innerhalb der Gemeinschaft vieler Klang-Instrumente, zu denen in jedem Fall die Glocke und die Rassel gehören. Natürlich gibt es auch besondere Trommeln, die »allein« sind, also als Soloinstrument gespielt werden.
Zur »Trommelfamilie« gehören:
Conga, Bongo, Sprechtrommel, Akom-Trommel (Oblente, Klangkörper mit »Fuß«), Djembe (Trommeln, die nur mit Schnüren befestigt werden).
Die Herkunft einer Trommel lässt sich nach ihrer Spannweise bestimmen.

Trommeln und psychische Befindlichkeit

Mit einfachsten Mitteln wird die Trommel zu einem individuellen Instrument, das die je eigenen Gefühle aufnehmen und ertragen kann und ihnen ertastbare und hörbare Resonanz verleiht. Sie ermöglicht es, Zärtlichkeit und Wut, Trauer und Freude, Verzagtheit und Ermutigung zu äußern und ihren Widerhall zu vernehmen – und verstärkt, verringert oder verwandelt die jeweiligen Emotionen. Sie kann zum Medium für Abreaktion, Beruhigung und Aktivierung werden. Energien und Gefühle werden nicht unterdrückt, sondern finden Ausdruck; es kann zum Aufgeben der gewohnten Fassade kommen. Die Korrelation zwischen dem Rhythmischen und psychischer Befindlichkeit ist evident.
Das Trommeln könnte zu ganz neuen Erfahrungen beitragen, sowohl im persönlichen als auch im sozialen Bereich. Ein wiederkehrender Rhythmus entspannt und löst; kleine Kinder schlafen trotz der Lautstärke dabei ein. Einen Rhythmus eine Zeit lang durchzuhalten, fördert die Konzentration, trägt zur Stärkung des Willens bei, vermehrt die Ambiguitätstoleranz und steigert letztlich das Selbstwertgefühl. Sich gemeinsam auf einen Rhythmus einzustellen, schafft Solidarität in einer Zielsetzung und stärkt die Gemeinschaft. Es inspiriert dazu, im Leben wieder »Ordnung« zu gewinnen, Orientierung und Gleichgewicht zu finden.

---

8   Margit Kirchner: Afrika – was geht das uns an? Unterrichtsentwurf für die Sekundarstufe I, in: AV-Religion
     (CF 1058): Afrika – und wir. Dritte Welt oder Eine Welt, Hildesheim 1993, 19-32, hier: 26

Das Rhythmische, eventuell unterstützt durch Sprache und Melodisches, vermag zu integrieren, mitzureißen und bis zur Ekstase zu führen – ohne Alkohol und andere Stimulatoren. So mancher hat schon ein Gespür dafür bekommen, sei es in einem Trommelkurs, in trommelnden Eltern-Kind-Gruppen oder für sich allein. Wer sich eine Trommel aus dem Urlaub mit nach Haus bringt, weiß offensichtlich von ihrer therapeutischen Wirkung.

Die afrikanische Trommel ist gegen unseren Instrumentalstil und gegen unser Taktempfinden gerichtet.[9] Dieses Medium, das Verbindung und Kommunikation über große Räume schafft, dessen Schall weit hinaustönt, ist alles andere als in unserem Sinn harmonisch; es nimmt sich wunderlich aus, wirkt nahezu barbarisch. Es ist ein Instrument, bei dem auch die Pausen wichtig, d.h. »gefüllt«, sind. Gerade dadurch spricht es den westlichen Menschen auf einer unbekannten Ebene an und führt zu neuen Erlebnissen.

Didaktische Aspekte

Von der Großartigkeit, die hinter diesem Instrument steht, sollen die Kinder durch Information über das Trommeln, durch Klangerlebnisse und durch Transformation am Beispiel von Bibeltexten erfahren.

Informationen über das Trommeln

★ Wir sollten den Kindern etwas erzählen über die Eigenart der Trommel, welche Bedeutung sie in anderen Völkern hat und warum sie von den Afrikanern als »Lebewesen« bezeichnet wird (sie »spricht«, sodass sie jeder versteht; sie verhilft dem Menschen zum Ausdruck seiner Gefühle; sie verlockt zu Bewegung, Tanz und Lebensfreude). Weiterhin könnten sie etwas darüber erfahren, welche Prinzipien bei der Herstellung der Trommel maßgebend sind (vgl. Eigenart und Herstellung) und welche Funktion sie für unsere Gesellschaft haben könnte.

★ Anschließend wird die »Trommelfamilie« vorgestellt, wobei der Hinweis erfolgen kann, dass auch einige Orff'sche Instrumente als Trommeln bezeichnet werden (z.B. Holzblock- und Röhrentrommel, Hand- und Schellentrommel).

★ Die Eigenart einer afrikanischenTrommel sollte nach Möglichkeit an einem Original-Instrument erläutert werden. Andere leicht beschaffbare Klangkörper

---

9   Für Informationen über die Bedeutung der Trommel in Schwarzafrika bin ich Frau Hania Orthbandt (Diplom-Pädagogin und Trommellehrerin), Dortmund, dankbar.

wie Pappkartons, Eimer, Blumentöpfe, Waschmittelbehälter, Schirmständer, große Dosen sind nur Ersatzlösungen. Das schließt nicht aus, dass wir auch mit diesen »Instrumenten« einmal Trommelerfahrungen machen können.

Elementare Klangerlebnisse

★ Es werden zunächst nur die Hände benutzt, um Klänge zu erzeugen (Handflächen [innen, außen, mit geschlossenen und gespreizten Fingern], Fingerkuppen. Knöchel, Fingernägel, Fäuste). Hierbei wird der gesamte Klangkörper einbezogen (Fell, Rand, Seitenwände). Diese haptischen Erfahrungen sollten einen breiten Raum einnehmen.

★ Klänge und Geräusche werden sodann mittelbar hervorgebracht durch Schlegel, Stäbe, Bürsten, Pinsel und andere Materialien. (Diese Übung kann für eine differenzierte szenische Darstellung anregend sein).

★ Die Trommel in ihren Elementen darstellen: Im Baum Wasser der Erde nach oben fließen lassen (z.B. mit den Händen Klänge vom Dumpfen immer heller werden lassen).

★ Typische Bewegung von Tieren nachahmen (z.B. Elefant, Pferd, Katze).

★ Vorschläge machen, wie folgende Situationen mit Hilfe der Trommel darstellbar sind, etwa:

  ○ Spielende Kinder

  ○ Alte Menschen beim Spaziergang

  ○ Junge Menschen laufen und springen

  ○ Schleppend und mühsam den Berg erklimmen

★ Trommel als ordnende Kraft (= vereinbartes Zeichen [z.B. Triangel):
Verlauf: Die Kinder dürfen ihre Stimme nach Belieben einsetzen.
Eine Trommel ertönt. Alle fallen nach einer Zeit (* sprachlich – wie immer gewünscht – in den Rhythmus der Trommel ein, (* gehen dann in Klatschen über, (* das Klatschen wird leiser, (* bleibt nur noch stille Bewegung, (* Ruhe der Bewegung, Trommel leise bis unhörbar, (* Die Kinder schließen die Augen, lauschen dem letzten (leisen) Klang nach, verharren in Lautlosigkeit. Ein leiser Trommelschlag beendet die Abfolge.

★ Mit verschiedenen Rhythmusinstrumenten (»Trommelfamilie«) rhythmisch in Einklang gelangen:
Verlauf: Die Instrumente spielen nach Belieben. Eine Glocke (bzw. ein anderes helles Instrument) ertönt. Alle Instrumente spielen sich allmählich auf einen gemeinsamen Rhythmus ein.

★ Beat und Offbeat: Eine Trommel ertönt in gleichmäßigen Rhythmen. Andere Instrumente (oder Stimmen und Geräusche) »füllen« die Zwischenräume: Gegenschlag, Doppelschlag, Wort, Schrei, Pfiff ...

Trommeln und Gefühle

★ »Wenn ihr nicht sprechen könntet und nur eine Trommel hättet, wie würdet ihr damit anderen folgende Gefühle und Situationen übermitteln?«

- ○ Freude
- ○ Fröhlichkeit/Ausgelassenheit
- ○ eine wichtige Nachricht
- ○ Enge
- ○ Verzweiflung
- ○ Wut
- ○ Trauer
- ○ ein Herzensgeheimnis

★ Die Kinder sollen hier Ideen entwickeln und Vorschläge machen. Der Kontakt von Haut zu Haut, die Direktheit des Tastsinns, können wichtige Selbsterfahrungen vermitteln. Die Hände dürfen sich frei bewegen und »erzählen«.

Trommeln und biblische Motive (★ Kap. 18)

Schema für eine Erarbeitung mit älteren Grundschulkindern
(Für jüngere Kinder muss das Schema vereinfacht bzw. um den einen oder anderen Punkt reduziert werden.)

I. Empfohlene Schritte

1. Erzählen oder Lesen des Textes
2. Gespräch über den Inhalt und die Struktur: Festsetzen der Schwerpunkte
3. Aufteilen des Textes in Szenen (Beachten der Abschnitte, Motive, Signalwörter), evtl. schriftlich
4. Zuordnung der Instrumente (Erprobung) – Festlegen der Mitspieler
5. Endgültige Festlegung der verwendeten Instrumente und Zuordnung zu den einzelnen Szenen, evtl. schriftlich
6. Durchspielen der einzelnen Szenen (evtl. Korrekturen)
7. Geschlossenes Spiel

II. Was ist im Einzelnen zu beachten?

1. Wie viele Situationen und Handlungsträger (z.B. Menschen, Tiere) hat der Text?
2. Soll allen Situationen und Handlungsträgern ein jeweils passendes Instrument zugeordnet werden, oder geschieht dies nur in Auswahl?

3. Welche Instrumente werden ausgewählt?
4. Wann sollen die Klänge zu hören sein? (Bitte auf Signalwörter achten!)
   – Einzelnen Textstellen oder Wörtern unterlegt,
   – nach Textabschnitten oder Wörtern,
   – nach einem Sinnabschnitt,
   – ohne direkten Textbezug?
5. Soll es ein Punkt-, Schwebe- oder Bewegungsklang sein?
6. Soll ein Klangteppich (= mehrere Instrumente) eine Textpassage unterlegen?
7. Sollen Instrumente szenisch zugeordnet werden (»Programm-musik«)?
8. Ist an ein Vorspiel, Zwischenspiel oder Nachspiel gedacht?
9. Wie werden Text und Klänge grundsätzlich aufeinander bezogen?
10. Soll das Klangergebnis festgehalten werden?

Die Trommel mit ihrer Faszination und mit ihrem Aufforderungscharakter soll im Mittelpunkt stehen. Bei der Transformation biblischer Texte in Klänge bzw. Geräusche kann allerdings die »Trommelfamilie« im weitesten Sinn (also auch Orff'sches Instrumentarium) hinzukommen. In jedem Fall sollte jedoch »sparsam« mit den Instrumenten umgegangen werden, da gerade in der Beschränkung ein Reiz bestehen kann.

Der allmählichen Ausdifferenzierung im Umgang mit der Trommel steht am Schluss nicht im Weg, dass es zu einer Verklanglichung auch unter Einbeziehen von Melodie-Instrumenten (z.B. Stabspiel, Blockflöte) kommt. Die *behutsame* Hinzunahme solcher Instrumente empfiehlt sich, wenn eine »liebliche« Szene eintritt (etwa Zuwendung, Hilfe, Heilung, Rettung).

Inszenierung einer biblischen Geschichte mit der »Trommelfamilie«:
Jesus heilt einen Blinden *(Markus 10,46-52)*

★ Auf einen Sprecher wird verzichtet.[10] Ähnlich der Programmmusik wird alles mit ausschließlich musikalischen Mitteln dargestellt.

★ Einsetzbar sind: Alle Arten von Trommeln, Klanghölzer, Rassel, Triangel, Becken, Zimbel, Glocke.

---

10 Bei Kindern, die ungeübt sind, empfiehlt es sich, Text und Klänge zu kombinieren.

Verlaufsvorschlag	
Szene	Instrumente
Menschen nähern sich.	Unterschiedliche Instrumente wie Holzblocktrommel, Klanghölzer, Rassel, allmählich lauter werdend
Jesus und seine Jünger sprechen miteinander.	Ruhige Trommelschläge, Begleitrhythmen anderer Instrumente
Ein Blinder macht auf sich aufmerksam.	Halblaute Schläge (z.B. Tamburin), schneller werdende Rhythmen
Die Jünger versuchen ihn zum Schweigen zu bringen.	Begleitrhythmen zu Jesus versuchen Blinden zu übertönen
Der Blinde schreit lauter.	Lautere Schläge, noch schnellere Rhythmen
Die Jünger werden zornig, reden auf ihn ein.	Begleitrhythmen zu Jesus eskalieren, versuchen Tamburinklänge zu überdecken
Der Blinde schreit unüberhörbar.	Wilde (»verzweifelte«) Schläge, dann Glocke (oder Becken)
Jesus bleibt stehen, spricht mit dem Blinden.	Alle Instrumente schweigen, zarter Rhythmus (behutsame Trommelschläge)
Der Blinde läuft auf ihn zu.	Tamburin, schneller Rhythmus
Jesus heilt ihn.	Zarte Klänge (z.B. Triangel oder Glockenspiel)
Der Blinde staunt.	Kaum hörbares Berühren des Tamburins bis zum jubelnden Anschwellen, länger anhaltend
Die Menge staunt, spendet Beifall.	Alle Instrumente stimmen erst verhalten, dann aufbrausend (aber ohne Lärm) ein, allmählich wieder abschwellend
Jesus geht weiter, der Blinde folgt ihm – er ist glücklich.	Ruhige Trommelschläge, wie zu Beginn, etwas später einsetzend: halblaute, schnellere Schläge; Geräusche verlieren sich in der Ferne; am Schluss stehen reine helle Klänge (z.B. Triangel)

Verklanglichung eines biblischen Motivs
Der Spross aus dem Baumstumpf *(Jesaja 11,1)*

★ Israel hofft in der Gefangenschaft auf einen neuen Herrscher, einen König und Retter. Er wird aber – so sagen die Propheten – ganz anders sein als alle zuvor. Die Propheten bringen die Sehnsucht des Volkes nach besseren Zeiten (»Lichtblicke«), nach Aufbruch neuen Lebens und nach Frieden und Gerechtigkeit durch eine Lichtmetapher (Jesaja 9,1), durch eine Wachstumsmetapher (Jesaja 6,13; 11,1) und durch die Metapher vom armen König, der reich machen kann, zum Ausdruck. Diesen Bildern ist gemeinsam, dass eine Antwort des Trostes und der Hoffnung auf Not und Verzweiflung, auf Zerstörung und Demütigung gegeben wird. Für eine Umsetzung dieser Bilder in Klänge ergibt sich formal jeweils eine Bewegung von »dunklen« Tönen (z.B. Dunkelheit, Absterben, Bedrohung) nach »hellen« (z.B. Licht, aufkeimendes Leben, Zuwendung und Nähe), von schleppenden nach schnelleren Rhythmen. Exemplarisch sei dies am Bild vom Baumstumpf, aus dem ein Spross hervorbricht, deutlich gemacht.

Inhalt des Bildes:
Das Königreich Davids ist ruiniert. Es gleicht einem gefällten Baum. Nichts ist übrig geblieben als ein Stumpf, dem Absterben und Vermodern preisgegeben. Doch Gott erweckt den Rest des Lebens neu. Der hervorspießende Trieb ist so zart, dass er übersehen werden kann. Aber aus den kaum sichtbaren Anfängen entwickelt sich bald ein kräftiger Stamm. Schließlich wird er größer und prächtiger als der ursprüngliche Baum.

Verklanglichung:
Mit Hilfe einiger Orff'scher Instrumente vollziehen die Kinder den Prozess des Wachsens in einer kleinen Phantasiereise nach: Drei Kinder spielen die Instrumente, die anderen schließen die Augen. An der letzten Phase sind alle Kinder beteiligt.

Phase	Instrumente
Es scheint alles erstorben.	Stille
Im Stumpf ist doch noch Leben.	Dumpfe Trommel oder großes Tamburin wird in großen Abständen leise angeschlagen.
Eine neue Kraft erwacht.	Fingerzimbel oder Triangel tönt hinein, zart, kaum hörbar, dann stärker werdend.
Ein Reis sprießt hervor und wächst.	Ein Glockenspiel kommt hinzu. Von unten nach oben werden die Stäbe jeweils mehrfach angeschlagen. Die dumpfen Töne verschwinden.
Es wird ein großer prächtiger Baum, über den die Menschen staunen und den sie gern aufsuchen.	Bei den letzten hohen Klängen setzt ein Tamburin (behutsam im Rhythmus zunehmend) ein. Zimbel, Triangel (evtl. Stabinstrumente) fallen mit eigenen Rhythmen ein. Alle anderen Instrumente kommen hinzu, werden im gemein- samen Rhythmus (»dem König folgen«) immer leiser und kommen zur Ruhe.

Bei den hier vorgelegten Vorschlägen geht es nicht um die Übernahme fremder Kulturgüter oder Ausdrucksgestaltung. Es kann nicht Ziel sein, das Lebensgefühl der Afrikaner nachzuahmen oder zu seiner Perfektion zu gelangen. Vielmehr sollen im Trommeln und in der Auseinandersetzung mit diesem Instrument erfahren und deutlich gemacht werden:

- Vielfalt rhythmischer Urkraft
- Ganzheitliches Erleben eines »nahe liegenden« Instruments
- Schulung (Intensivierung und Sensibilisierung) der Wahrnehmung
- Stellenwert der Trommel als religiöse Ausdruckskraft
- Ausdrucksmöglichkeiten für Gefühle und Wirkung auf psychische Befind- lichkeit
- Einfluss auf Gestaltung der Lebenswirklichkeit
- Trommel als nonverbales Medium bei der Transformation und Vertiefung biblischer Inhalte

7 Sich selbst zum Ausdruck bringen durch kreative Bewegung

Die Seele ist die Brücke zwischen uns selbst als Menschen und dem universalen Hintergrund des Einsseins.

Thomas Armstrong[1]

Wir müssen lernen, uns zuzugestehen, dass der Kern des Menschen selbst den Ich-Horizont überschreitet, ja dass die ihm immanente Transzendenz sein Wesen ausmacht.

Karlfried Graf Dürckheim[2]

Wisst ihr nicht, dass euer Körper ein Tempel des heiligen Geistes in euch ist, den ihr von Gott habt?

1. Korintherbrief 6,19

Können kreative Bewegung, Bewegungsspiele und -übungen dazu beitragen, die Seele der Kinder zu befreien?
In den Theorien zur kreativen Bewegungserziehung werden oft folgende Ziele benannt: Das Kind wird
– seinen Körper mehr schätzen und lieben lernen,
– sich an seinen vielfältigen körperlichen Fähigkeiten erfreuen können,
– seine Ausdrucksmöglichkeiten durch Körper, Gestik, Mimik und Stimme weiter steigern wollen,
– größere sinnliche Bewusstheit erlangen und so sich weniger langweilen,
– mit alltäglichen Dingen sorgsamer umgehen,
– sich mit seiner Mitwelt (Pflanzen, Tieren, Menschen) verbundener fühlen,

---

1   Spiritualität des Kindes, Essen 1994, 84
2   Vom doppelten Ursprung des Menschen, Freiburg [8]1984, 13; (Tb) [4]1997

- enttäuschende und frustrierende Erlebnisse, verletzte und die Lebensfreude blockierende Gefühle leichter verkraften, damit sie sich nicht im Körper festsetzen können,
- ein positives Selbstbild und ein damit einhergehendes Selbstvertrauen gewinnen,
- sich in seinem Körper beheimatet und wohl fühlen in Harmonie von außen und innen,
- fähig sein, durch den Körper höhere Bewusstseinszustände zu erleben.[3]

Kreative Bewegungserziehung kann »auf alle Bereiche des kindlichen Lebens einwirken – seine Ruhe und Arbeit, sein Teilen und Geben und das alleinige Denken, das zu seinem eigenen Verständnis und zur Klärung von Gedanken nötig ist. Die Angst, Reizbarkeit, Ruhelosigkeit, mangelhafte Selbstkontrolle und vorwiegende Beschäftigung mit dem Ich, die man bei so vielen Kindern und Erwachsenen antrifft, können weitgehend gemindert werden.«[4]

Das beantwortet schon ein Stück weit unsere eben gestellte Frage. Wir müssen aber noch einen Schritt weitergehen.

Von außen nach innen, von innen nach außen: Mit dem Körper unser inneres Wesen entdecken und zum Ausdruck bringen

Die transpersonale Entwicklungspsychologie bezweifelt, dass der Mensch sich ausschließlich aus seinem materiellen Körper heraus zu einem sinnlichen, fühlenden, empfindsamen, geistigen, sich und seiner Welt bewusstwerdenden, mit anderen Menschen und Wesen sich verbunden wissenden und fühlenden Menschen entwickeln kann. Wie sollen aus niederen, materiellen und körperlichen Seinsschichten höhere, seelisch-geistige Formen menschlichen Daseins und Bewusstseins entstehen können? Das ist undenkbar.

Es kann nur so sein, dass jeder Entwicklung von Niederem zu Höherem das Höhere schon zugrunde liegt und die Entwicklung vorantreibt und steuert. In der Aufwärtsentwicklung vom physischen Körperdasein zu immer höheren Formen des Bewusstseins konkretisiert, verdichtet sich das jedem Menschen von Anfang an innewohnende und seine Entwicklung steuernde *selbsttranszendente*

---

3   Vgl. Diana Whitmore: Kreativitätsspiele mit Kindern, München 1988, 46 f.
4   Marianne Frostig: Bewegungserziehung, München [5]1992, 75f.

Wesen des Menschen. So ist »das Kind, wie alle menschlichen Wesen ..., ein unsterbliches spirituelles Wesen in einem sterblichen materiellen Körper«[5]. Demnach wäre die Frage, ob kreative Bewegung dazu beitragen kann, die Seele der Kinder zu befreien, ungenau gestellt. Ja, sie kann dazu beitragen – aber nur indem und insoweit sie die Seele der Kinder dazu anregt und aufweckt, *sich selbst zu befreien*, und in der Anleitung dazu die geeigneten äußeren Bedingungen und Chancen vorgegeben werden. Kreative Bewegung ist also ein Weg von außen nach innen, auf den sich das Kind einlassen kann, um mit seinem Körper sein inneres Wesen zu entdecken und sich selbst und was es bewegt von innen nach außen kreativ zum Ausdruck zu bringen.

Die Seele der Kinder kreativ werden lassen

Der Meister sprach: In einem jeden von uns wohnt die Macht, sich für ein gesundes oder ein sieches, ein reiches oder ein armes, ein Leben in Freiheit oder Sklaverei zu entscheiden. Wir selbst sind es, die darüber bestimmen – und niemand sonst. (...)

Es gab einmal eine Ansiedlung von Geschöpfen am Grunde eines großen kristallklaren Flusses. Die Strömung des Flusses ging ruhig über alle hinweg – einerlei, ob Jung oder Alt, Reich oder Arm, gut oder böse: Die Strömung ging ihren eigenen Weg, denn sie kannte nur ihr eigenes, kristallklares Selbst.

Jedes Geschöpf klammerte sich in der ihm eigenen Weise fest an die Zweige und Steine im Flussbett, denn ihre Art zu leben, bedeutete Sichfesthalten; von Geburt an hatte man ihnen beigebracht, der Strömung zu widerstehen.

Aber unter ihnen gab es ein Geschöpf, das eines Tages sagte: »*Ich habe es satt, mich immer festzuhalten! Ich kann es zwar nicht mit meinen Augen sehen, aber ich vertraue trotzdem darauf, dass die Strömung weiß, wohin es geht. Ich werde loslassen, damit mich das Wasser forttragen kann, wohin es will; denn wenn ich mich weiter festhalte, werde ich vor Langeweile sterben.*«

Die anderen Geschöpfe lachten und sagten: »*Du Narr! Lass nur los, und du wirst sehen, wie die Strömung, die du so verehrst, dich packen und auf die Felsen schmettern wird; und du wirst schneller daran sterben als vor Langeweile!*«

Aber dieses eine Geschöpf hörte nicht auf sie: Es holte einmal tief Luft und stieß los und wurde sofort herumgewirbelt und von der Strömung gegen die Felsen geschmettert.

Aber noch rechtzeitig trug die Strömung das Geschöpf, das sich nicht mehr festhalten wollte, vom Grunde des Flusses frei, und es wurde nicht länger zerschunden oder verletzt. Und all die Geschöpfe, die sich stromabwärts angesiedelt hatten und die es nicht kannten, riefen: »*Sehet, ein Wunder! Ein Geschöpf wie wir, und doch fliegt es! Seht, der Messias ist gekommen, uns alle zu erlösen!*«

Und der, den die Strömung getragen hatte, sagte: »*Ich bin nicht mehr der Messias als ihr auch. Der Fluss tut nichts lieber, als uns zu befreien, wenn wir nur den Mut aufbringen loszulassen. Unsere wahre Aufgabe ist diese Reise, ist dieses Abenteuer.*«

---

5   Geoffrey Hodson: The Miracle of Birth, Wheaton 1981, 98

Aber sie riefen nur umso lauter: »*Erlöser!*« und klammerten sich dabei an die Felsen, und ehe sie sich's versahen, war er gegangen und sie blieben allein zurück und spannen ihre Legenden von einem Erlöser.

Und als er erkannte, wie sich täglich eine immer größere Schar um ihn versammelte, wie sie ihn enger und heftiger denn je bedrängte und ihn anflehte, dass er sie ohne Unterlass heilen und immer wieder mit seinen Wundertaten füttern möge, für sie zu lernen und für sie zu leben, stieg er an jenem Tag allein auf einen abgelegenen Berg hinauf; und dort betete er.

Dieses Gleichnis Richard Bachs[6] von der Befreiung einer Seele vom Sich-An-klammern und Sich-Festhalten ist zugleich das Gleichnis von der sich schöpferisch entfaltenden Seele, die darum weiß: Sie kann nur zu sich selbst und zu ihrem eigenen Wesen finden, wenn sie »den Ich-Horizont überschreitet« und stetig Wege sucht, »aus sich herauszugehen«.

Kreative Bewegung ist ein solcher Weg, weil sie die kinästhetische und emotionale Intelligenz der Kinder fördert. Weit stärker als in späteren Entwicklungsjahren erfühlen und erfassen sie sich selbst und ihre Mitwelt über den Körper und drücken sich über den Körper aus. Da kommt kreative Bewegung ihrem Lebensgefühl entgegen. In Bewegungsspielen spüren die Kinder ihren Körper, verfeinern sich ihre Empfindungen für körperliche Bewegungen, erfreuen sie sich an deren Schönheit, können sie ihre Gefühle ausdrücken, können sie auch erleben, wie sich ihre Gefühle verändern und wie vielfältig ihre Gefühle sein können.

Kreativ nennen wir diese Bewegungsspiele, weil sie den Kindern Antrieb und Motivation sein können, ihr inneres Wesen nicht nur zu entdecken, sondern aus Entdeckerfreude es auch weiter schöpferisch entfaltend zum Ausdruck zu bringen. Sie locken die Experimentierlust und die Phantasie hervor, lassen Spontaneität zur Geltung kommen, Ideen in Aktivitäten umzusetzen, Lösungen für gestellte Aufgaben zu finden. Sie sollten, auch wenn sie zu üben sind, immer ihre spielerische Anmut behalten und so auf die natürliche kindliche Spielfreude eingehen.

---

6   Illusionen, Berlin/Frankfurt 1978, 13 ff.

Lehre deinen Körper viele Dinge tun, und du wirst der Liebe Gottes fähig.

Baruch de Spinoza

Kreative Bewegung auf einen Blick – am Beispiel eines Schmetterlingstanzes

Wie ein bunter Schmetterling

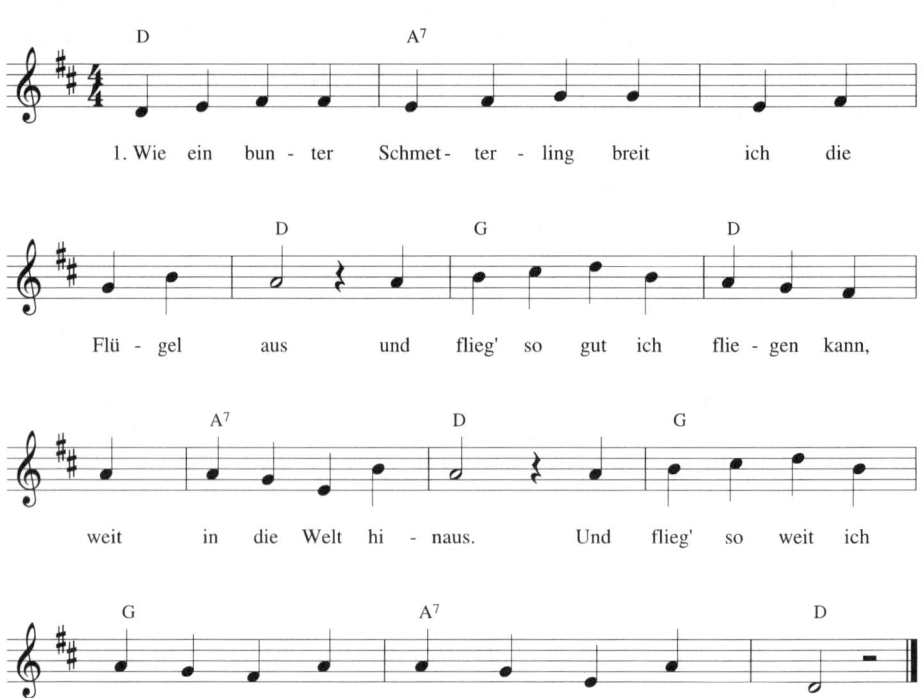

T: Rolf Krenzer
M: Detlev Jöcker
Aus Buch, CD und MC: Elefantis Liederwiese
Alle Rechte im Menschenkinder Verlag, 48157 Münster

2. Willst du ein bunter Schmetterling
   an meiner Seite sein?
   Dann fliegen wir zusammen los
   und sind nicht mehr allein.

3. Wenn wir müd vom Fliegen sind,
   dann ruhen wir uns aus
   und fliegen gleich schon wieder los
   weit in die Welt hinaus.

134

Zu diesem Lied können wir mit den Kindern tanzen. Nicht jede kreative Bewegung ist ein Tanz. Aber in diesem Tanz werden wesentliche Elemente kreativer Bewegung deutlich.

1. Die übergreifende ästhetisch-religiöse Intention:

Wie der Vogel ein Symbol der Seele ist, so auch der Schmetterling, aber nicht weil er sich frei in die Lüfte erheben kann, scheinbar schwerelos, sondern aufgrund seiner wunderbaren Verwandlung. Bevor er ein Schmetterling werden kann, schlüpft er als Raupe, die über den Erdboden kriecht und unaufhörlich Blätter und Pflanzen frisst, aus einem kleinen Ei. Als Raupe verpuppt er sich und ruht in einem von der Raupe gesponnenen Kokon, einem festen kleinen Haus, aus dem er sich als entfalteter Schmetterling befreit.

Die Raupe verwandelt sich, wenn sie ihre Puppe bildet, und so können wir, wenn wir den Kindern vom Werdegang des Schmetterlings erzählen, ihnen vielleicht auch schon etwas nahe bringen über das Werden und Vergehen und Neuwerden des Lebens. Auch die Kinder erleben das intuitiv in ihrem eigenen Leben, dass Wachsen Sich-Lösen von Vergangenem bedeutet.

Im Schmetterlingstanz können wir das symbolisch nachvollziehen. Aber im Grunde dient jede, auch die kleinste und unscheinbarste Übung in kreativer Bewegung der Befreiung der Seele der Kinder aus Verengungen, Verkrustungen und Erstarrungen – wie alles, was wir mit ihnen zu ihrer ästhetisch-religiösen Entfaltung tun.

2. Der Auslöser kreativer Bewegung:

Vieles kann beim Kind kreative Bewegung auslösen. Das können alltägliche und nicht-alltägliche Situationen sein, auf die das Kind spontan reagiert, eine Stimmung, ein Erlebnis in der Natur oder mit anderen Menschen, eine Musik, aber auch eine pädagogisch vorgegebene Aufgabenstellung, ein Spiel, eine Erzählung, ein Bild, ein Lied, ...

Hier ist es das Lied »Wie ein bunter Schmetterling« und die Ankündigung, zusammen mit den anderen Kindern einen Schmetterlingstanz zu tanzen. Wir lassen sie von Schmetterlingen erzählen, die sie schon gesehen haben, zeigen ihnen vielleicht farbige Fotos von Schmetterlingen und erzählen ihnen, wie ein Schmetterling entsteht.

Auch ein anderes Lied erzählt davon:

Eine dicke Raupe

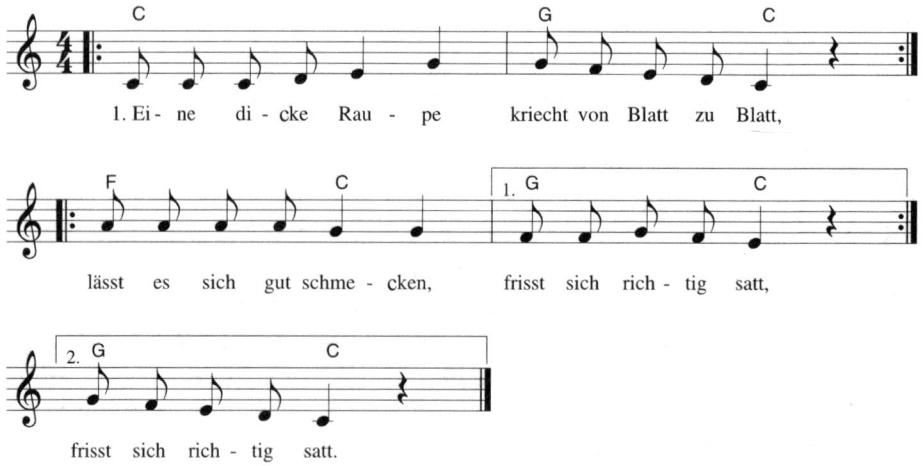

T: Rolf Krenzer
M: Ludger Edelkötter
Aus: Hast du etwas Zeit für mich
Alle Rechte Impulse Musikverlag Ludger Edelkötter, 48317 Drensteinfurt

2. Einmal wird die Raupe
   satt und müde sein.
   Spinnt sich ein im Häuschen
   und schläft darin ein.

3. Aus der fetten Raupe,
   klein und so gering,
   wird, wenn sie erwacht, ein
   bunter Schmetterling.

4. Fliege, kleiner Falter!
   Du bist wunderschön!
   Alle stehn und staunen,
   wenn sie dich jetzt sehn.

5. Ich breit' beide Arme
   weit, so weit jetzt aus.
   Seht nur her, ich fliege
   in die weite Welt hinaus.

6. Seid behutsam, Leute!
   Rührt mich ja nicht an!
   Gott will, dass ein jedes Tier
   sein Leben leben kann.

Wir können die Hinführung auch noch ausweiten mit der Geschichte »Die kleine Raupe Nimmersatt« von Eric Carle (Stalling Verlag) und den begleitenden Bildern aus diesem Bilderbuch oder mit dem Bilderbuch »Als die Schmetterlinge kamen« von Helga Höfle und Rosemarie P. Sohn (Wittig Verlag). Rolf Krenzer (Text) und Detlev Jöcker (Musik) haben noch ein Schmetterlingslied geschrieben: »Zarte kleine Schmetterlinge« (in: »Solange die Erde lebt«, Menschenkinder Verlag, Münster). Und Elke Hirsch schlägt dazu einen Tanz für ältere Kinder vor (Kommt, singt und tanzt, Patmos Verlag, Düsseldorf 1997,

112 ff.). Eine noch weiter ausgreifende Hinführung ergibt sich, wenn wir dazu das Lied von Ludger Edelkötter »Der Schmetterling erinnert sich« singen oder von der Kassette hören. Dazu gibt es auch ein Singspiel, das wir selber inszenieren können.[7] So lässt sich der Schmetterlingstanz in ein Programm einbetten, das uns längere Zeit beschäftigen wird.

3. Hilfsmittel / Materialien / Requisiten / Geräte / Instrumente:

Nicht jedes kreative Bewegungsspiel braucht sie. Für den Schmetterlingstanz aber schlägt Sylvia Lendner-Fischer[8] Chiffon-, Seiden- oder leichte Stofftücher vor, die in der Mitte des Raumes liegen, um die herum die Kinder einen Kreis bilden. Denn Schmetterlinge haben bunte Flügel, so zart wie unsere Tücher. Ist die Kindergruppe recht groß, spielen einige Kinder auch Blumen. Aus Krepppapier hergestellte Blüten werden an einem Stirnband befestigt und verwandeln diese Kinder in Blumen. Für andere Spiele und Tänze brauchen wir vielleicht Bälle, Seile, auch Kleidungsstücke und Hüte, Schminke und Bastelmaterial, das wir nach und nach in einer Requisiten- und Materialkiste oder in einem Regal oder Schrank sammeln sollten.

4. Sinndeutung / Ziele:

Nicht jede kreative Übung verlangt danach, sie mit den Kindern zu besprechen. Aber wo es sich nahe gelegt, sollten wir sie an geeigneter Stelle in Worte zu fassen versuchen.

Hier bietet sich Sinndeutung in der Erzählung über die Entwicklung des Schmetterlings an (s.o. oder: »Wie gut doch alles erdacht ist! Wir können froh und dankbar dafür sein!«).

Wenn ein Märchen, eine biblische oder andere Geschichte oder ein religiöses oder anderes Lied eine kreative Bewegung auslösen, drängt es sich auf, mit den Kindern den darin versteckten Sinn herauszufinden, damit er uns in der nachfolgenden Übung begleiten und in uns weiterklingen kann.

Aber auch nonverbal eröffnet sich den Kindern an dieser oder jener Stelle des Tanzes wie bei jeder anderen kreativen Bewegung der Sinn ihres Tuns. Wenn z.B. die Schmetterlinge im Tanz sich frei im Raum bewegen und mit ihren bunten Flügeln umherfliegen, entwickelt jeder so seine eigene Tanzfigur. Diese darf er später den anderen Schmetterlingen vorführen; diese tanzen sie nach. Das stärkt das Selbstvertrauen.

---

7   Ludger Edelkötter: Das kleine Singspiel »Die kleine Raupe Nimmersatt«, Impulse Musikverlag Drensteinfurt [8]1995

8   Bewegte Stille. Wie Kinder ihre Lebendigkeit ausdrücken und zur Ruhe finden. Ein Praxisbuch, München 1997, 66 ff.

Oder wenn je zwei Schmetterlinge zusammen tanzen und sich umtanzen, so fördert dies ihr Einfühlungsvermögen. Achtsames Sozialverhalten wird auch schon geübt, wenn jeder Schmetterling jedem anderen beim freien Umhertanzen genügend Raum lässt für seine Tanzfiguren und ihn nicht behindert. Und erst recht, wenn wir später gemeinsame Figuren tanzen. Das erzeugt und fördert einfühlsames Gruppenverhalten und Verantwortungsgefühl.

Solche in den Bewegungsspielen enthaltenen funktionalen Zielsetzungen sollten wir aber auch oft mit den Kindern besprechen, damit sich ihnen ihr Sinn für ihre eigene Entwicklung enthüllt und sie kreative Bewegung nicht verwechseln mit sportlichen oder turnerischen Übungen. Wird den Kindern bewusst, um was es hier geht, motiviert sie das zusätzlich über den Spaß und die Lust hinaus, welche solche Übungen und Spiele schon aus sich heraus bereiten:

- Sich entspannen und frei fühlen
- Seinen Körper mit seinen verschiedenen Teilen kennen lernen und fühlen in Ruhe und Bewegung
- Seine Gefühle ausdrücken
- Aufmerksam werden, sich konzentrieren, gut zuhören
- Phantasie und Ideen entwickeln und zum Ausdruck bringen
- Vertrauen zu sich selbst und anderen entwickeln
- Selbständig werden und Initiative ergreifen
- Achtung vor sich selbst und anderen gewinnen
- Ausdauer und Geduld steigern
- Kooperieren mit anderen, von ihnen lernen, mit andern sich verbunden fühlen in der Freude an der gemeinsamen Bewegung.[9]

5. Der Spielverlauf:

★ Sind alle Vorbereitungen getroffen, stehen die benötigten Materialien bereit (für den Schmetterlingstanz liegen die bunten Tücher in der Kreismitte), ist – falls wir Musik brauchen – der CD-Player eingestellt, die Musik-Kassette eingelegt (für den Schmetterlingstanz empfiehlt Sylvia Lendner-Fischer »Colours of light« aus »Galabriel« von Karunesh), dann können wir zügig anfangen.

★ Nach der kurzen Hinführung, welche die kreative Bewegung auslösen soll (Gespräch und Fotos über die Entwicklung des Schmetterlings, Lied »Wie ein bunter Schmetterling«) sollten alle weiteren Hinweise zum Spiel klar und knapp erfolgen, um die kindliche Konzentration nicht übermäßig zu strapazieren

---

9   Vgl. Klaus W. Vopel: Bewegungsspiele für Kinder, ab 3 Jahren, Teil 1-5 (1: Hallo Füße, 2: Hallo Hände, 3: Hallo Augen, 4: Hallo Ohren, 5: Von Kopf bis Fuß), Salzhausen 1996, 10 ff. – Alrun Kerksiek/Klaus W. Vopel: Der Ziegenbock im Rübenfeld. Geschichten und kreative Bewegung für Kinder von 3 bis 8 Jahren, Salzhausen 1996, 12 ff. (mit Musikvorschlägen)

(»Wir wollen heute versuchen, dieses Wachsen und Werden vom Ei bis zum Schmetterling in einem Tanz darzustellen. Wie könnten wir die kleinen Eier darstellen?«). Die Anregungen der Kinder werden kurz besprochen und zu einer klaren Regieanweisung formuliert (»Wir liegen rund zusammengekauert auf der Erde.«).

Für den weiteren Spielverlauf werden die Anregungen der Kinder wieder kurz besprochen und zu einer knappen Spielanweisung formuliert (»Als kleine Raupen kriechen wir am Boden und suchen Nahrung. Spielen wir die Puppe, holen wir die Tücher aus unseren Hosentaschen, wickeln uns darin ein, bleiben erst bewegungslos stehen, recken und strecken uns dann, lösen die Tücher, die jetzt zu unseren Flügeln werden. Wir breiten die Flügel aus – in jeder Hand eins – und fliegen wie Schmetterlinge unendlich sanft und leicht vom Wind bewegt über die Wiese. Dazu ertönt Musik.«). Im weiteren Spielverlauf ist ähnlich zu verfahren.

★ Wie bisher beobachtet werden konnte, haben Tänze und andere Spielbewegungen oft verschiedene Phasen. Sie können mit einem Signal (Glöckchen, Gong, Trommel, ...) angekündigt werden. Ein solches Signal ist aber auch geeignet, den Spielverlauf anzuhalten, weil die Kinder kurz zuhören sollen.

★ Regen Sie die Kinder an, sich individuell und originell zu bewegen, erfindungsreich zu sein und vielfältig Hände und Füße zu bewegen, wie es sich von der Aufgabenstellung (z.B. ein Tier nachahmen, Musik oder Farben umsetzen) her ergibt.

★ Vereinbaren Sie mit den Kindern respekt- und taktvollen Umgang miteinander und Rücksichtnahme bei freier Bewegung im Raum.

★ Sorgen Sie bei Paar-Aktivitäten für Partnerwechsel. Das stärkt das Gruppengefühl und verhindert Klübchenbildung.

★ Machen Sie den Kindern klar, dass kreative Bewegung nichts mit sportlicher oder künstlerischer Leistung zu tun hat, jeder sich aber so zum Ausdruck bringen kann, wie er möchte.[10]

Bewegungsspiele mit den Füßen

Mit den Füßen müssen wir stehen, festen Halt auf dem Boden gewinnen, standhaft werden, ins Gleichgewicht kommen, die Balance halten und möglichen Gegenkräften Widerstand leisten, die uns aus dem Gleichgewicht bringen können, sodass wir Halt und Standhaftigkeit verlieren. Die Füße müssen unseren ganzen Körper tragen.

---

10 Vgl. Klaus W. Vopel: Kreative Bewegung und Tanz (Teil 5 der Reihe »Wege des Staunens«), Salzhausen 1996, 17 (mit Musikvorschlägen)

Mit den Füßen können wir gehen, Schritte machen, uns von einem Standpunkt zum anderen fortbewegen. Dazu müssen wir die Füße heben, erst den einen, dann den anderen Fuß, damit wir nicht die Balance verlieren. Jeder Fuß muss wieder und wieder einen neuen Standort auf dem Boden finden, erst mit den Fersen, dann den Ballen, den Zehen. Mit jedem Schritt müssen wir prüfen, ob der Boden tragfähig ist.

Mit den Füßen können wir auf andere zugehen, uns von jemandem abwenden, auf ein Ziel im Raum, in der Natur zustreben, auch wieder umkehren.

Mit den Füßen können wir hüpfen, springen, klettern, stampfen, treten, uns um die eigene Achse drehen, laufen und tanzen.

Mit den Füßen können wir fühlen, den Boden und andere Gegenstände ertasten, wie sie beschaffen sind: fest, weich, glatt, rau, spitz, rund ..., Erde, Holz, Asphalt, Sand, Wiese, Wasser ...

★ Bei passender Hintergrundmusik lassen wir die Kinder sich je an ihrem Platz im Raum verteilt oder auf einer Wiese »in der Erde verwurzeln«. Sie wippen einige Male auf den Fußballen und stellen sich dann ein wenig breitbeinig hin. Sie heben die Fersen, halten sich mit den Zehen am Boden fest und lassen die Fersen dann wieder kräftig auf den Boden fallen. Wir stellen uns vor, dass ein starker Sturm aufkommt, der uns umblasen will; wir schwanken ein wenig hin und her und suchen das Gleichgewicht zu halten. Dann verwurzeln wir uns wieder fest in der Erde, zuerst nur mit den Zehen, dann mit dem ganzen Fuß. Der Erwachsene gibt dazu die Anweisungen und macht die Bewegungen zusammen mit den Kindern.
Die gleiche Übung können wir auch mit nur **einem** Fuß durchführen, erst mit dem rechten, dann mit dem linken. Jede Übung können wir auch mit geschlossenen Augen machen, mit und ohne Schuhe.

★ Jetzt gehen wir ganz langsam vier Schritte nach vorn. Wir rollen bei jedem Schritt den Fuß so ab, dass wir zuerst nur mit den Fersen auftreten. Dann suchen wir erst mit dem einen Fuß wieder festen Boden zu gewinnen, bevor wir den anderen Fuß langsam vom Boden lösen und nachziehen. Haben wir vier Schritte vorwärts gemacht, machen wir ebenso langsam vier Schritte rückwärts. Auch hier lassen wir den Fuß jeweils wieder abrollen, indem wir jetzt zuerst mit Zehen und Ballen auftreten. Diese Übung können wir auch mit geschlossenen Augen durchführen, mit und ohne Schuhe.

★ Nun suchen wir uns einen Partner in der Nähe, auf den wir in dieser Weise in vier langsamen Schritten zugehen und uns wieder von ihm entfernen, wieder auf ihn oder auf ein anderes Kind zugehen und uns wieder von ihm entfernen.

★ Daraus lässt sich auch schon ein kleiner Tanz entwickeln. Wir passen die Schritte einem Lied oder einer Musik im 4/4 Takt an. Singend oder summend oder dem Rhythmus der Musik folgend geht jedes Kind vier Schritte auf ein anderes zu und entfernt sich wieder von ihm. Bei der Bewegung können wir uns beide Hände reichen oder auch während der vier Schritte die Hände langsam heben, bei der Bewegung aneinander klatschen und auf dem Rückweg wieder langsam senken.

★ Auf vielerlei Weise können wir gehen. Die Kinder gehen nach Anweisung still: kreuz und quer, ohne einander zu berühren, langsam, schnell, rückwärts, auf Händen und Füßen, auf den Zehenspitzen, hüpfend, kriechend, mit einem anderen Kind an der Hand, im Kreis, dann einander die Hände reichend, und schon können wir ein passendes Lied dazu singen.

★ Zum Hindernis-Gehen steigt jedes Kind einmal über die anderen Kinder hinweg, die sich bäuchlings nebeneinander mit etwas Abstand auf den Boden gelegt haben. Hat das erste Kind alle überstiegen, legt es sich auch wieder am Schluss der Reihe auf den Boden. Das zweite Kind steht auf und übt jetzt das Hindernis-Gehen und so fort, bis alle einmal gegangen sind. Wir können auch variieren: Über die ausgestreckten Arme oder die gespreizten Beine gehen oder zwei Kinder halten sich an der Hand und gehen zusammen.

★ Wir können auch einen breiten »Fluss« durchqueren, der durch zwei Seile oder Kreidestriche an seinen Ufern gekennzeichnet ist. Jedes Kind hat drei Steine (Bierdeckel), mit denen es versucht, mit trockenen Füßen am anderen Ufer anzukommen.

★ Mit Getränkekisten lässt sich eine Sprungstraße bauen; wir springen von einer Kiste zur anderen. Die Kisten oder auch alte Autoreifen, die wir bunt bemalt haben, können wir mit schmalen Brettern verbinden; so entstehen Brücken, über die wir balancieren können. Zwei oder auch drei Kisten oder Autoreifen stellen wir auch schon einmal aufeinander; so können die Kinder klettern. Verbinden wir sie mit Brettern, können sie auf diesen hinauf- und hinuntergehen, hinaufkriechen und hinunterkriechen.

★ Wollen wir einmal Zirkus spielen, wird eine Pferdedressur vorgeführt: Ein Kind ist Dompteur und gibt allen Pferden im Kreis Anweisung, was sie zu tun haben (im Schritt gehen, traben, galoppieren, rechts herum, links herum). Oder wir tanzen auf dem Seil (ein Band oder Strick ist auf dem Boden ausgelegt); mit einer Balancierstange (langem Stock) balanciert jedes Kind über das Seil und macht kleine Kunststücke, die ihm einfallen.

★ Können wir auch rückwärts gehen? Dazu ziehen wir uns in unserer Vorstellung ein Phantasiekostüm an, das jedes Kind auch beschreiben kann. Wir stellen uns im Kreis auf und machen einen Faschingsumzug – aber rückwärts. Auf einer Trommel wird der Takt geschlagen. Können wir auch Grimassen schneiden und Gebärden machen, die zu unserem Kostüm passen?

★ Auch Affen können rückwärts gehen. Zuerst spielen wir eine Herde Affen, wie sie da herumtollen und wie sie ihre Nahrung suchen. Plötzlich ertönt da im Urwald ein Geräusch, das sie sehr gut kennen. Es ist ein Tiger. Ganz still werden sie. Ohne den Tiger aus den Augen zu verlieren, treten sie mit großen Schritten behutsam den Rückzug an. Dabei bewegen sie zusammen mit dem rechten Bein auch den rechten Arm nach hinten und den linken Arm mit dem linken Bein.

Besonderen Spaß macht es, gehen die Affen im Gleichschritt rückwärts. Dazu brauchen wir wieder die Trommel, auf der der Takt geschlagen wird.

★ Wir spielen »Inselspringen«. Jedes Kind bekommt eine »Insel« aus einem Packpapierbogen, auf dem es steht. Ertönt Musik, verlässt es seine Insel und geht zwischen den Inseln hindurch. Hört die Musik auf, springt es auf eine Insel in der Nähe; es kann sich auch eine Insel mit einem anderen Kind teilen. Wird die Musik fortgesetzt, verlassen alle ihre Insel und gehen bis zur nächsten Musikpause wieder durch die Inselgruppe. Wir können die Anzahl der Inseln auch nach und nach verringern, sodass sich immer mehr Kinder eine Insel teilen müssen.

★ In der Phantasie verwandeln wir uns in einen Planeten, in einen Stern, der sich wie unsere Erde immer rechts herum um seine eigene Achse dreht: Merkur, Venus, Erde, Mars, Jupiter, Saturn, Uranus, Neptun und Pluto. Daneben gibt es auch noch kleinere Planeten, Planetoiden oder Asteroiden genannt, sodass auch in einer größeren Kindergruppe jedes Kind einen Sternnamen bekommen kann: Ceres, Pallas, Vesta, Juno, Hermes, Hidalgo, Adonis, Apollo, Ikarus. Wir verteilen uns im Raum (»am Himmel«), damit jedes Kind einen freien Platz zum Drehen hat. Wir schließen die Augen, halten die Arme ein wenig vom Körper weg und fangen an, uns ganz langsam um unsere Achse zu drehen. Mit den Händen können wir fühlen, wenn wir einem anderen »Stern« zu nahe kommen; wir wollen ihn ja nicht in seiner Drehbewegung stören.
Dazu hören wir eine Himmelsmusik, Sphärenklänge (z.B. Kitaro: Earth born). Weil sich die großen und die kleinen Planeten alle um die Sonne drehen, können größere Kinder, haben sie Sicherheit beim Sich-Drehen bekommen, später versuchen, sich drehend fortzubewegen – immer rechts herum im Kreis (oder sogar in ellyptischen Bahnen?) um die Sonne. Dazu sollten wir aber wieder die Augen öffnen.
Besonders schön lässt sich am Nachthimmel drehen. Jedes Kind dreht ganz langsam mit einem brennenden Teelicht auf seiner Bahn um die Sonne, die von einer größeren Kerze auf einem Kerzenständer dargestellt wird.

Von Kopf bis Fuß: Gefühlsausdruck – Rollenspiel und Ausdrucksspiel

Nicht nur die Füße, sondern auch die Hände, die Augen und die Ohren können vornehmlich durch Bewegungsspiele angesprochen werden (Anmerkung 9). Besonders kreativ aber können die Kinder sich mit ihrem ganzen Körper bewegen, wenn sie ihre Gefühle zum Ausdruck bringen oder in eine Rolle schlüpfen, die sie verkörpern möchten.

Wenn Kinder ihre Gefühle nicht zum Ausdruck bringen können, so geht dem meist voraus, dass sie schon in früher Kindheit ihre Gefühle nicht zum Ausdruck bringen *durften*. Das gilt vor allem für die »bösen«, die von den Eltern nicht gewünschten Gefühle wie Wut, Trotz, Angst und Traurigkeit.[11] Wird dem Kind signalisiert, dass solche Gefühle nicht erwünscht sind, und dass es ihretwegen von den Eltern weniger geliebt wird, weil sie nur ein »braves« Kind wollen, mag sich dies nachhaltig auf das Selbstbild auswirken: Gefühle zeigen, zumal »negative«, gehört sich nicht. Das ist nicht o. k. Von dieser Einschätzung der Gefühle zur Selbsteinschätzung »Ich bin nicht o. k.« ist kein weiter Weg. Wen wundert es, wenn auch die »positiven« Gefühle davon beeinträchtigt werden, wenn das Kind, das diese Unterscheidung in der frühen Kindheit noch kaum zu treffen vermag, diese ihm zugesprochene Selbsterfahrung machen muss. Es unterdrückt seine Gefühle, und unterdrückte Gefühle führen zu seelischen Blockaden, die sich im Körper, in muskulären Verspannungen festsetzen und die Lebensenergie verringern. Wie oft erlebe ich junge Menschen, die klagen: »Ich kann mich überhaupt nie richtig freuen. Irgendetwas hält mich immer davon ab.« Und manche bekennen sogar, sie hätten den Eindruck, das Leben gehe an ihnen vorbei; irgendetwas liege dazwischen; sie fühlten sich immer im Abseits.[12]

Übungen und Spiele, die den Kindern zeigen, dass Gefühle – und zwar alle Gefühle – zu ihnen gehören und nicht dem Zwang der Abspaltung unterliegen, sollten größere Beachtung finden als bisher, zumal der Trend seit Ende der achtziger Jahre anhält, dass die elementaren emotionalen und sozialen Fähigkeiten der Kinder in der Regel abnehmen, sie durchschnittlich nervöser und reizbarer, häufig aggressiv, bockig und launisch, deprimiert und einsam werden. Das deutet auf einen Mangel an emotionaler Beziehungsfähigkeit zwischen Eltern und Kindern hin.[13]

Ihre Gefühle zum Ausdruck zu bringen, helfen viele der in diesem Buch dargestellten Elemente ästhetisch-religiöser Entfaltung. Kreative, ganzkörperliche Bewegung kann dies in besonders gezielter Weise.

★ So schlägt Renate Zimmer z.B. vor, eine Reise in die Länder der Freude, der Wut, des Trotzes, der Langeweile, der Traurigkeit oder auch der Albernheit zu unternehmen. Die Menschen, die im Land der Freude wohnen, sind sehr lustig, freuen sich den ganzen Tag über die Sonne und auch über den Regen, unter dem sie sich duschen. Alle Besucher, die in dieses Land kommen, werden

---

11 Hilfreich zum Umgang mit beunruhigenden kindlichen Gefühlen in angespannten emotionalen Situationen: John Gottman: Kinder brauchen emotionale Intelligenz. Ein Praxisbuch für Eltern, München ²1997

12 Die Therapie der Bioenergetik (Alexander Lowen) befasst sich mit solchen psychosomatischen Blockaden und hat viele Körperübungen zu deren Auflösung entwickelt. Sie können auch schon mit Kindern durchgeführt werden.

13 Vgl. Wolfgang G. Esser: Gott reift in uns. Lebensphasen und religiöse Entwicklung, München 1991

von der Freude angesteckt, werden lustig und hüpfen umher. Weil das Land der Freude weit weg liegt, müssen wir mit dem Zug dorthin fahren. Die Kinder bilden eine lange Reihe, finden Bewegung und Geräusche, die einen Zug simulieren sollen, und kommen nach einigen Runden im Land der Freude an. Hier lässt sich jeder von der Freude anstecken und drückt sie auf seine eigene Art aus. Abends fallen alle müde in die Betten und ruhen sich von dem anstrengenden Tag aus.

Am nächsten Morgen geht es weiter in ein anderes unbekanntes Land. Im Lande des Trotzes wohnen Kinder, die immer das Gegenteil von dem wollen, was die Eltern wollen. »Das will ich nicht!« schreien sie, werfen sich auf den Boden oder zeigen ihren Trotz jedes auf seine Art. Nach dem nächtlichen Schlaf steht am folgenden Tag die Reise zu einem noch weiter entfernten Land an, zu dem wir mit dem Flugzeug fliegen müssen: das Land der Traurigkeit. Näher gelegene Länder sind mit dem Bus oder dem Fahrrad zu erreichen, so das Land der Langeweile, der Albernheit oder der Aggression – und wie wir damit umgehen können.

Eine anregende Spielidee, die sich in drei Phasen gliedern sollte: gemeinsame Fortbewegung – individuell gestalteter Bewegungsausdruck – Entspannungsphase (Renate Zimmer: Kreative Bewegungsspiele, 93 f.). Auch hier sollten wir die Kinder wieder dazu ermutigen, über ihre Gefühle beim Spielen zu sprechen.

Dieses Spiel wird nicht nur einmal gespielt, sondern immer einmal wieder; und mit den Kindern können wir immer wieder neue Reisepläne schmieden, in welches Land wir noch fahren möchten, um uns noch unbekannte Gefühle zu entdecken oder schon altbekannte wieder einmal zu durchleben.

Die bei vielen Kindern so beliebten »Rollenspiele« wären aus dieser Perspektive auch neu zu bewerten – weniger in ihrer objektiven Funktion, eine vorgegebene Geschichte möglichst nahe am Text szenisch-dramatisch darzustellen, wobei die Kinder verschiedene »Rollen« spielen, vielmehr in ihrer subjektiven Funktion, mit und ohne vorgegebene Geschichte sich selbst in eine Figur hineinzudenken, hineinzufühlen und hineinzuspielen, um die vielfältigen Spielarten seines eigenen Wesens zu entdecken. Im ersten Fall handelt es sich ohnehin noch um eine Form des darstellenden Spiels (oft als Rollenspiel benannt); es gehört zur Gruppe der geschlossenen Spiele. Erst im zweiten Fall handelt es sich um das eigentliche Rollenspiel; es gehört zur Gruppe der offenen Spiele.[14] Gerade weil die Übergänge oft fließend sind, sollten wir die Kinder ermutigen, die vorgegebene Rolle möglichst erfindungsreich zu gestalten und nicht am Text kleben zu bleiben.

---

14 Eine ähnliche Unterscheidung ist zu treffen zwischen dem biblischen (Darstellungs-) Spiel und dem Bibliodrama.

Auch für die Kleinen eröffnen sich hier schon Möglichkeiten. Tiere nachzuahmen ist bei ihnen sehr beliebt: Große Vögel erheben sich anders vom Boden und schlagen mit ihren Flügeln anders in der Luft als kleine Vögel (Schwäne, Wildgänse, Adler – Amseln, Schwalben, Singvögel). Haben wir sie schon beobachtet? Auch Haustiere sollten wir einmal genauer beobachten, Katzen und Hunde. Und einen Bauernhof sollten wir einmal besuchen mit Hühnern, Gänsen, Schweinen und Kühen. Nach einem Zoobesuch können die Kinder die Bewegungen (und Laute) von Schlangen und Schildkröten, Kängurus und Giraffen, Elefanten, Bären und Löwen nachahmen. Die ganze »Arche Noah« kann da zusammenkommen.

Märchen und andere Geschichten bieten einen Reichtum an Figuren, die wir einmal nicht nur darstellen, sondern in ihren Möglichkeiten, uns selbst kreativ auszudrücken, ausspielen wollen: die drei Brüder, das tapfere Schneiderlein, den Teufel mit den goldenen Haaren, die Hexe, Rumpelstilzchen, Hans im Glück, den alten Großvater, Bruder Lustig, den Armen und den Reichen, den Riesen, das eigensinnige Kind, den sich vor nichts fürchtenden Königssohn, die alte Bettelfrau, den faulen Knecht, den starken Hans (★ Kap. 9), auch Geister und Gespenster. In eine solche Rolle hineinzuschlüpfen und sich mit ihr zu identifizieren, kann dazu beitragen, Ängste und Aggressionen abzubauen, neue Gefühle und Fähigkeiten (Durchsetzungskraft, Hilfsbedürftigkeit und Hilfsbereitschaft) zu wecken, kindgemäße oder charakterbedingte Grenzen wenigstens spielerisch zu überschreiten, verbotenen oder unterdrückten Wünschen symbolisch nachzugehen.

Ältere Kinder spielen auch gern Alltagssituationen in Familie, Kindergarten, Schule, im Geschäft und auf der Straße nach. Kinder verfügen über eine detaillierte Beobachtungsgabe, und Erwachsene könnten ihr blaues Wunder erleben, würden sie sehen, hören und miterleben, wie sich Alltag in der Seele der Kinder widerspiegelt. Ihn ins Spiel bringen zu können, hilft ihnen oft, spielerischer und kritischer mit ihm umzugehen und sich von belastenden Erfahrungen ein wenig zu entlasten.

Eine Zuspitzung des Rollenspiels auf die Möglichkeit, »durch Bewegung und Gebärde persönliche Gefühle und Beobachtungen auszudrücken«[15], wird im Ausdrucksspiel erzielt. Sein Prinzip ist, ohne Wortsprache auszukommen. Auslöser kann auch hier wieder eine alltägliche Situation sein, ein Bild, ein Lied, eine Musik (★ Kap. 5 und 6) oder eine Erzählung. Allein die Körpersprache von Bewegung, Gestik und Mimik bestimmt das freie Spiel. Es kann einzeln, zu zweit und in der Gruppe gespielt werden.

---

15 Heidi Frei: Jeux Dramatiques mit Kindern. Ausdrucksspiel aus dem Erleben, Bd. 2, Bern 1991, 7

Wird in der Gruppe gespielt, so empfiehlt sich zum Einstieg ins Ausdrucksspiel eine Erzählung als Auslöser; denn hier werden die Kinder mit vielen Rollen bekannt gemacht, die später von einer ganzen Gruppe übernommen werden können. Hier bieten sich nicht nur Personen an, sondern möglicherweise auch Tiere und Pflanzen, Naturgeschehen (Wind, Regen, Gewitter, Sonne) und Gegenstände.

Die Erzählung hat auch den Vorteil, dass der Erzähler bereits in den Erzählverlauf Hinweise auf die die Personen bewegenden Gefühle und Stimmungen einflechten, deren unterschiedliche und gegensätzliche Verhaltensweisen und Verhaltensänderungen betonen, mit Stimme und Gebärden Gangart und Charakter von Tieren oder Wirkungen des Naturgeschehens andeuten kann. Jetzt denken und fühlen sich die Kinder schon in die verschiedenen Rollen hinein und können ihre Rollenwünsche vorab für sich klären, über die im nachfolgenden Gespräch Einigung erzielt werden muss. Das ist nicht immer leicht. Da aber genügend Rollen vorhanden sind und wir auch immer noch neue zusätzliche Rollen erfinden können, schließlich auch mehrmals gespielt wird, lässt sich dieses Problem meistens im Einvernehmen aller lösen.

Nun müssen noch die Orte des Spielgeschehens, eventuelle Requisiten, Geräusche mit und ohne Instrumente geklärt werden, und das Ausdrucksspiel kann beginnen. Hilfreich ist es, wenn der Erzähler nach dem akustischen Anfangssignal langsam in die Geschichte einführt, immer wieder neue Impulse zum weiteren Handlungsablauf setzt, die einzelnen Szenen erzählerisch miteinander verbindet sowie durch Wort und Stimme zum Ausdruck bringt, was die Spieler zum Umsetzen in Bewegung und Gebärde anregt.

Nach dem akustischen Schlusssignal setzen wir uns zum Nachgespräch zusammen, aber keinesfalls, um darstellerische Leistungen zu beurteilen, sondern um miteinander das Erlebte zu reflektieren, unsere Gefühle während des Spiels zu äußern und den inneren Sinn der gespielten Geschichte für uns herauszufinden.[16]

---

16 Weitere Anregungen zum Ausdrucksspiel mit dem praktischen Beispiel »Der heilige Nikolaus rettet die Kinder von Myra« von Bernd Reinhoffer in: Eva-Maria Bauer: Mehr Lust am Lernen. Wege zu einer menschenfreundlichen Schule, München 1997, 238 ff.

Kreativer Kindertanz – Ausdruckstanz

Wie schon das Beispiel des Schmetterlingstanzes in diesem Kapitel gezeigt hat, geht es beim Tanzen mit Kindern nicht immer um eine feste Schrittfolge: Heute wird die Form des freien Tanzens mit Kindern bevorzugt. Und auch schon Kleinkinder ab etwa zwei Jahren können sich daran beteiligen.

Hier können sie sich individuell bewegen, nicht nach einem vorgeschriebenen Muster. Während sie sich, angeregt vom Rhythmus der Musik wild oder sanft, schnell oder langsam, hüpfend oder schleichend durch den Raum oder im Freien bewegen, empfinden sie ihren eigenen Körper in einem Maß, wie es ihnen sonst kaum möglich wird.

Hier finden sie ein Ausdrucksmittel für ihre Gefühle und Stimmungen, auch für wechselnde und gegensätzliche Gefühle, auch für fremde und sonst nicht zugelassene Gefühle, indem sie sich auf den jeweiligen Musikcharakter einlassen. Hier können sie sich Unrast und Überdrehtheit, Aggressionen und Wut ebenso vom Leib tanzen wie Fröhlichkeit und Traurigsein. Wiederum wird auch hier ihre Phantasie gefördert, denn die Musik und die eventuell das freie Tanzen auslösende Erzählung lockt die Begabung und Fähigkeit hervor, innere Bilder schöpferisch in Körperbewegungen umzusetzen, was schon fernseh- und video-übersättigten Kindergartenkindern heute nicht immer leicht fällt.

Alles in allem: Auch kreativer Kindertanz stärkt das Selbstbewusstsein, lässt die Freude am gemeinsamen Tun erleben und schafft so ein Gleichgewicht zur Gefahr der ausdrucksverstummenden, sich isolierenden Kinderseele.

Für Eltern, Erzieherinnen und Erzieher, Lehrerinnen und Lehrer, die in den kreativen Kindertanz einsteigen möchten, hat Andrea Braun eine Fülle von Tanzideen für kleine und große Kinder entwickelt. Mit methodischen Anleitungen und Musikvorschlägen zu jeder Tanzidee hilft sie, dieses noch weithin unbekannte Terrain zu erschließen (vgl. Leicht wie eine Feder – Kreatives Tanzen mit Kindern, München 1997). Für Grundschulkinder leitet Elke Hirsch zu einfachen Lied- und Kanontänzen, Tanzspielen aus der Folklore anderer Länder sowie Choreographien zu Instrumentalmusik an (vgl. Kommt, singt und tanzt, Düsseldorf 1997, mit eingelegter CD).

Weitere Praxisbeispiele

Ästhetische Erziehung I. Sammelband »Die Grundschulzeitschrift«, Seelze 1996

Anne Lief Barlin: Fliegen möcht ich. Kreative Bewegungserziehung mit Kindern, Ravensburg 1982

Arbeitsgemeinschaft Jeux Dramatiques: Ausdrucksspiel aus dem Erleben. Einführung – Methodik – Arbeitsblätter, Bern [2]1987

Eva-Maria Bauer: Mehr Lust am Lernen. Wege zu einer menschenfreundlichen Schule. Spirituelle Impulse, Praktische Übungen, Unterrichtsbeispiele, München 1997 (Der Tanz, S. 255 ff.)

Waltraud Fink-Klein: Märchen mit Musik und Bewegung, Freiburg 1995

Waltraud Fink-Klein u.a.: Rhythmik im Kindergarten, Freiburg [4]1990

Wolfgang Hering: Bewegungslieder für Kinder, Reinbek 1994

Catherine Krimm-von Fischer (Hrsg.): Erziehen mit Musik und Bewegung, Freiburg 1995

Dagmar Köppen und Brigitte Ries: Mal sehen ob unsere Füße hören können, Weinheim 1990

Waltraud Meusel und Krista Mertens: Allerlei Bewegung – Spielen, Tanzen, Musizieren, Dortmund 1992

Bill Michaelis: Kreatives Bewegen, Ettlingen 1995

Anne Patz und Detlev Patz: Gleichgewichts-Spiele, Ettlingen o. J.

Anne Patz und Detlev Patz: Kreative Ruhe-Spiele, Ettlingen 1995

Anne Patz und Detlev Patz: Neue Bewegungs-Spiele, Ettlingen [3]1993

Ludwig Rendle/Ursula Heinemann/Lothar Kuld/Beatrix Moos/Alois Müller: Ganzheitliche Methoden im Religionsunterricht, München [2]1997

Ursula Rücker-Vogler: Bewegen und Entspannen, Ravensburg [3]1995

Theresia-Benedicta Uhl: Bewegungsspiele zur Bibel, Donauwörth 1994

Klaus W. Vopel: Bewegung im Schneckentempo (Kinder ohne Stress, Bd. 1), Salzhausen [3]1994

Renate Zimmer: Handbuch der Bewegungserziehung. Didaktisch-methodische Grundlagen und Ideen für die Praxis, Freiburg 1994

Renate Zimmer: Kreative Bewegungsspiele, Freiburg [9]1996

Renate Zimmer u.a.: Tanz – Bewegung – Musik, Freiburg [4]1996 (mit Tonkassette)

Sein Bewusstsein erweitern

8 Sein Bewusstsein erweitern im Nachdenken über das Leben

Der kleine Prinz verzichtete niemals auf eine Frage, wenn er sie einmal gestellt hatte.

Antoine de Saint-Exupéry

Kinder sind ideale Partner für das philosophische Gespräch: Sie besitzen einen ausgeprägten Sinn für das Rätselhafte und Staunenerregende, für Ungereimtheiten und Perplexitäten, ihr Denken ist spielerisch, risikofreudig, offen, noch nicht festgelegt und eingeengt durch konventionelle Antworten, sie besitzen spekulative Phantasie und, was schwer zu fassen ist, bisweilen tiefere Ahnungen, metaphysische »Wahrheitswitterungen«.

Hans-Ludwig Freese

Es ist, als ob wir mit den Jahren in das Gefängnis der Konventionen und Meinungen, der Verdeckungen und Unbefragtheiten eintreten, wobei wir die Unbefangenheit des Kindes verlieren. Das Kind ist noch offen im Zustand des sich hervorbringenden Lebens, es fühlt und sieht und fragt, was ihm dann bald entschwindet.

Karl Jaspers

Seit vor mehr als dreißig Jahren der Verdacht ausgesprochen wurde, religiöse Erziehung verleugne das Kind (Werner Loch), haben Eltern, Religionspädagogen, Lehrer und Lehrerinnen, Erzieher und Erzieherinnen in zahlreichen Schritten eine Hinwendung zum Kind eingeleitet, die bis heute ungebrochen ist. Gebremst wurden und werden sie auf diesem Weg immer wieder von einem einseitigen Verständnis von Religion und Religionen als *Antwort(en)* auf das Problem menschlicher Existenz und auf das Geheimnis des Lebens. Dass Religionen (und deren konfessionelle Ausprägungen im Christentum) sich zu geschichtlich-kulturell gewachsenen, auch sozial und institutionell verfassten Antwort- und Bekenntnisreligionen entwickelt haben, ist unabweisbar, trifft aber nur die eine Seite dieses vielschichtigen Phänomens in der menschlichen Geschichte. Wird dieses Verständnis von Religion einseitig in die religiöse Erziehung hineingetragen, verleugnet sie das Kind. Warum?

Ausgeblendet bleibt der Ursprung und Wurzelgrund jeder religiösen Bewegung. Das Problem menschlicher Existenz und das Geheimnis des Lebens bilden sozusagen den Humusboden aller Religion. Religiöse Anfänge und Weiterentwicklungen entstehen aus der *Frage* von Menschen nach Sinn, Wert und Heil des Lebens, ihrer selbst und der Welt, in der sie sich vorfinden. Jegliche Religion ist also primär und wesentlich Frage-Religion[1], bevor sie zur Antwort-Religion wird (bis in dogmatische Fixierungen hinein). Und sie muss Frage-Religion bleiben, sonst verfälscht sie nicht nur ihr Wesen, verleugnet nicht nur ihren Humusboden, aus dem sie gewachsen ist, sondern verliert auch die existentielle Grundlage im Leben der Menschen hier und heute und in Zukunft mit deren Fragen an das Leben. »*Fragen* ist die Frömmigkeit des Denkens, bedeutet Auf-Geschlossensein und Überschreitungskraft, De-Mut zur Transzendenz. ›Der Glaube kommt vom Hören‹ (Römer 10,17) ... Hören kann nur, wer schweigen kann. Aus dem Schweigen und dem Hören erwächst das Fragen.«[2] Kinder stehen am Anfang ihres Lebens, und sie stellen ihre Fragen an das Leben, oft staunenswerte Fragen, die sich Erwachsene, seit sie selber Kinder waren, kaum mehr gestellt haben oder sich nicht mehr trauten, sie zu stellen. Es sind Fragen, die am Anfang jeder religiösen Entwicklung stehen. Eltern, Erzieherinnen und Erzieher, Lehrerinnen und Lehrer, für die Religion primär und wesentlich Frage-Religion ist, können sich vorbehaltlos auf solche großen Lebensfragen einlassen und sie ernst nehmen, geht es ihnen doch um der Kinder gesunde religiöse Entwicklung, an deren Anfang wie in jeder Religion die großen Lebensfragen stehen. Der Verleugnung des Kindes und der Nicht-Ernstnahme seiner Fragen und seiner religiösen Entwicklung leistet dagegen ein Religionsverständnis Vorschub, das vorrangig Antwort-Religion beinhaltet. Ständig müssen sich Eltern, Erzieherinnen und Erzieher, Lehrerinnen und Lehrer gedrängt fühlen, aus ihrer Religion vorgegebene Antworten - wenn auch kindgemäß verpackt - zu liefern.[3] Im schlimmsten Fall werden den kindlichen Lebensfragen angelernte Antworten aufgesetzt, die an den Fragen vorschnell vorbeigehen und die religiöse Entwicklung blockieren oder neutralisieren.

---

1   Vgl. Wolfgang G. Esser: Bestimmungsversuch eines fundamentalen Religionsbegriffs und Entwurf einer anthropologischen Religionspädagogik, in: Günter Stachel und Wolfgang G. Esser: Was ist Religionspädagogik?, Zürich 1971, 50 ff.

2   Gotthard Fuchs: »Der brennende Schmerz der Endlichkeit« in: Katechetische Blätter H. 4/1996, 234 f.

Ästhetisch-religiöse Erziehung, welche die spirituelle Selbstentfaltung der Kinder zum Ziel hat, geht es »in erster Linie ... um die Selbsterkundung und Selbstvergewisserung junger Menschen. Die Erschließung der Welt des biblischen Glaubens und der Religionen *dient* der Selbsterschließung ...«[4] Für sie ist Fragen- und Nachdenken-Können von entscheidender Bedeutung. In dem Maße wie religiöse Erziehung den Kindern hilft, fragen und nachdenken zu können, trifft sie Vorbereitungen für deren Zukunft, die notwendig neue Antworten erfordert. Sie verleugnet das Kind in seiner religiösen Selbstentfaltung nicht durch die Fremdbestimmung angelernter Antworten, und sie verleugnet nicht das Wesen lebendiger Religion als Frage-Religion, die vom unabschließbaren Suchen der Menschen lebt und jede abschließende Welterklärung transzendiert.

Mit Kindern über das Leben nachdenken - wie geht das?

Wir leben in einer konfessionslosen, nicht aber in einer religionslosen Zeit. Religionssoziologen haben noch bis in die achtziger Jahre ihren empirischen Untersuchungen die falschen Fragen zur Religion in der bundesrepublikanischen Gesellschaft zugrunde gelegt, nämlich die nach der Kirchenzugehörigkeit der Menschen; hier stellten sie eine zunehmende Distanzierung und Trennung von den Kirchen sowie eine innere Aushöhlung kirchlicher Glaubensinhalte fest. Inzwischen haben sie ihre Fragestellung ausgeweitet und kommen zu dem Ergebnis, dass Religion im Sinne religiösen Fragens nach Wert und Sinn des eigenen Lebens, nach Tod und Weiterleben, nach Ursprung und Ziel von Kosmos und Erde, nach Wirklichkeit jenseits von Raum und Zeit, nach gerechtem Zusammenleben zwischen Menschen und zwischen Mensch und

---

3   Zusätzlichen Druck übt noch ein nach Konfessionen getrennter Religionsunterricht aus. Fragen sich doch Religionslehrer(innen), welchen Sinn diese Trennung macht, wenn es im Religionsunterricht um Grundfragen geht, die keine konfessionsspezifischen Antworten erfordern. Lehrpläne und Religionsbücher für die Schüler und Schülerinnen tragen der konfessionslosen gesellschaftlichen Realität heutiger Kinder Rechnung; konfessionsspezifische Inhalte spielen kaum noch oder gar keine Rolle mehr. Dennoch werden Kinder und Klassengemeinschaften für den Religionsunterricht nach Konfessionen getrennt und auch noch mitunter Ethik bzw. Philosophie als Ersatzfächer angeboten, und so wird alles auseinander gerissen – im Blick auf die Inhalte wie auf die teilnehmenden Kinder – was doch zusammengehört. Hier setzt sich eine (kirchen-) amtlich verordnete Leugnung des Kindes fort, die dann religions-pädagogisch wieder aufzufangen ist.

4   Deutscher Katecheten-Verein: Religionsunterricht in der Schule, München 1992, 3 (Hervorhebung von mir)

Natur überaus verbreitet und lebendig ist. Nicht der »Kirchengott« ist gefragt, sondern eine alles bestimmende und durchwirkende Wirklichkeit, ein Jenseits im Diesseits.

Wohl gemerkt, die *Fragen* sind lebendig. Wo aber die Antworten ausbleiben, entsteht ein Vakuum, eine innere seelische Leere, sozusagen ein Antwort-Loch, das nun anderweitig gefüllt werden muss. Wo die Fragen nach dem »Sein« nicht gestillt werden, muss das Loch mit Sachen des »Habens« (Erich Fromm) gestopft werden. Die nicht (be-)greifbaren Antworten zum Problem und Geheimnis des menschlichen Daseins und der Welt werden durch (be-)greifbare Antworten des Habens ersetzt. Greifbar sind die einfachen Welterklärungen selbst ernannter Sekten-Autoritäten und Gurus, Wissenschafts-, Technologie- und Fortschrittsglaube, Macht und Prestige, Besitz und vor allem Geld, mit dem man sich »alles« leisten kann. Das sind die Überlebensstrategien des Habens: Ersatz für die enttäuschten und verstummten Fragen nach dem Sein, um die religiöse Sehnsucht zu stillen, die jedoch lebenslang immer wieder aufbrechen kann in dem Maße, wie die Antworten des Habens nicht mehr greifen.

Kinder, die solche Überlebensstrategien noch nicht entwickelt und sich konventionellen gesellschaftlichen Antworten noch nicht angepasst haben, sondern noch offen für die Rätselhaftigkeit und Widersprüchlichkeit ihres Daseins sind, stellen den Erwachsenen auf ihre Weise die alten religiösen Fragen unverblümt - Fragen, welche viele Erwachsene schon weit von sich geschoben haben, Fragen nach dem Woher und Wohin, nach dem Warum und Wozu.

Wo war ich, wo ich noch nicht in Mamas Bauch war? Wo wär' ich dann, wenn du mich nicht geboren hättest? Würdest du merken, wenn es mich nicht gäbe? Warum kann ich mich nicht daran erinnern, wie ich auf die Welt gekommen bin? Warum bin ich ein Junge und kein Mädchen? Warum ist Andreas blind und ich kann sehen? Hat Gott Andreas blind gemacht? Warum hast du mich geboren, wo du doch mal wie Oma stirbst? Warum hast du mich geboren, wenn ich doch wieder sterbe? Wo gehst du hin, wenn du stirbst? Wohin komme ich dann, wenn ich sterbe? Kann Gott auch sterben? Wo wohnt Gott? Warum bleibt der Gott im Himmel? Kann Gott zaubern? Was war vor Gott? Gibt es noch eine andere Erde, wo Menschen wohnen? Wann stirbt die Erde? Wo ist das Weltall zu Ende? Wer hat das Sternennetz gewoben? War Gott einsam, wo es noch keine Tiere und Menschen gab? Wird Gott auch nass, wenn es regnet? Warum versteckt Gott sich immer vor uns? Gibt es Gott wirklich oder nur in meiner Phantasie? Weiß der Papst, ob es Gott gibt? Kann die Katze auch denken wie ich? Ist das Leben wirklich wahr? Bin ich woanders, wenn ich träume? Wo ist die Seele in mir? Wie kommt das Böse in mich 'rein? Warum bringen Menschen andere Menschen um? Warum sind die Kinder in Afrika so arm und wir haben genug zu essen? Wer hat die Zeit gemacht? Warum vergeht die Zeit manchmal so langsam und manchmal so schnell? Ist die Zeit ewig? Ist Gott ewig? Geht die Welt auch unter, wenn es Gott nicht mehr gibt? Wer ist für die Welt verantwortlich, Gott oder die Menschen? Bist du auch für etwas verantwortlich? Bin ich auch für etwas verantwortlich?

»Der kleine Prinz verzichtete niemals auf eine Frage, wenn er sie einmal gestellt hatte«, heißt es in Exupérys Erzählung, die den kleinen Prinzen immer wieder den erwachsenen »großen Leuten« gegenüberstellt, die sich »mit wichtigeren Dingen« beschäftigen und denen die Fragen des kleinen Prinzen lästig sind.

Schon Dreijährige können Fragen stellen, auf die wir keine Antwort wissen und uns deshalb lästig sind. Brauchen wir aber überhaupt schon eine Antwort? Zumindest keine fertige! Geht es doch darum, mit den Kindern über das Leben *nachzudenken*. Das bedarf des Gesprächs, und zwar des partnerschaftlichen Gesprächs, und nicht der Belehrung seitens der »großen Leute«, die schon alles zu wissen glauben. Wenn Erwachsene immer alles und immer alles besser wissen, kann die kindliche Fragehaltung auch leicht in Resignation umkippen. Das partnerschaftliche Gespräch nimmt den Partner und die Partnerin als ebenbürtig und damit ihre Fragen ernst, statt sie als »Kinderkram« vom Tisch zu wischen.

»Hör endlich auf mit der Fragerei.« – »Das ist aber eine blöde Frage.« – »Das verstehst du jetzt noch nicht, dafür bist du noch zu klein.« – »Das weiß ich auch nicht, lass mich damit zufrieden.« – »Ich verstehe gar nicht, was du willst. Frag doch nicht immer dasselbe.« – »Wie kommst du denn nun wieder darauf? Was soll das Ganze?« – »Die Frage passt jetzt nicht in die Stunde. Das gehört nicht zu unserem Thema.« – »Frag nicht so viel. Mach jetzt deine Hausaufgaben.«

So hören es viele Kinder landauf, landab. Es gibt noch eine andere Möglichkeit: »Das ist eine interessante Frage. Lass uns mal zusammen darüber nachdenken.« – »Ich habe jetzt keine Zeit. Lass uns heute Abend mal darüber nachdenken.« – »Ich verstehe noch nicht genau, was du meinst. Ist es das, was du meinst? ... Oder meinst du es so? ...« – »Was meinst *du* denn, ob die Katze denken kann?« – »Ich weiß es auch nicht so genau. Vielleicht kommen wir zusammen dahinter.« – »Das ist eine schwere Frage, die ich mir auch schon oft gestellt habe. Ich denke mir das so ... Aber wie denkst *du* darüber?« – »Deine Frage lenkt uns zwar jetzt vom Thema ab. Aber ich verspreche dir, dass wir morgen zusammen darüber nachdenken wollen.«

Mit den verschiedenen Varianten dieser zweiten Möglichkeit geben wir den Kindern zu verstehen, dass wir keine Auskunftei sind, die alles wissen muss und auf Knopfdruck ihre gespeicherten Informationen liefert. Wir nehmen die Kinder ernst und trauen ihnen etwas zu, wenn wir zusammen mit ihnen nachdenken wollen. Wir motivieren sie auch zum Selberdenken und nehmen ihnen das Denken nicht ab. Schließlich geben wir ihnen so auch schon zu verstehen, dass nicht alle Probleme gleich lösbar sind, manches nicht ganz ergründbar ist, wir uns vielen Antworten nur annähern können, Verstandesantworten und Glaubensantworten nicht diametral entgegengesetzt sein dürfen, Gaubensantworten vernünftig begründet sein müssen, und schließlich verleugnen wir so auch nicht den Boden, auf dem wir alle stehen: die Rätselhaftigkeit, Widersprüchlichkeit und Geheimnishaltigkeit des Lebens, über das sich nachzudenken lohnt.

Mit Kindern über das Leben nachdenken - geht das? Es muss gehen, weil Kinder selbst nach dem Leben fragen, weil sie selbst ihr Bewusstsein erweitern und wir es nicht einengen wollen und weil sie kritisch und kreativ nachdenken lernen müssen, wenn sie in Zukunft ihr Leben bewusst und selbstverantwortlich gestalten wollen.

Mit Kindern über das Leben nachdenken - aber wie?

Einige Leitlinien, wie wir mit Kindern über das Leben nachdenken können, sind eben bereits angeklungen. Ich greife sie hier noch einmal auf und ergänze sie.

1. Es sind die Fragen der Kinder, die das Nachdenken auslösen. Und das Erstaunliche ist: Es sind zugleich die großen Fragen der Menschheit, die diese zu allen Zeiten an das Dasein gestellt haben. Da bedarf es also kaum der Erwachsenenfragen zur Auswahl bedeutsamer Themen zur Erschließung des Daseins.

Schauen wir uns nur einmal die quirligen, oft schrägen Kinderfragen an, von denen ich eben einige herausgegriffen habe. Die Fragen kreisen um das Selbstverständnis der eigenen Existenz; was von Erwachsenen weitgehend selbstverständlich hingenommen wird, hinterfragen Kinder gern nach dem Warum und Woher, den Gründen und Ursachen für das eigene Dasein, nach dem Wieso-und-nicht-anders des eigenen Wesens. Dass ich bin, ist noch keine gefestigte bzw. festgefahrene Vorstellung, sondern eine frag-würdige und staunenswerte Erscheinung, womit alles echte Philosophieren und religiöse Fragen nach dem Lebenssinn seinen Anfang nimmt und sich ausweitet auf die Rätselhaftigkeit der Welt, in der wir eine Zeit lang leben und dann wieder sterben, auf die unvorstellbare Weite des Alls, auf Raum und Zeit, auf Werden, Wachsen und Vergehen in der Natur, Leiden, Sterben und Tod der Menschen und das Leben nach dem Tod, auf Gott unendlich fern von Welt oder in der Welt, auf die Herkunft des Bösen, auf Umweltzerstörung und Krieg und alles, was ein friedliches und glückliches Zusammenleben der Menschen hier und anderswo gefährdet.

2. Wer als Erwachsener mit Kindern über das Leben nachdenken will, muss vor allem mit Kindern über das Leben nachdenken *lernen* wollen. Das bedeutet zunächst ein Lernen *von* den Kindern. Es wird vielen Erwachsenen schwerlich einleuchten, dass es von Kindern etwas zu lernen gibt. Es ist ihnen in Fleisch und Blut übergegangen, dass das Verhältnis der Großen zu den Kleinen und zumal alles, was mit Erziehung zu tun hat, im Verhältnis von oben nach unten verläuft und zu verlaufen hat. Was sollten sie von Kindern lernen können, die erst noch all das lernen müssen, was Erwachsene schon in ihrem Leben gelernt haben? Schließlich stellten die Kinder doch deswegen Fragen, weil sie von den Erwachsenen lernen wollen und von ihnen Antworten erwarten. Das ist richtig. Aber nicht ganz, weil Antwortenkönnen das Fragenkönnen voraussetzt, das Erwachsene meistens schon verlernt haben.

> »Sie haben sich bereits in der Welt eingerichtet, in ihren Positionen, Routinen und Weltanschauungen, und besitzen ihre feste ›Philosophie‹. Offensichtlich fällt es Erwachsenen meistens schwer zuzugeben, dass sie, wie in Andersens Märchen ›Des Kaisers neue Kleider‹, nackt dastünden, wenn sie sich auf den sokratischen Prozess des radikalen Weiterdenkens oder auf die bohrenden ›Kinderfragen‹ der Kinder und Philosophen erst einmal einließen. Sie müssten nämlich vermutlich bald einsehen, dass sie sich nur einbilden, die richtigen Antworten zu haben, dabei aber oft nicht einmal die notwendigen Fragen stellen. Und weil sie es selber vermeiden, sich im Denken zu orientieren, können sie auch das philosophische Fragen der Kinder nicht wahrnehmen und die Chance nutzen, sich zusammen mit ihnen neu zu orientieren und sich selber und den Kindern weiterzuhelfen.«[5]

Wer also mit Kindern über das Leben nachdenken will, muss vor allem wieder selbst ein Fragender werden. Das bedeutet nicht mehr und nicht weniger als eine Veränderung nicht nur im Verhältnis zu den Kindern, auch nicht nur in der Beziehung zu sich selbst, sondern auch in der ganzen Lebenseinstellung. Es bedeutet, das Kind in sich wieder zu entdecken, »eine gewisse Haltung der Neugier und Offenheit, sich neuen Einsichten und Argumenten zu öffnen, Irritationen zu ertragen, mit vorläufigen Antworten zu leben, aber auch, aus neuen Einsichten Konsequenzen für das eigene Denken und Handeln zu ziehen«[6]. Es braucht schon Mut, mit Kindern über fundamentale Fragen nachzudenken.

3. Je jünger die Kinder sind, umso konkret-situativer stellen sie ihre Fragen. Das könnte Erwachsene dazu verführen, nach bestem Wissen gleich die »richtige« Antwort zu geben. »Wohin geht die Sonne jetzt?« ist so eine Frage aus Kindermund, die auch als Kinderfrage angesichts eines schönen Sonnenuntergangs verstanden werden will und nicht als die eines Naturwissenschaftlers. Das

---

5   Ekkehart Martens: Sich im Denken orientieren. Philosophische Anfangsschritte mit Kindern, Hannover 1990, 6 f.
6   Ebd.

Kind nun darüber aufzuklären, dass die Sonne weder geht noch untergeht, sondern stehen bleibt und unsere Erde sich vielmehr um die Sonne dreht, wäre jetzt sicher nicht die »richtige« Antwort. Vielleicht später, wenn es sich im Schulalter schon für kausale Zusammenhänge interessiert. Abgesehen davon, dass nach Einsteins Relativitätstheorie auch das nicht die einzig richtige Antwort wäre, will das Kind das jetzt ja überhaupt nicht wissen. Aber warum stellt es jetzt diese Frage? Vielleicht auch aus Gründen des Wissens, aber die bildhafte Sprache zeigt uns eher schon an, dass es ihm weniger um das tatsächliche Funktionieren eines Sonnenuntergangs geht als um die Sinnvergewisserung. Warum geht die Sonne weg, warum bleibt sie nicht bei uns? Wo sie doch die Welt so hell und warm macht. Vielleicht fragt es sogar nach dem Sinn des Sonnenuntergangs für sich selbst. Es will Sinn in seine Welt bringen, die ihm in vielen Erscheinungsformen noch so fremd, faszinierend oder auch erschreckend ist. Vielleicht auch ist es von diesem Erlebnis in seinen Gefühlen so angerührt, dass es nur die Nähe und Zuwendung von Vater oder Mutter sucht und ihm eine Antwort auf seine Frage gar nicht so wichtig ist.

Ein religiöses Fühlen und Suchen hat die Kinderfrage wahrscheinlich ausgelöst, der mit der Erklärung des heliozentrischen Weltbildes jetzt wohl kaum gedient wäre. Schon Rainer Maria Rilke warnte:

> Ich fürchte mich so vor der Menschen Wort.
> Sie sprechen alles so deutlich aus:
> und dieses heißt Hund und jenes heißt Haus,
> und hier ist Beginn und das Ende ist dort.
> Mich bangt auch ihr Sinn, ihr Spiel mit dem Spott;
> sie wissen alles, was wird und war;
> kein Berg ist ihnen mehr wunderbar;
> ihr Garten und Gut grenzt grade an Gott.
> Ich will immer warnen und wehren: Bleibt fern.
> Die Dinge singen hör' ich so gern.
> Ihr rührt sie an: sie sind starr und stumm.
> Ihr bringt mir alle die Dinge um.

Wenn wir also nicht wollen, dass das Kind zu früh aus der Poesie seiner »ersten Naivität« herauskatapultiert wird, gehen wir richtig mit seiner Frage um, wenn wir sie nicht mit unserem Erwachsenenwissen »abschließend« beantworten, sondern ein Gespräch eröffnen, das die Frage in Gang hält. Das setzt voraus, dass wir (einander) zuhören können. Durch Zuhören lernen wir denken. Aufmerksames und vorurteilsfreies Zuhörenkönnen fördert die Nachdenklichkeit, weil wir noch andere Sichtweisen und Seiten einer Frage und möglicher Antwortversuche kennen lernen und in unsere Überlegungen mit einbeziehen können.

So kommt ein echtes Gespräch zustande, das sich vom traditionellen schulischen Lehrgespräch, in dem Lehrerwort und Lehrerfrage dominieren, qualitativ unterscheidet.[7]

Nicht die schnellen informierenden Antworten auf Fragen bringen wirkliche Gespräche in Gang, sondern das problemsichtig stimulierende Umkreisen einer Frage, das »nachdenkliche Zögern« (Hans Blumenberg), das die für unsere Kinder heute so notwendige Fragehaltung erst anbahnt und aufbaut. Wir fördern damit zugleich eine kindliche Grundhaltung gegenüber der Welt und ihre Fähigkeit zu Selbstbestimmung und Selbstverantwortung gegenüber einer konformistischen Gesellschaft. »Wer die ›Kunst‹ des Fragens besitzt, ist einer, der sich gegen das Niedergehaltenwerden des Fragens durch die herrschende Meinung zu wehren weiß.«[8]

Wenn wir mit Kindern ins Gespräch kommen, und damit die Frage in Gang halten (konkret-situativ gestellt), ermöglichen wir - immer in Rücksichtnahme auf Denkhorizont und »Fragealter« der betroffenen Kinder - auch Schritt für Schritt eine Ausweitung des Themas auf allgemeine und fundamentale Grunderfahrungen und Grundfragen des Daseins[9]: vom Weggang der Sonne zu den Geheimnissen des Weltalls; von Gott als machtvoll regierender Person im »Himmel« zu vielfältigen, aber glaubwürdigen Gottesbildern; vom platten Ich-bin-ich-Verständnis zum differenzierenden Nachdenken über sich selbst; vom Streit mit Geschwistern und Freunden zur Sehnsucht der Menschheit nach Gerechtigkeit und Frieden ...

4. Es sind die Fragen der Kinder, die Nachdenken über das Leben auslösen, nicht Fragen von Erwachsenen, die den Kindern gestellt werden. Viele Kinder sind aber heute schon so voll gestopft und zugedeckt mit Erwachseneninformationen über alles Mögliche aus der Welt der Erwachsenen (ich verbiete mir hier das vielgebrauchte Wort »über Gott und die Welt«), welche sie sich per Fernsehen und Video »reinziehen«, dass sie kaum noch fragen und zum Nachdenken kommen, selten nur noch eigene Fragen stellen und selber nachdenken. Die Belehrungsflut von Eltern und Erziehern verstärkt nicht selten noch den Anpassungsdruck an die erwachsene Informationsgesellschaft, was

---

7   Hilfreiche Gesprächsregeln und spielerische Übungen, Kniffe und Ideen dazu in: Ulrike Potthoff/Angelika Steck-Lüschow/Elke Zitzke: Gespräche mit Kindern, Frankfurt/M. 1995, 59 ff. – Daniela Liebich: Mit Kindern richtig reden. Freiburg [3]1997 – Eva Leupold: Handbuch der Gesprächsführung. Problem- und Konfliktlösung im Kindergarten, Freiburg [3]1997 – Eine Einführung ins »vorwurfsfreie Gespräch« in der Familie bietet Walther Pacher, Wenn Kinder immer anders wollen. Freiburg 1992 – Der Bedeutung eines »partnerschaftlichen Gesprächs« zwischen Kindern und Erwachsenen wendet sich zu Hedi Friedrich: Auf Kinder hören – mit Kindern reden, Freiburg [7]1997

8   Hans-Georg Gadamer: Wahrheit und Methode, Tübingen 1960, 349

9   Vgl. Wolfgang G. Esser: Religionsunterricht, Düsseldorf 1973, 167 ff.

»man« wissen muss, um sich durchs Leben zu schlagen und nicht abgeschlagen als Nonkonformist und »Dummling« (zu dieser Märchenfigur (*Kap. 9) zurückzubleiben, statt den Kindern Raum und Zeit und Anregungen zu eigenständigem Denken, Fühlen und Handeln zu geben. In Kindergärten und Schulen wird dieser Mangel zunehmend erkannt, und zahlreiche Bemühungen suchen hier Abhilfe zu schaffen. Und das aufgrund der Einsicht, dass Fragen-Können und Nachdenken-Können die Selbständigkeit und Selbstbestimmung fördern, um der unter heutigen Kindern weit verbreiteten, ihre kreative Spielwelt überformenden Konsumhaltung, dem »Verlust an Eigenständigkeit« und der »Mediatisierung der Erfahrungen«[10] gegenzusteuern.

Wie können wir Kinder zu eigenständigem Fragen und Nachdenken animieren und ermutigen?

* Kindern geht während des Tages, nach dem Aufwachen, vor dem Einschlafen, beim Spielen, auf dem Weg zum Kindergarten, zur Schule, nach Hause manches an Fragen durch den Kopf, was nach-denkens-wert wäre, aber oft haben sie nicht die Möglichkeit, diesem weiter nachzugehen. Dabei könnten solche Fragen gute Gespräche mit Mutter und Vater herbeiführen, wenn diese sich Zeit dafür nähmen – beim Mittag- oder Abendessen, beim Zu-Bett-gehen, auf einem Spaziergang.

* Viele Kinder haben ein Lieblingsplüschtier, dem sie auch manchmal ihre geheimen Gedanken anvertrauen, besonders wenn sie Vater oder Mutter nicht als gute Zuhörer kennen gelernt haben. In solche Gespräche hineinzuhören, kann Eltern helfen, ihr Kind besser kennen zu lernen und Anknüpfungspunkte für Gespräche zu finden, die sonst unterblieben oder gar ganz verstummen, je älter die Kinder werden. Vielleicht können Mutter oder Vater sich auch spielerisch in ein solches Gespräch einmischen, indem sie einem anderen Plüschtier oder einer Handpuppe ihre Stimme leihen, sodass es auf diesem spielerischen »Umweg« über Dritte zu einem Dialog kommt.

* Eva Zoller schlägt auch Silhouetten-Zeichnen vor: Ein großes Zeichenpapier wird an der Wand befestigt. Mit einer hellen Lampe werden der Kopf des Kindes und das Zeichenpapier so angestrahlt, dass der Schatten des Kopfes im Profil auf dem Blatt zu sehen ist und nun mit einem dicken Malstift nachgezeichnet werden kann. In die Silhouette kann das Kind jetzt zeichnen, vielleicht auch dazu erzählen (das Kind, das schon schreiben kann, auch schreiben), was ihm so durch den Kopf geht. Schön wäre es, wenn auch Vater oder Mutter in ihre »Köpfe« zeichneten, sodass auch auf diese Weise wieder ein Dialog entstehen kann.

---

10   Hans-Günter Rolff und Peter Zimmermann: Kindheit im Wandel, Weinheim 1985; neu überarb. 1997

★ Für schon ältere Kinder bietet sich auch das Schreibgespräch an, bei dem statt miteinander zu sprechen eine kleine Gruppe auf einem großen Blatt Papier sich über eine Frage austauschen kann. Das Blatt wird im Kreis gedreht, damit jeder Teilnehmer nach und nach immer wieder lesen kann, was seine Vorschreiber geschrieben haben. Darauf kann er antworten oder auch neu sich daraus ergebende Fragen stellen. Auch können die Kinder um den Tisch herumgehen, damit sie nicht zu warten brauchen, bis sie auf eine Frage antworten oder eine Gegenfrage stellen können.

★ Für den (Religions-) Unterricht ist das Sammeln von Fragen zu empfehlen, welche die Kinder viel beschäftigen und für die sie sich Antwortperspektiven aus einem gemeinsamen Gespräch in der Religionsgruppe erhoffen. Die Fragen werden auf einen Zettel geschrieben, in einen eigens dafür vorgesehenen Fragekasten geworfen oder an eine entsprechende Pinnwand geheftet. Noch interessanter finde ich, ein großes Ideen- und Fragenbuch anzulegen (nach Art der vielerorts in Kirchen ausliegenden Fürbittbücher), in dem jederzeit nachgelesen werden kann, was die einzelnen Schülerinnen und Schüler der Religionsgruppe gerade bewegt. Auch das eröffnet schon Einzelgespräche, noch bevor zusammengehörige Fragen gemeinsam thematisiert werden.

★ Könnten Kinder ab dem 2. Schuljahr nicht auch jedes für sich ein eigenes Tagebuch führen, in das sie eintragen, welche Fragen ihnen durch den Kopf gegangen sind, worüber sie nachgedacht haben, was sie erlebt oder was ihnen sonst noch Interessantes und Merk-würdiges begegnet ist? Die Hefte könnten sie auch mit Freundin oder Freund oder in der Tischgruppe austauschen und miteinander darüber sprechen.

★ Auslöser zum Fragen und Nachdenken über sich selbst, den Sinn des Lebens, den Wert der Dinge und die Erkenntnis der Welt bilden auf vielfältige Weise Körpererleben, Sinneswahrnehmung und sensitives Naturerleben (* Kap. 1 und 2), Stille-Übungen, meditatives Naturerleben und Phantasiereisen (* Kap. 3 und 4), bildnerisches und klangliches Gestalten und kreative Bewegung (Kap. 5 bis 7) sowie Märchen, therapeutische Geschichten, kreative Bibelbegegnung und Bilder (* Kap. 9, 10, 12, 18), wenn wir sie als Zugänge zum Nach-denken nutzen.

5. Eine der wirksamsten Möglichkeiten, Kindern Denkwege zu öffnen, um sich selbst in seinen Ängsten und Befürchtungen, Träumen, Hoffnungen und Fragen an das Leben wahrzunehmen, ist das Lesen und Vorlesen gehaltvoller Kinderliteratur. Sie und übrigens auch Märchen wie »Sterntaler«, »Der süße Brei«, »Starker Hans« oder »Das Hirtenbüblein« können uns helfen, schon früh kindliche Sinnfragen und Wertvorstellungen im gemeinsamen Gespräch zu erarbeiten. Geeignete Kinderliteratur ist vor allem daran erkennbar, dass sie im Gegensatz zu vielen trivialen, oberflächlich erzählenden Kinderbüchern Nachdenklichkeit auslöst, zum Nach-denken anregt, weil das Erzählte ein tieferes Verständnis erfordert als nur das, was der Text aussagt.

Die Geschichte vom Wunsch aller Wünsche

In die fröhliche Stadt der Kinder
kamen drei Zauberer einst:
Der erste hieß Borstenbinder,
der zweite Siebenzylinder
und der dritte Wasdunichtmeinst.
Sie zauberten hier und sie zauberten dort
manches Stücklein in bunter Gestaltung.
Und die Kinder dankten mit freundlichem Wort
für die lustige Unterhaltung.
Doch manches fragte sich heimlich dabei:
Sind sie gut oder böse, die seltsamen drei?
Man weiß es oft nicht.

Als der Tag der Abfahrt gekommen,
baten die Zauberer früh,
ehe sie Abschied genommen,
die Kinder zum Marktplatz zu kommen.
Und dies verkündeten sie:
»Wir sind eurer Freundlichkeit eingedenk,
ihr zolltet den Künsten Verehrung.
Drum bieten wir euch als Abschiedsgeschenk
eines einzigen Wunsches Gewährung.
Dieser Wunsch, den ihr sagt - sei er groß oder klein -,
wird im selben Moment euch erfüllet sein.«
Was sagst du dazu?

Da berieten die Kinder sich lange,
was am besten zu wünschen sei;
denn wie schlau man's auch immer anfange,
sobald man das eine erlange,
sei's mit allem andern vorbei!
Darum sprachen sie schließlich zu den drei Herrn:
»Verzeiht, wenn wir allzu viel wagen!
Unser einziger Wunsch ist: Wir möchten gern,
dass jeder Wunsch, den wir sagen,
sofort sich erfüllt.« - »Ihr habt es begehrt«,
so sprachen die dreie, »es sei euch gewährt!«
Da staunst du nun wohl!

Dann zogen sie fort mit dem Wagen.
Die Kinder der Kinderstadt
fingen an, sich voll Neugier zu fragen:
Ob ein Spruch, den drei Zauberer sagen,
so mächtige Wirkung hat?
Sie probierten es aus, erst heimlich noch zwar -
und staunten ganz unaussprechlich:
Jeder Wunsch, den man sagte - ganz gleich, was es war -,
ging sogleich in Erfüllung, tatsächlich!
Und die Kinder riefen voll Übermut:
»Da sieht man's - die Zauberer waren gut!«
Das ist doch ganz klar!

Ihr könnt euch wohl selber denken,
was nun für ein Wünschen begann:
Der wollte ein Auto zum Lenken,
der andre zehn Reiseandenken,
der dritte 'nen Hampelmann,
Spielzeug und Kuchen und Eisenbahn,
Samt und Seide und Felle,
Schlittschuhe, Kaugummi, Kreisel und Kran,
goldene Kronen und Bälle,
Puppen und Bücher und Kram und Trara:
Was man nur wünschte, sofort war es da!
Das möcht'st du wohl auch?

Das war schon ein Jahr so gegangen,
und der Zauber hielt immer noch an!
Die Kinder begannen zu bangen,
denn kann man stets alles erlangen,
verliert man die Freude daran.
Und sie wünschten sich weniger Tag für Tag:
Alles kriegen ist unausstehlich!
Und wenn einer sich gar nichts mehr wünschen mag,
dann macht ihn auch gar nichts mehr fröhlich.
Die Kinder saßen mit traurigem Blick
unter all ihren Schätzen - im Missgeschick.
Das glaubst du wohl nicht?

Da schickten sie Fährtenfinder
in die weite Welt hinein,
zu suchen Herrn Borstenbinder
und den andern, Herrn Siebenzylinder,

und Herrn Wasdunichtmeinst obendrein,
und sie sollten bestellen: »Nehmt's wieder, dies Glück!
Unsre Freude ist dadurch verschwunden.«
Doch die Boten, sie kamen einzeln zurück,
hatten nirgends die dreie gefunden.
Da klagten die Kinder: »Dass Gott uns erlös'!
Und jetzt wissen wir's erst: Die drei waren bös!«
Das denkst du doch auch?

Und Verzweiflung beschlich sie im stillen.
Da ergriff eins der kleinsten das Wort:
»Wenn sich all unsre Wünsche erfüllen,
dann wünschen wir einfach mit Willen
die Wünsche-Erfüllung fort!«
Sie befolgten den Rat, und von Stund an war
wieder spannend das Leben und heiter.
Die Kinder war'n froh wie vor Tag und Jahr
und vielleicht gar ein wenig gescheiter.

Nur eine Sache wüsst' ich noch gern:
Waren gut oder bös die drei seltsamen Herrn?
Sag, was meinst du?

Michael Ende

Beispiele von Kinderliteratur, deren Bedeutungsüberschuss zum Nachfragen und Nachdenken anregt, werden zu einigen Schlüsselthemen im Kapitel 10 (Therapeutische Geschichten) genannt. Bei ihrer Auswahl ist jedoch darauf zu achten, ob sie primär zur Förderung des Fragebedürfnisses der Kinder (*Nachdenkgeschichten*) vorgelesen oder erzählt werden oder zur Klärung seelischer Probleme beitragen sollen (*Therapeutische Geschichten*).
Außer geeigneter Kinderliteratur sind besonders Sammlungen von Nachdenkgeschichten und -gedichten hilfreich, die eigens das Fragen und Nachdenken stimulieren möchten und auf gemeinsame Gespräche (ab dem Grundschulalter) ausgerichtet sind (z.B. Cam, Oberthür, Schreier).

Zu den Steinen
hat einer gesagt:
seid menschlich!

Die Steine haben gesagt:
wir sind noch nicht
hart genug.

Erich Fried

Solche Geschichten und Gedichte fordern geradezu die Kinder heraus zu hinterfragen und Fragen zu stellen und ermuntern zu Gesprächen, die das Nach-*denken* und eine nachdenkliche Haltung fördern: Klarheit und Folgerichtigkeit im Denken; nach Gründen für die eigene Meinung und nach Kriterien für verlässliche Urteile fragen; andere Meinungen anerkennen und sich offen halten für unterschiedliche Standpunkte und verschiedene Möglichkeiten, die Dinge zu sehen und zu beurteilen; sich selbst korrigieren und sich themenrelevant am Gespräch beteiligen können.

6. In solchen Gesprächen können wir die Kinder auch sensibilisieren für ein moralisch abwägendes Urteilen über »gutes« und »böses« Handeln. Statt sie einfach zu unkritischen, folgsamen Individuen zu konditionieren, die den moralischen Vorstellungen der Erwachsenen gehorchen sollen, helfen Gespräche, in denen ein moralisches Problem der Kinder nachdenkend erörtert wird, zu einem eigenen Werturteil zu finden. Die Erfahrungen vieler Erzieher haben gezeigt, dass Gespräche im Anschluss an alltägliche soziale Konflikte, die Kinder selbst einbringen, oder durch Dilemma-Geschichten angeregt werden, sich dann langfristig auf ihr ethisches Handeln auswirken, wenn verschiedene Möglichkeiten des Handelns bedenkend durchgespielt wurden. Die Kinder werden feinfühliger für die sich mit dem jeweiligen Konflikt stellenden Fragen und werden sicherer im eigenen moralischen Urteilen, statt sich unkritisch-ängstlich dem »moralischen Zeigefinger« der Erwachsenen zu beugen oder - ihn einfach ignorierend - auf »Durchzug« zu schalten.

7. Wenn wir wollen, dass unsere Kinder »überlegtere, nachdenklichere, urteilsfähigere und vernünftigere Individuen« werden, die nicht in den »Verkrustungen der Gewohnheit« (Hans-Ludwig Freese), den lähmenden Klischees und Gemeinplätzen vieler Erwachsener, den Zwängen und der Routine des Alltags erstarren, müssen wir nach vielen Möglichkeiten suchen, die zum Fragen und Nachdenken besonders über weltanschaulich-religiöse und ethische Fragen anregen. Sonst weichen die Nachdenklichkeit über die Rätselhaftigkeit des eigenen Daseins und die Neugier auf die Weite und Tiefe der Welt, wie wir sie bei Kindern im Elementar- und Grundschulbereich so oft bewundern können, schon bald einer positivistischen Lebenseinstellung, einem Glauben, den alle glauben, konventionellen Denk- und Sehgewohnheiten, die eine geistig-seelische und religiös-weltanschauliche Eigenentwicklung vorzeitig abstoppen. Fragen offen halten und nachdenklich von vielen Seiten umkreisen zu können, ist hier wichtiger als jeder Wissenserwerb und feit vor allzu glatten Sektenlehren, fundamentalistischer Buchstabengläubigkeit, religiösem Dogmatismus und Fanatismus. Wer gelernt hat, dass auf die fundamentalen Fragen der Menschen mehr als nur eine Antwort möglich ist, kann toleranter, einfühlsamer und gelassener mit anderen und mit sich selbst umgehen. Wer zu fragen und begründet zu urteilen gelernt hat, findet sich *selbst* besser in der Welt zurecht und baut ein tiefes, kein oberflächliches Selbstbewusstsein auf.

Quellen und weiterführende Literatur

Ursula Arnold und Helmut Hanisch und Gottfried Orth (Hrsg.): Was Kinder glauben. 24 Gespräche über Gott und die Welt, Stuttgart 1997

Lis Bickel und Daniela Tausch-Flammer: Wenn Kinder nach dem Sterben fragen, Freiburg 1994

Barbara Brüning: Mit dem Kompass durch das Labyrinth der Welt. Wie Kinder wichtigen Lebensfragen auf die Spur kommen, Bad Münder 1990

Philip Cam (Hrsg.): Können Augen sehen? Philosophische Nachdenkgeschichten für Kinder und Jugendliche. Textbuch, Mülheim/Ruhr 1997

Philip Cam: Können Augen sehen? Philosophische Nachdenkgeschichten für Kinder und Jugendliche. Arbeitsmappe, Mülheim/Ruhr. 1997

Philip Cam (Hrsg.): Sterben Äpfel auch? Philosophische Nachdenkgeschichten für Kinder und Jugendliche. Textbuch, Mülheim/Ruhr 1996

Philip Cam: Sterben Äpfel auch? Philosophische Nachdenkgeschichten für Kinder und Jugendliche. Arbeitsmappe, Mülheim/Ruhr 1996

Philip Cam: Zusammen nachdenken. Philosophische Fragestellungen für Kinder und Jugendliche - eine praktische Einführung, Mülheim/Ruhr 1996

Daniela G. Camhy (Hrsg.): Wenn Kinder philosophieren, Graz 1990

Martha Fay: Brauchen Kinder Religion? Wie Eltern die Fragen nach dem Sinn des Lebens beantworten, Hamburg 1994

Jürgen Fliege: Lieber Jürgen Fliege. Kinderfragen zu Himmel und Erde, Düsseldorf 1997

Fynn: Hallo Mister Gott, hier spricht Anna, Bern 1987

Fynn: Anna schreibt an Mister Gott, Bern 1987

Hans-Ludwig Freese: Kinder sind Philosophen, Weinheim 1989

Marc Gellmann und Thomas Hartmann: Wo wohnt der liebe Gott? Fragen und Antworten für Eltern und Kinder, Stuttgart 1997

Benita Glage: »Warum bleibt der Gott im Himmel?« Mit Kindern über das Leben nachdenken, München 1992

John M. Hull: Wie Kinder über Gott reden. Ein Ratgeber für Eltern und Erziehende, Gütersloh 1997

Martin Jäggle und Lene Mayer-Skumanz: Mit Kindern über den Glauben reden, Innsbruck 1994

Armin Krenz: Kinderfragen gehen tiefer - Hören und verstehen. Was sich hinter Kinderfragen verbirgt, Freiburg [2]1995

Petra Mark Zengaffinen: Abschied von Oma. Geschichten und Gesprächsimpulse zum Thema Tod, Düsseldorf 1997

Ekkehart Martens und Helmut Schreier (Hrsg.): Philosophieren mit Schulkindern, Heinsberg 1994

Gareth B. Matthews: Denkproben. Philosophische Ideen jüngerer Kinder, Berlin 1991

Gareth B. Matthews: Philosophische Gespräche mit Kindern, Berlin 1989

Rainer Oberthür: Kinder und die großen Fragen. Ein Praxisbuch für den Religionsunterricht, München 1995

Rainer Oberthür: Kinder fragen nach Gott und Leid. Lernen mit der Bibel im Religionsunterricht, München 1998

Rainer Oberthür (Hrsg.): Kinderfragen - Kindergedanken. Gedichte, Geschichten und Bilder zum Nachdenken und Staunen, Aachen 1991 (Religionspädagogische Arbeitshilfe Nr. 50 Katechetisches Institut)

Gottfried Orth und Helmut Hanisch: Glauben entdecken - Religion lernen. Was Kinder glauben, Teil II, Stuttgart 1997

Ronald Reed: Kinder möchten mit uns sprechen, Hamburg 1990

Gertrud Ritz-Fröhlich: Kinderfragen im Unterricht, Bad Heilbrunn 1992

Fernando Savater: Tu was du willst. Ethik für die Erwachsenen von morgen, Frankfurt/M. 1995

Regine Schindler und Eleonore Schmid: Wohnt Gott im Wind? Lahr 1992

Helmut Schreier: Mit Kindern über die Natur philosophieren, Heinsberg 1997

Helmut Schreier: Himmel, Erde und ich. Geschichten zum Nachdenken über den Sinn des Lebens, den Wert der Dinge und die Erkenntnis der Welt, Heinsberg 1993

Helmut Schreier: Über das Philosophieren mit Geschichten für Kinder und Jugendliche, Heinsberg 1993

Carola Schuster-Brink: Kinderfragen kennen kein Tabu, Ravensburg 1991

Dietrich Steinwede und Sabine Ruprecht (Hrsg.): Vorlesebuch Religion für Kinder von 5-12. Bd. 1 bis 4, Lahr [16]1992 ff.

Adelheid Utters-Adam: Kinder fragen »Wo wohnt der liebe Gott?« Ein Vorlesebuch, Freiburg 1997

Paolo Wagner: Kann der liebe Gott zaubern, Papa? Wie Sie Ihren Kindern antworten, ohne abzustürzen, Freiburg 1994

Zeitschrift für Didaktik der Philosophie: Philosophieren mit Kindern, Themenheft 1/1991

Eva Zoller: Die kleinen Philosophen. Vom Umgang mit »schwierigen« Kinderfragen, Freiburg 1995

Eva Zoller: Tu was du willst!? Mit Kindern philosophieren. In: Grundschule Mai 5/1997, 15-1

9 Sein Bewusstsein erweitern mit Märchen

Tiefere Bedeutung liegt in dem Märchen meiner Kinderjahre als in der Wahrheit, die das Leben lehrt.

Friedrich Schiller, Die Piccolomini, III, 4

Erwachsene werten die Märchen gern als »Kinderkram« ab, weil sie mit der rauen Wirklichkeit des Lebens nichts zu tun hätten, und manche Eltern und Erzieher lehnen es aus eben diesem Grund auch ab, Kindern Märchen zu erzählen oder vorzulesen: Aus diesen phantastischen Wunder- und Zaubergeschichten könnten diese nichts lernen über die Realitäten der Welt, für die Kinder heute erzogen werden müssten; auch die so häufig vorkommenden bösen Figuren und grausamen Handlungen verbreiteten eher Angst und Schrecken in der Kinderseele als Lebensfreude.

Das Gegenteil ist wahr. Wer sich davon überzeugen will, schaue Kindern zu, denen ein Märchen erzählt wird. Bald schon lässt sich beobachten, dass sie sich darin wie in einem Spiegel wieder erkennen. Sie identifizieren sich mit Hänsel und Gretel, die die böse Hexe überlisten. Sie fühlen sich von der Hexe, dieser Gestalt gewordenen Urangst, die in jedem Menschen und in jedem Kind steckt, befreit, wenn sie im eigenen Ofen verbrennt. Sie atmen erleichtert auf, wenn Rotkäppchen oder die sieben Geißlein wieder unversehrt aus dem Wolfsbauch hervorkommen. Ältere Kinder freuen sich, wenn Schneewittchen oder Dornröschen endlich wieder aus ihrem Zauberschlaf erwachen. »Finstere« und »schreckliche« Szenen sind ja nur Durchgangsstadien (übrigens auch jeder kindlichen seelischen Entwicklung) auf dem verheißungsvollen Weg zu Veränderung und Erfüllung.

Was Märchen widerspiegeln, ist freilich Lebenswirklichkeit auf einer hintergründigen, Kindern wie Erwachsenen noch weithin unbewussten Ebene und nicht identisch mit der platten Oberflächenrealität, die uns tagtäglich beschäftigt. Märchen können auf Krisen vorbereiten, können helfen, unsere verborgenen oder unterdrückten Gefühle, Sehnsüchte und Fragen an das Leben zu wecken oder wieder zu erwecken, lebendig zu erhalten statt brach und unfruchtbar für die Lebensgestaltung und unser seelisches Wachstum liegen zu lassen. Märchen vermitteln ohne Belehrung tiefe, das menschliche Dasein tragende und orientierende Werte. Märchen sind realistisch und religiös. Ihre Welt ist nicht heil. Sie zeigen vielmehr, dass ein Riss durch die Welt geht, freilich auch dass er heilbar ist.

Weil Kinder noch sensibel und offen für die in ihnen schlafenden, unbewussten Kräfte der Seele sind, können wir von den Kindern lernen, unser Bewusstsein um die uns noch unbewussten Kräfte zur Persönlichkeitsentwicklung zu erweitern - und das mit Hilfe der Volksmärchen. Über Jahrhunderte hinweg wurden sie im Volk (und mit ähnlichen Grundmotiven in anderen Sprachgestalten auch in kulturell anders geprägten Völkern) erzählt, mündlich überliefert und immer wieder durchgeformt. Bei diesem anhaltenden Interesse der Menschen unterschiedlicher Zeiten und Kulturen an solchen Geschichten können wir davon ausgehen, dass sie uns davon erzählen, was sich seit eh und je in der Seele der Menschen abspielt, und dass sich in ihnen tiefe menschliche Bedürfnisse und Lebensweisheiten verbergen, Leitbilder und Orientierungshilfen, die man immer wieder für wert befand weiterzuerzählen. Da ihre Wahrheiten jedoch keineswegs auf den ersten Blick offenliegen (was zu den bekannten Vorurteilen und Abwertungen führt) und doch eine geheime Anziehungskraft ausüben und nicht nur Kinder faszinieren, liegt es nahe, diese Geschichten psychologisch als Manifestationen der unbewussten menschlichen Seele zu verstehen, der die Märchen eine sichtbare Gestalt verleihen. Ihre Bilder und Symbole sind also - ähnlich wie die Träume - erst noch in ihrer Bedeutung zu entschlüsseln, damit wir sie im Wachbewusstsein für unsere Persönlichkeitsentwicklung fruchtbar machen und schöpferisch mit ihnen umgehen können.

Wem an seinem seelischen Wachstum gelegen ist, wird deshalb die Symbolsprache als die einzige Fremdsprache achten, die jeder von uns lernen sollte (Erich Fromm), weil die Sprache der Symbole die Sprache unserer Seele ist. Dann hätte jeder von uns die Chance, nicht nur aus den Inhalten seines normalen Ich-Bewusstseins sein Leben zu bewältigen, was ja bekanntlich den kleinsten Teil der Persönlichkeit ausmacht, sondern auch aus den viel reichhaltigeren Inhalten seines Unbewussten, und zwar seines individuell-lebensgeschichtlichen Unbewussten wie seines kollektiven, d.h. den Menschen gemeinsamen, überpersönlichen und zeitlosen Unbewusstseins. Freilich muss jede/r den Zugang zu diesen beiden unbewussten Bereichen seiner Seele erst finden, damit er/sie deren noch schlafende Inhalte sich bewusst machen und in sein/ihr waches Ich-Bewusstsein hineinholen kann. Dann kann er/sie auch aus diesen schöpfen und so die Teilpersönlichkeit seines/ihres normalen Ich-Bewusstseins um die erwachten, bewusst gemachten Anteile seiner/ihrer unbewussten Teilpersönlichkeiten bereichern und ergänzen zur ganzen Persönlichkeit.

Den Zugang zu unserer unbewussten Innenwelt zu finden, wozu nicht nur dieses Märchen-Kapitel, sondern auch andere Kapitel dieses Buches anregen wollen, halten wir für uns selber wie für die Kinder heute aus vier Gründen für unerlässlich. Zum einen geht es darum, durch die Bewusstwerdung unserer unbewussten Seelentiefe ein Gegengewicht zum intellektuell-rationalen Gefordertsein und zur schon frühzeitigen Förderung der kognitiven Fähigkeiten der Kinder zu schaffen. Zum weiteren gilt es, dem gesellschaftlichen Druck standzuhalten, der uns zu außengesteuerten, auf Erfolg, Ansehen, Besitz und Anpassung dressierten, seelenlosen Individuen domestiziert, indem wir durch bewusste Gestaltung unserer Innenwelt das seelische Gleichgewicht behalten bzw. entwickeln. Drittens haben die Märchen eine besondere Bedeutung für die Entwicklung des Kindes: Es findet in ihnen alles wieder, womit es sich schon in seinem jungen Leben auseinander setzen muss, mit Angst, Traurigkeit und Hass, mit Hoffnung, Freude und Liebe, mit Tod und Leben, mit Bösem und Gutem. Es kann den Märchen entnehmen, dass Leben eine ständige Herausforderung ist, die es zu bestehen gilt; hier kann es sich mit der Heldenfigur identifizieren und sein Selbst-Sein stärken. Märchen geben ihm Mut und Trost und können emotionale Spannungen lösen. Märchenfiguren bringen die Welt wieder in Ordnung, wenn die kindliche Seele einmal verwirrt und in Unordnung geraten ist.

Weil die Welt im Märchen so ist, wie sie sein soll, und die meisten Märchen eine gerechte Welt zeigen, arbeiten wir mit ihnen schließlich auch bescheiden, aber wirksam an einem politischen Bewusstseinswandel mit und auf den nächsten Evolutionsschritt der Menschheit hin, der einer zielgerichteten Ausbildung und Reifung des inneren Menschen bedarf, damit sein Verhalten und Handeln in der Außenwelt der Erhaltung des Planeten Erde und einer friedvollen, gerechten Menschheit dient.

»Wie innen, so außen« lautet die dem Hermes Trismegistos (2. Jahrhundert) zugeschriebene Weisheit. Auch dieser Weisheit zufolge ist die große wie kleine Außenwelt, die wir gestalten, ein getreues Abbild der inneren seelischen Verkümmerung oder des inneren seelischen Wachstums des Menschen. »Eine echte Selbstverwirklichung ist das Gegenteil von einem Ego-Trip. Sie hat - selbst wenn äußerlich nicht viel zu sehen sein sollte - einen unmittelbaren Einfluss auf die Veränderung der Welt. Durch das kollektive Unbewusste ist jeder einzelne Mensch mit der gesamten Welt verbunden.«[1]

Transpersonale Urbilder
innerer seelischer Reifung

In den Volksmärchen sprechen sich durch die Jahrhunderte hindurch allen Menschen gemeinsame, weil zum Wesen des Menschen gehörende, den einen unbewusste, anderen schon mehr oder weniger bewusste wesentliche Bedürf-

---

1 Arnold Bittlinger: Es war einmal, München 1994, 202

nisse, höhere Werte, Strebungen, Intuitionen und Grundmotive des Lebens verdichtet in Urbildern, seelischen Archetypen (C. G. Jung) aus. Sie sind insofern trans-personal, weil sie einerseits die einzelne persönliche Seele übersteigen, transzendieren, anderseits jedoch jeder persönlichen Seele zugrunde liegen und in ihr - jedenfalls unbewusst - ihren Ort haben. Weil die Grenzen zwischen dem Ich-Bewusstsein und dem unbewussten seelischen Bereich durchlässig sind, vermag der »transpersonale Wille«, eine Eigenschaft des Ich (Roberto Assagioli), die unbewussten transpersonalen Urbilder mit dem Wachbewusstsein des Ich zu verbinden mit dem Ziel einer lebendigen Wechselbeziehung zwischen dem bewussten und dem unbewussten Bereich der menschlichen Seele. Im fortschreitenden Verlauf solcher Bewusstseinserweiterungen kann so das wache Ich über die wieder erkannten unbewussten Urbilder des transpersonalen Selbst die innere Beziehung zu diesem erwachenden höheren Selbst eingehen. Ähnlich wie jemand, der einen anderen Menschen zu lieben beginnt, wird das Ich aus seiner Isolierung und Einsamkeit erlöst, dreht sich mit seinem Sinnen und Trachten statt wie bisher um sein Ich jetzt um sein höheres Selbst wie um eine innere Sonne und vollzieht so die Integration zur ganzen Persönlichkeit.

Natürlich finden wir Urbilder des höheren Selbst nicht nur in Volksmärchen, auch in den Mythen der Völker und in den Zeugnissen der Religionen, z.B. in den biblischen Schriften (✶ Kap. 18). Aber auch ihre Symbolsprache gilt es erst zu entschlüsseln, damit sie nicht unverständlich und unzugänglich für uns bleibt, unsere seelische Entwicklung vielmehr zu beleben und zu fördern vermag.

Das macht uns Erwachsenen oft genug Schwierigkeiten, weil unser kausales und logisches, abstrakt-begriffliches Denken und Sprechen dem assoziativen und analogen Denken und Sprechen in farbenreichen, lebendigen Bildern häufig schon längst entrückt ist. Trotzdem müssen wir uns, bevor wir Kindern Märchen erzählen oder vorlesen, geduldig auf diese Bilderwelt einlassen und uns von ihnen inspirieren lassen. Oder wollen wir wie Fremde abseits stehen, während unsere Kinder sich mit ihren Ängsten und Sehnsüchten darin wieder finden? Es wäre doch schade, wenn wir die Chance gemeinsamen Verstehens, wie sie uns die Märchen bieten, und somit ein Stück Wegbegleitung vertun würden, hielten wir an unserem Vorurteil fest, Märchen seien nur etwas für Kinder. Zwar haben Kinder im Vor- und Grundschulalter zwischen dem vierten und zehnten Lebensjahr aufgrund ihrer phasenspezifisch charakteristischen Denk- und Erlebnisweise, die Welt in aneinander reihenden und miteinander verbindenden Bildern und Symbolen zu verstehen, einen unmittelbareren Zugang zu ihnen; aber auch hier können wir wieder von den Kindern lernen, mit einem Teil unserer Persönlichkeit, den Gefühlen und Vorstellungen inneren Erlebens in Beziehung zu treten, der uns sonst verschlossen bliebe.

Welchen transpersonalen Urbildern können wir nun in den Volksmärchen begegnen, die uns zu innerer seelischer Reifung animieren?

Das Urbild von Geborgenheit und Vertrauen in die Durchsetzungskraft des Guten in der Wirklichkeit

Nach Jahrhunderten naturwissenschaftlicher und technologischer Bewältigung der Außenwelt beginnen wir, die Einseitigkeit dieser Weltsicht zu begreifen und die Fehler, die wir dabei gemacht haben. Hinter diesem Fortschritt ist die Menschlichkeit des Menschen zurückgeblieben. Emotional leben wir noch »in der Eiszeit« (Erich Fromm). Über dem »Gewinnen der ganzen Welt« hat unsere »Seele Schaden erlitten« und ist verkümmert. Den Fortschritt in der Außenwelt gilt es nun aufzuholen und auszugleichen durch Hinwendung zur Innenwelt, durch Nachwachsen unserer Seele, damit wir in dieser Welt bestehen, überleben und leben können. Die Rettung kommt kollektiv für die Menschheit und individuell für uns selbst von innen.

Auch die Urbilder der Volksmärchen können dazu beitragen, weil sie in Korrespondenz mit den uns innewohnenden schöpferischen Energien stehen und diese zu stärken vermögen im Widerstand gegen eine uns übermäßig vereinnahmende und bedrängende Außenwelt.

Wie der Säugling aus der Geborgenheit des Mutterschoßes ins Leben der Außenwelt geworfen wird und sich hier erst einer neuen Geborgenheit versichern muss, so auch wir, wenn wir bemerken, dass unsere Seele der gefährdeten Außenwelt nicht mehr standzuhalten vermag und wir uns »ins Leben geworfen« empfinden. Für den Säugling ist es die im Mutterschoß erfahrene Mutter-Kind-Einheit, die es auch jetzt erinnert und symbolbildend zum inneren Urbild der guten, beschützenden Mutter als Repräsentantin einer grundlegend guten Welt aufbaut, die es trotz allem nie verlässt. Die erste mütterliche Beziehungsperson stützt und fördert im ersten Lebensjahr die Entfaltung dieses inneren Bildes. So kann es sich festigen, bis dieses Urbild der Geborgenheit zum inneren Besitz des Säuglings geworden ist und er sich künftig in sich selbst geborgen fühlen kann. Das Fundament eines Grundvertrauens ins Leben ist gelegt. Gegenteilige Erfahrungen des Verlassenseins jedoch führen zu einem grundlegenden Lebensmisstrauen, das sich ebenso lebenslang auswirken und die Persönlichkeitsentwicklung behindern kann.

Bis auf ganz wenige Ausnahmen vermitteln die Volksmärchen dieses Urbild von Geborgenheit und Vertrauen in die Durchsetzungskraft des Guten in der Wirklichkeit, und zwar während ihres gesamten Handlungsablaufs. Ihre Figuren treten niemals im Kollektiv auf, sondern stehen für sich selbst und in sich selbst in sichtbarer Distanz zu anderen, und doch gehen gerade die »Helden« und »Heldinnen«, auf die das Märchen unsere besondere Aufmerksamkeit richtet, in einer geradezu magischen Verbundenheit mit allem, was ihnen begegnet, durchs Leben. Nicht dass ihnen dies leicht fiele. Vielmehr türmen sich oft die unmöglichsten Hindernisse und Ausweglosigkeiten vor ihnen auf, die sie aber »von guten Mächten wunderbar geborgen« und aus einem unbezwingbaren Grundvertrauen überwinden. Nicht zu Unrecht kann man deshalb in den Märchen ein verborgenes Gottvertrauen entdecken, obschon das Wort »Gott« in ihnen kaum vorkommt. Eine unsichtbare Re-ligio und Rückbindung an Ursprung und Umfassung allen Seins ist unverkennbar. »Märchen zeigen uns, dass unsere Welt in sinnvollen Zusammenhängen steht und wir nicht dem blinden Zufall unterworfen sind, sondern dass die verwirrende vordergründige Welt in eine hintergründige Ganzheit eingebettet ist.«[2]

Ein zentrales Symbol im facettenreichen Urbild von Geborgenheit und Grundvertrauen ist das Haus. Das Haus, in dem man gut und sicher wohnen kann, ist aber nicht von vornherein da, sondern eher eine Vision, auf die man sich zubewegen muss, ein königliches Schloss, eine Burg, eine Königsstadt. Ausgangsorte und Zwischenstationen der Handlung sind dagegen Häuser, in denen man gefährlich lebt (Hänsel und Gretel, Rotkäppchen, Der Wolf und die sieben jungen Geißlein, Schneewittchen) oder in einem Turm gefangen gehalten wird (Rapunzel). Da gibt es nicht die Idylle des gemütlichen Heims und des bürgerlichen Familienhauses. Da lauert Gefahr (Hexe, Wolf, Stiefmutter), die bestanden werden will oder aus der man gerettet werden muss.

Das Grundvertrauen ins Leben bedarf stets der Bewährung und Reifung. Sie ist eben erst die Grundausstattung, die zu entfalten ist und nicht unangetastet und ungefährdet bleibt. »Wer immer strebend sich bemüht«, der kann erlöst werden, der kann das königliche Schloss erreichen, in dem er die Königstochter findet und mit ihr Hochzeit feiert. Nach so manchen bestandenen Tiefpunkten des seelischen Entwicklungsweges kann die hohe Zeit der Ganzwerdung anbrechen, wo die Teilpersönlichkeit des wachen Ich-Bewusstseins des Helden die Teilpersönlichkeit des unbewussten Seelenlebens (das Weibliche, die Königstochter, die Jungfrau, Dornröschen) endlich findet, aufweckt und im Tagesbewusstsein mit sich eint zur ganzen Persönlichkeit, die in sich ruht und die erstrebte Geborgenheit und Identität mit sich selbst erfährt.

Jede Lebensphase des Menschen hat ihre Lebensaufgabe, um mit sich selbst in Übereinstimmung zu kommen, mit sich identisch zu werden, sein Ich-Bewusstsein mit dem transpersonalen Selbst seines Unbewussten in Einklang zu bringen, das ihm die jeweilige Lebensaufgabe stellt. Die Lebensaufgabe des Säuglingsalters ist erst der Grundstein, der zu legen ist, um lebensgeschichtlich das seelisch unbewusste Urbild von Geborgenheit und Grundvertrauen weiterzuentwickeln. Im Märchen begegnet es uns. Wir sollten es nicht versäumen, es immer

---

2   Ebd., 18

wieder neu zu uns und den Kindern sprechen zu lassen. Wer um diesen Schatz in den Märchen weiß, dem wird es auch ein Anliegen sein, ihn auch für die Kinder zu heben. Sie brauchen ihn heute wie das tägliche Brot. Sie haben Anspruch darauf, Geborgenheit und »Seinsvertrauen« (Dorothee Sölle) im Leben zu erfahren - nicht nur im Märchen. Aber auch das Märchen ermutigt sie dazu, wenn sie dieses Urbild gelingenden Lebens tief in ihre Seele einsickern lassen.

Das Urbild vom selbstvertrauenden Loslassen

In den Volksmärchen, in denen sich die überzeitlichen und überpersönlichen Erfahrungen der Menschen mit gelingendem wie nicht gelingendem Leben niedergeschlagen haben, begegnet uns das Urbild des Loslassens ebenfalls auf weiten Strecken der Erzählung, und zwar in narrativer Klarheit und Bestimmtheit. Es scheint so, als ob die straffe Handlungsführung unter Absehen von detaillierten Beschreibungen, schmückenden Ausmalungen und epischer Breite, durch Polarisierung und Kontrastierung der Figuren geradezu darauf ausgerichtet und konzentriert sei, dass der Zuhörer nicht das Wichtigste übersieht und verpasst: loszugehen und sich auf den Weg zu machen.

Dieses Urbild entspricht der zweiten wichtigen Phase in der Entwicklung des Menschen zu gelingendem Leben, dem Alter des Kleinkindes, das sich von der Mitte des ersten Lebensjahres bis ins dritte Lebensjahr erstreckt. Umfangreiche entwicklungspsychologische Untersuchungen und auch unsere eigenen Beobachtungen stellen uns immer wieder vor ein Rätsel: Woher nehmen diese kleinen Mädchen und diese kleinen Jungen die Motivation, sich allmählich aus der Symbiose mit der mütterlichen Beziehungsperson zu lösen, eigene erste Krabbelversuche in die »Welt« zu unternehmen, Lust auf deren Eroberung zu bekommen, sich gegen übermächtige mütterliche Umgarnung zur Wehr zu setzen und trotz immer wiederkehrender Angst vor Trennung geradezu das magische Gefühl in sich zu haben, ein eigenständiger Mensch mit eigenen Bedürfnissen und Rechten werden zu wollen? - Obgleich ein eigenes Individuum, stellt sich allen kleinen Mädchen und Jungen diese Lebensaufgabe »wie von selbst« - aus dem überpersönlichen tiefenseelischen Innenbereich, an dem alle unbewusst teilhaben. Es gilt, diese nun persönlich anzunehmen und das Bestmögliche daraus zu machen, um Vertrauen in sich selbst und seine Zukunft zu gewinnen.

Das gelingt umso eher, je besser die erste Lebensaufgabe im Säuglingsalter gelungen ist. Nur auf dem festen Boden eines von den ersten Bezugspersonen gewährten Grundvertrauens kann ein stabiles Selbstvertrauen wachsen, das loslassen und sich allmählich aus der allumfassenden Säuglingsgeborgenheit befreien kann, um zu einem eigenen Selbstwertgefühl zu gelangen. Nun ist auch diese zweite Lebensaufgabe wieder nicht auf das Alter des Kleinkindes beschränkt, sondern ist ein Leben lang erneut zu bewältigen. Selbst im Erwachsenenalter ist es für die meisten ein kaum zu lösendes Problem, das in zahlreichen Abhängigkeitsformen zum Ausdruck kommt, in denen die Bestätigung des eigenen Wertes von außen gesucht wird, wo er doch nur von innen zu finden ist.

Auch das Urbild des Loslassens drängt lebenslang aus dem unbewussten Seelenbereich ans Tagesbewusstsein und stört das Gefühl des Ich, mit sich selbst identisch zu sein, solange es sich mit äußerem Besitz, mit Macht und Ansehen, mit einer Ideologie oder mit einem Glaubenssystem äußerer Autoritäten identifiziert und auf solches sein absolutes Vertrauen setzt statt auf sein höheres Selbst, das auf Befreiung drängt, damit das persönliche Leben gelingt in Übereinstimmung mit der unbewussten Seelentiefe, deren Weisheit mehr weiß als ich bin.

Der Weg ist denn auch ein zentrales Symbol der Märchen. Aber nicht jeder, der sich auf den Weg macht, kommt auch am Ziel an. Es bedarf schon der »rechten« Einstellung, wie sie der Dummling in vielen Märchen oder Goldmarie in »Frau Holle« haben, sich einzulassen auf die Prüfungen und Bewusstseinsveränderungen auf dem Weg und nicht an alten (Seh-)Gewohnheiten und seelischen Blockierungen festzuhalten wie die älteren Brüder des Dummlings oder Pechmarie, die nur den Weg äußerlich beschreiten, innerlich aber die alten, nicht Wandlungsfähigen bleiben und deshalb auch unterwegs auf der Strecke bleiben. Zur »rechten« Einstellung bedarf es auch der Zeiten von Abgeschiedenheit und stiller Einsamkeit, wie wir sie z.B. bei Schneewittchen und dem Mädchen ohne Hände miterleben können. Sie sind notwendig zum inneren Wachsen und Reifen, um die Seele in Ordnung zu bringen.

Ein anderes zentrales Symbol für das Urbild des selbstvertrauenden Loslassens im Märchen ist denn auch das Kind - nach C.G. Jung der tiefenseelische Archetyp zur Eigenverwirklichung des höheren Selbst. Dummling bzw. Goldmarie sind im Märchen Prototypen dieser das Lebensziel anstrebenden entwicklungswilligen, produktiven, schöpferischen, am »Sein« orientierten Menschen (Erich Fromm), die auf ihrem Lebensweg vorwärts drängen, die älteren Brüder bzw. Pechmarie dagegen Prototypen der Stagnation und Regression, die unproduktiv in vorindividuelle, am »Haben« orientierte Zustände zurückfallen, in Haltungen des »ewigen Säuglings«. Wenn am Ziel so mancher Lebenswege der Märchenheld Königssohn wird, mit der Königstochter Hochzeit feiert und das halbe Königreich gewinnt, so meint das Märchen damit kaum den Gewinn äußeren Reichtums, sondern den Gewinn des inneren Reichtums, seine Begabungen und Möglichkeiten entfaltet, sich selbst verwirklicht und ein verändertes Bewußtsein gefunden zu haben.

Das Urbild vom Reichtum, das Leben mit anderen zu teilen

Das zentrale Symbol des Kindes, die Tochter als Heldin oder den Sohn als Helden im Volksmärchen müssen wir noch eine Weile genauer beobachten, um einer tiefgründigen Märchenweisheit und einer ebenso faszinierenden Einsicht zur inneren seelischen Reifung des Menschen auf die Spur zu kommen. Zugleich nähern wir uns so einer Lebensaufgabe, von deren Lösung oder Nichtlösung schon im vorschulischen Spielalter Lebenserfüllung in der Beziehung zu anderen Menschen, zu Welt und Gott abhängt.

»Wenn ihr nicht umkehrt und wie die Kinder werdet, könnt ihr nicht in das Himmelreich kommen« (Matthäus 18,3); »Menschen wie ihnen gehört das Reich Gottes« (Lukas 18,16). Das sind oft gehörte, oft zitierte, aber ebenso oft unverstandene biblische Sätze. Ich möchte den Blick hier vorab auf den Prozess des Kind-Werdens lenken. Ulla Wittmann bemerkt in ihrer »König-Drosselbart«-Interpretation: »Wer ein Kind bleibt, kann nicht werden wie die Kinder.«[3] Im Vorausblick auf das vorschulische Spielalter und im Rückblick auf das Kleinkindalter spitze ich noch zu: Wer ein kleines Kind *bleibt*, kann kein großes Kind *werden*.

Worin besteht die für das Leben in Beziehung mit anderen so folgenreiche Lebensaufgabe, die im 3.-4. Lebensjahr ihren Anfang nimmt? Oder anders gefragt: Was bedeutet es für erwachsene Menschen, Menschen wie die Kinder zu *werden*?

Dass Kinder gern Märchen hören, ist bekannt. Und auch manche Erwachsene sehen in den Märchen eine »tiefere Bedeutung ... als in der Wahrheit, die das Leben lehrt« (Schiller). Aber *warum* das so ist, kann das transpersonal-tiefenpsychologische Verständnis unserer Seele plausibler machen. Demnach besteht eine geheime Verwandtschaft zwischen den tiefsten Bedürfnissen unserer Seele und den Botschaften der Märchen, zwischen den Lebenssehnsüchten und -ängsten in unserem Seelengrund und den Urbildern der Märchen, zwischen der jedem Menschen innewohnenden Religiosität und der Religiosität der Märchen. Wer ein großes Kind werden will - auch als erwachsener Mensch -, wer zu innerer seelischer Reifung kommen will, statt nur äußerlich groß zu werden, entdeckt in den Märchen genau das, was an großen Lebensfragen, den Fragen nach gelingendem und misslingendem Leben in uns lebendig ist. Was in den Bildern

---

3   Ulla Wittmann: Ich Narr vergaß die Zauberdinge. Was Märchen für das eigene Leben bedeuten, Freiburg 1995, 156

der Märchen zum Ausdruck kommt, ist Ausdruck unserer Lebensangst und unserer Sehnsucht nach erfülltem Leben und wie wir damit umgehen sollen. Diese von uns wegzuschieben oder zu unterdrücken, hindert die seelische Reifung.

Etwa vom dritten Lebensjahr an drängen nun die Sehnsüchte nach einem erfüllten Leben im Beziehungsreichtum (zumal zu anderen Kindern) in den Vordergrund des Bewusstseins, und die bilderhafte Sprache der Märchen bestätigt ihnen nicht nur, dass ihre Sehnsüchte zu recht bestehen, sondern beantwortet sie auch in Bildern, für die Kinder bis zum 8./9. Lebensjahr denkend und erlebend besonders empfänglich sind.[4] Es sind die Bilder von der hoffnungsvollen Kunde, dass die Menschen auf dem Weg zueinander sind und füreinander bestimmt sind, Bilder vom Helfen und Teilen, um miteinander das Leben zu bestehen und glücklich zu werden.

Wenn wir ihnen nicht nur das Urbild von Geborgenheit und Grundvertrauen und das Urbild vom selbstvertrauenden Loslassen, sondern auch das Urbild vom Reichtum, das Leben mit anderen zu teilen[5], mit den Märchen vermitteln können, damit es tief in ihre Seele eindringen kann, so besitzen sie - wenn auch anfanghaft - innerlich einen guten Nährboden, auf dem empathische Liebe zum Nächsten wachsen kann. Wo es im selbst-vertrauenden Loslassen der eigenen Ichhaftigkeit gelingt, das Leben mit anderen zu teilen, so raunen die Märchen uns verheißend zu, da ist der Himmel auf Erden zum Greifen nahe. Aber was in der Außenwelt an Frieden und Gerechtigkeit zwischen den Menschen gelingen soll, muss zuerst in der Innenwelt gelingen: das Ich mit der uns unbewussten »göttlichen« Weisheit des höheren Selbst in uns, die uns »allen in die Kindheit schien« (Ernst Bloch), zu versöhnen. Wo die Ganzheit von Ich und Selbst in uns gespalten bleibt, bleibt auch das Leben in der Außenwelt zwischen den Menschen gespalten und gestört durch die Ichhaftigkeit der seelisch gespaltenen Menschen. Wie in der inneren Welt, so herrscht auch in der Außenwelt eine Scheinwirklichkeit, welche Mensch und Mensch, Mensch und Natur, Mensch und Gott voneinander trennt, statt Frieden und Gerechtigkeit einziehen zu lassen.

Deshalb erzählen die Märchen nicht nur vom verheißungsvollen Lohn der Märchenhelden, von Hochzeit und überquellender Lebensfreude am Schluss der Handlung, sondern davon, was auf dem Weg zu diesem Ziel von Heldin und Held an Ich-Verzicht und Opfer, an Prüfung und Überwindung von Hindernissen, an Hören auf die innere Stimme des höheren Selbst und nicht des Ich verlangt wird. Wo das geschieht, stellen sich die Wunder ein, das meint

---

4   Vgl. Felicitas Betz: Die Seele atmen lassen. Mit Kindern Religiösität entdecken, München 1996, 20 ff.
5   Zu diesen Lebensaufgaben im Kindesalter vgl. Wolfgang G. Esser: Gott reift in uns. Lebensphasen und religiöse Entwicklung, München 1991, 29 ff.

die Bewusstseinswandlungen und Umwandlungen der Ich-Energien zu den Lebenskräften des das Ich transzendierenden Selbst. Da werden die Dinge - das meint die Lebenskräfte - veredelt und vergoldet. Da springen verschlossene Türen und Tore auf. Da helfen der Riese oder der Fuchs, große Strecken in Windeseile zurückzulegen. Da hilft der Wunschring, einen Teich auszuschöpfen und einen Wald abzuholzen. Da helfen fünftausend Ameisen tausend Perlen im Moos zu finden und die Enten den Schlüssel aus der Tiefe des Sees zu holen. Überhaupt sind es die im Märchen unübersehbaren Helfer und Helferinnen - Dinge, Tiere und Menschen -, welche die Botschaft vom Reichtum, das Leben mit anderen zu teilen, unüberhörbar machen. Es ist kein materieller, sondern seelischer Reichtum, der da geschenkt wird, woran uns so manches alte Wort erinnert: gnaden-reich, segens-reich, trost-reich, hilf-reich, tugend-reich, freu-den-reich. Allerdings gewähren sie ihre wundersame Hilfe natürlich nicht jedem, sondern eben nur dem, der den »transpersonalen Willen« hat und lernt, sein isoliertes, begrenztes, einsames kleines Ich aufzubrechen zur Allverbundenheit mit Natur und Menschen. Das ist die Lebensaufgabe, die das kleine Kind zu lernen hat, wenn es groß werden will. Das bedeutet es auch für erwachsene Menschen, wie die Kinder zu werden und ihre Wachstumserfahrungen im Reichtum zu machen, das Leben mit anderen zu teilen.

Volksmärchen für Kinder

Da die Voksmärchen ursprünglich unter Erwachsenen erzählt wurden, ist es erforderlich, bevor wir eines davon Kindern erzählen oder vorlesen, sorgfältig auszuwählen und zu prüfen, ob es in seinen inhaltlichen Grundzügen dem Auffassungsvermögen der jeweiligen Kinder zugänglich ist. Obschon wir Kindern etwa ab dem 4. Lebensjahr Märchen zumuten können, sind wir gut beraten, besonders bei längeren Handlungsverläufen das eine oder andere Detail auszusparen, um das wesentliche Grundmotiv hervortreten zu lassen. Das setzt voraus, dass wir es zuerst für uns selbst erfasst und verstanden haben.

Ist den Kindern das Märchen noch neu und hören sie es zum ersten Mal, so hilft zu einem besseren Verständnis, vorbereitende Erlebnismöglichkeiten zu schaffen, indem die Kinder darin vorkommende Bilder gegenständlich erfahren, sich mit ihnen beschäftigen oder von ihnen erzählen können: Honig, Moos, Perlen (Die Bienenkönigin), ein Kochtopf mit Deckel (Der süße Brei), eine Schale mit Lebkuchen (Hänsel und Gretel), ein großer Plüschbär (Schneeweißchen und Rosenrot), eine Rose mit Dornen oder das Bild von einem Königsschloss, einer Burg (Dornröschen), Federn (Die drei Federn), einen roten Apfel (Schneewittchen), einen Vogelkäfig (Der goldene Vogel). Solche Gegenstände können zunächst auch mit einem Tuch zugedeckt sein, um die Neugierde der Kinder zu wecken. Auch Phantasiereisen und imaginative Übungen bieten sich an, um ein Haus, einen Turm, ein Schloss, einen Wald, ein Feld, eine Wiese, einen Weg, einen See, Sonne und Mond und Sternenhimmel, das Dunkel der Nacht, Bär und Wolf, Enten und Ameisen, Bienen und Frösche, Perlen und Goldtaler, Schlüssel und Schrank, König, Hexe und Stiefmutter vor unseren Augen entstehen zu lassen. Ist das Märchen erzählt, brauchen wir nur noch ein wenig Zeit, um mit den Kindern über das Märchen zu sprechen. Dabei haben Fragen oder andere Äußerungen der Kinder Vorrang. Erst wenn diese ausbleiben, können wir behutsam nachfragen: »Wo hattest du ein bisschen Angst?« – »Wo warst du besonders gespannt, wie das Märchen weitergeht?« – »Was hättest du anders gemacht als das Mädchen ...?« – »Wann hast du dich am meisten gefreut?« – »Was hat dich traurig gemacht?« So können wir den Kindern helfen, das Märchen besser für sich zu verarbeiten.

Eine weitere Nachbereitung kann dann auf sehr unterschiedliche Weise erfolgen. Hier eignen sich schon für Vier- bis Siebenjährige einfache freie und gelenkte Rollenspiele, Pantomimen, Verklanglichen von Personen, Stimmungen, Handlungen mit Orff-, Körper- und anderen Instrumenten (Papier, Holz, Steine, Metalle ...), bildnerisches Gestalten in Form von Malen, Kneten und Bauen, von Legen mit Naturmaterialien oder farbiger, ungesponnener Wolle auf Filz oder Sackleinen sowie Bewegungs- und Tanzspiele mit kleinen Liedern, die einzelne Märchenszenen hervorheben.

Für Sieben- bis Zehnjährige bieten sich an ausgestaltete Darstellung einzelner Szenen mit mimisch-gestischen Verfeinerungen, Durchspielen des gesamten Handlungsablaufs, Darstellung einzelner Szenen und des gesamten Handlungsablaufs in gemischten Einzel- und Gemeinschaftspantomimen, Photogramme, Nachspielen mit Handpuppen oder im Schattentheater, bildnerisches Gestalten in Form von Collagen, transparenten Fensterbildern oder Gestaltung eines Bilderbuchs, Dichten oder Reimen sowie Hörspiel.

Reichhaltige Anregungen dazu geben Waltraud Fink-Klein, Helga Hoff, Cordula und Reinhold Pertler, Brigitta Schieder und Helga Zitzlsperger (* Weiterführende Literatur).

Folgende Volksmärchen aus der Sammlung der Brüder Grimm sind für Kinder besonders geeignet:

Märchen von Geborgenheit und der Durchsetzungskraft des Guten

- Der Wolf und die sieben jungen Geißlein (Nr. 5), auch im Vorschulalter
- Brüderchen und Schwesterchen (Nr. 11)
- Aschenputtel (Nr. 21)
- Rotkäppchen (Nr. 26), auch im Vorschulalter

- Daumesdick (Nr. 37), auch im Vorschulalter
- Daumerlings Wanderschaft (Nr. 45), auch im Vorschulalter
- Schneewittchen (Nr. 53), auch im Vorschulalter
- Die Bienenkönigin (Nr. 62), auch im Vorschulalter
- Die drei Federn (Nr. 63), auch im Vorschulalter
- Der goldene Schlüssel (Nr. 90), auch im Vorschulalter
- Die Alte im Wald (Nr. 123)
- Das Eselein (Nr. 144), auch im Vorschulalter
- Die Sterntaler (Nr. 153), auch im Vorschulalter
- Schneeweißchen und Rosenrot (Nr. 161)
- Der goldene Schlüssel (Nr. 200), auch im Vorschulalter

Märchen vom selbstvertrauenden Loslassen

- Der Froschkönig (Nr. 1), auch im Vorschulalter
- Hänsel und Gretel (Nr. 15), auch im Vorschulalter
- Die weiße Schlange (Nr. 17), auch im Vorschulalter
- Das tapfere Schneiderlein (Nr. 20)
- Brüderchen und Schwesterchen (Nr. 11)
- Rapunzel (Nr. 12), auch im Vorschulalter
- Die sieben Raben (Nr. 25), auch im Vorschulalter
- Das Mädchen ohne Hände (Nr. 31)
- Die drei Sprachen (Nr. 33), auch im Vorschulalter
- Die kluge Else (Nr. 34)
- Tischleindeckdich (Nr.36), auch im Vorschulalter
- Dornröschen (Nr.50), auch im Vorschulalter
- Fundevogel (Nr. 51), auch im Vorschulalter
- König Drosselbart (Nr. 52)
- Rumpelstilzchen (Nr. 55), auch im Vorschulalter
- Der goldene Vogel (Nr. 57)
- Allerleirauh (Nr.65), auch im Vorschulalter
- Der Fuchs und die Katze (Nr. 75), auch im Vorschulalter
- Die Wassernixe (Nr. 79), auch im Vorschulalter
- Hans im Glück (Nr. 83), auch im Vorschulalter
- Die Gänsemagd (Nr. 89)
- Das Wasser des Lebens (Nr. 97)
- Der Geist im Glas (Nr. 99), auch im Vorschulalter
- Der süße Brei (Nr. 103), auch im Vorschulalter
- Der arme Müllersbursch und das Kätzchen (Nr.106), auch im Vorschulalter
- Hans mein Igel (Nr. 108), auch im Vorschulalter
- Der Krautesel (Nr. 122)
- Die Kristallkugel (Nr. 197)

Märchen vom Reichtum, das Leben mit anderen zu teilen

- Die weiße Schlange (Nr. 17), auch im Vorschulalter
- Von dem Mäuschen, dem Vögelchen und der Bratwurst (Nr. 23), auch im Vorschulalter
- Frau Holle (Nr. 24), auch im Vorschulalter
- Die Bremer Stadtmusikanten (Nr. 27), auch im Vorschulalter
- Läuschen und Flöhchen (Nr. 30), auch im Vorschulalter
- Der alte Sultan (Nr. 48), auch im Vorschulalter
- Die sechs Schwäne (Nr. 49)
- Die Bienenkönigin (Nr. 62), auch im Vorschulalter
- Die goldene Gans (Nr. 64), auch im Vorschulalter
- Der alte Großvater und sein Enkel (Nr. 78), auch im Vorschulalter
- Der Arme und der Reiche (Nr. 87)
- Die drei Brüder (Nr. 124)
- Einäuglein, Zweiäuglein und Dreiäuglein (Nr. 130)
- Das Lämmchen und Fischchen (Nr. 141), auch im Vorschulalter
- Die Sterntaler (Nr. 153)
- Schneeweißchen und Rosenrot (Nr. 161)
- Das Waldhaus (Nr. 169), auch im Vorschulalter
- Die wahre Braut (Nr. 186)
- Der Trommler (Nr. 193)

Noch einige Anregungen zum Märchenerzählen

★ Möglichst frei erzählen. So können Sie die Kinder ansehen wie im Gespräch. Sie können wahrnehmen, wie jedes Kind sich angesprochen fühlt, wie es »mitgeht«, ob sich eines langweilt oder dem Erzählverlauf nicht folgen kann. Trauen Sie sich das freie Erzählen noch nicht zu, legen Sie das Märchenbuch vor sich hin und schauen Sie beim Vorlesen so oft wie möglich die Kinder an.

★ Sie können das freie Erzählen auch üben, indem Sie sich selber das Märchen vorher einige Male laut vorlesen oder es sogar auswendig lernen. Dabei ist es hilfreich, sich die einzelnen Stationen der Handlung und ihre wechselnden Bilder vor Ihrem geistigen Auge vorzustellen, damit Sie - besonders bei längeren Märchen - ihre Abfolge erinnern können.

★ Freies Erzählen ermöglicht es Ihnen, zum besseren Verständnis kleine Veränderungen vorzunehmen oder etwas einzufügen, was der Identifikation der Kinder dienen könnte.

* Behalten Sie heute weniger gebräuchliche Wörter bei, um die Patina des »Alten« und Zeitlosen (»Es war einmal ...«) zu erhalten. Die Kinder werden solche Wörter aus dem Gesamtzusammenhang heraus verstehen. Das eine oder andere kann aber auch vorher erklärt werden.

* Verachten Sie Wiederholungen nicht. Im Gegenteil: Fügen Sie mitunter Wiederholungen ein. Sie helfen, sich noch tiefer in die Handlung hineinzuversetzen.

* Erzählen Sie oder lesen Sie langsam vor. Bedenken Sie, dass die Bilder des Märchens tief in die Seele der Kinder hinabgleiten sollen. Das setzt allerdings voraus, dass Sie dies auch bei sich selber zulassen.

* Märchen kommen leise daher. Gleichen Sie dem Ihre Stimme an. Sollte es an einigen Stellen im Märchen etwas lauter zugehen, so kann auch die Lautstärke Ihrer Stimme langsam oder auch plötzlich anschwellen.

* Nehmen Sie eine entspannte, ruhige Körperhaltung ein. Sie strahlt auch auf die Kinder aus. Gestikulieren Sie nicht fortwährend mit den Händen, aber scheuen Sie sich auch nicht, an einigen Stellen die Erzählung durch eindeutige Handbewegungen zu unterstreichen.

* Setzen Sie sich mit den Kindern an einen Tisch oder in einem engen Kreis zusammen.

* Märchenhören erfordert eine gemütliche, schöne Atmosphäre. Dazu kann auch, wie schon gesagt, ein Gegenstand beitragen, der im Märchen vorkommt: eine Blume, ein blühender Zweig, Moos, ein Stein, ein Schlüssel, der Honigtopf, der Milchtopf auf einem einfarbigen Tuch... Aber auch einfach eine brennende Kerze kann im Mittelpunkt stehen.

* Wenn die Kinder noch aufmerksam genug sind (aber wirklich nur, wenn sie es wünschen!), können sie das Märchen auch nacherzählen. Das wird jedoch erst im Schulalter möglich sein. Jedes Kind erzählt einen Abschnitt. Eine gute Idee ist es, dass die kleinen Erzähler einen »Zauberstein« in der Hand halten und ihn weitergeben, wenn das nächste Kind an der Reihe ist. Der Stein darf aber auch von einem Kind weitergereicht werden, wenn es nicht weitererzählen möchte.

* Aber eher wünschen sich die Kinder noch, das Märchen nach einigen Tagen noch einmal erzählt zu bekommen. So wird es ihnen zunehmend vertrauter.

Quellen und weiterführende Literatur

Bruno Bettelheim: Kinder brauchen Märchen, Stuttgart 1977

Felicitas Betz: Märchen als Schlüssel zur Welt. Eine Auswahl für Kinder im Vorschulalter, Lahr 1977

Otto Betz (Hrsg.): Tausend Tore in die Welt. Märchen als Weggeleit, Freiburg 1985

Arnold Bittlinger: Es war einmal. Grimms Märchen im Lichte von Tiefenpsychologie und Bibel, München 1994

Axel Denecke (Hrsg.): Vertreibung oder Befreiung aus dem Paradies? Was die Märchen und die Bibel gemeinsam haben, Eschbach 1990

Deutscher Katecheten-Verein: Die Welt mit Licht füllen. 30 Märchen-Mandalas zum Lesen, Erzählen und Gestalten, München 1998

Anne Diergarten und Friederike Smeets: Komm, ich erzähl dir was. Märchenwelt und kindliche Entwicklung, München 1987

Eugen Drewermann und Ingritt Neuhaus: Grimms Märchen tiefenpsychologisch gedeutet (Reihe: Der goldene Vogel, Das Mädchen ohne Hände, Frau Holle, Schneeweißchen und Rosenrot, Die Kristallkugel, Die kluge Else/Rapunzel, Der Trommler, Brüderchen und Schwesterchen u.a.), Olten 1981 ff.

Waltraud Fink-Klein: Märchen mit Musik und Bewegung. Rhythmisch-musikalische Spielgestaltungen für Kinder von 5 bis 7 Jahren, Freiburg 1995

Margrit Hantschik: Umgang mit Märchen. Was Grimms Märchen Erwachsenen mitteilen und wie Kinder sie verstehen, Offenburg 1996

Helga Hoff: Märchen geben Kindern Mut. Ein Buch zum Vorlesen, Malen, Spielen, Freiburg 1995

Helga Hoff: Märchen erzählen und Märchen spielen. Mehr Lebensfreude für Kinder und Erzieher, Freiburg [3]1994

Mario Jacoby und Verena Kast und Ingrid Riedel: Das Böse im Märchen, Freiburg 1994

Verena Kast: Märchen als Therapie, München 1989

Regine Lückel: Gestalttherapeutische und integrative Arbeit mit Märchen, Paderborn [4]1987

Cordula Pertler und Reinhold Pertler. Kinder erleben Märchen. Methoden und Ideen, München 1995

Michael Sahr: Um der Kinder und Märchen willen. Analysen und didaktische Vorschläge zu acht grimmschen Märchen in originaler und veränderter Form, Kallmünz 1995

Renate Schmidt-Karakatsanis: Mit Märchen durchs Jahr, München [2]1991

Hildegard Schaufelberger: Märchenkunde für Erzieher. Grundwissen für den Umgang mit Märchen, Freiburg [2]1989

Brigitta Schieder: Märchen. Nahrung für die Kinderseele, Gütersloh [2]1997

Ortrud Stumpfe: Meditation mit Märchensymbolen, Freiburg 1988

Helga Zitzlsperger: Kinder spielen Märchen, Weinheim [3]1989

10 Sein Bewusstsein erweitern mit therapeutischen Geschichten

Gut ist das Buch, das mich entwickelt.

Georg Brandes

Ein Kind, allein mit seinem Buch, schafft sich irgendwo tief in der geheimen Kammer seiner Seele eigene Bilder, die alles andere übertreffen.

Astrid Lindgren

Die Versöhnung mit der Vergangenheit, die Heilbarkeit der Gegenwart und die »heile Welt« als Vorwegnahme einer anzustrebenden Zukunft sind Hauptpfeiler jedes bibliotherapeutischen Werks.

Elisabeth Lukas

In Phantasiereisen, im Nachdenken über das Leben und in Märchen sind wir immer schon Geschichten begegnet, die therapeutisch wirken können. Zu Phantasiereisen wurden Geschichten und Buchauszüge vorgeschlagen, deren »heilende« Wirkung im weiten Sinne des Wortes auf Persönlichkeitsförderung und Lebensgestaltung ausgerichtet ist. Dasselbe gilt für die Volksmärchen, die kraft ihrer Bildsprache unmittelbar die in der Seele verborgenen Urbilder ansprechen und erleben lassen - unentbehrlich zur Selbstwerdung und Lebensgestaltung aus menschheitlichen Erfahrungsquellen in uns, die als Werte in unserer Lebensrealität gelebt und realisiert werden wollen: Geborgenheit und Vertrauen in die Durchsetzungskraft des Guten in der Wirklichkeit, Selbstvertrauen und Lebensbejahung sowie der Reichtum, mit anderen das Leben zu teilen. Gesprächsanlässe, um mit Kindern über das Leben nachzudenken, bilden ebenfalls Geschichten. Indem wir durch Fragen der Kinder oder durch Geschichten auf Grundfragen und Grunderfahrungen menschlichen Lebens stoßen und uns mit ihnen auseinander setzen, können wir nicht nur kognitive Probleme lösen helfen, mit denen sich die »Welt-Neulinge« beschäftigen (müssen), um sich in dieser Welt zurechtzufinden, sondern auch seelische Knoten. Denn Zeugung und Geburt, Krankheit und Sterben, Liebe und Freundschaft, Angst und Leid, Glück und Scheitern, Sorge und Verantwortung, Armut und Hunger, Krieg und Frieden sind ja keine abstrakten Themen, nicht nur »allgemeine« menschliche Grunderfahrungen mit dem Leben, sondern gehen den Kindern seelisch nahe, oft sehr konkret und in Situationen ihres eigenen Lebens.

Geschichten, die solche Grunderfahrungen thematisieren, und Volksmärchen, die uns mit überpersönlichen Werten aus menschheitlichen Erfahrungsquellen in Verbindung bringen, wirken schon *indirekt* therapeutisch, indem sie zur Persönlichkeitsförderung und Lebensgestaltung beitragen können.

»Heilende« Wirkung im engeren Sinne können Geschichten haben, welche direkt ein aktuelles Problem oder einen Konflikt ansprechen, unter dem Kinder leiden, ihre Gefühle oder auch ihre Beziehungen zu anderen Kindern oder Erwachsenen belasten. Zugang und Anlass zur Auswahl solcher Geschichten sind hier nicht Fragen der Kinder, die eine Klärung ihrer weltanschaulich-religiösen Sinnfragen, fundamentaler anthropologischer Grunderfahrungen intendieren, wie es die Volksmärchen und andere Geschichten zum Nachdenken über das Leben ermöglichen und auch auf die langfristige Entwicklung eines gesunden Selbstverständnisses angelegt sind, sondern hier bilden gegenwärtige, oft nur kurzfristig auftretende Nöte den Ausgangspunkt. Geschichten, in denen sich solche Nöte widerspiegeln, können vielleicht helfen, dem Leidensdruck, für den Kinder bisweilen kaum die offenbarenden Worte finden, Sprache zu verleihen, ihn bewusster werden zu lassen, zu mildern oder gar aufzulösen. Wenn das gelänge, käme das auch einer gesunden Weiterentwicklung zugute, die sonst längere Zeit belastet und blockiert bliebe.

Nehmen wir das Beispiel einer solchen therapeutischen Geschichte von Astrid Lindgren »Die Prinzessin, die nicht spielen wollte«[1]. Sie beginnt wie ein Märchen und versteckt auf diese Weise den Gegenwartsbezug, als habe sich folgendes Geschehen in der Vergangenheit zugetragen. Damit gewährt es der Leserin und dem Leser oder der Hörerin und dem Hörer Distanz zu sich selbst, als habe die Erzählung mit ihm/ihr gar nichts zu tun. Aber weit gefehlt. Sie will ihm nur nicht zu nahe treten, ihn nicht massiv konfrontieren, sondern es ihr oder ihm selber überlassen, ob und wie sie sich darin wieder erkennen können.

> »Es war einmal eine Prinzessin, die nicht spielen wollte. Sie hieß Lise-Lotta. Wie fast alle Prinzessinnen hatte sie helles lockiges Haar und blaue Augen. Sie hatte ein Zimmer voller Spielsachen. Da gab es die süßesten kleinen Puppenmöbel und Puppenherde mit richtigen kleinen Töpfen und Wasserkesseln, da gab es alle Arten Stofftiere, weiche Katzen und struppige Hunde. Da gab es Baukästen und Malbücher und Tuschkästen und einen richtigen Kaufmannsladen mit Rosinen und Zucker und bunten Bonbons in den Schubfächern. Und trotzdem wollte die Prinzessin nicht spielen ...«

---

1   Aus »Im Wald sind keine Räuber«, Hamburg 1989

Ja, warum das denn nicht, wo sie doch alles hat? Woran fehlt es denn? Und man erinnert sich der Higgelti-Piggelti-Pop-Erzählung von Maurice Sendak[2]: »Einst hatte Jennie alles. Sie schlief auf einem runden Kissen im oberen und auf einem viereckigen Kissen im unteren Stockwerk. Sie hatte einen eigenen Kamm, eine Bürste, zwei verschiedene Pillenfläschchen, Augentropfen, Ohrentropfen, ein Thermometer und einen roten Wollpullover für kaltes Wetter. Sie hatte zwei Fenster zum Hinausschauen und zwei Schüsseln für ihr Futter. Und sie hatte einen Herrn, der sie liebte. Doch das kümmerte Jennie wenig.« Jennie, die kleine Hündin, ist mit all dem unzufrieden. Und obwohl ihr die Topfpflanze, die weit weniger hatte, die Unzufriedenheit ausreden wollte, packte Jennie um Mitternacht alles, was sie besaß, blickte zum letzten Mal zu ihrem Lieblingsfenster hinaus und verließ ihr kleines »Paradies« mit den Worten: »Ich wünsche mir etwas, was ich nicht habe. Es muss im Leben noch mehr als alles geben!« Kehren wir zurück zu unserer kleinen Prinzessin. Woran fehlt es ihr denn? Was wünscht sie sich, was sie nicht hat?

> »Ihre Mama, die Königin, war immer sehr traurig, wenn sie Lise-Lotta missmutig in diesem schönen Spielzimmer sitzen sah.
> ›Lise-Lotta‹, sagte die Königin, ›willst du nicht spielen?‹
> ›Nein, das macht keinen Spaß‹, sagte Lise-Lotta.
> ›Vielleicht möchtest du eine neue Puppe haben?‹ schlug die Königin vor.
> ›Nein, nein‹, sagte Lise-Lotta, ›ich kann Puppen nicht leiden!‹
> Da dachte die Königin, dass Lise-Lotta krank sei ...«

Der Leibarzt verschrieb ihr eine neue Medizin. Aber Lise-Lotta wurde nicht froh und munter und fing nicht an zu spielen. Sie hatte keine Geschwister, und die Königin dachte, es gehöre sich nicht, mit anderen Kindern zu spielen, die keine Prinzessinnen oder Prinzen seien. Da entdeckte die Prinzessin in dem großen Park des Schlosses, den eine hohe Mauer umgab, eines Tages eine kleine Gittertür. Und da sah sie einen Menschen, genau so ein kleines Mädchen wie sie selber, das übrigens Maja hieß. Das wollte mit ihr spielen.

> »›Nein, nein‹, sagte Lise-Lotta, ›spielen ist das Entsetzlichste, was ich kenne. Spielst du denn?‹
> ›Das kannst du glauben! Ich spiele immer, immer und immer‹, sagte Maja. ›Mit meiner Puppe hier‹.
> Sie hielt etwas hoch, was eher aussah wie ein Stück Holz mit einigen Lappen darum ... Aber egal, Hauptsache, sie war mit jemandem zusammen, der nicht größer war als sie selbst ...«
> Und sie spielten hinter großen Fliederbüschen, wo niemand sie sehen konnte, dass sie hier wohnen. Sie versorgten Majas Puppe, kochten und machten Käse. Im Schloss herrschte helle Aufregung ob Lise-Lottas Verschwinden. Schließlich fand die Königin die beiden Mädchen hinter den Fliederbüschen.

---

2   Zürich 1969, aufgenommen in »Das Menschenhaus«, hrsg. von Hubertus und Ursula Halbfas, Düsseldorf 1972, 206 f.

»Liebes Kind‹, rief die Königin, ›liebe Lise-Lotta, das geht doch nicht!‹
Aber da begann Lise-Lotta zu weinen:
›Ach, Mama, geh weg! Wir spielen doch!‹ rief sie ...
Trotz allem war die Königin ziemlich klug, und jetzt befahl sie augenblicklich, Maja solle jeden
Tag kommen und mit der Prinzessin spielen ...«

Und auch der Schluss der Erzählung unterstreicht noch einmal, dass es nichts Schöneres und Glücklicheres gibt als den Reichtum, das Leben mit anderen spielend zu teilen.

Sicher spricht Astrid Lindgren damit ein Grundbedürfnis und ein menschheitliches Urbild an, wie wir es auch in den Volksmärchen antreffen. Aber der Ausgangspunkt ihrer Erzählung ist unmissverständlich von therapeutischem Interesse im engeren Sinne geleitet. Es ist ein gesellschaftskritisches Anliegen, welches die Erzählerin Eltern mehr noch als Kindern vor Augen führt, das aber von beiden wahrgenommen und gemeinsam angegangen werden will.[3]

Ein Kinderzimmer voller Spielsachen (Lise-Lotta hatte einen Schrank voll von vielen feinen Schlafpuppen) mit eigenem Fernseher, Video, CD-Player, einem Regal voller Hörspiel- und Musikkassetten, Gameboy et cetera kann das kreative Spielen mit anderen Kindern nicht ersetzen. Und dass die Erzählerin uns Lise-Lotta als Prinzessin präsentiert, hat wohl kaum nur damit zu tun, dass sie ihrer Geschichte das Kleid der Märchen mit seinen oft auftretenden Prinzessinnen überstreifen möchte, sondern zielt sicher auch darauf ab, dass viele Kinder in unseren Wohlstandsländern von ihren Müttern und Vätern wie kleine Prinzessinnen und Prinzen verwöhnt werden - Verwechslung mit oder Vortäuschung von oder Ersatz für Liebe und fehlende Zeit für Kinder. Unter Vereinzelung und Vereinsamung leiden heute viele Kinder.

Der Ansatz therapeutischer Geschichten ist also ein anderer als bei »Nachdenk«-Geschichten und Volksmärchen. Mögen therapeutische Geschichten auch zum Nachdenken über grundlegende Erfahrungen und Fragen menschlichen Lebens erneut anregen, ihr Zugang und Ausgangspunkt des Erzählweges fühlt sich unmittelbar in die Not- und Leidenssituation der Kinder ein und holt sie dort ab. So schreibt Brigitte Spangenberg etwa eigens »Märchen für Scheidungskinder«[4] mit jeweils einer Hauptperson, mit der sich das Kind identifizieren kann, und einer Handlung, die seiner persönlichen Situation ähnlich ist. Diese verfremdet sie so, dass das Kind die Parallelen nicht durchschaut. Sie befassen sich mit einseitigen Schuldzuweisungen und der Ablehnung eines Elternteils, mit dem Wunsch, die Eltern wieder zusammenzubringen oder dem Streit zwischen den Eltern.

---

3   Siehe auch Karin Neuschütz: Lieber spielen als fernsehen, Freiburg 1994 – Monika Hoffmann-Kunz: Lieben
       statt verwöhnen, Freiburg 1995
4   Wien 1996

Helga Hoff erzählt in der Form von Märchen für 3 bis 7Jährige »vom Riesen, der am Ende ein Mensch wird«, weil Kinder Vorbilder, Vertraute und Beschützer brauchen; von Erde und Wasser, von Feuer und Luft, damit Kinder lernen, sich selber wahrzunehmen und eigene Kräfte zu entwickeln. Sie erzählt Märchen zur Gewinnung von Mut und Selbstvertrauen, Märchen gegen Angst, Bedrohung und Schmerz, so z.B. das für Kinder ab 6 Jahren von den fünf mutigen Kindern von Schloss Greifensee, die das schwarze Untier besiegen, welches die Gärten der Stadt vergiftet - »Symbol für die Umweltverschmutzung, aber auch für alles andere, was Kindern Ängste und Schmerzen, Hemmungen oder Aggressionen macht«[5].

Keine Märchen, sondern Alltagsgeschichten für 5 bis 8jährige Kinder, die ängstlich und zurückhaltend sind, und Abenteuergeschichten für ältere Kinder, die auf stressige Situationen eher mit Ärger und hoher Aktivität wie Unruhe und Aggression reagieren, versammeln Karin Dörner, Christiane Nebel und Alexander Redlich in »Geschichten für gestresste Kinder«.[6] Sie wollen Eltern und Erzieher dazu anregen, eigene Geschichten zu erfinden und zu erzählen.In den letzten zwanzig Jahren befassen sich auch Bilderbücher mit Problemen von Kindern. Sie erzählen in Wort und Bild von Außenseitern (Ausländern, Behinderten), vom oft schwierigen Verhältnis von Kindern zu Erwachsenen, von Kindern untereinander, von Mädchen zu Jungen, von Trennung und Scheidung der Eltern, von Krieg und Umweltzerstörung, von Krankheit und Tod. Schon diese Beispiele zeigen die Absicht therapeutischer Geschichten im engeren Sinne. Sie spiegeln wider, was Kinder heute bedrängt, worunter sie leiden, was sie seelisch überfordert und erzählen vom seelischen Umgang mit solchen Nöten, mit solchen unverarbeiteten Gefühlen und wie Kinder innerlich damit besser klarkommen können.

Aber auch die großen Erlösungsromane, die bekannte Autoren wie Michael Ende, Otfried Preußler und Astrid Lindgren für ältere Kinder geschrieben haben, durchzieht ein therapeutischer Hintersinn, weil sie Angst bewältigen, niedergehaltene Gefühle befreien, Gefangensein in scheinbar ausweglosen Lebenssituationen beenden helfen wollen. Sie beflügeln die besonders Kindern eigene bildhafte Vorstellungsfähigkeit, führen sie ins Land »Phantasien«, um ihre Erlebnisfähigkeit, ihre sinnliche und soziale Wahrnehmungsfähigkeit zu sensibilisieren und zur Überschreitung der Alltagsgrenzen zu ermutigen. Und immer sind es die kindlichen Hauptpersonen, mit denen sich Kinder identifizieren wollen (nicht auch Erwachsene?), die in einer unheilen Welt die heilbare Zukunft anstreben.

---

5   Märchen geben Kindern Mut. Ein Buch zum Vorlesen, Malen, Spielen, Freiburg [2]1997
6   Geschichten für gestresste Kinder. Vorlesegeschichten zum Entspannen und Mutigwerden, Freiburg [4]1997

So können in Michael Endes »Momo« Kinder wie Erwachsene das Fürchten lernen vor den grauen Herren, welche den Menschen die Zeit wegnehmen (»sparen« nennen sie das) für die wirklich sinnbringenden und einander beglückenden Dinge; denn diese bringen ja keinen Profit und haben keinen Nutzen: Zeit ist Geld. Doch Momo deckt diesen Betrug auf und zeigt den Weg der Umkehr: »Zeit ist Leben, und das Leben wohnt im Herzen. Je mehr die Menschen daran sparen, desto ärmer, hastiger und kälter wird ihr Dasein und desto fremder werden sie sich selbst.«

In Otfried Preußlers »Krabat« gerät ein Junge von 14 Jahren in die Fänge eines Müllers, der ihn wie elf weitere Gesellen in der schwarzen Kunst unterweist. Dafür müssen sie ihm bedingungslos gehorchen bis zur Selbstaufgabe. Die Rechnung »Wissen ist Macht« geht nicht auf; denn - so muss Krabat erkennen - Wissen zum Zweck der Macht über andere, nur an der Macht orientiertes Wissen führt in Ohnmacht und Tod. Eine höchst aktuelle, sehr moderne fortschrittsideologie-und wissenschaftskritische Einsicht, die zur Umkehr drängt. Mit Hilfe eines Mädchens, das ihm und dem er bedingungslos vertraut, kann Krabat die todbringende Macht des Meisters der schwarzen Kunst brechen. Auch Astrid Lindgrens »Brüder Löwenherz«, »Ronja Räubertochter« und »Mio mein Mio« durchziehen Angst und Überwindung der Angst vor einem unheimlichen Tyrannen und der Kampf gegen Feindschaft, Ungerechtigkeit und das Böse. Sie haben Vorbildcharakter für Kinder, die doch Selbstkompetenz erringen, auf eigenen Füßen gehen lernen wollen. Sie halten Kindern einen Spiegel vor und wecken in ihnen die Sehnsucht, sich aus Lebensverhältnissen zu befreien, welche die Seele krankmachen.

Wieso können therapeutische Geschichten »heilen«?

Die religiöse Sehnsucht der Menschheit ist, heil zu sein und in einer heilen Welt zu leben. Und alle Religionen sind Ausdruck dieser Sehnsucht und zugleich Antwortentwürfe auf diese Sehnsucht und Wege, zum Heil zu gelangen. Selbst Menschen, welche diese Sehnsucht leugnen oder unterdrücken und die Möglichkeit von Heil für den Menschen verneinen, sind ihr Leben lang auf der Suche danach, wenn auch in Formen, von denen sie meinen, sie hätten mit Religiosität nichts zu tun, sie seien keine »religiösen« Menschen, und mit Religion wollten sie schon gar nichts zu tun haben.

Aber was drückt dieses alte religiöse Wort »Heil« eigentlich aus? Dorothee Sölle versucht, es in die Sprache heutiger Menschen zu übersetzen. »Es ist der Wunsch, ganz zu sein, das Bedürfnis nach einem unzerstückten Leben ... Ganz sein - nicht zerstückelt leben, heil sein - nicht zerstört, heil machen - nicht kaputt machen, hungern nach der Gerechtigkeit - nicht satt sein in der Ungerechtigkeit, authentisch leben - nicht bewusstlos-apathisch.«[7]

Und was sind die Geschichten, die in den Religionen erzählt und überliefert werden, anders als Heilungs- und Heilsgeschichten, Geschichten in vielen verschiedenen literarischen Formen von der Sehnsucht der Menschen nach Heil, Erlösung und Rettung, vom Suchen nach Heil und Erfahren von Heil und gelingendem, sinnvollem Leben. Das kennzeichnet die religiöse Dimension nicht nur der biblischen Überlieferung, sondern überraschenderweise auch vermehrt die poetische Literatur der Gegenwart, auch für Kinder.

Je nach Hör- und Empfangsbereitschaft und Offenheit der Leser oder Zuhörer für die darin verschlüsselte Botschaft kann diese Literatur - beabsichtigt oder unbeabsichtigt - heilende Wirkung haben.

Welche Bedingungen müssen aber Geschichten erfüllen, die gezielt auf Heilung von verletzten oder unterdrückten Gefühlen und von seelisch krankmachenden Beziehungskonstellationen hin erzählt werden, also aktuell beabsichtigt therapeutisch wirken wollen? Nicht alle, jedoch wenigstens einige der folgenden Kriterien sind bei der Auswahl wie für die eigene Konstruktion therapeutischer Geschichten zu berücksichtigen.[8]

- Sie haben *Vorbildcharakter*, wirken vorbildhaft anregend. Sie schläfern nicht ein und suggerieren nicht, sich mit einer unheilen Situation abfinden zu müssen, vielmehr mobilisieren sie Eigenkräfte, um aus einem Beziehungs- und Gefühlsengpass herauszufinden. An der Hauptperson der Geschichte muss sichtbar werden, dass sie sich etwas zutraut, was modellhaft Leser oder Hörer ermutigt, ebenso zu handeln, mit der eigenen Situation kreativ, phantasie- und antizipationsfähig umzugehen.

- Sie haben *Innerungscharakter*, können mit den eigenen inneren Bildern »tief in der geheimen Kammer seiner Seele« (Astrid Lindgren) Fühlung aufnehmen - ähnlich den Volksmärchen. Das in einer Geschichte vorgegebene Vorbild kann nicht tiefenwirksam werden, wenn es nicht den Zugang findet zu den eigenen verborgenen Sehnsuchtsbildern von einem gelingenden Leben. Wenn wir in manche Bücher und Geschichten versinken könnten, weil wir uns darin zu Hause fühlen, obwohl sie von fremden Schicksalen,

---

7   Dorothee Sölle: Die Hinreise, Stuttgart 1975, 167
8   Sie wurden von Friedhelm Munzel und Udo Kittler in Anlehnung an Nossrat Peseschkian: Der Kaufmann und der Papagei, Frankfurt/M. [3]1979, 29 ff. erstmals entwickelt. Vgl. auch Friedhelm Munzel: Bibliotherapie und religiöses Lernen. Unveröffentlichte Habilitationsschrift, Dortmund 1995, 146 ff. – Ders. (Hrsg.), Geschichtenbuch Religion, Lahr 1987, 26 ff.

von unserem eigenen Leben unbekannten Abenteuern handeln, so erleben wir diese doch mit als unsere eigenen, weil wir darin unseren eigenen Wünschen und Möglichkeiten begegnen, auch den dunklen Schattenseiten unserer Seele.

- Sie haben *Spiegelcharakter*, d.h. dass Hörer und Leser sich in dieser Geschichte wie in einem Spiegel wieder erkennen, sich selbst erkennen. Gegenüber dem Innerungscharakter, der eher unbewusste seelische Vorgänge berührt, drängt die Spiegelung, Parallelen bewusst wahrzunehmen, als wolle die Geschichte sagen: »Das bist du!«. Auch verdrängte Gefühle und nicht bewusst wahrgenommene, weil nicht gern gesehene und weniger gefallende Seiten am eigenen Selbstbild, kann die Spiegelung aufdecken, was jedoch seltener geschieht, weil sich der Adressat einer solchen Geschichte »mit Händen und Füßen« dagegen wehrt, so zu sein wie die Schattenfigur einer solchen Geschichte. Das kennen wir auch aus zwischenmenschlichen Beziehungen, in denen die eigenen Schattenseiten eher auf andere Personen projiziert werden, als sie an sich selber zu erkennen.

- Sie haben *Alternativcharakter*, bieten eine andere Sichtweise und andere Handlungsmöglichkeiten an als die eingefahrenen, die zu Verkrustungen von Gefühlen und Beziehungen geführt haben. Sie stellen vor die Alternative, sich zu entscheiden zwischen einem Dahinleben in einer ungelösten Dauerkrise und einem Bewusstsein verändernden, Gefühl und Beziehungen belebenden und bereichernden Lösungsweg.

- Sie haben *Aufbruchcharakter*, stellen nicht nur vor eine Alternative, sondern begleiten Leser und Hörer eine Strecke auf dem Lösungsweg, welcher das Gegenkonzept zum alten Standort darstellt. Solche Geschichten lassen mit der Entscheidung nicht allein, sondern geben Hilfen für Schritte zur Verhaltensänderung, die meistens schon mit kleinen erleichternden Überraschungserlebnissen und Aha-Momenten verbunden sind.
So z.B. in Lindgrens Märchen von der Prinzessin, die nicht spielen wollte, als Lise-Lotta ruft: »Ach, Mama, geh weg! Wir spielen doch!« - eine überraschende Verhaltensänderung Lise-Lottas gegenüber ihrer alten Einstellung, die sie auch noch im ersten Gespräch mit dem Mädchen Maja zum Ausdruck bringt: »Nein, nein, spielen ist das Entsetzlichste, was ich kenne!« Und auch die Mutter, die Königin, hat ein erleichterndes Aha-Erlebnis. Sie löst sich von ihrem alten Standpunkt, eine Prinzessin wie ihre Tochter könne doch nicht mit anderen Kindern spielen, die keine Prinzessinnen oder Prinzen seien: »Trotz allem war die Königin ziemlich klug, und jetzt befahl sie augenblicklich, Maja solle jeden Tag kommen und mit der Prinzessin spielen.«

Ähnliches geschieht in den Alltagsgeschichten für ängstliche und zurückhaltende Kinder (Anmerkung 6). Die Hauptperson reagiert auf schwierige Situationen zunächst mit Aufregung, Ärger oder Angst. Die in die Geschichten eingefügten Entspannungsformeln, welche sie dann zu sich selbst spricht (»tief durchatmen«, »ruhig bleiben«, »Augen auf«, »klar denken«, »die beste Lösung finden«), helfen, kreativer und mutiger mit solchen Situationen umzugehen und bringen sogleich die beglückende Gewissheit: Du kannst dein Vorurteil, deine Befürchtung, deine Angst, deine Aufregung überwinden. Erleichterung durchzieht die Seele, ein riesiger Stein fällt vom Herzen. Der Weg ist frei für weitere Schritte.

- Therapeutische Geschichten haben *Nachwirkungscharakter*. Wo sie auch nur einmal gewirkt und einen Veränderungsprozess eingeleitet haben, der uns auf eine neue Bahn gesetzt hat, bleiben sie uns unvergesslich in Erinnerung. Es gibt aber auch Geschichten, die ihre Wirkung nicht unmittelbar im Hier und Jetzt zeigen, sondern eher Langzeitwirkung haben, deren Einzelheiten im Erzählablauf uns vielleicht schon abhanden gekommen sind, deren Hauptperson oder deren Botschaft aber einmal einen solchen Eindruck in uns hinterlassen haben, dass sie nachhaltig unsere Lebenseinstellung und unser Lebensgefühl, unsere Entscheidungen und unser Handeln beeinflussen. Sie haben sich so in unsere Seele eingeschrieben, dass sie aus aktuellem Anlass wieder lebendig werden, ohne uns an sie als erzählte Geschichten noch erinnern zu können.

- Therapeutische Geschichten haben *Erneuerungscharakter*. Sie sprechen das »innere Kind« auch im Erwachsenen an und zerbrechen den »Charakterpanzer des Erwachsenen«[9], öffnen für neue Anfänge und machen neu-gierig auf Ungewohntes, nicht Fertiges, auf Entdeckungen neuer Ufer. Auch viele Kinder sind heute vom Charakterpanzer des Erwachsenen schon so eingezwängt und eingeengt, dass sie dringend auch therapeutischer Geschichten bedürfen, um mit offenen Augen sich auf das Abenteuer einlassen zu können, ihr eigenes Leben neu zu erfinden statt in vorgefertigten Bahnen einzurasten.

---

9   Nossrat Peseschkian, a.a.O., 32

Wozu sind therapeutische Geschichten gut?

Wenn sie vorgenannte Bedingungen wenigstens teilweise erfüllen, können sie Ansätze sein

- zur Selbstwahrnehmung und Auseinandersetzung mit sich selbst gegen Selbstentfremdung und Erstarrung in außengesteuerten Sozialisations- und Sachzwängen,
- zur Gestaltung eigener Individualität und zeitgenössischer narzisstischer Selbstbezogenheit gegen egomanische Vereinzelung und Vereinsamung,
- zur Stärkung des noch schwachen kindlichen Selbstbewusstseins gegen die oft autoritäre Übermacht autoritärer Erziehungspraktiken von Eltern, Lehrern und anderen Erziehern,
- zur Gespräche auslösenden Verständigung zwischen Kindern und Eltern bzw. Erziehern über kindliche Bedürfnisse, Nöte und Ängste gegen zwischenmenschliche Entfremdung und Machtspiele,
- zur unkomplizierten Annäherung Erwachsener an eigene Konflikte und neue Perspektiven gegen Prolongierung unaufgelöster seelischer Blockaden und Sichtverengungen,
- zur Ermutigung, zentralen Lebensmotiven, die das Leben erst lebenswert machen, wie Vertrauen in und Kampf für das Gute, Realisieren von Träumen und Hoffnungen, von Zuwendung und Nähe, Freundschaft und Liebe, von Versöhnung und Vergebung, geistigem und seelischem Wachstum (wieder) größere Beachtung im Alltag zu schenken gegen ausuferndes Misstrauen und Zynismus, Gleichgültigkeit und Hass, Resignation, Depression und Stillstand.

»Zum richtigen Zeitpunkt in der richtigen Form angewandt, kann eine Geschichte zum Angelpunkt des therapeutischen Bemühens werden und Einstellungs- und Verhaltensänderungen einleiten.«[10]
Dazu können wir Kindern Geschichten anbieten, die analog zu ihrer Situation ausgewählt werden. Damit sie sich selbst gemeint wissen, braucht es meist nicht einmal einer Einleitungsformel wie: »Da geht es dir ähnlich wie dem Mädchen, das ...« – »Das hat auch einmal der Kevin durchmachen müssen, der ...« – »Vor dieser Frage stand auch einmal ein Junge in ...«. Ob sich das Kind darauf einlässt oder nicht, das ist eine andere Frage. Das Kind ist frei darin, eine solche Geschichte anzunehmen und auf unser Angebot einzugehen. Aufdrängen sollten wir es ihm nicht.

---

10   Ebd., 8

Oft passt eine Geschichte, die wir für geeignet befunden haben, nicht ganz genau auf die Situation und das Problem, das es zu lösen gilt. Dann könnten wir die Geschichte an den betreffenden Stellen auch verändern oder wir halten an dieser oder jener Stelle beim Vorlesen an und lassen die Phantasie der Kinder spielen, wie die Geschichte wohl weitergeht oder endet. Die Kinder können sich auf diese Weise selber einbringen und treffen ihre Situation und einen Problemlösungsweg wahrscheinlich genauer, als wir es vermöchten.

Mit der Zeit wagen wir es vielleicht auch, eine Geschichte selber zu erfinden. Wir vergegenwärtigen uns erstens das Problem, das es zu lösen gilt, zweitens die daran beteiligten Personen, drittens die Vorgänge, an denen sich das Problem besonders zeigt, und viertens das anzustrebende Ziel einer Verhaltensänderung. Diese Konstellation in der Realität übertragen wir sodann in eine andere Welt, d.h. wir verfremden sie. Diese Welt kann die anderer Kinder oder die Welt der Tiere, der Blumen, der Feen und Zwerge sein. Aber natürlich darf die Geschichte nicht derart verfremdet werden, dass die Kinder sich nicht mehr darin wieder erkennen können. Damit die Phantasie nicht mit uns durchgeht, müssen wir uns die Bezüge zur Realität stets klar vor Augen halten, damit unsere ausgedachte Geschichte nicht ihre Intention verfehlt.[11]

Aber ob ausgedachte oder in Kinderbüchern vorgefundene Geschichten, immer ist Grundvoraussetzung für Aufmerksamkeit erregende therapeutische und auch Nachdenk-Geschichten eine Situation der Vertrautheit zwischen Zuhörer und Erzähler. Emotionale und - wenn möglich - auch körperliche Nähe geben den Kindern die Sicherheit und die Gewissheit, vom erwachsenen Geschichtenerzähler ernst und angenommen zu sein. Und wenn eine solche vertraute Erzähl- oder Vorlesesituation zur Gewohnheit und zu einem wiederkehrenden Ritual wird, kann von ihr bleibende heilende Wirkung für die Kinderseele ausgehen.

Kinderbücher zu verschiedenen Problemfeldern
(die Benennung von zwei Autoren verweist auf Bilderbücher)

Angst und Mut

D. Brett, Anna zähmt die Monster. Therapeutische Geschichten für Kinder von 6 bis 12 Jahren (iskopress)

D. Brett, Ein Zauberring für Anna. Therapeutische Geschichten für Kinder von 3 bis 8 Jahren (iskopress)

A. Bröger und Nell Gaber, Oma und ich (Nagel u. Kinche), ab 8 Jahren

M. Ende, Das Traumfresserchen (Thienemanns), ab 5 Jahren

D. Fossette und V. Boiry, Ich will nicht an die Tafel gehen! (Picus), ab 6 Jahren

I. Kötter und H. van Straaten, Keine Angst vor Mister Dobermann! und andere Mutmach-Geschichten (Arena), ab 7 Jahren

---

11   Weitere Anregungen in: Bernd Badegruber und Friedrich Pirkl: Geschichten zum Problemlösen. Für Kindergarten, Schule und Zuhause, Linz [6]1998

I. Kötter, Mutig, mutig, Katharina! (Arena), ab 6 Jahren

M. Nelson und J. Hessell, Gut dass ich es gesagt habe (Ellermann)

G. Ortner, Märchen, die Kindern helfen. Geschichten gegen die Angst und Aggression, und was man beim Vorlesen wissen sollte. Für Kinder von 6-10 Jahren (Orac)

T. Ross, Ich komm' dich holen! (Thienemanns), ab 4 Jahren

B. Rouer und Rosy, Die Klasse geht ins Hallenbad (Picus), ab 6 Jahren

M. Sendak, Wo die wilden Kerle wohnen (Diogenes), ab 8 Jahren

C. Unzner-Fischer und I. Ostherren, Martin hat keine Angst mehr (Gossau), ab 5 Jahren

B. Weninger und K. Höcker, Das allerkleinste Nachtgespenst (Neugebauer), ab 5 Jahren

Identitätsfindung und Stärkung des Selbstvertrauens

Aliki, Gefühle sind wie Farben (Beltz), ab 6 Jahren

M. Auer und S. Klages, Bimbo und sein Vogel (Beltz), ab 6 Jahren

T. de Jong, Lola der Bär (Hanser), ab 6 Jahren

J. Lammers, Poppe und Beer (Anrich), ab 6 Jahren

J. van Leeuwen, Deesje macht das schon (Beltz und Gelberg), ab 7 Jahren

A. Lindgren, Pipi Langstrumpf (Bertelsmann), ab 8 Jahren

M. Lobe, Das kleine Ich bin ich (Jungbrunnen), ab 4 Jahren

I. und D. Schubert, Max oder Seebär und Landratte (Sauerländer), ab 6 Jahren

Dr. Seuss und Steve Johnson und Lou Fancher, Jeder Tag hat eine andere Farbe (Bertelsmann), ab 3 Jahren

M. Snunit und N. Golomb, Der Seelenvogel (Carlsen), ab 6 Jahren

P. Spier, Menschen (Thienemann), ab 8 Jahren

T. Storm und U. Kirchberg, Die Regenstunde (Gerstenberg), ab 7 Jahren

U. Ullrich und S. Brülhart, Florinchen schafft das mit links (Nagel und Kimche), ab 7 Jahren

Sensibilisierung für zwischenmenschliche Beziehungen

A. Mc Affee und A. Browne, Mein Papi, nur meiner! (Alibaba), ab 7 Jahren

J. Bauer und K. Boie, Juli tut Gutes (Beltz und Gelberg), ab 4 Jahren

K. Boie und S. Brix-Henker, Klar, dass Mama Ole/Anna lieber hat (Oetinger), ab 4 Jahren

M. Bollinger und V. Baránková, Bim, Bam, Bum und das Bärenbrot (bohem press), ab 4 Jahren

A. Browne, Alles wird anders (Lappan), ab 7 Jahren

A. Bröger und Nell Gaber, Oma und ich (Nagel u. Kinche), ab 8 Jahren

D. Chidolue, Pischmarie (C. Dressler), ab 8 Jahren

Elzbieta, Floris und Maja (Moritz), ab 5 Jahren

U. Enders und I. Sodermanns und D. Wolters, Auf Wieder-Wiedersehen! (Anrich), ab 4 Jahren

E. Franck und K. Nauwelaerts, Tim und sein Kastanienbaum (Gerstenberg), ab 5 Jahren

D. Haentjes und M. Weber, Typisch Erdferkel (Ellermann), ab 4 Jahren

P. Härtling, Ben liebt Anna (Beltz), ab 9 Jahren

N. Heidelbach, Der Ball oder ein Nachmittag mit Berti (Beltz), ab 8 Jahren

P. M. Heinrichsdorf, Honiggelb und Grasgrün (Gerstenberg), ab 4 Jahren

A. Holm, Wehr dich, Mathilda! (Hanser), ab 8 Jahren

B. M. Joose und B. Lavallee, Mama, hast du mich lieb? (ars edition), ab 3 Jahren

U. Kirchberg, Die Reise um die Welt an einem Nachmittag (Gerstenberg), ab 6 Jahren

U. Kirchberg, Krach mit Britta (Ellermann), ab 5 Jahren

U. Kirchberg, Selim und Susanne (Ellermann), ab 4 Jahren

P. Kunstreich und Klaus Kordon, Ein Freund für Löwe Boltan (Ravensburger), ab 4 Jahren

L. Lionni, Swimmy (Middelhauve), ab 4 Jahren

L. Lionni und U. Wölfel, Die grauen und die grünen Felder (Anrich), ab 6 Jahren

N. Maar und V. Ballhaus, Papa wohnt jetzt in der Heinrichstraße, (modus Vivendi), ab 5 Jahren

E. Neuhauss und A. Fournier, Anna und Wuwu (Engel und Bengel), ab 5 Jahren

S. Noort und A. van Haeringen, Inselheimweh (Anrich), ab 7 Jahren

A. Norden, Doof ist sie nicht! (Arena), ab 9 Jahren

M. Pfister, Der Regenbogenfisch (Nord-Süd), ab 4 Jahren

E. Reuter, Soham. Eine Geschichte vom Freundsein (Ellermann), ab 6 Jahren

E. Reuter, Judith und Lisa (Ellermann), ab 6 Jahren

R. Welsh, Sonst bist du dran! (Arena), ab 9 Jahren

B. Wenninger und A. Marks, Auf Wiedersehen Papa! (Neugebauer), ab 4 Jahren

O. Wilde und K. van der Grient, Der Riese, der nur an sich selbst dachte (Urachhaus), ab 5 Jahren

U. Wölfel, Die grauen und die grünen Felder (Anrich), ab 6 Jahren

Alleinsein und Verlorensein

M. Ezra und G. Rowe, Wohin, kleiner Igel? (Brunnen), ab 4 Jahren

P. Geragthy, Jamina – Kinder der Savanne (St. Gabriel), ab 5 Jahren

N. Landa, Rosa sagt: Nein!, (ab 3 Jahren)

P. Sis, Der kleine Wal und das Meer (Hanser), ab 4 Jahren

M. Waddel, Ich will meine Mami! (Sauerländer), ab 3 Jahren

Krankheit und Behinderung

J. Gaes und T. und A. Gaes, Mein Name ist Jason Gaes. Ich bin acht Jahre. Ich hatte Krebs (Carlsen), ab 6 Jahren

M. Klemm (Hrsg.), Tränen im Regenbogen (Attempto), ab 7 Jahren

E. Reuther, Christian (Ellermann), ab 6 Jahren

A. Ritter und F. J. Huainigg, Meine Füße sind der Rollstuhl (Ellermann), ab 4 Jahren

L. Ruegenberg und W. Fährmann, Karl-Heinz vom Bilderstöckchen (Middelhauve), ab 7 Jahren

S. Schröder und E. Reuther, Carla. Eine Geschichte über Epilepsie (Ellermann), ab 4 Jahren

A. Weber und J. Blass, Elisabeth wird gesund oder mit Bauchweh fing es an (Herder), ab 4 Jahren

Vergänglichkeit und Tod

A. Becker und S. Mokka, Roberts alter Freund (Ravensburger), ab 7 Jahren

J. Burningham, Großpapa (Sauerländer), ab 4 Jahren

E. Donnely, Servus Opa, sagte ich leise (Dressler), ab 10 Jahren

M. Ende und F. Hechelmann, Ophelias Schattentheater (Thienemann), ab 8 Jahren

H. Ellermann, Der rote Faden (Lappan), ab 7 Jahren

P. Härtling, Oma (dtv), ab 9 Jahren

E. Kahle, Die kleine Raupe Nimmersatt (Gerstenberg), ab 3 Jahren

L. v. Keyserlink, Da war es auf einmal so still (Herder)

U. Kirchberg, Trost für Miriam (Ellermann), ab 4 Jahren

R. Krenzer, So war das mit Tommy (Coppenrath), ab 9 Jahren

P. Mark Zengaffinen, Abschied von Oma (Patmos), ab 6 Jahren

W. Oyen und M. Kaldhol, Abschied von Rune (Ellermann/dtv), ab 5 Jahren

R. Piumini und Q. Buchholz, Matti und der Großvater (Hanser), ab 6 Jahren

R. Schindler, Pele und das neue Leben (Kaufmann), ab 7 Jahren

A. Sommer-Bodenburg und H. Spieß, Von jenseits des großen Waldes (Bertelsmann), ab 8 Jahren

A. Sommer-Bodenburg und The Tjong Khing, Julia bei den Lebenslichtern (Bertelsmann), ab 6 Jahren

U. Stark und A. Höglund, Kannst du pfeifen, Johanna (Carlsen), ab 8 Jahren

Naturliebe und Verantwortung für die Mitwelt

G. von Bassewitz und H. Baluschek, Peterchens Mondfahrt (dtv), ab 5 Jahren

S. Herholz und O. Mitgutsch, Mein kleines Buch von Gottes schöner Welt (Bernward), ab 3 Jahren

F. Kohlsaat und W. Hohenester, Knille knalle knüll – wohin mit dem Müll? (Ellermann), ab 5 Jahren

Kampf gegen das Böse

W. Fährmann, Der überaus starke Willibald (Arena), ab 8 Jahren

Ph. Fix und Ast und A. Grée, Serafin und seine Wundermaschine (Diogenes), ab 5 Jahren

J. R. Tolkien, Der kleine Hobbit (dtv), ab 8 Jahre

Gesammelte Geschichten zu verschiedenen Problemfeldern

B. Badegruber und Friedrich Pirkl, Geschichten zum Problemlösen (Veritas), ab 3 Jahren

I. Bingel, Brückengeschichten. Erzählungen, die Kindern helfen, sich und andere zu verstehen und erwachsen zu werden (Herder)

W. Gerts (Hrsg. u.a.), Religion spielen und erzählen (Gütersloher Verlagshaus), ab 6 Jahren

K. Hock, Ein Schnabel voll Sonne (Herder), ab 10 Jahren

U. Scheffler und B. Moßmann, Jeff und Molly - Geschichten zum Mutmachen (Herder), ab 5 Jahren

E. Stein-Fischer, Geschichten vom Liebhaben. (Herder), ab 7 Jahren

E. Stein-Fischer, Neue Geschichten vom Liebhaben (Herder), ab 7 Jahren

D. Steinwede und S. Ruprecht (Hrsg.), Vorlesebuch Religion für Kinder von 5-12 Jahren (Ernst Kaufmann), mehrere Bände

G. Ortner, Neue Märchen, die Kindern helfen. Geschichten über Streit, Angst und Unsicherheit und was die Eltern darüber wissen sollten. Für Kinder von 6 -10 Jahren (Orac)

11 Sein Bewusstsein erweitern in kommunikativen Interaktionsspielen

Ein Kind,
das nicht spielt,
ist kein Kind

und ein erwachsener Mensch,
der nicht spielt,
hat für immer das Kind in sich verloren -

das Kind,
das Teil von ihm ist
und er so sehr braucht.

Pablo Neruda

Tag für Tag hatte ich meine Freude daran,
jederzeit in seiner Gegenwart zu spielen,
rund um die Erde zu spielen.
Es macht mir Freude,
mit den Menschenkindern zusammen zu sein.

Buch der Sprüche 8,30-31

Sammlungen von Sprüchen, in denen Menschen Lebenserfahrungen überliefern wollten, die Hilfen zu gelingendem Leben sein können, finden sich schon in der altorientalischen Weisheitsliteratur der Ägypter, der Sumerer und der Babylonier. Auch die hebräische Bibel enthält Weisheitsliteratur, so das Buch der Sprüche, welche die Erfahrungsweisheit von Menschen für ein glückendes und ethisches verantwortungsbewusstes Leben mit der Offenbarung des einen Gottes als Schöpfer der Welt und Befreier des Volkes Israel in Verbindung bringt und auch diese menschliche Erfahrungsweisheit als eine Quelle göttlicher Offenbarung zu verstehen sucht. Gegenüber dem eher männlich geprägten Gott nimmt die Weisheit nach und nach *auch* als »Person« dargestellt nun mehr weibliche Züge an. Sie wird zur weiblichen Erscheinungsform des Göttlichen in unmittelbarer Beziehung zum schöpferisch-befreienden Gott.

Von dieser Beziehung erzählt die personifizierte Weisheit in der Ichform im oben zitierten Spruch. Aber wir erfahren hier von ihr, dass sie nicht allein »in seiner Gegenwart« spielt. Sie spielt »rund um die Erde ... mit den Menschenkindern zusammen«.

Schon an diesen wenigen Versen lässt sich erkennen, dass die Wiederentdeckung der Weisheit in der biblischen wie außerbiblischen Literatur eine freudige, alle Trennung überwindende Spiritualität eines heiligen Spiels der nahen, miteinander und ineinander verwobenen Beziehung mit Gott, den Menschen und der ganzen Erde auszulösen vermag.[1]

Auch für unsere spirituellen Entdeckungen mit Kindern können wir aus den Weisheitstraditionen manches lernen. So warnen die Weisheitslehren aus der biblisch-hebräischen Tradition davor, das Leben weder in Selbstherrlichkeit noch in Selbstvergessenheit noch in Selbstgenügsamkeit, also in bloßer Selbstbezogenheit zu verbringen; auf diese Weise muss das Leben misslingen.

Sie werden nicht müde zu zeigen, wie menschliches Leben gelingen kann: Es ist nichts Zufälliges, nichts Beliebiges, es geschieht nicht einfach nur so. Deshalb suche seinem Geheimnis auf die Spur zu kommen, was dahintersteckt, welchen Grund und Sinn es hat, welchen Wert es hat. Dann wirst du das Ganze entdecken, den Zusammenhang, in dem du dein kleines, aber einzigartiges Leben in seinem Wert für dich und andere erkennen und hoch schätzen lernst. Falle nicht aus diesem großen Beziehungsgeflecht des Lebens heraus, dessen Ursprung und dessen Fülle göttlich ist. Bleibe in ihm und zeige dich deines Lebens würdig, das dir geschenkt ist, indem du die große Ordnung in diesem Beziehungsnetz, die auch dein Leben trägt, mitspielst. »Geboren zu werden bedeutet, dass uns eine ganze Welt geschenkt wird.«[2]

Dein Leben kann gelingen, indem du den Wert der Beziehung zu dir selbst wie zu anderen entdeckst und Freude daran hast, mit anderen »Menschenkindern« zusammen das Beziehungsnetz immer dichter zu knüpfen, damit es nicht reißt. Denn reißt es, fällst du mit durch und dein Leben misslingt. Sei also weise!

---

1   Vgl. Christa Mulack: Im Anfang war die Weisheit, Stuttgart 1988 – Caitlin Matthews: Sophia – Göttin der Weisheit, Olten 1993 – Susanne Schaup: Sophia – Das Weibliche in Gott, München 1994

2   Jostein Gaarder: Durch einen Spiegel, in einem dunklen Wort, München 1996, 51

3   Vgl. Wayne Dosick: Kinder brauchen Werte, Bern 1996

Lebenswerte in kommunikativen Interaktionsspielen entdecken

So schlicht kommunikative Interaktionsspiele auch scheinen mögen, sie vermitteln, ohne zu belehren, aus Lebenserfahrungen gewonnenen praktischen Lebensrat. Sie sind ein Stück elementarisierte Weisheitsüberlieferung, wenn Kinder darin Lebenswerte entdecken können wie Selbstachtung und Selbstwertgefühl, Wahrhaftigkeit und Dankbarkeit, Respekt und Fairness, Mitgefühl und Freundschaft, Verantwortungsbewusstsein, Streben nach persönlicher Reife und die Fähigkeit, an etwas zu glauben.[3]

Zusammen mit anderen Bausteinen dieses Buches - vor allem im Nachdenken über das Leben, mit Märchen, mit therapeutischen Geschichten, in kreativer Bibelbegegnung, im weltökumenischen Lernen und im Feiern von Festen - können kommunikative Interaktionsspiele zur Bindung an überpersönliche Werte anleiten und damit den persönlichen Wert, den Selbstwert der Kinder stärken. Kinder, die sich selbst bejahen, sind psychisch stabiler und widerstandsfähiger und brauchen der Selbstwahrnehmung nicht auszuweichen, weil sie ein unglückliches und seelisch krankes Selbstbild zeigt. Und der Zweifel am eigenen Selbstwert ist heute schon bei vielen groß, verschärft bei sozial benachteiligten Kindern, hervorgerufen durch eine anregungsarme Umwelt, eine wenig kinderfreundliche Wohnsituation, belastete Familienstruktur, Arbeitslosigkeit oder Armut.

Wo können Kinder so grundlegende Lebenswerte wie Menschenwürde, Gerechtigkeit und Nächstenliebe entdecken, seit sie nicht mehr von einer religiös homogenen Lebenswelt geprägt sind? Die technisch-wissenschaftliche Zivilisation, die sich ihrer Gottferne rühmt, steht ohne Wertesystem da, und der Einzelne ist auf sich selbst zurückgeworfen, sein Welt- und Selbstbild zu gestalten und mit den daraus gewonnenen ethisch authentischen Werten aktive Selbstgestaltung zu betreiben oder sie in seiner Lebenswelt verkommen zu lassen.

Dieser Zeitpunkt ist spätestens jetzt eingetreten. Der Prozess der Individualisierung, in dem sich schon das Kind mit der Subjektivierung seines Lebens gegenüber den nach ihm greifenden instrumentalisierenden und entpersonalisierenden anonymen Mächten des Marktes, des Geldes und der Medien häufig überfordert sieht, verschärft sich. Er erfordert Eltern, Erzieherinnen und Erzieher, Lehrerinen und Lehrer, welche die Kinder bei der Entdeckung von Werten, die das Leben wertvoll und beziehungsreich machen, begleiten.[4] Auch kommunikative Interaktionsspiele helfen bei dieser Entdeckung.

---

4   Vgl. Herbert A. Zwergel: Zur ethischen Erziehung in der Grundschule, in: Friedrich Schweitzer und Gabriele Faust-Siehl: Religion in der Grunschule. Frankfurt/M. [3]1996, 126 ff.

Vom Ich zum Du und Wir

Kommunikative Interaktionsspiele sind kleine Wege, die wir schon früh mit Kindern beschreiten können, um ihr Ich-Bewusstsein zum Du- und Wir-Bewusstsein zu erweitern, ohne es sogleich wieder unter dem gesellschaftlich weit verbreiteten Kalkül »Was bringt mir das? Was habe ich davon?« zu verzwecken und somit egoisch einzuengen.

Viele Kinder fühlen sich heute oft schon so vereinsamt, als Einzelkämpfer und mit ihren Problemen in der Familie, im Kindergarten, in der Schule und auf der Straße allein gelassen, dass bereits solche Spiele ihnen kleine Hilfen geben können. Es sind spielerische Lockerungs- und Loslösungsübungen aus seelischen Erstarrungen, die aus Vereinsamung, nicht erfahrener Liebe, egoischer Ich-Haltung oder konsumistischer Haben-Mentalität resultieren können.

Ich-Spiele können dazu beitragen, mit sich selbst in Kommunikation zu treten, in sich selbst hineinzuhören, seine Gefühle zu beobachten und mit ihnen umzugehen. Du-Spiele können helfen, unsere Sinne für unsere natürliche und mitmenschliche Umwelt zu öffnen sowie sensibler, zärtlicher, aufmerksamer, mitfühlender und sorgsamer ihr zu begegnen. Wir-Spiele können das Gemeinschaftsgefühl stärken, die eigene Position reflektieren lassen und das soziale Prinzip von Geben und Nehmen spielerisch einüben, ohne das keine Gemeinschaft existieren kann.

»Ach, Mama, geh weg! Wir spielen doch!«

Das rief Lise-Lotta, als sie endlich in Maja eine Spielgefährtin gefunden hatte. Hinter großen Fliederbüschen, wo niemand sie sehen konnte, versorgten sie Majas Puppe, die eher aussah wie ein Stück Holz mit einigen Lappen darum. Wir erinnern uns an Astrid Lindgrens Erzählung »Die Prinzessin, die nicht spielen wollte« im vorangegangenen Kapitel (★ Kap. 10). Sie hatte keine Geschwister, aber ein Zimmer voller Spielsachen. Und trotzdem wollte die Prinzessin nicht spielen, auch nicht mit Puppen. Da dachte ihre Mama, die Königin, Lise-Lotta sei krank.

Eines Tages sah die Prinzessin hinter einer Gittertür in der Mauer, die den Schlosspark umgab, ein kleines Mädchen wie sie selber. Das wollte mit ihr spielen. »Nein, nein,« sagte Lise-Lotta, »spielen ist das Entsetztlichste, was ich kenne. Spielst du denn?« - »Das kannst du glauben! Ich spiele immer, immer und immer,« sagte Maja. »Mit meiner Puppe hier.« Aber obwohl die Prinzessin keine Puppen leiden konnte, egal, Hauptsache, sie war mit jemandem zusammen, der nicht größer war als sie selbst.

Sie hatte ihren Raum, ihren Frei-Raum gefunden, in dem sie allmählich das Spielen lieb gewinnen konnte und Spielformen auszuprobieren vermochte. Das war ihr in ihrem voll gestopften Kinderzimmer, das sie zu keinerlei kreativer und sinnbezogener Tätigkeit anregte, nicht möglich. Im Gegenteil, allzu viele vorgegebene Begrenzungen blockierten ihre kindliche Spielfreude.

Wenn wir mit den Kindern in kommunikativen Interaktionsspielen Erfahrungen bewusst machen und erweitern wollen, müssen wir für die nötigen Frei-Räume sorgen. Die Spiel-Räume müssen so gestaltet sein, dass sie Erfahrungen ermöglichen, welche die sozialen, kommunikativen, kreativen und ästhetischen Kompetenzen der Kinder stärken und auszuweiten anregen.

Im Blick auf die gesellschaftliche Situation fällt auf, dass Spiel und Spielen zunehmend kommerzieller und mediengesteuert werden. Kinder können häufig schon sehr früh keine eigenen Spielideen mehr entwickeln und verwirklichen. Sie haben es durch ein quantitativ überdimensioniertes und qualitativ funktionalisiertes Spielangebot verlernt.

> »Lustbetontes, zweckfreies und in Muße stattfindendes Spielen wird immer seltener. Gerade das, was das Spielen von der Arbeit unterscheidet, nämlich seine Ansiedlung zwischen Wirklichkeit und Traum, seine selbstvergessene Freiwilligkeit, geht verloren. Damit schwindet aber gerade der utopische Überschuss des Spielens, nämlich der Verweis auf eine Lebensform ohne Status und Übervorteilung, auf gleichwertige Teilhabe und symmetrische Kommunikationsbeziehungen zwischen ›Räubern und Gendarmen‹«[5]

Im Spielen können Kinder soziale Erfahrungen sammeln, Handlungsweisen erproben, Wertmaßstäbe anwenden und entwickeln, Umgangsweisen reflektieren. Aber die entsprechenden Frei-Räume müssen wir Erwachsene ihnen zur Verfügung stellen.

Eigentlich brauchen wir gar nicht so viel zu tun, eher sollten wir einiges unterlassen.

* Kinder brauchen Zeit zum Spielen, also verplanen wir nicht ihre gesamte Freizeit mit Musikunterricht, Sporttraining etc.
* Kinder brauchen Spielkameraden, also nehmen wir sie nicht so sehr selbst in Anspruch; laden andere Kinder ein, gründen evtl. eine Spielgruppe ...
* Kinder brauchen anregungsreiches und ein deutlich reduziertes Spielangebot, also überschütten wir sie nicht bei jeder Gelegenheit mit neuem Spielzeug und versuchen auch diverse Modeerscheinungen zu umgehen.

---

5   Hilbert Meyer: Unterrichtsmethoden, Band 2: Praxisband, Frankfurt/M. [7]1995, 344

★ Kinder brauchen manchmal Spielideen, also versuchen wir ihnen auch nur die zu geben. Wir wählen Spiele (auch Gesellschaftsspiele) so aus, dass sie nicht schon nach einigen Malen langweilig werden. Man sollte sie immer wieder neu variieren können.

Oft genügt schon ein vielfältige Spielimpulse auslösender Gegenstand. Ein kleiner selbst gebauter runder Tisch etwa, und schon können Kinder daraus eine Spielidee entwickeln, die sie tagelang immer wieder neu aufgreifen. Sie decken den Tisch, laden sich gegenseitig ein, essen und trinken gemeinsam und wissen sich immer etwas ihnen Wichtiges zu erzählen. Ahmen sie da eine häusliche Situation nach oder erträumen sie sich eine solche, weil sie diese vermissen?
Auch Majas Holzpuppe regte die beiden Mädchen zu einer Spielidee an. Vater-Mutter-Kind-Spiele sind meist die ersten Interaktions- und Rollenspiele, in denen Kinder eigenes Verhalten und Verhalten der sie umgebenden Personen (Eltern, Geschwister) nachspielen. Immer wieder kommen dabei auch Wunschvorstellungen spielerisch zum Ausdruck, Konflikte und Probleme werden verarbeitet.
Ältere Kinder spielen oft lieber mit Handpuppen oder Marionetten. Auch wenn die emotionale Distanz zu solchen Puppen meist größer ist als zu Schmuse- und Babypuppen, regen sie zu zahlreichen Spielideen und persönlichen Identifikationen an.
Einen Großteil des Spielangebots können wir - oft gemeinsam mit den Kindern – mit einfachen Mitteln selber herstellen oder aber sammeln. Mit Naturmaterialien basteln wir einen ganzen Zoo oder Bauernhof. Für den Einkaufsladen modellieren wir Obst, Gemüse u. a. aus Pappmachee oder Ton. Eine Eisenbahn, eine Post oder einen Einkaufsladen bauen wir aus alten Pappkartons zusammen. Ausgediente Kleidungsstücke regen zur Auseinandersetzung mit anderen Rollen und Identitäten an.

»So, jetzt weiß ich, wer ich bin! Kennt ihr mich? ICH BIN ICH!«

So endet die Bilderbuchgeschichte »Das kleine ICH BIN ICH«, die seit mehr als 25 Jahren viele Kinderherzen erfreut.[6] Ein kleines buntes Tier weiß nicht, wer es ist und wie es heißt. Von den Tieren, die ihm begegnen, will es nun wissen, wer es ist. Aber keins kann es ihm sagen. Jede Begegnung endet mit der Erkenntnis, dass es kein Fisch, kein Pony, kein Nilpferd, kein Hund und keinem Tier ähnlich ist. Als es nicht mehr aus noch ein weiß, wird ihm plötzlich klar: Ich kann mir nicht von anderen sagen lassen, wer ich bin. Ich brauche keinem anderen ähnlich sein. Und es sagt ganz laut zu sich: »Sicherlich gibt es mich: ICH BIN ICH!«

Läuft gleich zu den Tieren hin:
»So, jetzt weiß ich, wer ich bin!
Kennt ihr mich?
ICH BIN ICH!«

Alle Tiere freuen sich,
niemand sagt zu ihm: »Nanu?«
Schaf und Ziege,
Pferd und Kuh,
alle sagen:
»Du bist du!«

Ich-Spiele verfolgen das Ziel, den Kindern ein Gefühl für ihren Selbstwert zu geben, sich selbst annehmen zu lernen, sich unabhängig zu machen von Meinungen, Zuschreibungen und Erwartungen anderer Leute. Kein Mensch kann zwar ganz ohne soziale Anerkennung auskommen und kein Kind wächst ohne Übernahme fremder Wertvorstellungen auf. Aber wer sich von ihnen übermäßig abhängig macht, findet nicht zu sich selbst und kann kein eigener Mensch werden. Eine Beziehung zu sich selbst aufzubauen, ist die Voraussetzung, eine gesunde Beziehung zu anderen entfalten zu können, ohne der Abhängigkeit und Fremdbestimmung verfallen zu müssen. Wer sich selbst verantworten kann, braucht nicht anderen in die Schuhe zu schieben, was er

---

6   Erzählt von Mira Lobe, gemalt von Susi Weigel, Verlag Jungbrunnen Wien-München 1972

selbst zu verantworten hat. Dazu gehört auch, mit den eigenen Gefühlen umgehen zu lernen, die eigenen Bedürfnisse bestimmen und sich Fremdeinflüssen weitgehend entziehen zu können.

In diesem Zusammenhang sind neben vielen anderen Kapiteln dieses Buches auch Ich–Spiele anzusiedeln. Wir sollten sie nicht überbewerten und ihnen Ziele aufbürden, die sie nicht zu erreichen vermögen. Wenn wir trotzdem hier einige Beispiele anführen, so deshalb, weil sie zu weiteren Ideen anregen könnten, auch solche kleinen Spiele zur Förderung des kindlichen Selbstwertgefühls zu entwickeln.

★ **Die Zauberschachtel:** Auf den Boden einer Schachtel mit Deckel legen wir einen Spiegel. »Ich habe euch hier eine Zauberschachtel mitgebracht. Wer dort hineinsieht, sieht einen Menschen, den er ganz besonders gern hat. Aber keiner darf verraten, wen er da gesehen hat.« Ein geheimnisvolles Spiel, dessen Spannung sich erst löst und dessen Geheimnis sich erst lüftet, wenn alle Kinder in der Runde in die Zauberschachtel geschaut haben. »Na, wer war der Mensch, den du ganz besonders gern hast?«

★ **Ich:** Es genügt schon ein Handspiegel; besser ist ein etwas größerer Spiegel, den ein Kind in Händen halten kann. Ich selbst fange an und mache den Kindern vor, was sie nacheinander auch tun sollen. Ich halte den Spiegel vor mein Gesicht, nenne meinen Namen und schaue mich eine Weile an. Dann sage ich etwas Nettes über mich oder etwas, was mir heute an meinem Gesicht auffällt. Ich gebe den Spiegel an das nächste Kind weiter. Haben alle Kinder den Spiegel gesehen und etwas über sich gesagt, kann ich am Schluss noch einmal alle Aussagen der Kinder zusammenfassend wiederholen.

★ **Lieblingsdinge:** Jedes Kind erhält ein fotokopiertes DIN A4-Blatt, auf dem 6 oder 8 Kästchen vorgezeichnet sind. In jedem Kästchen wird ein »Lieblingsding« benannt, z.B. Lieblingsfarbe, Lieblingstier, Lieblingsspielzeug, Lieblingstätigkeit, Lieblingsspiel, der liebste Mensch, Lieblingsmusik ... Jedes Kind schreibt seinen Namen oben auf das Blatt. Der Name kann auch schon von mir vorgeschrieben sein. »Was ist deine Lieblingsfarbe? Male sie mit Ölkreide in das betreffende Kästchen (bzw. in das erste Kästchen links oben). Wer möchte, kann uns beim Malen erzählen, warum das seine Lieblingsfarbe ist.« Wenn alle Kästchen gefüllt sind, hängen wir die Blätter auf oder setzen uns im Kreis um die auf dem Boden liegenden Blätter herum. Nun können wir Unterschiede, Ähnlichkeiten und Gemeinsamkeiten bei den Lieblingsdingen der Kinder entdecken.

★ **Geburtstag:** Jedes Kind bringt ein Foto von sich als Baby mit und legt es vor sich auf den Tisch. Das Spiel verläuft in fünf Phasen.

  ○ Erste Phase: »Überlegt leise, was deine Mutter gedacht hat, als sie dich zum ersten Mal im Arm hielt?« - »Was hat dein Vater wohl gedacht, als er dich zum ersten Mal gesehen hat?« -

- Zweite Phase: »Jetzt denkt einmal darüber nach, was ihr euch wohl am meisten gewünscht hättet nach eurer Geburt, wenn ihr euch damals schon etwas hättet wünschen können. Wer möchte, kann uns das sagen?« -
- Dritte Phase: »Nun malt euch als Baby, wie ihr da in eurem Bettchen liegt. Schaut euch hin und wieder auch noch einmal euer Foto an und überlegt, was ihr heute diesem kleinen Kind für sein weiteres Leben wünschen würdet. Das könnt ihr mir gleich ins Ohr flüstern, wenn ich eine Kerze anzünde.« -
- Vierte Phase: Ich gehe zu jedem Kind, zünde seine Kerze an und schreibe seinen Wunsch unter sein Bild. -
- Fünfte Phase: »Jetzt feiern wir einmal gemeinsam unseren Geburtstag. Wer möchte, kann uns jetzt sein Foto und sein Bild zeigen und sagen, was er diesem kleinen Kind für sein weiteres Leben wünscht.«

★ **Verreisen:** In einer möglichst frei angeleiteten Phantasiereise können die Kinder individuelle Erlebnisse imaginieren und phantasieren, z.B.: Stellt euch vor, ihr verreist. Ihr wisst noch nicht wohin. Alles ist noch offen. Eure Reise beginnt. Fahrt ihr mit einem Schiff oder fliegt ihr mit einem Flugzeug? Was erlebt ihr unterwegs? Was seht ihr? Was hört ihr? Was fühlt ihr mit eurem Körper? - Wo kommt ihr an? In einem fremden Land, auf einem anderen Erdteil? Was seht ihr? Was entdeckt ihr? - Gefällt es euch? ... (Zeit lassen). Langsam macht ihr euch auf die Heimreise.
Auswertung: Die Kinder können anschließend von ihren Erlebnissen erzählen.

★ **Was ist mir ähnlich?** Jedes Kind bekommt ein fotokopiertes DIN A4-Blatt, auf dem 4 Kästchen vorgezeichnet sind. Jedes Kind malt in je ein Kästchen ein Tier, eine Frucht, eine Blume oder Pflanze, das Wetter, das ihm ähnlich ist. »Wer möchte, kann uns gleich erzählen, warum er gerade dieses Tier, ... gewählt hat. Warum meinst du, ist es dir ähnlich?«

(Weitere Praxisbeispiele in: Klaus W. Vopel: Kommunikation im 1. Schuljahr. Interaktionsspiele für Schulanfänger, Bd. 2, Salzhausen 1994 – Bernd Badegruber: Spiele zum Problemlösen, Bd. 1: für Kinder im Alter von 6 bis 12 Jahren, Bd. 2: für Kinder im Alter von 9 bis 15 Jahren, Linz 1994 – Wolfgang Longardt und Klaus W. Vopel: Den eigenen Weg entdecken. Weg-Symbolik in Geschichten und Spielen, Düsseldorf 1997 – ★ Siehe auch Kapitel 1 in diesem Buch.)

»Zähmen, das ist eine in Vergessenheit geratene Sache ... Es bedeutet: sich ›vertraut machen‹.«

Antoine de Saint-Exupéry lässt so den Fuchs sprechen.
»Der kleine Prinz« hatte dem Fuchs vorgeschlagen, mit ihm zu spielen. »Ich kann nicht mit dir spielen,« sagte der Fuchs ...»Ich bin noch nicht gezähmt!« Nach einiger Überlegung fragte der kleine Prinz: »Was bedeutet das: ›zähmen‹?« »Zähmen, das ist eine in Vergessenheit geratene Sache«, sagte der Fuchs. »Es bedeutet: sich ›vertraut machen‹.« ...
»Man kennt nur die Dinge, die man zähmt«, sagte der Fuchs. »Die Menschen haben keine Zeit mehr, irgendetwas kennen zu lernen. Sie kaufen sich alles fertig in den Geschäften. Aber da es keine Kaufläden für Freunde gibt, haben die Leute keine Freunde mehr. Wenn du einen Freund willst, so zähme mich!«

Du-Spiele verfolgen das Ziel, eine größere Offenheit gegenüber anderen, ihren Gedanken und Gefühlen gegenüber zu entwickeln. Spiele zur Selbstakzeptanz weiten sich hier aus auf die Akzeptanz anderer, denen ich die gleiche Existenzberechtigung wie mir selber zubillige. Mehr noch: Eine gesunde Beziehung zu anderen kann sich nur entfalten, indem wir uns einander »vertraut machen« und uns einander vertrauen lernen. Sie bedarf der Sensibilität und Empathie.
Auch kleine Spiele können sie anbahnen und fördern.

Das Spielen auf verschiedenen Musikinstrumenten bietet sich z.B. dazu an, Gefühle auszudrücken, die von einem anderen Kind wahrgenommen werden wollen.

★ Auf Handtrommeln findet jedes Kind seinen individuellen Ausdruck in einem experimentell herausgefundenen Rhythmus. Wenn die Kinder etwas Übung haben, können sie sich bald ihre Gefühle oder Stimmungen auf diese Weise zutrommeln. Sie können dabei lernen, sensibler auf den anderen zu hören und zu achten. Das »angetrommelte« Kind kann auf seiner Trommel entsprechend antworten (* Kap. 6, Klangliches Gestalten: Trommeln).

★ Kennen die Kinder schon viele Instrumente (am besten eignet sich das Orff-Instrumentarium) und deren unterschiedliche Klangmöglichkeiten, finden sie vielleicht selbst ein Instrument heraus, welches ihre Situation und Gefühlslage am besten zum Klingen bringt. Das andere Kind kann entweder mit dem gleichen Instrument antworten, wenn es z.B. Verständnis und Mitgefühl signalisieren möchte, oder auch mit einem anderen Instrument, wenn es ihm eine andere Antwort geben möchte: Trost, Aufheiterung, Ermutigung, Besänftigung, Wut, Freude ...

* **Teilen:** Ein Kind lädt ein anderes Kind dazu ein, mit ihm einen Apfel oder anderes Obst, ein Butterbrot oder Kekse zu teilen, die es von zu Hause mitgebracht hat. Das Spiel kann wirkungsvoll gesteigert werden, wenn das einladende Kind das andere füttert.

* **Lauter Freunde:** Jedes Kind bekommt ein Säckchen mit Bohnen oder Reis oder Sand, das es sich auf den Kopf legt. Alle Kinder gehen erst langsam, dann immer schneller im Raum herum. Verliert ein Kind sein Säckchen, bleibt es stehen und wartet auf Hilfe. Das hilfsbereite Kind hebt das Säckchen auf und legt es dem anderen Kind wieder auf den Kopf. Natürlich darf es dabei sein eigenes Säckchen nicht verlieren; sonst muss es ebenfalls auf Hilfe warten. Ein höherer Schwierigkeitsgrad ergibt sich beim Hüpfen auf nur einem Bein, beim Rückwärtsgehen oder Hindernislaufen.

* **Zuhören:** Je zwei Kinder sitzen einander gegenüber. Das erste Kind beginnt das Gespräch mit einem einzigen Satz. Das zweite Kind wiederholt den Satz und fügt dem wieder einen einzelnen Satz hinzu. Das erste Kind wiederholt diesen Satz seines Partners/seiner Partnerin und fügt ihm wieder einen eigenen Satz hinzu. Wenn wir schon etwas zuzuhören gelernt haben, versuchen wir jeweils mit einem Satz zu antworten, der das Gespräch auch sinngemäß weiterführt. Das kann auch einmal eine Frage sein. So ergibt sich ein echtes Gespräch.

* **Vertrauen:** Je zwei Kinder bilden ein Paar. Abwechselnd führt erst das eine Kind behutsam das andere Kind, dem die Augen verbunden sind, durch den Raum, über eine Treppe, im Freien (ohne und mit Hindernissen). Nur das führende Kind darf sprechen, wenn es einen Rat erteilen muss, damit das Hindernis besser überwunden werden kann. Über die dabei gemachten Erfahrungen tauschen wir uns zu zweit und dann auch in der Gruppe aus.

* **Die Hand führen:** Je zwei Kinder setzen sich nebeneinander. Das linke Kind nimmt Ölkreide oder ein anderes Malutensil in die Hand. Vor den beiden liegt auf dem Tisch ein großer Papierbogen. Das rechte Kind führt nun die Hand seines Nachbarn/seiner Nachbarin. Zusammen malen sie ein Bild , aber nur das rechte Kind darf die malende Hand steuern. Nach einiger Zeit wechseln beide die Plätze, um das Bild zu vollenden. Über die dabei gemachten Erfahrungen tauschen wir uns zuerst wieder zu zweit und dann auch in der Gruppe aus.

Wir können uns solche Spiele auch zusammen mit den Kindern ausdenken, wenn sie wissen, worauf es dabei ankommt.

(Weitere Praxisbeispiele in: Klaus W. Vopel: Kommunikation im 1. Schuljahr. Interaktionsspiele für Schulanfänger, Bd. 1 und 2, Salzhausen 1994 - Ders.: Zauberhände, Bd. 4 der Reihe »Kinder ohne Stress«. Salzhausen [3]1994 - Bernd Badegruber: Spiele zum Problemlösen, Bd. 1: für Kinder im Alter von 6 bis 12 Jahren, Bd. 2: für Kinder im Alter von 9 bis 15 Jahren, Linz 1994 - Lilli Friedemann: Trommeln - Tanzen - Tönen. 33 Spiele für Große und Kleine, Wien 1983 - Gebhard Neumüller (Hrsg.): Spielen im Religionsunterricht. München 1997 - * Beachten Sie auch Kapitel 2 und 3 in diesem Buch zur Sensibilisierung für unsere natürliche Mitwelt.)

»Sie bildeten einen Schwarm in einer ganz bestimmten Form. Jedes Fischchen bekam darin seinen Platz zugewiesen.«

Leo Lionnis »Swimmy«[7] kennen nun auch so viele Kinder und können erzählen, dass Swimmy als einziges Fischchen in einem Schwarm kleiner roter Fische schwarz war und schneller als sie. Swimmy konnte all die Wunder im offenen Meer bestaunen - die Qualle, den Hummer, den Aal -, während die roten Fischchen sich ängstlich im sicheren Felsenschatten aufhielten, um nicht von den großen Fischen gefressen zu werden. Weil Swimmy das gar nicht gefiel, dachte er nach und hatte eine Idee: Alle sollten in einer solchen Form schwimmen, dass es aussah, als käme da ein Riesenfisch. Davor nahmen die großen Fische Reißaus. Und Swimmy hatte eine besondere Aufgabe. Er schwamm als kleines schwarzes Auge im Schwarm mit. In seiner Rolle als wachsames Auge fühlte er sich sehr wohl. »Jetzt traute der Schwarm sich endlich hinaus ins offene Meer, hinaus in die große Welt der Wunder.«

Wir-Spiele verfolgen das Ziel der Integration in eine interaktionelle Gruppe, in der das einzelne Kind sich gut aufgehoben fühlen und mitmenschliche Nähe erfahren kann. Das Gefühl der Zugehörigkeit zu einer Gemeinschaft steigert schon an sich das Lebensgefühl. Der Selbstwert des Kindes kann gefördert werden durch die damit verbundenen Chancen sozialen Lernens, Experimentierens mit eigenen Verhaltensweisen und Fähigkeiten sowie der verantwortungsbewussten Übernahme und Durchführung einer Aufgabe für andere.

★ Ein schönes Spiel können wir auf der großen Pauke machen. Die Kinder setzen sich im Kreis um die Pauke herum und legen je eine geballte Faust auf das Trommelfell. Ein Kind spielt einen Wanderer und trippelt mit den Fingern zwischen den Fäusten herum. An einem »Häuschen« bleibt es stehen, klopft an und bittet um Einlass. Wird ihm geöffnet oder nicht? Was passiert weiter? Der Wanderer kann z.B. sagen: »Oh, ist es hier schön warm, bekomme ich auch einen Tee?«. ... Der Phantasie sind keine Grenzen gesetzt. Im Spiel nehmen die Kinder untereinander Kontakt auf, können ihn durch ihre Reaktionen mitbestimmen und beeinflussen, aber auch abbrechen.

---

7   Deutsch von James Krüss, Gertraud Middelhauve Verlag Köln 1963

* **Schlingpflanzen:** Die Kinder knien im Kreis auf dem Boden. Sie stellen sich nun vor, dass sie junge Schlingpflanzen sind, die allmälich emporwachsen und sich miteinander umschlingen. Sie wachsen langsam immer höher, berühren sich, lehnen sich aneinander an und wachsen umeinander herum, bis alle miteinander verwachsen sind.

* **Im Lande der Wawusels:** Wir erzählen den Kindern zunächst folgende Geschichte:
  »Ganz weit hinter den Bergen, noch viel weiter als bei den sieben Zwergen, da liegt das Wawuselland, in dem die ganz kleinen Wawusels leben. Sie sind noch viel kleiner als die Zwerge und wuseln fröhlich und lustig durch ihr Land. (...) Doch im Wawuselland wohnt auch der böse Zauberer Magnix. Wenn er seine Zaubertrommel einmal schlägt und dabei einen Körperteil nennt, z.B. ›linker Arm‹, dann werden die Wawusels ganz groß und kleben an diesem Körperteil zusammen. Dabei lacht der böse Zauberer Magnix ganz fürchterlich. Doch wenn die Wawusels fünfmal ganz in ihren Bauch atmen, wird der Zauberspruch wirkungslos, und sie werden wieder ganz klein und können weiterwuseln.«[8]
  Die Kinder müssen bei diesem Spiel kooperieren, wenn sie an unterschiedlichen Körperteilen zusammenwachsen. Zudem führt das Spiel zum Abbau von Berührungshemmungen. Auch jüngere Kinder verstehen dieses Spiel und auch älteren macht es noch Spaß.

* **Das Wort weitergeben:** Kindern bereitet es manchmal Mühe, im Gesprächskreis abzuwarten, bis sie an der Reihe sind. Ein echtes Gespräch wird oft dadurch blockiert, dass der dabeisitzende Erwachsene die Gesprächsleitung übernimmt und die Kinder über ihn das Wort erhalten. Das können wir ändern, wenn wir einen Erzählstein oder eine Klangkugel im Kreis herumgeben lassen. Die Kinder können diese selbständig an den Nächsten weitergeben, und nur das Kind, welches den Erzählstein oder die Klangkugel hat, erzählt, die anderen hören zu.

* **Wollfadennetz:** Auf die gleiche Weise können wir es mit einem Wollknäuel machen. Wenn dann jedes Kind den Faden in der Hand behält, nachdem es das Knäuel weitergegeben hat, entsteht im Laufe des Gesprächs ein Netz. Mit etwas Geschick können wir das Netz am Ende an der Wand befestigen, und es bleibt so zeichenhaft sichtbar für ein gutes (?!) Gespräch.

* **Steinfeld:** Das folgende Spiel kann Nähe und Distanz in der Gruppe sichtbar machen. In der Mitte unserer Runde liegt ein einfarbiges quadratisches Tuch ausgebreitet. Jedes Kind hat sich einen Stein gesucht, der ihm gut gefällt. »Legt nun nacheinander euren Stein auf das Tuch dahin, wo ihr meint, dort sei euer Platz in der Gruppe - mehr am Rand oder mehr in der Mitte, mehr in der Nähe

---

8   Monika Fink: Kreative Bewegungsspiele zwischen den Unterrichtsphasen, in: Grundschule. Zeitschrift für die Grundstufe des Schulwesens, (Arbeitskreis Grundschule) Braunschweig 1994/H. 10, 63

eines bestimmten Kindes oder weiter weg von ihm.« Wenn alle ihren Stein hingelegt haben, können wir in einer folgenden Spielrunde wieder nacheinander den Platz unseres Steins verändern. »Legt jetzt euren Stein dorthin, wo euer Wunschplatz in der Gruppe ist - mehr am Rand oder mehr in der Mitte, mehr in der Nähe bestimmter Kinder oder weiter weg von ihnen. Ihr könnt euren Stein auch da liegen lassen, wo er liegt.«

Es kann sich auch ein Gespräch anschließen über die Erfahrungen, die wir im Spiel gemacht haben oder über die Gedanken, die uns beim Spiel beschäftigt haben.

★ **Gruppennetz:** Das folgende Spiel kann Beziehungen und Gemeinsamkeiten in der Gruppe sichtbar machen. Ein Kind stellt sich zuerst in die Mitte des Kreises. Wenn ein Kind etwas weiß, was es mit dem ersten Kind gemeinsam hat, geht es zu ihm hin, legt ihm die Hand auf die Schulter und sagt der Gruppe, was es mit diesem Kind verbindet. Etwa: »Ich spiele oft mit Tanja.« Oder: »Wir gehen oft zusammen in die Schule.« Oder: »Ich habe auch blonde Haare.« Einzeln treten auch die anderen Kinder zu der sich bildenden Gruppe im Innenkreis, legen einem oder auch zwei Kindern die Hand auf die Schulter und sagen, was sie mit diesem oder auch mit diesen beiden Kindern verbindet. Etwa: »Wir sind Kelly-Family-Fans.« Die Hände bleiben während des ganzen Spiels auf den Schultern liegen.

★ **Schenken:** Auf ähnliche Art können wir auch »Schenken« (aber nur verbal) spielen. Ein Kind stellt sich zuerst wieder in die Kreismitte. Ein anderes Kind, das ihm etwas schenken möchte, geht zu ihm hin, gibt ihm die Hand und sagt: »Ich schenke dir ..., weil ...« Dann treten nacheinander auch die anderen Kinder hinzu und schenken dem jeweils zuletzt in den Innenkreis getretenen Kind etwas Passendes. Da wir die Hände jeweils festhalten, bildet sich ein Kreis in der Mitte, den Sie zuletzt schließen können, indem sie allen Kindern etwas »schenken«.

Weitere Praxisbeispiele finden Sie außer im Kapitel 7 dieses Buches zur kreativen Bewegung auch in der oben angegebenen Literatur. Wenn Sie die Beispiele als Anregungen verstehen, eigene Ideen daraus zu entwickeln, weiterzuentwickeln und für ihre Kindergruppe zu verändern, werden Sie bald einen Schatz an kommunikativen Interaktionsspielen zur Verfügung haben.

12 Sein Bewusstsein erweitern mit Bildern

Die Kunst bringt das Sichtbare nicht wieder hervor. Sie macht es sichtbar ...
So lernen wir, nicht nur auf die Oberfläche zu schauen, sondern tiefer, um an die
Wurzeln der Dinge heranzukommen.

Paul Klee

Bilder sind das Auftauchen an einem anderen Ort.

Franz Marc

Ich möchte so malen, dass alle Welt, die Augen hat, ganz klar sieht.

Vincent van Gogh

Im Zusammenspiel mit Intensivierung der Sinneswahrnehmung und sensitivem Naturerleben (✶ Kap. 2), Übungen zur Stilleerfahrung und zu meditativem Naturerleben (✶ Kap. 3), mit dem Erleben von Phantasiebildern (✶ Kap. 4), mit bildnerischen Ausdrucksmöglichkeiten (✶ Kap. 5), kreativer Bibelbegegnung (✶ Kap. 18) und Meditation (✶ Kap. 17) ist die Begegnung mit künstlerisch wertvollen Bildern aus Geschichte und Gegenwart ein weiterer Weg zur Selbstwahrnehmung - auch für Kinder. Nicht isoliert, wohl aber im Wechsel mit diesen Wegen und eingebunden in die Gesamtkonzeption ästhetisch-religiöser Erziehung können Bilder Zugänge zur Selbstentfaltung eröffnen.

Im Gegensatz zur informierenden und unterhaltenden Bilderflut des Fernsehens und der Videos, der Illustrierten und Werbeplakate, welche sich gegenseitig darin zu überbieten trachten, für die von ihnen abgebildete reale wie irreale Welt Beachtung zu fordern (»Abschalten können sie woanders«) und die potentiellen Adressaten und erwünschten Kunden von sich selbst und ihren Eigenbedürfnissen abzulenken, sperren sich die Bilder der Kunst gegen den schnellen Zugriff des Betrachters.

Sie vereinnahmen nicht, sondern wahren Distanz, um Nähe zu ermöglichen. Sie wehren sich gegen den flüchtigen Blick, laufen nicht fort, sondern laden zum Verweilen ein. Sie liefern kein Abbild, sondern gewähren ein Inbild dem, der sehen kann. »Es ist wesentlich«, erklärte Marc Chagall einmal, »die nicht sichtbaren Elemente der Welt darzustellen, aber nicht, die Natur in all ihren Aspekten zu reproduzieren.« Bilder geben sichtbare Realität nicht noch einmal wieder, sondern beleuchten deren innerste Bedeutung, rühren an deren Seele, um auch die Seele des Sehenden zu erreichen. Dem stehen oft genug unsere Sehgewohnheiten im Wege. Um an die Bedeutung eines Bildes heranzukommen und durch eigene Assoziationen für uns bedeutsam werden zu lassen, genügt es nicht, seinen Titel zu kennen, um zu wissen, worum es da geht. Um unserer schnelllebigen Aneignungsmentalität entgegentreten zu können, die uns den Blick in das Bild versperrt, müssen wir uns zuvor innerlich damit einverstanden erklären, dass das Bild unsere übliche Art, die Dinge zu sehen, beunruhigt, stört und bricht. So eröffnen wir uns die Chance, sensibilisiert zu werden, die Dinge völlig anders wahrzunehmen.

Lassen wir uns auf die malerisch unterschiedlichen Stilmittel der Verfremdung ein, können Bilder helfen, uns der Wirklichkeit unverstellter und wacher anzunähern als bisher. Bilder können unseren Blick verwandeln - und damit uns selbst und unser Lebensgefühl. »Über die Bildsprache gehen wir einen Weg auf uns selbst zu, wir entdecken uns dabei und finden uns - ein wichtiger Beitrag zur Selbsterfahrung.«[1]

Mit Kindern Bilder anschauen - warum?

Kunst ist wie ein Spiel: nur im Zustand der Unschuld erfassen wir ihren tiefen Sinn.

Antoni Tàpies

Wer aus ästhetisch-religiösen Gründen mit Kindern Bilder betrachten möchte, muss sich zu allererst von der nahe liegenden Vorstellung freimachen, dafür kämen ausschließlich Bilder mit so genannten »religiösen« Motiven in Betracht. Erkennen wir auf Bildern biblische Szenen oder eine Jesus- oder Heiligengestalt oder die Darstellung eines Glaubensgeheimnisses wieder, so beurteilen wir sie schnell als religiöse Bilder. Stellt das Bild ein Kind, eine Landschaft, eine Stadt,

1   Rudolf Seitz: Kunst in der Kniebeuge. Ästhetische Elementarerziehung. Beispiele – Anregungen – Überlegungen, München ⁹1997, 17

ein Haus oder einen Baum dar oder handelt es sich gar um ein abstraktes Bild, so kommt uns erst gar nicht in den Sinn, von einem religiösen Bild zu sprechen. Da lassen die oben zitierten Maler aufhorchen, ob nicht auch solchen Bildern die religiöse Dimension innewohnt, sofern sie an das Geheimnis des Lebens, der Dinge und der Menschen rühren, das Sichtbare unserem eindimensional verzerrten Oberflächenblick mehrdeutig sichtbar machen und die Wirklichkeit mit neuen Augen sehen lassen. Freilich, was die Leute heute unter Religion zu verstehen sich angewöhnt haben und ihnen wohl auch so übermittelt wurde, damit haben solche Bilder wenig zu tun. Viel aber haben sie zu tun mit der religiösen Dimension der Grund- und Grenzerfahrungen des Lebens aller Menschen, dem Wurzelgrund aller Religionen, für die Maler ein besonders ausgeprägtes Empfinden und ein besonderes Auge haben.

Verschonen wir die Kinder mit solchen »religiösen« Einengungen und geben wir ihnen den Blick frei auf die unverstellte Wirklichkeit, wie sie uns in der Bildsprache der Maler begegnet. Sie sehen anders und sie sehen tiefer, tiefer als Worte reichen können. Das haben Kinder mit ihnen gemeinsam. Deshalb ist ein erster Grund, warum wir mit Kindern Bilder anschauen sollten: Maler und Kinder sprechen eine gemeinsame Sprache, die Bildsprache. Darum sollten wir die Kinder mit ihnen zusammenbringen, damit sie von ihnen das lernen können, was sie von uns nur selten lernen können.

Wer ein Bild malt und ein Bild betrachtet, muss wahrnehmen können, und zwar ganzheitlich und differenziert. Wie wenig vermögen doch Erwachsene - im Unterschied zu Kindern - Einzelheiten aus einem Bild herauszulesen. Der Blick auf das Ganze genügt ihnen oft, um das Bild zu erfassen und sehen doch über es hinweg. Dabei werden manche Einzelheiten übersehen, die das Bild erst zu einem Ganzen machen. Sonst hätte der Maler sie ja auch aussparen können. Doch sie haben Bedeutung *für* das Ganze.

Es gibt Bilder, an denen wir differenziertes Sehen besonders gut üben können, so »das Paradiesgärtlein« des Oberrheinischen Meisters (um 1410), Pieter Brueghels des Älteren »Turmbau von Babel« (1563), »Die Kinderspiele« (1560) und »Anbetung der Könige im Schnee«, das »Augenbetrüger-Stillleben« Samuel van Hoogstratens (um 1660), »Holländisches Interieur I« von Joan Miró (1928)[2], Pieter Brueghels des Älteren »Getreideernte« (1565) und »Heuernte«, Jan Brueghels des Älteren »Suche nach der Herberge« (1605), Albrecht Dürers »Anbetung der heiligen drei Könige« (1504)[3] sowie die meisten Bilder von Relindes Agethen[4]. Denn auf diesen Bildern gibt es besonders viel an Einzelheiten zu sehen, Dingen und Menschen.

---

2 Einige in: Meisterwerke für die Grundschule, Kunstmappe und Handreichungen, Neckar-Verlag Villingen-Schwenningen

3 In: Jürgen Wüst/Ruth Wüst: Arbeiten mit Kunst in Kindergarten und Grundschule, Stuttgart 1996

Außerdem eignen sich viele Bilder von Marc Chagall[5], welche der Bildsprache der Kinder besonders nahe stehen, für eine Schule des Sehens im Wechsel zwischen der Wahrnehmung auch kleinster Details und der Wahrnehmung des Ganzen, das mehr ist als die Summe seiner Teile. Diese Fähigkeit von früh an zu üben und zu kultivieren, ist zugleich eine Vorschule religiösen Denkens, das davon lebt, im Einzelnen das Ganze, die alles durchwirkende göttliche Wirklichkeit immer klarer zu sehen, »um an die Wurzeln der Dinge heranzukommen« (Klee).

Das erfordert allerdings im Unterschied zum Film im Fernsehen, dessen Bilder fortwährend weiter- und von uns weglaufen, das konzentrierte und sich in das Bild vertiefende Verweilenkönnen (★ Kap. 2, 3, 4, 5, 8, 9, 10, 13, 17). Das ist ein weiterer Grund für die Bildbetrachtung mit Kindern. Während wir mit ihnen die im Bild verborgene Aussage nach und nach herauslesen - beginnend mit dem individuellen Aufmerken und Aufspüren von einzelnen Dingen, die den Kindern bereits aus ihrer Alltagswelt bekannt sind, wie auch von Farben, Linien, Spannungen und Strukturen -, verlängern wir die Wahrnehmung und setzen einen Kontrapunkt zum oberflächlichen, weil hektischen Hingucken. Jetzt können wir unsere Augen und damit auch unsere Seele ein wenig ausruhen lassen.

Warum schauen wir Bilder nicht nur an, sondern besprechen sie auch? Warum lassen wir das Bild nicht einfach für sich sprechen? - Auch das ist ja möglich. Aber indem wir anfangen, das Wahrgenommene in Worte zu fassen, schaffen wir eine Wechselbeziehung zwischen sinnlicher Wahrnehmung und den damit ausgelösten Gefühlen einerseits und dem Denken auf kognitiver Ebene andererseits. Wir geben unseren Eindrücken sprachlich Ausdruck und fördern so noch einmal die ganzheitliche Wahrnehmung - jetzt auf der Subjektseite mit Kopf, Herz und Sehsinn.

Darüber hinaus eröffnet das gemeinsame Besprechen eines Bildes die Chance, sich mit anderen über das zu Sehende zu verständigen, nicht um seinen Sinn objektiv festzulegen, sondern um uns bei seiner Entdeckung gegenseitig anzuregen und die Augen zu öffnen, mehrere Deutungsmöglichkeiten zuzulassen und uns vielleicht auch in der Argumentation einem intersubjektiven Einverständnis anzunähern[6]. Das macht ja die mehrdeutige religiöse Dimension der Wirklichkeit insgesamt aus, angesichts deren Rätsel und Ungesichertheiten wir uns mit unseren Kindern - nicht nur vor Bildern - in Mehrdeutigkeitstoleranz einzuüben haben.

---

4   Durchgehend in: Hubertus Halbfas: Religionsbücher für das 1. bis 4. Schuljahr mit den dazugehörigen Lehrerhandbüchern »Religionsunterricht in der Grundschule«, in denen die Bilder erläutert werden, Düsseldorf 1983-1986

5   Z.B. in: Ernest Raboff: Marc Chagall – Kunst für Kinder, Weber-Verlag Genf, sowie in: Susan Compton: Marc Chagall – Mein Leben, mein Traum, München 1990

6   Vgl. Alex Stock: Bilder besprechen, in: Katechetische Blätter 5/1984, 372

Wie viele andere Elemente ästhetisch-religiöser Erziehung bietet auch die Bildbetrachtung einen Zugang zu den eigenen Gefühlen. Bilder können auf einzigartige Weise unsere Gefühle und unsere unbewussten inneren Kräfte ansprechen – die der Kinder noch ungehinderter als die der Erwachsenen. In der Bildbesprechung erleben wir auch die vom Bild ausgelösten Gefühle der anderen Kinder, wie sie darauf reagieren und damit umgehen. Nicht nur die Themen der Bilder selber, sondern auch die Art und Weise, wie wir sie uns gemeinsam erarbeiten, fördern auch das Einfühlungsvermögen der Kinder und wirken sich so auf ihr Sozialverhalten aus, besonders wenn wir der Bildbesprechung noch weitere gemeinsame Tätigkeiten folgen lassen, wie sie sich aus dem Bildthema ergeben können.

Schließlich ermuntert die Kreativität der Maler zu eigener kreativer Tätigkeit durch bildnerisches Gestalten (★ Kap. 5), und in der Bildbesprechung finden so ganz nebenbei Begriffsbildung und Wortfindung statt, gerade auch für Dinge und Zusammenhänge, die nur das Bild zum Ausdruck zu bringen vermag. Wie frei Kinder sich auf Bilder einlassen können, die ihre Phantasie beflügeln und ihnen neue Erlebnisbereiche eröffnen, davon können Erwachsene bei den Kindern viel lernen.

Und nicht zuletzt geht es darum – auf diesen Grund sei nochmals hingewiesen –, dass Bilder ermutigen, die Wirklichkeit und sich selbst nicht in ein für alle Mal festgelegten Bahnen wahrzunehmen und darin zu erstarren. Sie ermutigen zu tieferen und neuen Sichtweisen der religiösen Dimension menschlichen wie allen Lebens, zur Erweiterung des Wahrnehmungshorizontes und zu achtsamer und wachsamer Bewusstseinsveränderung, wozu uns lebendig gelebtes Leben ständig herausruft.

Mit Kindern Bilder anschauen – aber welche?

Schon ab dem zweiten Lebensjahr schaut das Kind mit großem Vergnügen Bilderbücher an. Wenn es dort Tiere und Kinder erkennt und diese mit seinen eigenen Lauten und Wörtern benennt, sind es unmittelbare Entdeckungsfreuden: Die ihm schon bekannt gewordene Wirklichkeit wird ihm als »seine Welt« verfügbar und heimisch. Und so können weitere, seinem Entwicklungsalter angemessene Bilderbücher ihm helfen, seinen Wirklichkeitshorizont zu erweitern. Bilderbücher enthalten ja nicht nur Bilder, sondern auch Geschichten, welche die Bilder deuten und in einen erzählten Sinnzusammenhang einordnen. Und so sind auch qualitativ gute Bilderbücher eine ausgezeichnete Anregung, mit unseren Kindern zusammen schauend und erzählend Sinn in ihre Welt zu bringen. Einige Tipps sollen bei der Auswahl helfen.

Für Kinder ab 2 Jahren:

Per-Henrik Gürth/Martina Gürth: Das kleine Männchen (Herder)
Asun Balzola: Kein Tierlein ist auf Erden dir, lieber Gott, zu klein (Patmos)
Asun Balzola: Weißt du, wie viel Sternlein stehen? (Patmos)
Ute Nengelken/Josef Guggenmoos: Ich weiß einen Stern (Patmos)
Brigitte Smith: Wer hat die Sonne denn gemacht, den Mond und all die Sterne? (Patmos)
Anna-Clara Tidholm: Denk dir was aus! (Hanser)

Für Kinder ab 3 Jahren:

Thomas Berger/Carla Grillis: Die Maus und die Kartoffel (Urachhaus)
Elzbieta: Olala ... ojemine! (Moritz)
Masahiro Kasuya/Peter Bloch: Die Arche Noah (Wittig)
Carme Solé Vendrell/Jaume Escala: Sonne, Mond und Sterne (Patmos)
Józef Wilkón/Rudolf Otto Wiemer: Warum der Bär sich wecken ließ (Patmos)
Irene Goede: Der kleine Indianer (Herder)
Steppán Zavrel: Mein erstes Weihnachtsbuch (Patmos)
Christoph Eschweiler/Wolfgang Brenneisen: Pöng der Rumpelfritze (Thienemann)
Nick Butterworth/Mick Inkpen: Das kleine Tor (Oncken)
Fulvio Testa: Komm endlich raus! (Pro Juventute)

Für Kinder ab 4 Jahren:

Erich Jooß/Erich Hölle: Der rote Ball (Neuer Finken-Verlag)
Tilde Michels/Reinhard Michl: Es klopft bei Wanja in der Nacht (Ellermann)
Masahiro Kasuya/Peter Bloch: Der große Turm (Wittig)
Masahiro Kasuya/Peter Bloch: Schöpfung (Wittig)
Masahiro Kasuya: »Es werde Licht!« (Wittig)
Kees de Kort: Bibelbilderbuch, Bd. 1 bis 5 (Deutsche Bibelgesellschaft)
Colin Smithson/Sheila Smithson: Jona und der große Fisch (Brunnen)
Colin Smithson/Sheila Smithson: Noah und das Schiff der Tiere (Brunnen)
Marcia Williams: Die Geschichte der Arche Noah (Beltz)
Lene Mayer-Skumanz/Eugen Sopko: Eine Krippe im Wald (Patmos)
Juliane Plöger/Anja Goller/Thomas Brinx: Koch Eduard träumt (Esslinger)
Regine Schindler/Hilde Heyduck-Huth: Das verlorene Schaf (Kaufmann)
Regine Schindler/Hilde Heyduck-Huth: Hannah an der Krippe (Ravensburg)
Frances Thomas/Ruth Brown: Balthasar und der Bär (Peters)
Józef Wilkón/Lene Mayer-Skumanz: Der kleine Hirte und der große Räuber (Patmos)
Bunshu Iguchi: Der barmherzige Samariter (Kaufmann)
Willi Fährmann/Annegret Fuchshuber: Franz und das Rotkelchen (St. Gabriel)
Andreas Röckener/Silke und Christian Raap: Jesusgeschichten für kleine Leute (Herder)

Für Kinder ab 5 Jahren:

Teo Puebla/Christiane Sartori: Der Räuber Knarz (Neuer Finken-Verlag)
Shigeko Yano/Ursula Wölfel: Hinter dem Hügel (Patmos)
Lena Landström: Die Geschichte vom Nilpferd (Oetinger)
Dee Davis/Hilde Heyduck-Huth: Heute bin ich glücklich (St. Gabriel)
Regine Schindler/Hilde Heyduck-Huth: Pele und das neue Leben. Eine Geschichte von Tod und Leben (Kaufmann)
Regine Schindler/Hilde Heyduck-Huth: Deine Schöpfung - meine Welt (Kaufmann)
Regine Schindler/Hilde Heyduck-Huth: Die Sterndeuter kommen (Kaufmann)
Regine Schindler/Hilde Heyduck-Huth: Martinus teilt den Mantel (Kaufmann)
Gisela Degler-Rummel: Mose führt sein Volk aus Ägypten (Wittig)

Gisela Degler-Rummel: Der lange Weg ins gelobte Land (Wittig)
Dietmar Rost/Joseph Machalke: Gott ist mit Josef (Agentur des Rauen Hauses)
Max Bolliger/Steppán Zavrel: Das Hirtenlied (bohempress)
Max Bolliger/Ivan Gantschev: Das Licht des kleinen Hirten (Kaufmann)
Max Bolliger/Beatrix Schären: Eine Wintergeschichte (Artemis)
Jindra Capek: Ein Kind ist geboren (bohempress)
Willi Fährmann/Isolde Schmitt-Menzel: Daniel und der Hund des Königs (Echter)
Willi Fährmann/Annegret Fuchshuber: Es stand ein Stern in Bethlehem (Thienemann)
Willi Fährmann/Isolde Schmitt-Menzel: Martin und Markus mit dem Raben (Echter)
Hetty Kist/Georg Telemann: Die Kürbisrassel. Geschichten von Kindern aus fernen Ländern (Herder)
Eleonore Schmid: Die Weihnachtsgeschichte (Nord-Süd)
Steppán Zavrel: In Bethlehem geboren (Patmos)
Dietmar Rost/Joseph Machalka/Jenny Dalenoord: Jesus muss leiden und sterben (Agentur des Rauen Hauses)
Willi Fährmann/Isolde Schmitt-Menzel: Nikolaus und Jana mit der Taube (Echter)
Erich Jooß/Herbert Holzing: Christophorus (Herder)
Ed Young: 7 blinde Mäuse (Altberliner)

Für Kinder ab 6 Jahren:
Erich Jooß/Erich Hölle: Der Fuchs, der Vogel und das Lebenswasser (Echter)
Erich Jooß/Erich Hölle: Die wunderbare Geschichte vom Mädchen und dem Einhorn (Echter)
Malcolm Doney/Meryl Doney: Vater, Mutter und ich. Wo kommen die kleinen Babys her? (Brunnen)
Lukas Ruegenberg/Willi Fährmann: Karl-Heinz vom Bilderstöckchen (Middelhauve)
Kurt Baumann/Ivan Gantschev: Drei Könige (Nord-Süd)
Jo Pestum/Regina Kehn: Ring frei für die Wilden Acht (Thienemann)
Regine Schindler/Eleonore Schmid: Jesus teilt das Brot. Eine Geschichte zum Abendmahl (Lahr)
Juliane Steinbach/Horacio Quiroga: Der Krieg der Kaimane (Peter Hammer)
Gottfried Vanoni/Christina Oppermann-Dimow: Das große Fest (St. Gabriel)
Joanna Cole/Michèle Lemieux/Regine Schindler: Die erste Krippe (bohempress)

Für Kinder ab 7 Jahren:
Käthe Recheis/Christine Krais: Tomasita (St. Gabriel)
Wolf Harranth/Christine Oppermann-Dimow: Mein Opa ist alt, und ich hab ihn sehr lieb (Jungbrunnen)
Max Bolliger/Georges Lemoine: Das Buch der Schöpfung (Herder)
Isa Monaca/Gianfranco Monaca: Biblische Geschichten für heute, Bd. 1-4 (Kösel)
Willi Fährmann/Jindra Capek: Der Hahn im Korb (Ravensburg)
Willi Fährmann/Isolde Schmitt-Menzel: Zwölf Wünsche für Elisabeth (Echter)
Erich Jooß/Antonella Bolliger-Savelli: Georg kämpft mit dem Drachen (Patmos)
Ursula Wölfel/Antonella Bolliger-Savelli: Bruder Franz von Assisi (Patmos)

Für Kinder ab 8 Jahren:
Lene Mayer-Skumanz/Lisa Bass: Schwester Halleluja in spezieller Mission (St. Gabriel)
Michael Ende/Friedrich Hechelmann: Ophelias Schattentheater (Thienemann)
Jason Gaes/Tim und Adam Gaes: Mein Name ist Jason Gaes. Ich bin acht Jahre. Ich hatte Krebs (Carlsen)
Friedrich Hechelmann/Elisabeth Borchers: Ein Weihnachtstraum (Hirmer)
Gertrud Fussenegger/Annegret Fuchshuber: Jona (Beltz)
Gertrud Fussenegger/Herbert Friedl: Der vierte König (Tyrolia)

Regine Schindler/Eleonore Schmid: ... und Sara lacht (Kaufmann)
Willi Fährmann/Herbert Holzing: Der Esel im gelobten Land (Echter)
Eveline Hasler/Antonelle Bolliger-Savelli: Elisabeth von Thüringen (Patmos)
Lene Mayer-Skumanz/Alicia Sancha: Geschichte vom Bruder Franz (St. Gabriel)

Künstlerisch wertvolle Bilderbücher laden ein, auch bald einmal Kunstbilder aus Geschichte und Gegenwart verstehen zu lernen. Hier werden zwar keine Geschichten dazu erzählt; wir müssen selber zusehen, was sie uns zu sagen haben. Die didaktische Absicht von Kunstbüchern für Kinder (vgl. die weiterführenden Literaturangaben) ist es meistens, ihnen die Bilderwelt jeweils *eines* Malers oder einer Kunstepoche zu erschließen. Für die Bilderstunde in der Familie, für die Einzelbeschäftigung der Kinder, aber auch für die eine oder andere Kunststunde in Kindergarten und Grundschule stellen sie ein begrüßenswertes Angebot dar. Aus der Konzeption ästhetisch-religiöser Erziehung liegt es jedoch nahe, das Bild im Zusammenspiel mit anderen Elementen didaktisch so auszuwählen, dass es zum Tages- oder Wochen- oder Monatsthema im Kindergarten bzw. zur (möglichst fächerübergreifenden) Unterrichtsreihe in der Grundschule passt. Erstreckt sich das Thema mindestens über mehrere Tage, so können auch mehrere Bilder zum gleichen Thema nicht nur *eines* Malers betrachtet und besprochen werden. Das hat den Vorteil, dass wir ein Thema vielfältig aus verschiedenen Blickwinkeln wahrnehmen lernen. So etwas geht natürlich auch zu Hause.

Als Themen, die Kindern besonders am Herzen liegen und zugleich zu aktuellem gesellschaftskritischem Verantwortungsbewusstsein herausfordern, drängen sich mir »Schöpfung Natur«, »Tiere« und »Kinder« auf, aus denen sich auch zahlreiche weitere Tätigkeiten ergeben, die ein Tages-, Wochen- oder Monatsthema vertiefen und ausweiten. Dias von Bildern bekannter Maler können bei den Kreisbildstellen und den Medienzentren der Bistümer und Landeskirchen ausgeliehen werden.

Beispielthema »Schöpfung Natur« (Bildvorschläge)
Mauris Cornelis Escher: Luft und Wasser I (1938); Ernst Wilhelm Nay: Aquarell Blau (1958); Sam Francis: The Over Yellow I (1957/58); Jackson Pollock: Unformed figure (1953); Henri Rousseau: Urwaldlandschaft mit untergehender Sonne (1910) in: Meisterwerke für die Grundschule
Paul Klee: Wachstum in einem alten Garten (1919), Blaue Blume (1939), Rosenwind (1922), Garten am Bach (1922) in: Abenteuer Kunst/Paul Klee, Bilder träumen
Paul Klee: Der Niesen (1915), Der junge Baum (1932). Landschaft mit gelben Vögeln (1923) in: Kunst für Kinder
Paul Klee: Der goldene Fisch (1925), Alter Klang (1925). Pflanzlich-seltsam (1929) in: Eichborns Kunst für Kinder
John Constable: Wolken (1822); Caspar Dvid Friedrich: Der Regenbogen; Claude Monet: Die Seerosen (1918/1921); Vincent van Gogh: Sonnenblumen (1888); Max Dentler: Licht und Dunkel; Henri Matisse: Weiße Alge auf rotem und grünem Grund (1947), Ozeanien - das Meer (1946/47), Bärenklau (1953); Paul Klee: Tropische Dämmerung (1921), Aufgehender Stern

(1931), Bunter Blitz (1927); Max Ernst: Geburt einer Galaxie (1969); Paul Cézanne: Das Gebirgsmassiv Sainte-Victoire (1885/1886), Belaubte Bäume am Wasser (1888), Wasserlauf in einem Waldstück (1893/1900); Franz Marc: Die ersten Tiere (1913), Blaues Pferd, Träumendes Pferd (1913), Reh im Wald

Beispielthema »Tiere« (Bildvorschläge)
Paul Klee: Landschaft mit gelben Vögeln (1923), Fischzauber (1925); Pablo Picasso: Zwei Gaukler mit Hund (1905), Paul - der Sohn des Künstlers (1923), Der Hahn (1932); Marc Chagall: Ich und das Dorf (1911), Bauernleben, in: Kunst für Kinder
Paul Klee: Der goldene Fisch (1925) in : Eichborns Kunst für Kinder
Paul Klee: Tiere begegnen sich (1938) in: Abenteuer Kunst
Paul Klee: Monolog des Kätzchens (1938); Franz Marc: Zwei Katzen (1912); Adolf von Menzel: Der Bärenzwinger im Zoologischen Garten (1851) in: Meisterwerke für die Grundschule
Marc Chagall: Der Hahn, Noach entlässt die Taube durch das Fenster der Arche; Giotto di Bondone: Der heilige Franz von Assisi predigt den Vögeln, in: H. Halbfas, Religionsbuch für das 2. Schuljahr;
Marc Chagall: Die Ziege auf den Schultern (1926/27), Mutterschaft (1925); Franz Marc: Die ersten Tiere (1913), Zwei Katzen, blau und gelb (1912) u.a. Tierbilder; Pablo Picasso: Kind mit Taube (1901); Paula Modersohn-Becker: Kind mit Kaninchen (1902), Mädchen mit Katze (1903), Mädchen mit Katze im Birkenwald (1905);
Astrid von Friesen: Tiere mit anderen Augen sehen (Das Kunstbuch für Kinder). Kinderbuchverlag Luzern 1993

Beispielthema »Kinder« (Bildvorschläge)
Pieter Brueghel: Die Kinderspiele (1560); Francisco Goya: Bildnis des Don Manuel Osonio de Zuniga (ca. 1788); Käthe Kollwitz: Geschwister (ca. 1924) in: Meisterwerke für die Grundschule
Paul Klee: Ein Kinderspiel (1939), Mädchenklasse im Freien (1939) in: Abenteuer Kunst
Paul Klee: Mit grünen Strümpfen (1939), Sächsisches Mädchen (1922), Ein Kinderspiel (1939); Pablo Picasso: Zwei Kinder (1952), Die Feinschmeckerin (1901), Zwei Gaukler mit Hund (1905), Junges Mädchen auf einem Ball (1905), Paul - der Sohn des Künstlers (1923), Mutter und Kind (1922) in: Kunst für Kinder
Relindis Agethen: Erntedank, Erscheinung des Herrn, Passion, Ostern; Käthe Kollwitz: Das kranke Kind (1900); Paula Modersohn-Becker: Das blinde Schwesterchen in: H. Halbfas, Religionsbuch für das 1. Schuljahr
Marc Chagall: Der Hahn, Noach entlässt die Taube durch das Fenster der Arche; Relindis Agethen: Die Heilung des Blinden, Die Heilung des Taubstummen, Die Heilung des Gelähmten, Das Gastmahl der Armen; Käthe Kollwitz: Deutschlands Kinder hungern (1924) in: H. Halbfas, Religionsbuch für das 2. Schuljahr
Paul Cézanne: Der Knabe mit der roten Weste (1888/1890); Pablo Picasso: Kind mit Taube (1901); Käthe Kollwitz: Mutter mit Kind auf dem Arm; Otto Dix: Der Streichholzhändler II (1927); Paula Modersohn-Becker: Kind mit Kaninchen (1902), Mädchen mit Katze im Birkenwald (1905)

Weitere Themen, die auch in Bildern verschiedener Maler zur Sprache kommen, ergeben sich aus Jahreskreis und Kirchenjahr. Jürgen und Ruth Wüst haben Bildvorschläge zu Advent, Weihnachten, Heilige drei Könige, Ostern, Erntedank, Martinsfest gemacht; ebenfalls Hubertus Halbfas zu Erntedank, Franz von Assisi, Allerseelen, Martin von Tours, Elisabeth von Thüringen, Nikolaus von Myra, Advent, Weihnachten, Erscheinung des Herrn, Fastnacht, Passion und Ostern (vgl. die weiterführenden Literaturangaben).

Obschon solche Bilder der Kunst auch religiöse Bilder im engeren Sinne sind, dürfen sie nicht *nur* als solche gelesen werden. Es sind nicht *nur* Darstellungen biblischer Szenen oder von Heiligengestalten. Damit würden wir die Eigenart von Kunstbildern verfehlen und sie gefährlich nahe an den Bereich von Illustrationen heranrücken, was sie *nicht* sind. Vielmehr bringt der Maler sich selbst in ihnen zum Ausdruck - sein Lebensgefühl, seine Weltsicht, seinen Glauben, seine Hoffnung oder Verzweiflung, seine Visionen, sein Bild vom Menschen oder von der Welt. Und darin gibt er immer ein Stück von sich selbst preis. In jedem Bild findet ein Stück Selbstentdeckung des Malers statt, und wir fangen an, das Bild zu verstehen, wenn wir es auch als ein Stück Selbstentdeckung betrachten und nicht nur als die Darstellung von etwas.

Ein Stück Selbstentdeckung verlangt folglich das Bild auch vom Betrachter, der es zu »lesen« beginnt, um es zu verstehen, statt es nur oberflächlich auf seinen Gegenstand festzulegen - eine das Bild verfälschende Wahrnehmung. Pablo Picasso sagte einmal: »Ein Bild wird durch die Person lebendig, die es betrachtet.« Darüber hinaus wäre zu wünschen, dass viele Kinder durch die Bilder, die sie betrachten, lebendig werden. Impulse dazu können viele Bilder auch gerade im Zusammenspiel mit anderen Elementen ästhetisch-religiöser Erziehung geben.

Mit Kindern Bilder anschauen - aber wie?

Die methodischen Schritte zur Bilderschließung ergeben sich aus den oben erläuterten Gründen und Zielen der Bildbetrachtung.

1. Stillwerden und Sich-sammeln

In einer für die Bildbetrachtung geeigneten Sitzform (beim Dia, Tageslichtprojektion mit Folie, Poster oder sonstigem Großformat im Halbkreis) schließen wir zuerst für wenigstens eine halbe Minute die Augen, um uns auf das Bild einzustellen. Wir werden ganz still. Unter Umständen führen wir noch eine kleine Stilleübung durch (★ Kap. 3) oder hören einstimmende Musik.

2. Verweilen: Was sehe ich?

Auf ein Zeichen (Glöckchen, Klangschale oder anderes Tonsignal) öffnen alle wieder die Augen und beginnen (jeder für sich) in dem Bild zu »lesen«. Dabei bleibt die Stille zunächst erhalten. Die Kinder sollen wissen, dass wir erst nach ein bis zwei Minuten zusammen auf Entdeckungsreise in dem Bild gehen.

3. Erste Äußerungen

Die Kinder sagen, was ihnen aufgefallen ist, äußern sich zu Einzelheiten: Dingen, Menschen, Farben, Farbnuancen auf der Bildfläche (oben, unten, rechts, links, in der Mitte), vielleicht auch schon zur Konzeption: Zuordnungen, Zusammengehörigkeiten, Gegensätze, Hintergrund, Vordergrund, Blickrichtung im Bild, inhaltliche Bildmitte, Konzentrationspunkt. Es wird hier weder ein vermuteter oder schon gewußter Bildtitel genannt noch vorschnell geäußert, was das Bild darstellt. Wohl können Assoziationen, woran »mich« das Bild erinnert, mitgeteilt werden, auch Empfindungen und Gefühle, die »ich« beim Anschauen hatte. Alle Äußerungen bleiben unkommentiert. Es findet keine Diskussion statt. Wohl können die Kinder, die Eltern, die Erzieherin oder der Lehrer nachfragen: Wo siehst du das? Was meinst du? Das dient der gegenseitigen Verständigung und der Vorbereitung der gemeinsamen Entdeckung.

4. Gemeinsame Entdeckung

Je nach dem Grad der Eindeutigkeit oder Mehrdeutigkeit des Bildinhalts geht das Gespräch früher oder später gelenkt noch einmal auf die eine oder andere wichtige Aussage der Kinder ein oder wird auf eine noch nicht wahrgenommene wichtige Einzelheit gelenkt, die für die Erfassung des Bildganzen bedeutsam ist. Dabei geht es immer noch um die Formensprache: Hervortretende Farben, Farbanalogien, lokale oder malerisch absichtlich irreal gewählte Farben und ihre mögliche Bedeutung, Verteilung von Hell und Dunkel, Lichtquelle; hervortretende und Randfiguren und ihre Stellung zueinander, ihre Kleidung und Haltung, ihre Bewegung und Gestik, ihr Gesichtsausdruck; Flächenaufteilung, Bildmitte, Blickfang. Auf welche Details der Formensprache wir den Blick der Kinder noch lenken, hängt vom Alter, der Geduld und Konzentration der Kinder ab.

5. Selbstentdeckung

Bei den ersten Äußerungen haben einzelne Kinder vielleicht schon etwas über ihre Empfindungen und Gefühle mitgeteilt. Das könnte jetzt aufgegriffen und zusammen mit assoziierten Erinnerungen an eigene Erfahrungen der Kinder vertieft werden. Eine Grund- oder Grenzerfahrung, die Menschen in und mit ihrem Leben machen, kommt zur Sprache: Freude, Geborgenheit, Vertrauen, Freundschaft, Liebe, Glück, Hoffnung, Spiel, Fest, Verantwortung, Frieden, Gerechtigkeit, Hunger, Angst, Verzweiflung, Krankheit, Leid, Tod, Fragen nach Sinn, Heil, Gott, Zukunft und Herkunft der Welt und der Menschen ... Die Mitteilung von Empfindungen, Gefühlen, Assoziationen und eigenen Erfahrungen kann auch zu Überlegungen führen, wo »ich mich« im Bild wieder finde: in welcher Figur, an welcher Stelle, in welcher Farbe, in welcher Stimmung ...

6. Bildaussage

Indem wir die Bildaussage so lange hinauszögern, vermeiden wir es, das Bild nur oberflächlich zu betrachten als Beleg für schon vorher Bekanntes und Gewußtes, und entgehen der Rechthaberei, dies oder das sei aber realistisch »nicht richtig« gemalt - wozu Kinder allerdings seltener neigen als Erwachsene. Wenn wir nun gemeinsam nach einem die Bildaussage oder Bildbedeutung passenden Bildtitel suchen, werden Kinder dazu auf jeden Fall gehaltreichere Vorschläge machen, die Mehrdeutigkeit eines Bildes klarer zum Vorschein bringen und der Bildintention näher kommen als durch eine vorschnelle Festlegung und Benennung. Einige Anmerkungen zum Künstler, zur Geschichte des Bildes, zu Stil und Technik können die Bildbetrachtung im engeren Sinne abschließen.

Wie viel Zeit wir auf die einzelnen Schritte zur Bilderschließung verwenden oder ob wir immer alle Schritte berücksichtigen können, hängt, wie schon gesagt, von den Kindern ab. Vorrangiges Ziel sollte stets sein, dass die Kinder Freude am Bild bekommen und nicht verlieren, sich in das Bild einfühlen und differenziert wahrnehmen lernen. Eine kürzere Betrachtung hinterlässt oft einen nachhaltigeren Eindruck in ihrer Seele als eine überanstrengende »erschöpfende Behandlung«.

7. Anschließende weitere bildnerische Umgangsmöglichkeiten mit Bildern

Im Kindergarten und in der Grundschule werden wir nur selten ein Kunstbild isoliert von einem Wochen- oder Monatsthema oder einer mehrere Stunden umfassenden Unterrichtseinheit erschließen. Da liegt es nahe, ein zweites, drittes und viertes Bild zum Thema zu erarbeiten. Die unterschiedlichen Sehweisen verschiedener Maler und Kunstepochen wirken sich auch auf unser eigenes Denken fruchtbar aus. Sie können auch unser Bewusstsein von Dingen und Menschen, wie sie im Thema zur Sprache kommen, erweitern, vertiefen und verändern.

Schließlich wäre zu überlegen, ob das Bild nicht zu eigener kreativ-bildnerischer Umsetzung einlädt (* Kap. 5).

Malend können sich die Kinder in ein betrachtetes Bild einfühlen, seine Stimmung und Aussage mit hellen oder dunklen Farben nachempfinden; vorher experimentieren, welche Farben fröhlich und welche traurig aussehen, welche laut und welche leise sind. Auch Grund- und Grenzerfahrungen lassen sich in Farben ausdrücken: Geborgenheit und Liebe (warme Töne in Rot und Orange) erfordern andere Farbmischungen als Angst oder Leid (Schwarz, Grau, Blau, evt. auf weißem Grund). Solche Farben und Farbmischungen können ebenso eine Landschaft charakterisieren wie Menschen. Wann und wo setzen wir sie also in einem Bild ein? Ist das Bildganze harmonisch oder erfordert es dissonante Farbklänge?

Welches Malwerkzeug wählen wir? Buntstifte, Filzstifte, Wachsmalstifte, Wasserfarben, Deckfarben? Um Gemütsbewegungen, Grund- und Grenzerfahrungen auszudrücken, brauchen wir nämlich dichte, deckende Farben. Die üblichen, schnell noch in den letzten 10 Minuten zum Beispiel der Religionsstunde angefertigten Buntstiftzeichnungen machen den Kindern auf Dauer keinen Spaß. Was wir im Bild erlebt haben, verlangt nach intensiverem Farbenausdruck und braucht Zeit zur Verarbeitung. Solche mit Hingabe gemalten Bilder wollen auch gemeinsam angeschaut und begutachtet werden statt im Papierkorb zu verschwinden. Jedes Kind sollte eine großformatige Malmappe für seine Kunstwerke haben.

Wir können auch Erdfarben herstellen, indem wir verschiedenfarbige feine Erde mit einem Mörser zerstampfen und mit wenig Wasser zu einem Brei mischen, Kleister als Bindemittel nehmen und dann mit einem dicken Pinsel oder mit den Fingern malen. Entsprechend ist das Material zu wählen, auf dem wir malen: Papier, Pappe, Photokarton, Tonpapier? Papier in verschiedenen Qualitäten und Formaten sollte den Kindern zur Verfügung stehen. Das regt zur Gestaltungsfreude an.

Wir können auch eine Collage erstellen (jeder für sich), auch eine Ergänzungscollage (dem betrachteten Bild in Postkartenformat geben wir malend, reißend oder druckend eine andere Umgebung) oder eine Großcollage, die je eine kleinere Kindergruppe zusammen gestaltet. Auch kann jedes Kind einen Bildausschnitt oder eine Figur malen, die wir dann zusammen zu einem Großbild zusammenfügen. Dazu brauchen wir die Rückseite nicht mehr verwendeter Tapetenbahnen oder Packpapier.

Manche Bilder (besonders von Chagall oder Klee) regen uns auch zu eigenen Phantasiebildern an.

Und nicht zuletzt können wir auch mit Knetmasse oder Ton formen, um charakteristische Dinge in unserem Bild, Haltungen und Bewegungen von Tieren und Menschen nachzuempfinden und nachzugestalten.

Jedes Bild lässt wieder andere weitere Umgangsmöglichkeiten zu. Wir sollten sie möglichst vielfältig einsetzen.

8. Weitere vertiefende und ausweitende Tätigkeiten zum Bildthema

Cordula M. Pertler wie auch Jürgen und Ruth Wüst (vgl. weiterführende Literatur) verweisen stets auf Tätigkeiten, die das Bildthema vertiefen und ausweiten können. Dabei handelt es sich nicht nur um bildnerische Möglichkeiten.

Im Anschluss an Paul Klees »Goldfisch« zum Beispiel können die Kinder nicht nur Goldfolienfische basteln oder gemeinsam eine Goldfisch-Collage herstellen oder auch ein Aquarium als Tischspiel, sondern auch Fischbrote backen. Und das Bilderbuch »Swimmy« von Leo Lionni regt dazu an, darüber nachzudenken, was man alles tun kann, dass ein neues Kind sich von Anfang an in der Gruppe wohlfühlt, oder sich in ein ausländisches Kind in einem fremden Land hineinzuversetzen. Wir können auch ein Lied vom Händereichen und Brückenbauen, vom gegenseitigen Verstehen und Vertrauen lernen. Auch das Bilderbuch »Der Regenbogenfisch« von Marcus Pfister lässt sich einbauen, und das Kinderlexikon lässt sich nach dem Lebensraum verschiedener Fische und nach der Pflege von Fischen im Aquarium befragen. »Swimmy« und »Der Regenbogenfisch« lassen sich auch gern im Rollenspiel darstellen.

Claude Monets »Seerosen« zum Beispiel laden zum Besuch und zur Beobachtung eines Teichs mit Seerosen und Fischen, mit Libellen und Wasserkäfern ein. Wir können ihn fotografieren und malen (Nass-in-Nass-Technik, Zuckerkreiden-Technik, Seidenmalerei) und mit einer selbst gebastelten Seerose ein Experiment im Wasser durchführen. Mit dem Bilderbuch von Christina Björk und Lena Anderson »Linnéa im Garten des Malers« lernen wir Monet und seine Malerei besser kennen. Er war auch Gärtner und hat gern gegessen. Seine Lieblingsnachspeise, gratinierte Bananen, können wir zubereiten. Nach Claude Debussys Sonate für Flöte, Bratsche und Harfe bewegen sich die Kinder zu einem Seerosen-Tanz. Ein Theaterstück lässt sich inszenieren, in dem die Kinder Seerosen, Schmetterlinge, Frösche, den Wind, die Sonne und die Nacht darstellen. Das Thema »Wasser« sollte uns längere Zeit beschäftigen (Wasserkreislauf, Bedeutung des Wassers für alles Leben, Pflanzen- und Blumenpflege, Wasserverschmutzung, sparsamer Umgang mit Wasser, das Symbol Wasser, die Bedeutung des Wassers bei der Taufe, in der Schöpfungserzählung und im Sonnengesang des Franz von Assisi ...).

Pablo Picasso: »Kind mit Taube« (1901)

Nach zwei Minuten stillen »Lesens« im Bild äußern sich die Kinder:
Ich sehe ein Mädchen. - Es hält eine Taube in der Hand. - In beiden Händen. - Es hat ganz kurzes Haar. - Vielleicht ist das auch ein Junge. - Aber das Mädchen hat doch ein Kleid an. - Ein bläuliches Kleid. - Um den Bauch herum ein grünes Tuch. - Das hängt an der Seite herunter. - Das Kleid ist blau und weiß. - Mit ein bisschen grün. - Wiesen sind immer grün. - Nicht immer. - Die hat keine Blumen. - Doch ein paar kleine. - Das ist keine Sommerwiese. Es ist noch Frühling. - Das Mädchen hat so komische weiße Schuhe an; sieht aus wie Tuch,

mit Schuhriemen zusammengeschnürt. - Die sind auch ein bisschen grün, wie das Kleid unten. - Oben ist das Kleid mehr blau. Das kommt von dem Wasser. Wo siehst du denn Wasser? Das ist Himmel. - Nein, das ist ein See. Das Mädchen steht auf einer Wiese am See. – Da schwimmen Algen oder was anderes drauf. – Was ist denn da links auf dem See? Sträucher? – Das Mädchen hat vorher mit dem Ball gespielt. Da hat es auf einmal eine Taube auf der Wiese gefunden. Die konnte nicht mehr fliegen. - Es hat sie aufgehoben. – Die ist sicher krank und hat einen Flügel gebrochen. – Hat die denn gar keine Angst? – Doch ein bisschen; aber die Taube guckt das Mädchen an und ist beruhigt. – Und das Mädchen guckt die Taube an. – Nein, es guckt auf den Ball. – Der ist rot, dunkelgrün, schwarz, gelb und braun. – Das Mädchen denkt nach, was es mit der Taube machen soll. – Wie sie wieder gesund werden kann. – Es möchte gern mit dem Ball weiterspielen, aber es hat jetzt eine Verantwortung für die Taube.

Eltern/Lehrer/Erzieher geben jetzt einen Impuls für das weitere Gespräch: Halte deine/haltet eure Hände jetzt mal so wie das Kind. Was wollen die Hände sagen?

Hab keine Angst. Ich tu dir nichts. – Du bist bei mir gut aufgehoben. – Ich bin zärtlich zu dir. – Ich bin lieb zu dir. – Ich sorge für dich. – Du fühlst dich so weich und warm an. – Das Kind guckt traurig; es weiß nicht, wie es der Taube helfen soll. – Vielleicht wird die Taube unruhig und will wegfliegen. – Das tät' sie lieber, aber sie ist ja krank und kann nicht fliegen.

Eltern/Lehrer/Erzieher geben einen neuen Impuls: Schließe noch mal deine/schließt noch mal eure Augen und stell dir/stellt euch vor, ihr seid die Taube. Wie fühlst du dich? Wie fühlt ihr euch?

Beschützt. – Angenommen. – Geborgen. – Ich denke: ich vertraue dir. – Wenn ich wieder fliegen kann, musst du mich aber wieder loslassen. – Halt' mich noch ein bisschen in deinen Händen.

Weiterer Impuls: Möchtest du lieber die Taube oder das Kind in diesem Bild sein?

Lieber Taube. – Die Taube. – Sie wird beschützt. – Die Taube fühlt sich geborgen. – Das Mädchen ist lieb zu ihr. – Das Mädchen; die Taube ist krank. – Die Taube; sie kann bald wieder fliegen. – Das Mädchen kann bald wieder spielen.

Eltern/Lehrer/Erzieher beschließen das Gespräch: Der spanische Maler Pablo Picasso hat dieses Bild 1901 gemalt. Da war er 20 Jahre alt. Es hängt heute in einem Museum in London.

Mit älteren Kindern könnten wir noch die zwiespältige Wirkung erarbeiten, die das Bild auf den Betrachter ausübt. Das Bild strahlt ja nicht nur die friedliche Ruhe aus, welche wir zuerst aus dem Bild herausspüren, sondern auch eine verhaltene Zerrissenheit: Das Kind blickt kaum die Taube an, die es in seinen Händen birgt. Es blickt auf den Ball; es könnte auch tagträumen oder seinen Blick nach innen gerichtet haben: es wirkt nachdenklich. Oder denkt es daran, dass es der Taube wieder ihre Freiheit zurückgeben muss und sie nicht behalten kann? Ein Gedanke, der auch jede Beziehung zwischen Menschen, die sich lieben und Freund sind, umtreibt: »Nähe und Distanz« (Martin Buber), deren angemessenes Verhältnis zueinander sich stets neu bewähren muss.

Auch formal durchzieht ein Riss das Bild, geteilt in zwei Regionen, eine grüne (Wiese) und eine blaue (Wasser). Sie bilden den Hintergrund des Geschehens und scheinen im Kleid des Kindes durch. Mit der Farbe grün assoziieren wir gern Harmonie, Ruhe, Frieden, Wärme, Leben, Wachstum, mit der Farbe blau dagegen Himmel, Neuland, Sehnsucht, Traum, unbegrenzte Ferne, Tiefe, Wunderbares, Geist, Zuwendung zum eigenen Innern und zur eigenen Erlebniswelt.

Ist nicht auch die Taube ein Wesen der Luft, das sich frei in höhere Welten schwingen kann? Das Menschenkind jedoch ist der Erde verhaftet; sein Geist nur kann sich träumend und denkend erheben.

Im Anschluss an die Bildbetrachtung könnten wir mit den Kindern in Märchen (Aschenputtel, Dornröschen, Schneeweißchen und Rosenrot) und anderen Geschichten nach Tauben und ihrer Bedeutung dort suchen, Bewegungsspiele mit Ball und/oder Federn machen, eine Taube aus Karton und Federn gestalten, aus Ton modellieren oder aus Salzteig ausstechen, Plätzchen in Taubenform backen, einen Brieftaubenzüchter besuchen. (Vgl. Cordula M. Pertler, Kinder erleben große Maler, 66 ff.)

Wir sollten das Bild nicht nur einmal betrachten, sondern nach einigen Tagen noch einmal. In der Betrachtung werden wir dann vielleicht noch mehr herauslesen können.

Zum Vergleich bietet sich ein zweites Bild an.

Marc Chagall: »Noach entlässt die Taube durch das Fenster der Arche« (1931)

Nach einiger Zeit stillen »Lesens« im Bild äußern sich die Kinder:
Auf dem Bild ist wieder eine Taube. – Sie fliegt aus einem Fenster. – Nein, der Mann lässt sie fliegen. – Vielleicht stand das Fenster offen und sie war hereingeflogen. – Sie hatte sich vertan. – Bei uns zu Hause war auch schon mal ein Vogel hereingeflogen; der fand auch nicht mehr nach draußen und flatterte in der Wohnung herum; mein Papa hat den dann gefangen und aus dem Fenster geworfen; der Spatz war vielleicht froh; der ist sofort weggeflogen. – Der Mann hier hat einen langen Bart. – Vorn sehe ich eine Ziege; die kenne ich aus dem Streichelzoo. – Daneben ist ein Hahn, der guckt dem Mann zu, was er macht. –

Ich sehe noch eine Frau, die hat ein Baby im Arm. – Die hält seinen Kopf in der Hand. – Ist das Baby tot? – Die Frau drückt das Baby an die Brust. – Die Wohnung ist ganz dunkel. – Der Maler hat sie dunkelbraun gemalt. – Die Frau kann man kaum sehen, so dunkel ist es. – Das ist keine Wohnung; das ist ein Stall. – Der Mann hat mit seiner Frau nach den Tieren gesehen und sie gefüttert. – Da gibt es sicher noch mehr Tiere; wir sehen aber nur zwei, die Ziege und den Hahn. – Da hat der Mann die Taube gefunden und wieder freigelassen. – Die haben gar kein Licht. – Doch, das Licht ist mehr vorn; das ist nur nicht mehr auf das Bild draufgekommen. – Vielleicht kommt das Licht auch nur durch das Fenster. – Links sehe ich, dass man das Fenster auf- und zumachen kann; da ist eine Fenstertür aus Holz. – Draußen sieht man nur Luft. – Nein, das ist Wasser. – Der Mann macht ein ganz ernstes Gesicht; der hat Sorgen. – Oder Angst. – Dass die Taube nicht mehr wiederkommt. – Das ist sicher eine Brieftaube; die schickt er jetzt weg. – Er lässt sie frei. – Sie kann fliegen. Die Taube von Picasso konnte nicht mehr fliegen; die war krank. – Der Mann wartet jetzt darauf, ob sie wiederkommt. – Auch die Frau. – Auch die Ziege und der Hahn.

Eltern/Lehrer/Erzieher stellen nun den Zusammenhang mit der biblischen Erzählung in Genesis 7- 8 her: Der Maler hat hier nur einen kleinen Ausschnitt aus einer viel größeren Geschichte erzählt, die in der Bibel steht. Es ist die Geschichte von der Arche Noachs. Auf dem Bild seht ihr auch nur einen kleinen Teil der Arche. In der biblischen Erzählung ist das ein großes Schiff aus Holz. Das hat Noach mit seinen Söhnen gebaut. Und in dem Schiff sind noch viel mehr Tiere, von jeder Tierart zwei, ein Männchen und ein Weibchen, auch viele Vögel. Und wisst ihr, warum?

In der Bibel wird erzählt: Gott tat es Leid, dass er die Menschen erschaffen hatte. Sie waren nicht gut. Sie waren böse im Herzen geworden. Sie hatten die Erde, seine ganze Schöpfung verdorben. »Alles, was lebt, soll ein Ende haben« sprach er. Nur Noach fand er gerecht und gut. Deshalb wollte er ihn und seine Familie retten. Und auch von jeder Tierart ein Paar wollte er überleben lassen. Mit Noach, seiner Familie und den ausgewählten Tieren wollte Gott einen neuen Anfang mit der Erde machen.

Noach sollte ein Schiff aus Holz, eine Arche, für sie alle bauen. Die Arche sollte auf dem Wasser schwimmen können, wenn Gott allem anderen Leben auf der Erde ein Ende machen wollte – mit einer großen Wasserflut.

Noach baut mit seinen Söhnen die Arche, bringt die Tiere und seine ganze Familie hinein und genügend Nahrungsvorrat für sie alle. Vierzig Tage und Nächte regnet es unaufhörlich. Das Wasser bricht aus den Quellen hervor. Die Flüsse überfluten das ganze trockene Land. Ein gewaltiges Meer überflutet die Erde, die Menschen und die Tiere. Sie ertrinken alle. Nur Noachs Arche fährt auf dem Wasser dahin.

Nach vierzig langen Tagen und Nächten gebietet Gott der großen Flut das Ende der Vernichtung. Ganz langsam zieht sie sich zurück. Zuerst werden die hohen

Berge wieder sichtbar. Das Wasser strömt von ihnen herunter. Dann tauchen allmählich die Hügel mit ihren Bäumen wieder auf. Aber das alles kann Noach in seiner Arche noch nicht sehen. Was er jetzt denkt und tut, das sehen wir auf unserem Bild. So hat der Maler sich das vorgestellt.

Warum schickt er wohl die Taube los?

Die Kinder äußern ihre Vermutungen: Die Taube kann ja über das Wasser fliegen. – Sie soll nachgucken, ob sie schon wieder einen Berg sieht. – Vielleicht auch Bäume. – Deshalb warten alle in der Arche so gespannt und gucken zum Fenster heraus. – Wenn das Wasser gesunken ist, kann die Taube irgendwo landen. Wenn sie dann nicht wiederkommt, weiß Noach, dass sie schon eine trockene Stelle gefunden hat.

Eltern/Lehrer/Erzieher beenden die biblische Erzählung: Ja, zuerst kommt die Taube zurück. Den ganzen Tag ist sie herumgeflogen. Weil sie sich nirgendwo niederlassen kann, kommt sie am Abend zur Arche zurück. Nach sieben Tagen lässt Noach sie wieder fliegen. Erst am Abend kommt sie zurück. Aber was hat sie da im Schnabel? Einen Zweig, einen grünen Zweig, einen Zweig von einem Ölbaum. Jetzt weiß Noach: Das Wasser zieht sich von der Erde zurück. Hoffnung regt sich in den Herzen der Menschen. Die Gesichter der Menschen hellen sich auf. Noach schaut gar nicht mehr so ernst und voller Sorgen. Freude breitet sich auch unter den Tieren aus. Nach weiteren sieben Tagen des Wartens schickt Noach die Taube wieder aus. Diesmal kehrt sie nicht zu ihm zurück. Jetzt haben alle in der Arche die Gewissheit: Sie hat eine trockene Stelle gefunden: Das Wasser sinkt weiter, und bald sind auch wir gerettet. Unser Schiff kann irgendwo an Land gehen. Wir kommen endlich aus diesem engen Holzkasten heraus und können ein neues Leben beginnen – im Vertrauen auf Gott, die Erde nicht mehr untergehen zu lassen, weil die Menschen gerecht und gut und in Liebe zueinander, zu den Tieren und zur Erde sind. Ob sie es geworden sind?

Das Bild hat Marc Chagall, in Weißrussland geboren, 1931 in Frankreich gemalt; und in den Jahren danach noch viele andere Bilder zu Erzählungen in der Bibel. Heute kann man sie alle in einem Museum in Nizza besichtigen. Es ist eigens für seine Bilder errichtet worden noch während er lebte.

Mit älteren Kindern können wir an diese Bildbetrachtung anschließend noch formale und inhaltliche Vergleiche mit Picassos nur zehn Jahre früher gemaltem »Kind mit Taube« ziehen (Ort, Raum, Innen, Außen, Hintergrund, Vordergrund, Zuordnung der Figuren, Farben, Spannung, menschliche Grundbefindlichkeiten und Tätigkeiten, Verhalten und Beziehung zu Tieren). Chagalls jüdische Wurzeln und sein Verhältnis zur hebräischen Bibel könnten Motivation sein, das Thema in den Bereich kreativer Bibelbegegnung (★ Kap. 18), die in der Sintflut-Erzählung aufscheinende aktuelle Verantwortung der Menschheitsfamilie für die Bewahrung der Schöpfung, für die Erde und ihre kreatürliche Mitwelt in den Bereich weltökumenischen Lernens (★ Kap. 19) weiterzuführen.

Weiterführende Literatur

Abenteuer Kunst (bisher 4 Bände): Paul Klee, Tiepolo, Der Blaue Reiter, Claude Monet, München 1996

Susan Compton: Marc Chagall. Mein Leben – Mein Traum, München 1990

Eichborns Kunst für Kinder mit folgenden Bänden: Chagall, Degas, Gauguin, van Gogh, Impressionismus, Klee, Miró, Picasso, da Vinci u.a., Frankfurt/M.

Christoph Goldmann: Kinder entdecken Gott mit Marc Chagall, Göttingen 1978

Christoph Goldmann: Marc Chagall . Botschaft der Bibel (24 Dias), Gelnhausen 1976

Kunst für Kinder mit folgenden Bänden: Chagall, Klee, Picasso, Rembrandt, Rousseau, Toulouse-Lautrec, Velázques, Genf.

Meisterwerke für die Grundschule: Kunstmappe und Handreichungen, Villingen-Schwenningen 1995

Thea Dubelaar/Ruud Bruijn: Vincent entdecken. Van Gogh und seine Welt, Wien

Astrid von Friesen: Tiere mit anderen Augen sehen. Das Kunstbuch für Kinder, Luzern 1993

Margarete Luise Goecke-Seischab: Von Klee bis Chagall. Kreativ arbeiten mit zeitgenössischen Graphiken zur Bibel, München/Stuttgart 1994

Hubertus Halbfas: Religionsbuch für das 1. bis 4. Schuljahr, Düsseldorf 1983 ff.

Hubertus Halbfas: Religionsuntrericht in der Grundschule. Lehrerhandbücher 1 bis 4, Düsseldorf 1983 ff.

Cappa C. Legora/Ettore Maiotti: Nachtblau und Zitronengelb, München 1992

Alain Le Saux/Grégoire Solotareff: Das kleine Museum, Frankfurt/M. 1994

Marianne Merz: Bildbetrachtung I und II. Unterrichtshilfen für Bildende Kunst in der Grundschule, Bd. 5 und 7, Frankfurt 1985/1987

Rainer Oberthür: Sehen lernen. Unterricht mit Bildern Relindis Agethens aus dem Grundschulwerk von Hubertus Halbfas, Essen 1988

Cordula M. Pertler: Kinder erleben große Maler, München [2]1996

Seelsorgeamt des Bistums Essen (Hrsg.): Religiöse Bilderbücher – ein Ratgeber, Essen [2]1997

Brigitte Uhde-Stahl: Ich seh' etwas, was du nicht siehst. Einführung in die Malerei für Kinder, Eltern und Großeltern, Stuttgart

Jürgen Wüst/Ruth Wüst: Arbeiten mit Kunst in Kindergarten und Grundschule, Stuttgart 1996

Philipp Yenawine: Bilder und Farben, Bilder und Formen, Bilder und Geschichten, Bilder und Linien (4 Bände), Calwer-Verlag Stuttgart 1993 ff.

Sein Bewusstsein
vertiefen

13 Sein Bewusstsein vertiefen durch Eutonie

Markus Arenhövel

> *Wenn wir selbst in unserem Handeln und Tun frei sind, lebt das Kind in einer*
> *unbefangenen Erziehungsatmosphäre, wird es aktiviert und kann in der Bewegung*
> *teilnehmen an dem »neuen Weg« des schöpferischen Menschen.*

Jenny Windels[1]

Kinder wachsen in einem Heute auf, das geprägt ist durch normierte Leistungsanforderungen, eine stetige Zunahme an Zeitmanagement, Geschwindigkeit und Mobilität, vielfältige mediale Einflüsse, veränderte Familiensituationen und Beziehungsqualitäten sowie nicht zuletzt durch eine Wandlung kulturellen und religiösen Lebens. Es steht außer Frage, dass die umwälzenden gesellschaftlichen Entwicklungen der Postmoderne eine veränderte Kindheit zur Folge haben, welche die Entwicklungsbedürftigkeit und -fähigkeit der Kinder immer weniger berücksichtigt. Veränderungen des Raumerlebens, der räumlichen und zeitlichen Lebensbedingungen sowie der Inhalte der Wahrnehmung und des Erlebens begegnen den Kindern in der heutigen Wirklichkeit und ziehen wahrscheinlich eine Wandlung des Denkens, Fühlens und Handelns und damit eine Veränderung der inneren Welt nach sich. »Wahrnehmen, Erleben und die Verarbeitung von Erfahrungen sind Prozesse der inneren Welt.«[2] Das Kind funktioniert im Sinne einer Gesellschaftsordnung und wird auf einen Lebensstil »nach außen hin« gerichtet und erzogen.

Die Wandlung des heutigen Lebensumfeldes von Kindern führt häufig aufgrund einseitiger Sinnesreize zu einer Verarmung an vielfältigen Wahrnehmungsfähigkeiten und damit zu Störungen im Bereich der Verarbeitung sensorischer Reize. Ein beeinträchtigtes Körperschema und -bewusstsein ist die zwangsläufige Folge, das Kind wird sich selber fremd und in seinen Entwicklungsmöglichkeiten einge-

---

1   Jenny Windels: Eutonie mit Kindern, München 1984, 150

2   Gabriele Faust-Siehl u.a.: Mit Kindern Stille entdecken. Bausteine zur Veränderung der Schule, Frankfurt/M. [5]1995, 15

schränkt. Hier kann die Eutonie mit ihren Übungen zur Anspannung und Entspannung, zum Wahrnehmen des Körperinneren und -äußeren sowie zum Kontaktnehmen eine Methode sein, nicht nur Kinder zu einem befreienden und bewussten Umgang mit sich selbst zu führen und damit im Sinne einer ästhetisch-religiösen Erziehung heilend und sinnstiftend zu wirken (⋆ Kap. 1 und 2).

Eutonie – Natürliche Spannung als Lebenskraft

Was ist unter Eutonie zu verstehen? Zunächst hat das Wort »Eutonie« seine Wurzeln im Griechischen und bedeutet übersetzt: *eu = gut, wohl, harmonisch und tonus = Spannung.*[3]

Gerda Alexander prägte den Begriff Eutonie 1957 als eine psychophysische Methode der Selbstfindung über den eigenen Körper und entwickelte in Kopenhagen in einem langen Prozess die Eutonie zu einer eigenständigen Therapie:

> »Eutonie ist ein westlicher Weg zur Erfahrung der körperlich-geistigen Reinheit des Menschen. Nicht durch Versenkung, sondern durch Erweiterung des Bewusstseins werden schöpferische Kräfte entfaltet und zugleich die soziale Kontaktfähigkeit aktiviert – ein Entwicklungsweg, der die Qualität der Persönlichkeit freilegt und ihr die Anpassung an das Leben der Gemeinschaft ohne Verlust ihrer Eigenart ermöglicht.«[4]

Ausgangspunkt für die Eutonie ist die Wechselbeziehung zwischen der Persönlichkeit des Menschen und der Umwelt als eine grundlegende Bedingung für ein Realitätsbewusstsein. Das Fundament für dieses Realitätsbewusstsein ist der *Spannungsausgleich* in der psychophysischen Ganzheit des Menschen: »Deshalb wird die leib-seelische Grundspannung zur gesunden Mitte hin reguliert und damit normalisiert...«[5] – durch intensive Aufmerksamkeit und bewusstes Einwirken auf die Beschaffenheit der Spannung des gesamten Muskel- und Nervensystems.

Neben dem Grundprinzip des Spannungsausgleichs stellt die so genannte *Präsenz* einen zentralen Übungsbereich der Eutonie dar. Sich und die Umwelt als real zu fühlen und dieses Bewusstsein im alltäglichen Leben zu erhalten, betrachtet Alexander als Gabe und Aufgabe der Eutonie. Hierbei spielt die Kontaktnahme zur Umwelt über die Haut eine entscheidende Rolle. Ebenso wendet sich der

---

3 Marianne Kjellrup: Bewußt mit dem Körper leben: Spannungsausgleich durch Eutonie, München [8]1995, 13

4 Gerda Alexander: Eutonie. Ein Weg der körperlichen Selbsterfahrung, München [8]1992, 25

5 Anton Stangl/Marie-Luise Stangl: Lebenskraft. Selbstverwirklichung durch Eutonie und Zen. Düsseldorf [4]1992, 89

Mensch durch die Methoden der Eutonie seinem Körperinneren zu. Er versucht präsent zu werden durch »eine klare, objektive Umweltwahrnehmung« und gleichzeitig durch das Spüren der »Lebensprozesse des eigenen Körpers wie Tonus, Zirkulation, Atmung«[6]. Der Eutonie Anwendende steht sich selbst aus einer neutralen und angstfreien Distanz gegenüber, um so sich in seiner Umgebung wach und ohne Vorurteile wahrzunehmen. Dadurch wird deutlich, dass in der Eutonie *nicht* wie bei anderen Methoden Suggestion und meditatives Versenken anzutreffen sind.

Eutonische Übungen wirken sich auf die Funktionssysteme des Tonus, des vegetativen und motorischen Nervensystems aus. Sie üben somit die kinästhetischen Qualitäten Stellungs-, Bewegungs-, Kraft- und Spannungssinn sowie das in unmittelbarer Beziehung mit ihnen stehende taktile Wahrnehmungssystem. Eutonie fördert durch das Schaffen eines dynamischen Gleichgewichtes zwischen Anspannung und Entspannung die Entwicklung eines präsenten und realen Körperschemas. Bestandteile dieses Erfahrungsweges können sich eignen, um Kindern ein präsentes Selbsterleben und eine bewusste Selbsterkenntnis zu ermöglichen.

Handlungsprinzipien der Eutonie

Herausragende Bedeutung kommt in der Eutonie dem Prinzip des Hautkontakt-Bewusstseins zu. Das Spüren, das bewusste Wahrnehmen des eigenen Körpers über die Haut in ihrer Berührung und ihrem Kontakt zur Umwelt führt zu einem »Wecken der äußeren und inneren Fühlfähigkeit, also Sensibilisierung der ganzen Persönlichkeit«[7]. Die Entwicklung des Körperbildes und die Abgabe von Überspannung bzw. Aufnahme von Spannung wird ermöglicht. Die Eutonie unterscheidet im Bereich des Hautkontakt-Bewusstseins die beiden Grundbegriffe *Berührung* und *Kontakt*. Unter Berührung – Windels spricht hier von »toucher«[8] – ist das Hautgefühl, die Erfahrung der Körperbegrenzung und das Erlebnis der äußeren Körperform zu verstehen. Dahingegen überschreitet der Kontakt die sichtbare Begrenzung des Körpers und ermöglicht ein intensiveres, tiefer gehendes Kontaktnehmen mit einem Objekt. »Dieser bewusste Kontakt hat einen stärkeren Einfluss auf den Körper in Bezug auf Tonus-, Zirkulations- und Stoffwechselveränderungen als die Berührung«[9] und wird in

---

6   Marianne Kjellrup, a. a. O., 13
7   Anton Stangl/Marie-Luise Stangl, a. a. O., 101
8   Jenny Windels, a. a. O., 35
9   Gerda Alexander, a. a. O., 32

den Übungen der Scharing-Eutonie zumeist mit »einfühlen« und »hinfühlen« angeleitet[10]. Diese Kontakt-Aufnahme stellt im Grunde bereits ein zweites Prinzip eutonischen Handelns dar.

Ein weiteres wichtiges Prinzip der Eutonie ist das *erweiterte Kontaktbewusstsein*. Dabei erfolgt eine Verlängerung der Kontaktnahme mit Hilfe der Vorstellung über den Körper hinaus. Durch den Kontakt in die Raumtiefe gelangt der Körper zu einer erweiterten Wahrnehmung seiner Umwelt: »Verlängerung ist eine erweiterte körperliche und geistig-seelische Berührung.«[11] Eutonische Übungen zur Verlängerung fördern die propriozeptive Wahrnehmung der Erdschwere und Skelettmuskulatur und können durch unterschiedliche Medien unterstützt werden. Da dieser Kontakt in die Raumtiefe ein ausgeprägtes Körperbewusstsein voraussetzt, sind Verlängerungsübungen für erste eutonische Erfahrungen nur sehr eingeschränkt von Bedeutung.

Bei dem eutonischen Prinzip des *Innenraum-Bewusstseins* wendet sich die Kontaktnahme dem Körperinneren zu. Eutonische Übungen lassen eine »Fühlungnahme des Körpers«[12] nach innen zu. Es geht also primär um das Wahrnehmen des innenliegenden Körperraumes und im erweiterten Sinne auch um Bewusstmachen des Skeletts, Wahrnehmen der Muskulatur, Erspüren der Hautinnenseite. Der heutige Mensch ist häufig allein nach außen gerichtet. Eine Wahrnehmung des Leiblich-Inneren erfolgt tatsächlich zumeist erst bei schmerzlichen Fehlfunktionen – plötzlich wird ein Körperteil durch Schmerzwahrnehmungen in das Bewusstsein gebracht und erst damit bewusst wahrgenommen, unter Umständen sogar erstmalig bewusst gespürt. Das Nach-außen-gerichtet-Sein des heutigen Menschen verwehrt ihm eine ganzheitlich bewusste Existenz: »Nur wer sich außen *und* innen fühlen kann, ist ein ganzheitlicher Mensch.«[13] Die Übungsmethoden der Eutonie erreichen diese kinästhetischen Wahrnehmungen über das Erspüren von und das Bewegen gegen Widerstände. Das Abdrücken oder Abstoßen ermöglicht kinästhetische Wahrnehmungen; denn »dabei geht es um das Kennenlernen, Auslösen und Zulassen all jener Muskelreflexe, die wir brauchen, um uns gegen die Anziehungskraft der Erde zu behaupten«[14]. Eutonie versucht, zu einem Spannungausgleich in leiblich-seelischer Ganzheit zu führen und ermöglicht dadurch eine Erweiterung des präsenten Bewusstseins gegenüber dem eigenen Körperschema sowie der Lebensumwelt und damit gegenüber den Mitmenschen. »So gesehen, ist Eutonie ein Weg, der aus der Isolierung und Vereinsamung des modernen Menschen herauszuführen hilft.«[15]

10 Beate Brandt: Jeden Tag leibhaftig leben. Übungsbücher zur Scharing-Eutonie, Mainz ³1993

11 Anton Stangl/Marie-Luise Stangl, a.a.O., 109

12 Ebd., 118

13 Ebd., 118

14 Ulrich Brand: Eutonie – natürliche Spannkraft, München ⁴1995, 9

15 Anton Stangl/Marie-Luise Stangl, a.a.O., 97

Eutonie mit Kindern

Die Durchführung von Eutonie-Übungen mit Kindern kann durch die Kontaktnahme des Körpers mit der Erde zu einer Verbesserung oder Erneuerung ihrer grundlegenden Sicherheit führen. Windels vergleicht diese Sicherheit mit der Geborgenheit während des vorgeburtlichen Lebens im Mutterleib.[16] Des Weiteren trägt die Förderung der Basissicherheit zu einem verbesserten Verhältnis zur Außenwelt bei. Windels hat ihre Eutonieübungen vor allem im Bereich der Sonderschule angewandt. Sie konnte bei allen Schülern eine Verbesserung des Sozial- und Lernverhaltens beobachten, die sie ebenfalls auf eine Sicherheit und Geborgenheit durch ein spannungsausgeglichenes Körperschema zurückführt. Die Förderung der Entwicklung des Körerbewusstseins lässt das Kind Anknüpfungs- und Vergleichsmöglichkeiten entdecken, die unter anderem auch für das Lernen von Bedeutung sind. Welcher Lehrer wünscht sich in seinem Unterricht nicht konzentrierte und aufmerksame Schüler – also Präsens! Gegenwärtig und konzentriert kann das Kind nicht sein, wenn es nicht bei sich ist, den eigenen Körper in seiner realen Umwelt nicht wahrnimmt. Eutonie ist jedoch *nicht* als Disziplinierungsmaßnahme zu verstehen. Sie ist vielmehr eine Methode der Selbstfindung, Ich-Wahrnehmung und Persönlichkeitsentwicklung.

Bei eutonischen Übungen werden oftmals Hilfsmittel (Bambusstöcke, Tennisbälle, Holzkugeln, Holzblöcke etc.) als Kontakt- und Widerstandsmedien verwendet.[17] Auch Windels verwendet für die Eutonie mit behinderten Kindern fast immer Hilfsmaterialien. Dabei handelt es sich ebenfalls um oben genannte, zusätzlich aber um viele Dinge des täglichen Gebrauchs (Teller, Biedeckel, Kastanien, Tücher, Murmeln etc.). Diese Materialien verwendet sie als »Pufferzone bei gezielten oder allgemeinen, den Tastsinn betreffenden bzw. kinästhetischen Wahrnehmungen oder als Hilfsmittel für Kraft-, Richtungs- und Sinngebung«[18]. Die in diesem Kapitel im Rahmen einer ästhetisch-religiösen Erziehung vorgeschlagenen eutonischen Übungen benutzen ebenfalls immer wieder derartige Medien. Gerade für ungeübte Kinder mit einem geringen Körperbewusstsein sind zusätzliche reale Sinnesreize im taktilen und kinästhetischen Bereich unerlässlich. Der Erziehende muss hier ausgehend von den angenommenen Bewusstseinsqualitäten der Kinder über den jeweiligen Einsatz des Materials entscheiden. Vielleicht erfolgt dann die Ausnutzung der alltäglichen Kontaktobjekte (Boden, Stufen, Stuhl etc.) erst zu einem späteren Zeitpunkt.

---

16 Jenny Windels, a.a.O.

17 Vgl. Ulrich Brand [4]1995, BeateBrandt [3]1993, Marianne Kjellrup [8]1995

18 Jenny Windels, 1984, 143

Im Gesamtzusammenhang einer ästhetisch-religiösen Erziehung in der Schule, im Kindergarten und in der Familie kann es nicht darum gehen, den Kindern Eutonie als Übungsweg hin zu einer Lebensgestaltung gemäß dem Buchtitel »Jeden Tag leibhaftig leben«[19] nahe zu bringen. Dazu bedarf es speziell ausgebildeter Eutonie-Pädagogen, die Art und Weise einer Lebensform nahe bringen, »dass Leib und Seele, wir und die Umwelt in Einklang sind«[20]. Dies können Erziehende nicht leisten und es würde sie überfordern. Somit finden sich in diesem Kapitel keine Übungen zu reiner Eutonie, wie sie etwa die Anleitungen nach Brand, Brandt oder Kjellrup darstellen. Vielmehr sind die im Folgenden dargestellten Übungen der Eutonie verwandt und verfolgen zumeist ihr ähnliche Ziele. Sie sollen von dem ästhetisch-religiös erziehenden Lehrer, Erzieher und Elternteil in der Praxis anwendbar sein. Voraussetzung ist, dass dieser die Notwendigkeit zu einer Förderung der Selbstbeziehung und des Körperbewusstseins der Kinder erkennt und als Erziehungsauftrag annimmt. Des Weiteren kann eine eutonisch orientierte Erziehung nur den gewünschten Erfolg haben, wenn der Erziehende selber eine Beziehung zu den jeweiligen Übungen hat. Er kann diese Methode nicht isoliert im Umgang mit Kindern anwenden, wenn er sie nicht auch für sich als realisierte Möglichkeit eines präsent werdenden leib-seelischen Bewusstseins in sein Leben lässt. Das bedeutet: Der Erziehende selbst muss seine Sinne bewusst spüren und einsetzen. Präsent sein, Leiblichkeit, Spannungsausgleich, Zeit, Raum und Stille sollen wahrnehmbarer Lebensinhalt sein. Es versteht sich von selbst, dass der Übungsanleiter die geplante Übung vor ihrer Anwendung bei Kindern mit sich selbst durchführt.

Durchführung eutonisch orientierter Übungen

Die hier vorgestellten eutonischen Übungen geben einen Einblick in die überaus vielfältigen Möglichkeiten einer psychophysischen Förderung. Sie sind als Anregungen zu verstehen, auf die hin der Interessierte sich intensiver fachlich, aber auch persönlich mit den Methoden der Eutonie auseinander setzen kann. Leitend bei der Überlegung, die eutonisch orientierten Übungen in der Arbeit mit Kindern einzusetzen, müssen jedoch die Kinder selbst sein. Dies erfordert vor allem dann eine genaue Beobachtungsgabe, wenn Wahrnehmungsstörungen, Lern- und Konzentrationsschwierigkeit, soziale und psychische Probleme sowie Defizite im Bereich des Körperschemas nicht auf den ersten Blick erkennbar sind.

---

19   Beate Brandt, a.a.O.
20   Ulrich Brand, a.a.O., 8

Die Durchführung eutonisch orientierter Übungen sollte in einem vorbereiteten Raum geschehen. Die Kinder sollen sich wohl und geborgen fühlen können. Ablenkende Gegenstände wie viele Bilder, geschmückte Wände und zu viel Mobiliar wirken sich eher ungünstig auf die Kinder aus. Es ist darauf zu achten, dass jedes Kind »seinen Platz« im Raum findet, der durch eine Decke und evtl. durch eine Unterlage für den Kopf (Handtuch) erkennbar wird. Der Lichteinfall kann ebenfalls störend wirken – es sollte eine Möglichkeit bestehen, den Raum abzudunkeln. Materialien, die während der Übung gebraucht werden, müssen im Raum erreichbar dort liegen, wo sie eingesetzt werden. Es ist jedoch darauf zu achten, dass diese Dinge nicht ablenken.

Die an der Übung teilnehmenden Kinder sollten sich möglichst bequem und ausreichend kleiden. Ein Jogging-Anzug und warme Socken sind ideal – während des Übens im Liegen oder Sitzen sollen die Kinder nicht frieren.

> »Eutonische Übungen werden im Sitzen und im Liegen durchgeführt. Der direkte Kontakt des Körpers mit dem Boden ist wichtig, um sich selbst zu finden. Jeder Teil des Körpers wird spürbar gemacht. Die Augen sind geschlossen, und der ganze Mensch mit Körper, Geist und Seele konzentriert sich auf sich selbst.«[21]

Die Durchführung eutonisch orientierter Übungen sollte immer in mehreren Phasen erfolgen. Einserseits erhält die Übung dadurch eine für die Kinder nachvollziehbare Struktur, andererseits fordert die Methode an sich ein rhythmisches Wechseln zwischen Anspannung und Entspannung und damit mehrere Phasen: Einstieg, Übungsanweisung, Beobachtung, Vertiefung, Beobachtung und Ausklang/Mitteilung.

Einstieg: Die Einstiegsphase führt die Kinder durch Bewegung, Dehnen und Strecken, Hören von Musik oder Aufsuchen und Einrichten des eigenen Platzes hin zur Übung. Hier ist ein motivierendes Moment angebracht.

Übungsanweisung: In dieser Phase spricht der Übungsleiter gezielt die Sinnessysteme des Kindes an. Die Konzentration auf innere oder äußere Empfindungen ermöglicht den Kindern ein Hineinfühlen und präsentes Aufmerksamwerden.

Beobachtung: Das Kind erhält Zeit zum Beobachten seiner selbst aus einer neutralen Distanz. Es kann sich ganz gegenwärtig erleben.

Vertiefung: Möglicherweise erfolgt eine weitere Übungsanleitung, die die Kontaktnahme nach außen und innen, auch durch Materialien, intensivieren kann.

---

21   Ingrid Biermann: In der Stille spür' ich mich – in der Stille find' ich mich. Eutonien für Kinder im Grund- und Vorschulalter. Sonderheft Bausteine Kindergarten/Grundschule, Aachen o. Jg., 2

Beobachtung: Wie bin ich jetzt da? Das Kind erhält nochmals Zeit, seine reale Wahrnehmung von Leib und Umwelt zu spüren.

Ausklang und Mitteilung: Das Kind erhält die Gelegenheit, dem Erlebten in geänderter Lage weiter nachzupüren. Im Gespräch kann es seine Empfindungen mitteilen oder Erlebtes kreativ zum Ausdruck bringen.

Vertiefung und zweite Beobachtung sind kein unbedingt notwendiger Bestandteil, sie können je nach Bedürfnislage und Situation der Kinder eingesetzt werden. Unerlässlich sind jedoch die anderen vier Phasen einer eutonisch orientierten Übung, damit Kinder ihren Körper bewusst wahrnehmen können.

Beispiele für eutonisch orientierte Übungen

In den folgenden Ausführungen werden methodische Möglichkeiten für eutonisch orientierte Übungen vorgestellt. Es handelt sich hier um eine Auswahl von Anleitungen und Ideen, die alle praxiserprobt sind. Erziehende können diese Vorschläge anwenden, jedoch sollen sie grundsätzlich als Anregung verstanden werden, die Übung für die jeweiligen Kinder so abzuändern und zu ergänzen, wie es für sie notwendig erscheint. Anleitungen und Ideen sollen Erziehende, wenn sie von den ihnen anvertrauten Kindern ausgehen, zu eigener Kreativität bezüglich der methodischen Vorgehensweise veranlassen. Im Mittelpunkt der Übung soll immer jedes Kind einer Übungsgruppe stehen, nicht etwa die Attraktivität einer Methode.

Möglichkeiten für Einstiege:

★ **Sich ablegen:** Die Kinder kommen in den vorbereiteten Raum, ziehen ihre Schuhe aus und suchen sich ihren Platz. Sie machen es sich auf ihrer Decke richtig bequem und gemütlich und suchen sich eine angenehme Lage (möglichst auf dem Rücken). Sie werden aufgefordert, sich mit dem ganzen Körper in die Decke zu räkeln und ihn auf der Decke abzulegen. Elemente wie das Ablegen auf der Decke und das Niederlassen und Einschmiegen in den Untergrund sollte der Übungsleiter immer wieder einsetzen.

★ **Aufwachspiel:** Die Kinder träumen auf ihrem Platz im Liegen zu einer Musik. Der Erziehende »weckt« die Kinder durch eine sanfte Berührung oder Ton (Klangschale) auf. Die Kinder sollen sich nun kräftig räkeln, sich dehnen, hin und her wälzen, gähnen, strecken und recken. Dieses Aufwachen ist eine natürliche Form von Anspannung und Entspannung, lässt den ganzen Körper spüren und wirkt zudem äußerst wohltuend, denn hier kommen die Übenden zur natürlichsten Form der Tiefatmung.[22]

★ **Sitzen und Atmen:** Die Kinder kommen in den Raum, suchen sich ihren Stuhl und setzen sich gerade auf ihn. Die Hände liegen ruhig auf den Oberschenkeln. Sie schließen die Augen und atmen ruhig und gleichmäßig ein und aus. Der Übungsanleiter kann das Fenster öffnen, um so das Empfinden des erfrischenden Atmens zu verstärken. Strecken und Gähnen schließen sich an. Diese Einstiegsübung sowie das Aufwachspiel können bereits erste eutonische Empfindungen erzeugen und können auch als kurze Übung für sich stehen.

Von der Bewegung zur Ruhe:

★ **Igel:** Such dir einen Ort irgendwo im Raum. Stell dir vor, du bist ein Igel, der über eine Straße läuft. Geh auf allen Vieren und kriech unter einem Gartenzaun hindurch bis zu deinem Platz. Du bist angekommen und kannst dich ausruhen. Da kommt ein neugieriger Hund und stupst dich an (der Erziehende kann jedes Kind berühren). Erschrocken rollst du dich ganz klein auf deiner Decke zusammen. Spürst du, wie eng deine Arme und Beine am Körper liegen? Atme dabei ruhig weiter. – Jetzt ist die Gefahr vorbei, du entspannst dich und rollst dich langsam auf, bis du auf deiner Decke liegst.[23]

★ **Versteinern:** Die Kinder bewegen sich zu einem Rhythmus oder zur Musik frei durch den Raum. Sobald das Geräusch verstummt, müssen alle wie »versteinert« stehen bleiben. Erst wenn sie wieder etwas hören, dürfen sie die Körperspannung lösen. Durch das Flüstern der Namen kann der Übungsleiter die Kinder auf ihre Plätze rufen.[24]

★ **Mäuse:** Stell dir vor, du bist eine kleine Maus, die mit den anderen Mäusen vor ihrem Mauseloch herumkrabbelt und Getreidekörner knabbert. Die Kinder spielen pantomimisch, im Hintergrund kann leise Musik laufen. – Da, auf einmal kommt die Katze! Der Erziehende als Katze versucht die Mäuse zu fangen. Die Mäuse haben es eilig, in ihr Mäusenest (eigener Platz) zu kommen. Dort legen sie sich erschöpft hin und ruhen sich aus.[25]

★ **Marionettenspiel:** Die Kinder stellen sich zu zweit zusammen. Ein Kind legt sich mit dem Rücken auf den Boden oder setzt sich auf einen Stuhl, es stellt die Marionette dar. Der andere zieht an den imaginären Fäden, die an den einzelnen Gliedern und Gelenken der Puppe befestigt sind und erweckt so die Marionette zum Leben.[26] Die Fäden können zur Steigerung der Anspannung

---

22   Vgl. Elena Cardas: Atmen – Lebenskraft befreien, München 1989
23   Vgl. Karl Liebrich/Helga Schubert: Auf den Schwingen der Bewegung und Phantasie, Donauwörth ²1994, 14
24   Ebd., 15
25   Ebd., 15
26   Ebd., 22

auch gedachte Gummibänder sein. Nach einer bestimmten Zeit werden die Rollen getauscht. Dieser Einstieg eignet sich auch zur Einführung in das eutonische Handlungsprinzip der Verlängerung.

★ **Raketenabschuss:** Die Kinder legen sich auf einen glatten Boden und stellen die Füße mit angezogenen Knien gegen die Wand. Mit einem kräftigen Stoß drücken sie sich an der Wand ab in den Raum. Die Kinder erleben dadurch intensive kinästhetische Sinnesreize. Nach Windels hat diese Anwendung »einen vitalisierenden Einfluss auf das Knochengerüst«[27] und kann auch das Kontaktnehmen zu einem Widerstand einführen.

Übungsanweisungen und Vertiefungen:

★ **Den Atem im Körper spüren:** Die Kinder liegen in der Rückenlage auf ihrer Decke. Die Arme liegen locker neben dem Körper, die Beine sind ausgestreckt, die Fersen liegen nebeneinander und fallen dann locker mit den Füßen nach außen. Kinder, die möchten, schließen die Augen. Die Kinder spüren dem Einstieg nach und atmen ruhig ein und aus. Sie spüren, wie ihr Leib daliegt – Rücken, Kreuzbeinpartie oberhalb des Gesäßes, Beine, Füße, Kopf, Arme, Hände, der Körper als Ganzes. Lass deine Glieder, deinen ganzen Körper auf deiner Decke nieder, schmieg ihn in die Unterlage ein. Versuche, die Decke am ganzen Körper wahrzunehmen. Die Kinder achten auf den Atem – das Einströmen und Ausströmen. Sie können ihre Hände locker auf den Bauch legen und die Bewegung des Atems spüren – wie sich der Bauch beim Einatmen hebt und beim Ausatmen senkt. Je nach Übungserfahrung und Vorstellungsvermögen: Stell dir vor, deinen Atem beim Ausatmen durch den ganzen Körper zu schicken, durch die Brust, Bauch, Leisten, Beine, bis zum Knöchel und lass den Atem durch die Fußsohlen hinausgehen (Übung zum Durchströmen). Die Kinder dieses Präsentsein wahrnehmen und sich selbst beobachten lassen.

★ **Die Luft spüren:** Die Kinder liegen auf ihren Decken in Rücken- oder Seitenlage. Ihr Körperempfinden wird angeregt, wenn der Übungsleiter die Luft um ein Kind mit einer Pappe in Bewegung bringt und so taktile Reize auslöst. Temperaturunterschiede können empfunden werden und auch tiefere Körperregionen beeinflussen.[28] Die Kinder spüren intensiv die Reize der Luft sowie ihr Dasein, nachdem der Luftzug verstrichen ist.

★ **Das Leben spüren:** Suche einen Platz für den Kopf, damit er gut liegen kann und lass deine Augen zufallen. Denk an den rechten Arm. Heb' ihn hoch und lass ihn fallen. Er liegt auf dem Boden ganz locker und weich (Der Übungsleiter kann den Arm berühren). Spürst du am Boden, wie lang er ist? Von der Schulter abwärts, Oberarm, Ellbogen,

---

27 Jenny Windels, a.a.O., 51
28 Vgl. Annette Lohmann: Förderung von Entspannung durch Ruhe und Bewegung in der Unterstufe einer Geistigbehindertenschule – eine Erkundungsstudie, Unveröffentl. Manuskript, Dortmund 1996

Unterarm bis hin zu den Händen? Spürst du die Hände am Boden, den Daumen, den Zeigefinger, die anderen Finger? Spürst du die Wärme im Arm? – Nun lass den Arm, die Hand ganz still auf dem Boden liegen. Dasselbe wird mit dem linken Arm durchgeführt. Nun spüre die Arme und die Hände, den ganzen Rücken. Spüre den Po und die Beine auf dem Boden. Sie liegen wie die Arme locker und weich. (Sie können berührt werden). Von oben bis unten spüren die Beine den Boden. Dein ganzer Körper spürt den Boden. Der Boden trägt dich, lass dich auf ihm nieder, ruh dich auf ihm aus. – Kannst du dein Herz spüren – wie es klopft? Kannst du deinen Atem spüren? Spür die Luft, die in dich hineinströmt und wieder hinausströmt. Spür das Leben in dir![29]

★ **Die Spannung spüren:** Die Kinder liegen in der Rückenlage mit angewinkelten Beinen auf ihrer Decke. Der Erziehende gibt einige Impulse zum Kontaktnehmen mit dem Untergrund sowie zur Wahrnehmung des Körperinneren (siehe oben). Dann fordert er die Kinder auf, zuerst das eine Bein langsam, wie in Zeitlupe, auszustrecken, wobei die Fußsohle so lange wie möglich auf die Berührung zur Erde halten soll. In einer kurzen Ruhephase werden geübtes und ungeübtes Bein miteinander verglichen. Es folgt anschließend das Strecken des anderen Beines, wiederum indem der Fuß über den Boden »schleift«. So werden intensiv der Spannungssinn sowie die Wahrnehmung der Muskeln in den Beinen und Füßen gefördert. Es folgt eine Phase des Ausruhens und der Wahrnehmung des gegenwärtigen Daseins beider Beine.

Übungen mit Materialien

★ **Den Körper »bedecken«:** Der Erziehende bedeckt den Körper jedes Kindes mit Bierdeckeln[30] (vorher erfolgt eine Information über während der Übung verwendetes Material, gegebenenfalls Erkundung). Werden beispielsweise bei Kindern mit Behinderung intensivere Reize benötigt, eignen sich auch Teller, Untertassen oder Dessertteller. Die einzelnen Bierdeckel auf den unterschiedlichen Körperteilen und -regionen spüren. Sie in der Vorstellung in den Körper aufnehmen, in sie hineinspüren. Den Körper mit den aufliegenden Bierdeckeln bewusst wahrnehmen und beobachten lassen.

★ **Sandsäckchen:** Der Übungsanleiter bedeckt einige Körperteile der Kinder mit Sandsäckchen – sie ermöglichen intensive kinästhetische Wahrnehmungen. Spürst du das Sandsäckchen auf deinem rechten Arm? Fühlt es sich ganz schwer oder leicht an? Drückt es sich in deine Haut und in deinen Körper? Lass den Druck zu und nimm es an. (Übungsanleiter nimmt Sandsäckchen weg) Wie nimmst du die Stelle wahr, an der bis eben das Säckchen gelegen hat? Was spürst du – ist es warm oder kalt, kribbelt es? Hast du das Gefühl, dass das Säckchen noch dort liegt, oder fühlst du die Stelle schon gar nicht mehr?

---

29   Vgl. Franz Kett/Esther Kaufmann (Hrsg.): In Bewegung sein – in Ruhe sein. Religionspädagogische Praxis 1978/4
30   Vgl. Annette Lohmann, a.a.O.

- ★ **Bambusstab:** Jedes Kind liegt auf dem Rücken und legt sich einen Bambusstab auf die Mittelachse des Körpers. An welchen Körperstellen fühlst du, dass die Stange aufliegt? Wie fühlt es sich dort an? Gibt es einen Unterschied zu den Stellen, an denen der Stab nicht deinen Körper berührt?

- ★ **Holzkugeln:** Die Kinder liegen in Rückenlage auf ihren Plätzen und haben in jeder Hand ein Holzei oder eine -kugel. Ertaste das Holzei – lass es in deiner rechten Hand spielen. Halte es nun einfach in der Hand. Fühlst du es anders als das Holzei in der linken Hand? Lass auch das Ei in der anderen Hand etwas spielen und spüre genau, wo deine Hände die Eier berühren. Greif sie einmal ganz fest, drück sie kräftig und lass sie wieder los. Die Holzeier fördern die taktile und kinästhetische Wahrnehmung der Hand sowie das Erleben der Muskelanspannung und -entspannung beim festen Zudrücken.

- ★ **Stock-Laufen:** Diese Übung ist eher für ältere und bereits geübte Kinder geeignet. Jedes Kind steht in Socken auf einer warmen Unterlage (Decke). Der Stock liegt mit einem Ende vor dem zu übenden Fuß. Die vordersten Zehenkuppen des übenden Fußes berühren den Stock, nehmen Kontakt auf, üben leichten Druck aus; nach und nach wandern die Zehen, die Fußballen, der Mittelfuß und die Ferse über den Stock, immer wieder üben die Kinder Druck aus, auch und gerade da, wo eventuell Widerstand und Schmerz gespürt werden. Wenn dann der ganze Fuß über den Stock gewandert ist, stellen die Übenden sich gerade hin und vergleichen das Boden-Empfinden in beiden Füßen.[31] Es folgt die Wiederholung der Übung mit dem anderen Fuß, dann die Phase der Beobachtung beider Füße und Mitteilung.

Übungen mit Identifikation

- ★ **Einwurzeln:** Während eines Tons (Klangschale o. Ä.) legen die Kinder sich langsam auf ihrem Platz ab und versuchen, sich in den Boden hineinzufühlen. Sie werden wie Wurzeln, die in der Erde sind, sich dort immer mehr ausbreiten – ausstrecken – festhalten. Hier ist die Bauchlage möglich, die Kinder können Arme und Beine ausstrecken. Sprachliche Imagination: Die Wurzeln werden von der Erde umschlossen. Sie lassen sich in die Erde hinein los. Sie öffnen sich und nehmen Kraft aus der Erde – Wasser, Wärme. Die Kraft strömt durch die Wurzeln. Ganz langsam beginnt etwas zu wachsen und zu blühen. Ein Ton gibt den Kindern den akustischen Impuls, sich langsam vom Boden zu lösen und emporzuwachsen, bis sie aufrecht stehen.[32]

- ★ **Weitere Möglichkeiten:** Das Korn liegt ganz umschlossen in der Erde und beginnt zu keimen und sich zu entfalten. – Jedes Kind spielt ein Tier, das Vorräte für den Winterschlaf sammelt. Schließlich fällt es auf seinem Platz in die Winterruhe und wird dann durch die Frühlingssonne wieder geweckt.

---

31 Vgl. Bernhard Müller: Meditative Übungen für unruhige Geister – Gelassenheit und Konzentration für Jung und Alt, München 1997

32 Vgl. Franz Kett/Esther Kaufmann, a.a.O.

★ **Den Körper spüren: Die Ameise auf Wanderschaft.** Eine Übung, die eher für jüngere und ungeübtere Kinder geeignet ist. Die Kinder liegen auf ihren Decken. Stell dir in deinem Kopf eine kleine neugierige Ameise vor. Sie ist so neugierig, dass sie sich auf eine Wanderung durch deinen Körper machen will. Vom Kopf aus geht sie durch den Hals in die Brust. Hier spürt sie, wie dein Atem an ihr vorbeiströmt. Nachdem sie sich ein wenig in der Schulter umgesehen hat, wandert sie weiter in den rechten Arm. Durch den Ellbogen kommt sie in den Unterarm und schließlich in deine Hand. Hier gibt es viel zu sehen. So viele kleine Räume in den Fingern! Ob es in dem anderen Arm genauso aussieht? *(Durchspüren des linken Arms)*. Jetzt macht sich die kleine neugierige Ameise auf den Weg in den Bauch. Sie fühlt, wie dein Ein- und Ausatmen den Bauch hebt und senkt. Im Becken fühlt sie, wie dieser große Knochen auf dem Boden aufliegt. Sie wandert weiter in das linke Bein. Im Kniegelenk gibt es viel zu sehen – beinahe hätte sie sich hier verlaufen, aber schon geht sie durch den Unterschenkel und kommt zu deinem Knöchel. Sie fühlt, wie deine Ferse auf dem Boden aufliegt und erkundet den Fuß bis in alle Zehen. Auch das andere Bein will die Ameise jetzt noch kennen lernen *(Durchspüren des rechten Beines)*. Auf spielerische Art und Weise fördert diese Übung die Wahrnehmung des Körperinneren sowie das Körperschema.

Übungen im Sitzen:

★ Die Kinder setzen sich auf einen Gymnastikball oder Stuhl und legen ihre Hände ruhig auf die Oberschenkel. Der Erziehende fordert die Kinder auf, mit der Hand eine Schale zu bilden. Dorthinein wird ein Tennisball gelegt. Die Kinder werden aufgefordert, den Ball langsam über ihren Körper rollen zu lassen. Alle beginnen an der Hand und berühren möglichst alle Körperteile.[33] Sie lassen den Ball in den Handinnenflächen liegen und spüren den Empfindungen nach.

★ Die Kinder sitzen auf einem Stuhl, die Füße sind fest auf den Boden gestellt, die Haltung ist aufrecht, der Rücken möglichst nicht angelehnt. Unter- und Oberschenkel sollten im rechten Winkel zueinander stehen. Stell dir vor, an deinem Kopf wäre wie bei einer Marionette oben in der Mitte ein dünner Faden angebracht. Er zieht dich leicht nach oben und richtet dich auf. Spüre dieses ganz leichte Ziehen nach oben und wende dich dann den Stellen zu, an denen du den Stuhl berührst (Po – Sitzbeinhöcker). Kannst du den Stuhl durch die Kleidung fühlen? Wie spürst du diese Stellen? Gehe dann durch deine Beine zu den Füßen und mach dir bewusst, wo sie auf dem Boden aufstehen. Fühle den Boden, der dir festen Halt gibt. Drücke deine Füße leicht in den Boden und spüre, dass der Grund dich aushält. Wie sitzt du jetzt mit deinem Körper? Tut es gut und ist es schön so dazusitzen – oder ist es vielleicht anstrengend?

---

33 Vgl. Ingrid Biermann, a.a.O.

Beobachtungsphasen:

★ Die Beobachtungsphasen nach der Anleitung einer eutonisch orientierten Übung sind unverzichtbar. Die Kinder sollen ausreichend Zeit bekommen, den erlebten Wahrnehmungen nachzuspüren und sich immer wieder des augenblicklich Gespürten bewusst zu werden.

Wie bist du jetzt da mit deinem ganzen Körper – wie kannst du dich jetzt fühlen? Wo hat sich etwas verändert? Was spürst du jetzt anders als vor der Übung? – »Sich als Ganzes daliegen spüren«.[34]

Möglichkeiten zum Ausklang und zur Mitteilung:

★ **Nachbesinnen und Ruhen:** Häufig empfinden Kinder es als angenehm, eine eutonisch orientierte Übung in einer Ruhephase mit ein wenig Musik ausklingen zu lassen. Es eignet sich leicht beschwingte klassische Musik.[35] Der Übungsleiter sollte jedoch immer berücksichtigen, dass ein für ihn angenehm klingendes klassisches Werk für manche Kinder eher beunruhigend oder störend wirkt (nach eigener Erfahrung u.a. auch Mozart). Vorab also sollte der Erziehende das Musikempfinden der Kinder in etwa kennen oder sich lieber für modernere Entspannungsmusik entscheiden (es eignen sich gut z.B. Andreas Vollenweider oder Kitaro). Anschließend kann ein Erlebnisaustausch mit allen erfolgen.

★ **Dehnen, Strecken und Gähnen:**

»Nach jeder Übung muss zum Abschluss der ganze Körper gedehnt und gestreckt werden. Das ist die ganz natürliche Reaktion des Organismus auf diese konzentrierte Bewusstseinsarbeit. Je intensiver die Übung war, je größer also die Konzentration, umso mehr Bedürfnis besteht ... nach Dehnen und Strecken. Häufig kommt dazu noch ein gewaltiger Gähnausbruch, der keinesfalls unterdrückt werden darf. Alles, das Dehnen, Strecken und Gähnen, wirkt auf den Körper wie eine große Befreiung. Er darf sich gehen lassen, sich lösen.«[36]

Der Übungsleiter kann die Kinder immer wieder dazu anhalten, das Gähnen und Strecken während und nach eutonisch orientierten Übungen jederzeit zuzulassen. Das Dehnen und Räkeln kann bereits im Liegen ausgeführt werden. Über eine erholsame Seitenlage kommen die Kinder schließlich zum Sitzen – dabei immer noch Strecken. Übungen wie das Aufwecken (s.o.) machen Kindern Freude und können helfen, Hemmungen in diesem Bereich zu überwinden.

★ **Verbaler Austausch:** Die Kinder erhalten die Gelegenheit, ihre Erlebnisse der eutonisch orientierten Übung verbal auszudrücken. Dieses Mitteilen eigener Enpfindungen und vielleicht auch Entdeckungen ist von unermesslicher

---

34 Anton Stangl/Marie-Luise Stangl, a.a.O., 107
35 Bernhard Müller, a.a.O.
36 Anton Stangl/Marie-Luise Stangl, a.a.O., 107

Bedeutung. Die Kinder verinnerlichen die Erfahrungen und verarbeiten so die neuen Sinneswahrnehmungen in einem Gesamt-Körperkonzept. Der Erziehende kommentiert und wertet die Mitteilungen der Kinder nicht; er hört aufmerksam zu und kann Nachfragen stellen. Er gelangt so zu Informationen, die möglicherweise für die Gestaltung der nächsten Übungseinheit bedeutungsvoll sind.

Kreative Ausdrucksmöglichkeiten (Kap. 3,5 und 17):*

★ **Malen:** Den Kindern wird das Angebot gemacht, ihre Erlebnisse der Übung frei zu malen. Diese Phase kann in ein Gespräch zu den Bildern übergehen. Der Übungsleiter kann die Methode auch an eine Aufgabe knüpfen, indem die Kinder z.B. noch einmal ihren Körper genau betrachten und dann sich selbst malen sollen. Dies fördert die Entwicklung des eigenen Körperbildes. Oftmals wird an den Bildern der Kinder deutlich, in welchem Körperbereich neue Sinneserlebnisse gemacht wurden und welche Körperregionen noch unbewusst sind. Möglich ist auch ein »religiöser Ausklang« anhand der Bilder: »Die Bilder werden in die Mitte gelegt. Jedes Kind holt sich eine brennende Kerze und stellt sie zu seinem Portrait. Das abschließende Gespräch weist noch einmal auf die Bedeutung jedes Körperteils hin.«[37] Gemeinsam kann ein kurzes Gebet gesprochen werden, indem alle Gott für den eigenen Körper und die Erlebnisse während der Übung danken.

★ **Gestalten mit Ton oder Salzteig:** Die Kinder bekommen nach der eutonisch orientierten Übung die Gelegenheit, ihren eigenen Körper plastisch mit Ton oder Salzteig zu formen. Diese Ausdrucksform fördert das Körperschema und ermöglicht es dem Erziehenden wahrzunehmen, wie ausgeprägt das Körperbewusstsein eines jeden Kindes ist. Durch regelmäßiges Durchführen der Übungen und Einsetzen dieser Methode wird bei vielen Kindern eine sichtbare Entwicklung des Körperempfindens einsetzen. Im Anschluss an das Modellieren und Formen kann auch hier ein gemeinsames, freies oder gebundenes Gebet gesprochen werden.

★ **Den Körper legen:** Nach einer Ruhephase stehen den Kindern viele verschiedene Natur- und Legematerialien zur Verfügung. Sie können ihre Körperempfindungen mit diesen Gegenständen legend mitteilen. Ruhige Musik kann die Tätigkeit der Kinder begleiten. Bei dem Einsatz dieser Methode bedarf es nicht unbedingt eines Gesprächs über die Gestaltung. Der mediale Ausdruck kann auch für sich stehen. Die Möglichkeit zur Mitteilung sollte jedoch generell immer bestehen.

---

37 Ingrid Biermann, a.a.O., 16

★ **Mandala malen:** Die Ruhephase kann für die Kinder auch mit dem Malen von Mandalas gestaltet werden. Hier können die Kinder sich vor allem farblich ausdrücken, da die Strukturen des Mandalas weitgehend vorgezeichnet sind. Das meditative Ausmalen eines Mandalas führt zur Mitte. Somit kann es die Kinder zu ihrer eigenen Mitte, zu sich selbst führen. Beim Malen können sie ganz präsent bei sich sein und die eutonisch orientierte Übung, das Erleben von Anspannung und Entspannung nachklingen lassen. Dörig stellt die eutonische Wirkweise von Mandalas heraus:

»Wenn ich mich dem Mandala aussetze, will ich vorerst einmal die auseinander laufenden und widersprüchlichen Kräfte und Tendenzen in mir selbst nicht wegmeditieren, sondern bewusst wahrnehmen. Dann kann ich mich langsam auf die sammelnde Wirkung des Mandalas einlassen. So entsteht nicht vorschnell eine (künstliche) Harmonie, sondern eine Spannung, die ich aushalten will. Ganz langsam und schrittweise kann ich mich der versöhnenden und sinnstiftenden Wirkung des Mandalas überlassen. Ich kann erfahren, dass ich nicht aus einzelnen Stücken bestehe ..., sondern eine Einheit bilde mit einer Mitte. Ich bin auf dem Weg des Eins-Sein. Betrachtend und gestaltend wächst mir in meiner eigenen Herzmitte Kraft und Lebensmut zu.«[38]

Das Malen der Mandalas kann mit ruhiger Musik begleitet werden. Ein Gespräch über die Mandalas ist nicht notwendig. Es bietet sich jedoch an, dass jedes Kind sein Mandala in die Mitte um eine Kerze legt und alle ein Gebet sprechen.

---

38   Bruno Dörig: Schenk dir ein Mandala! Eschbach [5]1988, 5

14 Sein Bewusstsein vertiefen durch Tai Chi

Jürgen Müller

Stärke lässt sich durch Gleichgewicht ersetzen
und im Gleichgewicht sollte jeder Mensch bleiben
und dies ist der eigentliche Zustand seiner Freiheit.

Novalis

Wenn er die Straßen kehrte, tat er es langsam, aber stetig:
bei jedem Atemzug einen Besenstrich.
Schritt – Atemzug – Besenstrich.
Schritt – Atemzug – Besenstrich.

Michael Ende[1]

So wie der hier zitierte Straßenfeger Beppo sind wir von einem schnell pulsierendem Rhythmus bestimmt, der uns zugegebenermaßen sicher viele Vorteile beschert. Eile, Tempo und zuweilen Hektik sind mittlerweile Bestandteile unseres Alltags und unseres Lebensgefühls. Der Preis hierfür ist aber der Mangel an Muße, an Möglichkeit, unser Selbst und unsere Umwelt bewusst wahrzunehmen oder mit Geist und Seele zu durchdringen. Meistens beginnen wir schon unseren Tag unter Zeitdruck: schnell aufstehen, duschen, frühstücken und dann los. Hierbei nehmen wir kaum etwas von dem, was wir tun, bewusst wahr – wir trinken nicht wirklich Kaffee, sondern sind gedanklich schon längst bei den Aufgaben, die vor uns liegen. So nehmen wir z.B. nicht aufmerksam wahr, wie der Kaffee duftet, wie er schmeckt, wie sich die Kaffeetasse in der Hand anfühlt und wie wir sie halten und bewegen. Durch das Tempo unseres Alltags geben wir unserem Bewusstsein nur selten die Chance, unser augenblickliches Fühlen, Denken und Handeln wirklich zu durchleben, zu bewerten und zu verarbeiten.

---

1   Michael Ende: Momo: Stuttgart, 1973, 36. Beschrieben wird hier die Arbeitsweise von Momos Freund, dem Straßenkehrer Beppo, dessen Art die Straße zu kehren Tai Chi-Qualität besitzt!

Kinder lernen von uns Erwachsenen und übernehmen so natürlich auch ihr Tempo, ihre Eile und Unachtsamkeit. Lernend vom erwachsenen Modell, verlieren sie mehr und mehr den Sinn für Langsamkeit und Stille. Aber eigentlich will unser » (...) Bewusstsein (...) ohne Eile auf die Beine kommen«[2]. Eine Möglichkeit, Stille und Langsamkeit zu »entdecken«, wie der Schriftsteller Sten Nadolny[3] es ausdrückt, um dem Bewusstsein Zeit und Ruhe zu geben, ist der des Tai Chi. In chinesischen Städten gehört Ruhe und Muße zumindest früh morgens zum gewohnten Bild: Schon in der Morgendämmerung treffen sich zahlreiche Menschen in Parks, die den Tag mit ruhigen, meditativen und weich fließenden Übungen beginnen, mit Gymnastik, Qi Gong oder Tai Chi. Diese alte chinesische Bewegungskunst, bei uns mit der eher unpassenden Bezeichnung »chinesisches Schattenboxen« bekannt geworden, scheint auf den ersten Blick ein rein körperliches Übungssystem zu sein. In Wirklichkeit aber gibt es hier nicht die bei uns geläufige Trennung von Körper, Geist und Seele – Tai Chi ist ein ganzheitlicher Übungsweg!

Zunächst wurde diese Kunst in unseren Breiten wegen der ungewohnten Langsamkeit der Bewegungen häufig belächelt, mittlerweile gibt es aber auch hier eine stetig wachsende Zahl an Begeisterten, die Tai Chi zum Nutzen für ihre Gesundheit, ihres Wohlbefindens oder einfach nur aus Freude an Bewegung in Harmonie entdeckt haben.

Tai Chi hat zahlreiche Facetten; und immer neue Möglichkeiten dieses Übungssystems werden entdeckt und weiterentwickelt. So wird Tai Chi etwa als Bewegungsangebot für ältere Menschen und Behinderte genutzt, aber auch in pädagogisch-therapeutischen Praxisfeldern.[4]

Tai Chi ist also eine unerschöpfliche Quelle, in der man immer wieder anderes entdecken kann und die für viele Bereiche des Lebens wertvolle Möglichkeiten bietet – so auch für die Kinder.

Tai Chi Chuan – eine alte chinesische Bewegungskunst

Gemeinhin meint man, wenn von Tai Chi die Rede ist, die alte chinesische Bewegungskunst des *Tai Chi Chuan*[5].

---

2   Gert Selle: Gebrauch der Sinne. Eine kunstpädagogische Praxis, reinbek 1988, 308

3   Sten Nadolny: Die Entdeckung der Langsamkeit, München/Zürich 1987; München [35]1995

4   Vgl. Mario F. Frerker: Tai Chi Chuan verständlich gemacht, München 1995, 90 ff.; Kirsten Wendt: Integratives Taijiquan und Qigong. Zeitschrift Dao 4/1996, 46-48

Tai Chi Chuan hat eine lange Geschichte, die historisch belegbar bis in das 17. Jahrhundert zurückreicht.[6] Seine Wurzeln hat es in den Kampfkünsten Chinas. Während die meisten der chinesischen Kampfkünste einen buddhistischen Hintergrund haben[7], ist Tai Chi Chuan der Lehre des Taoismus zuzuordnen. Ziel war es von jeher, innere, weiche Kraft zu entwickeln, statt roher, äußerer Muskelkraft. Zentrales Symbol des Taoismus ist das Wasser, welches sich allen Formen anpassen kann und dem selbst der härteste Stein nicht widerstehen kann:

Auf der ganzen Welt
gibt es nichts Weicheres und Schwächeres als das Wasser.
Und doch in der Art, wie es dem Harten zusetzt,
kommt nichts ihm gleich.
Es kann durch nichts verändert werden.
Dass Schwaches das Starke besiegt
und Weiches das Harte besiegt,
weiß jedermann auf Erden,
aber niemand vermag danach zu handeln.[8]

Auch das neugeborene Kind in seiner Weichheit und Mühelosigkeit nimmt sich Laotse, der Begründer des Taoismus, zum Vorbild für menschliches Handeln: »Es kann den ganzen Tag schreien und doch wird seine Stimme nicht heiser (...).«[9] Einer weit verbreiteten Legende nach hat dieses Übungssystem seinen Ursprung gar im 12. Jahrhundert. Der taoistische Mönch Chan Sang Feng soll Tai Chi Chuan entwickelt haben, nachdem er einen Kampf zwischen einer Schlange und einem Kranich beobachtet hatte und hier erfahren konnte, wie das Weiche und Nachgiebige dem Harten überlegen ist.
Die Art und Weise, wie Tai Chi Chuan in der heutigen Zeit zumeist geübt wird, hat sich aber erst in diesem Jahrhundert entwickelt, was auf das Wirken der Yang-Familie zurückzuführen ist und durch deren intensive Lehrtätigkeit Tai Chi Chuan zu der heutigen Bekanntheit und Verbreitung kam.

---

5   In der heute geläufigen Pinyin-Umschrift werden die Schreibweisen Taiji und Taijiquan verwendet, im deutschen Sprachraum hat sich die hier verwendete Schreibweise durchgesetzt. Weiterhin findet man: T'ai Chi Ch'uan und T'ai Chi Ch'üan.

6   Vgl. Wolfgang Metzger und Zhou Peifang: Taijiquan Qigong, München 1995, 16, und Klaus Moegling: Die chinesische Bewegungsmeditation Tai Chi Chuan, München 1988, 18

7   Diese Kampfkünste sind bei uns als »Kung Fu« oder »Wu Shu« bekannt.

8   Laotse: Tao te king. Übersetzt u. m. e. Kommentar von Richard Wilhelm, Köln 1987. Abschnitt 78

9   Laotse: a.a.O., Abschnitt 55

Der berühmte Tai Chi-Lehrer Yang Cheng Fu (1883 -1936) modifizierte das Tai Chi Chuan, indem er sehr komplizierte Bewegungen vereinfachte und die bis dahin üblichen schnellen und sprunghaften Bewegungen, die neben den ruhigen, fließenden bestanden, aus der Übungsabfolge des Tai Chi Chuan (der »Form«) herausnahm, sodass die heute verbreitete ruhige, gleichmäßige und meditative Übungsausführung entstand, die heute von Männern und Frauen, jungen und alten Menschen in aller Welt geschätzt und geübt wird.

Die Kunst des Tai Chi Chuan bietet vielerlei Entwicklungsmöglichkeiten. Nachdem der Übende mit den Prinzipien des Tai Chi vertraut ist und eine erste Form sicher beherrscht, kann er den eigenen Körper um ein Übungsgerät erweitern und zudem mit Partnerübungen beginnen, etwa beim »Händeschieben« (Tui Shou oder Push Hands). Hierbei werden Weichheit in der Bewegung, Nachgiebigkeit und Standfestigkeit meditativ oder spielerisch mit einem Partner geübt, um somit die erworbenen Fertigkeiten auch auf den Umgang mit anderen zu erweitern.

Was bedeutet Tai Chi?

Wie bereits erwähnt, lautet der vollständige Name der Bewegungskunst »Tai Chi Chuan«, wobei der Wortbestandteil »Chuan« mit dem Wort »Faust« übersetzt werden kann, was auf die Wurzeln des Übungssystems verweist, die in den Kampfkünsten liegen. Da der Aspekt des Kämpfens heute in der Ausübung des Tai Chi Chuan eher im Hintergrund steht, ist »Bewegungkunst« sicher eine günstigere Übersetzung des Wortes »Chuan«.

»Tai Chi« ist eigentlich ein Begriff aus der taoistischen Philosophie und bedeutet so viel wie »das erhabene Letzte« oder das »allerhöchste Prinzip«.

Somit können wir das Tai Chi Chuan verstehen als: *Bewegungskunst des allerhöchsten Prinzips.*

Das Wesen des Tai Chi

Durch den Einfluss von Yang Cheng Fu und seiner nachfolgenden Schüler gleicht das Tai Chi Chuan, so wie es heute zumeist geübt wird, einem langen, ruhigen Fluss, welcher gleichmäßig und ohne Hast dahinfließt. Und so wie ein Fluss nie in seiner Bewegung innehält, so ist auch das Tai Chi in seiner Ausführung stets kontinuierlich.

Die Geschwindigkeit der Übungen ist die Zeitlupe. Tai Chi ist der Weg der »Entschleunigung.[10]« Der Hektik und Raserei unserer Zeit setzt das Tai Chi das Mittel der *Verlangsamung* entgegen – Tai Chi bietet uns den Weg der »Entdeckung der Langsamkeit«[11]. Alle Bewegungen im Tai Chi Chuan sind rund und alle unnötige Anspannung im Körper wird aufgegeben, sodass ein Zustand der »guten Spannung« (vgl. Eutonie = gute Spannung) entsteht. Während der Ausübung der Bewegungen wirkt der Übende aufgerichtet, da die Wirbelsäule so gestreckt wird, als würde ein Faden am Scheitelpunkt des Kopfes ihn zum Himmel ziehen, während ein weiterer imaginärer Faden das Steißbein in Richtung Erde zieht.

So ist der Tai Chi-Übende stets *verbunden mit dem Himmel und verwurzelt in der Erde.*

Tai Chi – Meditation in der Bewegung

In allen Formen von Meditation, so unterschiedlich sie auch sein mögen, finden wir einen Zustand ruhevoller Wachheit. Gemeinsam ist den verschiedenen Wegen des Meditierens auch das Streben nach dem Aufsuchen der eigenen Mitte.

Führen wir Tai Chi aus, so geschieht dies mit einem wachen Bewusstsein und äußerster Konzentration. Die Bewegungen des Körpers werden in jedem Moment mit großer Aufmerksamkeit verfolgt, ebenso die vertiefte Atmung. Hierdurch wird es in der Ausübung von Tai Chi möglich, ein »Stillwerden intellektueller Tätigkeit«[12] zu erreichen. Es kann so ein Ausgleich zur sonst vorherrschenden Überbetonung des Intellekts, der ja nur eine »Teilfunktion des Geistes«[13] darstellt, geschaffen werden, sodass der Übende seine Ausführung in sein eigentliches Zentrum, auf die Körpermitte, zurückführen kann. Dorthin, wo verschiedene Kulturen das Energiezentrum lokalisieren, das im Chinesischen als »Dan Tien« bezeichnet wird (japanisch: Hara, im Yoga ist es das Nabel-Chakra). Der Übende richtet sein Bewusstsein aber nicht allein auf sich selbst, sondern gleichzeitig erfolgt auch eine Öffnung nach außen, und letztendlich verschmelzen innere und äußere Wirklichkeit.[14] Tai Chi auszuführen bedeutet

---

10   Manfred Folkerts: Entschleunigung, Achtsamkeit und Lebenspflege. In: DAO Sonderheft Taijiquan. o. J., 33-35

11   Sten Nadolny, a.a.O.

12   Toyo und Petra Kobayashi: Tai Chi Chúan, ein praktisches Handbuch zum Selbststudium, München [12]1995, 23

13   Ebd.

14   Vgl. Klaus Moegling, a.a.O., 37 ff.

nicht, sich vom Leben und von der Außenwelt abzuwenden, sondern stellt einen Weg dar, sein Bewusstsein zu vertiefen, um somit letztendlich auch auf die äußere Wirklichkeit Einfluss zu nehmen.

Tai Chi der Erwachsenen – Tai Chi der Kinder

Das Tai Chi der Erwachsenen ist in der Regel auf das Erlernen und Ausführen der so genannten »Formen« ausgerichtet. Eine solche Form ist ein festgelegte Bewegungsfolge, die aus verschiedenen Bewegungsbildern besteht, die ohne Unterbrechung in gleich bleibendem Zeitlupentempo hintereinander ausgeführt werden. Das Erlernen einer Form ist für Anfänger oftmals ein mühsamer Prozess, denn die Bewegungsfolgen sind recht komplex und der gesamte Körper muss in ungewohnter Weise koordiniert werden. Viele Tai Chi-Lehrer vermitteln die Formen mit teilweise sehr detaillierten Bewegungsanweisungen. Dies erfordert ein großes Maß an Konzentration und Ausdauer – so dauert es in der Regel etwa ein Jahr, bis eine der klassischen Tai Chi-Formen in einer Grobform erlernt worden ist.

Das Erlernen und Ausführen von Tai Chi-Formen stellt für lernende Erwachsene einen großen Anreiz dar, suchen sie doch die Möglichkeit, durch die festgelegte Abfolge von Figuren in der Bewegung zur Ruhe und Entspannung zu kommen. Attraktiv ist für die erwachsenen Tai Chi-Übenden, in der langsamen, ruhig fließenden Bewegungsweise ein Gegengewicht zum an Schnelligkeit, Hektik und Wettbewerb orientierten Alltag zu erleben. Auch fasziniert die Möglichkeit, gesundheitsfördende Übungen ohne die Leistungsorientierung traditionellen Sports ausführen zu können, den Körper auf sanfte Weise zu erfahren.

Übungsstunden beim Tai Chi mit Erwachsenen sind geprägt von einer zumeist durchgehend ruhigen Atmosphäre: sanfte Körper- und Energieübungen (etwa aus dem Qi Gong (* Kap. 15) und Meditation in Ruhe ergänzen oft das Üben der Formen – manchmal auch unterstützt von ruhiger und sanfter Musik.

Für Erwachsene, die Tai Chi üben, ist dieser Weg sicher angemessen – Kinder aber haben andere Bedürfnisse und stellen andere Anforderungen an den Übungsweg als Erwachsene. Hier kann sich TaiChi an der Bewegungskunst des Hatha-Yoga (* Kap. 16) orientieren, da Yoga schon seit langer Zeit für Kinder entdeckt und aufbereitet wurde. Bei allen Autoren, die sich mit Yoga für Kinder beschäftigt haben, wird der spielerische Aspekt stark herausgearbeitet. Die Asanas (Stellungen) kommen der Lust der Kinder an darstellerischem Spiel sehr entgegen – das Spielen einer aufgerichteten Kobra, eines hüpfenden Frosches oder eines starken Baumes ist äußerst motivierend.

Auch das Tai Chi enthält zahlreiche Motive aus dem Bereich der Tiere oder des menschlichen Lebens (»Die Mähne des Wildpferdes teilen«, »Die schöne Frau am Webstuhl«, »Die Schlange kriecht am Boden« u.Ä..). Der Charakter der Bewegungsfolgen lässt aber darstellerisches Spiel m.E. weniger gut zu, als das im Yoga möglich ist.

Weiterhin ist die Orientierung an Formen im traditionellen Tai Chi auf Kinder sicherlich nur sehr bedingt übertragbar – haben sie doch kaum das Bedürfnis, sich minutenlang in zeitlupenhafter Geschwindigkeit nach ganz genau definierten Bewegungsvorschriften zu bewegen, auch wenn dies für Erwachsene wohltuend und motivierend ist. Aber Tai Chi ist nicht das Ausführen von Formen – die Formen sind nur ein Medium, das wir benutzen, um von Tai Chi zu profitieren. Formen sind nicht das wahre Wesen des Tai Chi, und um das Tai Chi den Kindern zugänglich zu machen, kann sicher die Sichtweise des amerikanischen Tai Chi-Lehrers und Tänzers Al Huang sehr hilfreich sein. Er verzichtet auf den Begriff des »Chuan« bei der Arbeit mit seinen Schülern, um zu dokumentieren, dass es ihm mehr um die Prinzipien des Tai Chi, als um die äußeren Formen geht.[15] Diese Sichtweise ist von seinen Schülern Barry und John Stevens auf wunderbar plastische Weise beschrieben worden:

»In Moab, Utah, gibt es einen T'ai Chi-Schnellimbisskoch, der noch nie etwas von T'ai Chi gehört hat. Es ist wundervoll, ihm bei der Zubereitung von ›Hamburgern‹ zuzuschauen. Ich kenne einen T'ai Chi-Briefträger in Albuquerque.«[16] Beide haben ihre Tätigkeit in Tai Chi-Qualität ausgeführt, so wie auch der Straßenfeger Beppo in Michael Endes »Momo« (s.o.), ohne es wahrscheinlich jemals wirklich geübt zu haben – während wiederum so mancher die Formen des Tai Chi lange üben muss, ohne diese Qualität erreicht zu haben, da die Bewegungen äußerlich und dadurch »leer« bleiben.

Wir sollten also traditionelles Tai Chi Chuan zunächst vernachlässigen, um dafür aber herauszufinden, welche Kriterien und Prinzipien diese Bewegungskunst ausmachen. Diese Erkenntnisse sollten dann in kindgerechte Übungsmöglichkeiten umgesetzt werden, um herauszufinden, welche Wege beschritten werden können, damit auch Kinder von und mit Tai Chi lernen können. Hierbei sollten die folgenden methodischen Vorgaben berücksichtigt werden:[17]

1. Tai Chi mit Kindern muss seinen Ausgangspunkt an der kindlichen Lust am Spiel haben.
2. Anders als beim traditionellen Tai Chi muss Platz sein für die Spontaneität der Kinder.

---

15   Al Chung-liang Huang: Lebensschwung durch T'ai Chi, München und Bern ⁷1994, 46ff.

16   A.a.O., 12

17   Vgl. hierzu auch Winfried Wagner: Lebenskünste kindgerecht – Grundsätzliches zur Arbeit mit Kindern. In: Zeitschrift DAO, 5/97, S. 18-20

3. Kinder haben einen anderen Rhythmus als Erwachsene. Während für Letztere eine ruhig gestalte Übungsstunde im Tai Chi als Ausgleich für den stressigen Alltag sehr wohltuend ist, brauchen Kinder einen Spannungsauf- und abbau innerhalb einer Übungseinheit: Möglichkeiten zum Toben und Ausagieren müssen mit ruhigen, meditativen Phasen abwechseln.

4. Kinder brauchen phantasievolle Anregungen durch altersgemäße spannende Geschichten und Vorstellungsbilder und durch attraktive, motivierende Materialien, die zur Bewegung und zum Spiel auffordern.

5. Natürlich kann es auch sinnvoll und möglich sein, schon mit Kindern traditionelles Tai Chi zu üben. Vor allem, wenn sie oft ein erwachsenes Vorbild beim Ausführen von Formen des Tai Chi Chuan erleben, werden sie dieses vielleicht spielerisch nachahmen. Solange dies für die Kinder freiwilliges Spiel ohne Leistungsdruck und übertriebene Erwartungen ist, kann dies nur positiv sein. Bestandteile aus den Formen des Tai Chi Chuan können aber auch in die Übungen eingeflochten werden oder in einer Art Aufbaustufe die Praxis erweitern und vertiefen.

Tai Chi mit Kindern in der Praxis

Die Vorschläge und Anregungen für die Praxis des Tai Chi mit Kindern orientieren sich an den verschiedenen Prinzipien, die diese Bewegungskunst ausmachen. Viele der Übungsanregungen enthalten sicherlich mehrere Aspekte. Weiterhin können durch Modifikationen der Übungen immer mehr Kriterien miteinander verbunden werden (z.B. Langsamkeit, Aufgerichtetheit und Gleichgewicht). Erzieher, Lehrer und Eltern, die mit diesen Prinzipien arbeiten wollen, können also durch einfache Modifikationen der Übungssituation, wie Veränderung der materiellen Bedingungen oder der Spielsituation, mit etwas Fantasie und Kreativität neue Übungen erfinden. Vor allem können auch viele bereits bekannte Spiele und Übungsformen durch Abänderungen und Umdeutungen in der Praxis genutzt werden, etwa das bekannte Spiel »Scharade«, bei dem die zu erratenden Begriffe auch in der Tai Chi-gemäßen Zeitlupenhaftigkeit vorgemacht werden können.

Wesentlich dabei ist, dass den Kindern die Möglichkeit gegeben wird, über die Ebene des reinen Spiels oder der körperlichen Übung hinauszugehen, damit Erkenntnisse gewonnen und vertieft werden können, die das eigene Selbst und die Beziehung zu anderen betreffen. Solche praktischen Anregungen zum Lernen und zum Vertiefen des Bewusstseins sollen im Folgenden umrissen werden.

Erleben von Langsamkeit und Stille

Langsamkeit ist die Grundvoraussetzung für das Tai Chi. Erst das Zeitlupentempo ermöglicht es, mit der Wahrnehmung und der Aufmerksamkeit in jedem Moment bei der Bewegung, der Körperhaltung und der Atmung zu sein. Nur so kann der Zustand entspannter Ruhe in der Bewegung entstehen.

Gleichzeitig finden wir in der Langsamkeit einen Kontrapunkt zu der sonst zumeist vorherrschenden Schnelligkeit des täglichen Lebens, deren krankmachende Wirkung wir fast alle kennen (★ Kap. 2).

Für das Erleben des Prinzips der Langsamkeit eignen sich verschiedene Bewegungsgeschichten sehr gut, bei denen die Kinder eine phantasievolle Geschichte mit vorgegebenen oder freien Bewegungen ausgestalten:

Reise auf den Mond

★ Die Kinder flitzen mit ihren Raketen zum Mond (schnelles Laufen als Möglichkeit zum Austoben). Dort angekommen, können sie sich nur langsam tastend und vorsichtig fortbewegen.

Afrikareise

★ Wieder fliegen die Kinder mit verschiedenen Fluggeräten. Dort angekommen, kann man sich durch den dichten Dschungel nur langsam bewegen. Mit Buschmessern muss das Dickicht entfernt werden – wir achten dabei darauf, dass wir auf keine Schlange treten (Annäherung an eine Bewegungssequenz aus einer Tai Chi-Schwertform). Im Dschungel kann man mit den Affen toben (schnelle Bewegungen) oder sich auch langsam von feindseligen Affen im Rückwärtsgang zurückziehen (Annäherung an die Bewegungssequenz »Zurückschreiten und den Affen abwehren«[18]). In der Sahara ist das Gehen im Sand sehr mühsam und geht nur ganz langsam – mit einem Jeep geht es dann wieder schneller usw. Erfahrbar wird hier, dass oft Langsamkeit von wichtiger Bedeutung sein kann und nicht nur die Schnelligkeit ihren Wert hat.

Zeitlupenspiele

★ Die Kinder stellen verschiedene Bewegungen oder Tätigkeiten in normaler und in langsamer, zeitlupenhafter Geschwindigkeit dar. Vor allem Sportarten

---

!8   Vgl. Karl Liebrich/Helga Schubert: Auf den Schwingen der Bewegung und Phantasie, Donauwörth 1993
– Klaus W. Vopel: Bewegung im Schneckentempo. Kinder ohne Stress Bd. 1, Hamburg [4]1997, 80 f.

sind gut geeignet, da hier das Prinzip der Zeitlupenwiederholung zumeist bekannt ist. Die Kinder können gut erkennen, dass erst durch die Verlangsamung viele Prozesse wahrnehmbar werden.

Spiele mit verbundenen Augen, in denen die Kinder sich nach dem Gehör orientieren müssen, motivieren sie dazu, sich still zu verhalten. Langsamkeit entsteht hierbei von selbst aus der Stille.

Im Tal der Klapperschlangen[19]

★ Die eine Hälfte der Kinder läuft mit verbundenen Augen durch den Raum – das Tal der Klapperschlangen. Diese werden durch die andern dargestellt. Die Schlangen sind eigentlich sehr friedlich, aber beißen, wenn man sie berührt. Doch um die Wanderer zu warnen, rasseln die Tiere. Hierzu benutzen die Kinder Streichholzschachteln o. Ä. Berührt eines der Kinder mit den verbundenen Augen trotz des warnenden Geräusches einen der rasselnden Spieler, so stellt es danach auch eine Klapperschlange dar.

Hier können Langsamkeit und Stille auf spannende, kindgerechte Weise erlebt und eingeübt werden.

Erleben von Yin und Yang

Die chinesische Philosophie betont, dass Gegensätze untrennbar miteinander verbunden sind – ja sich sogar gegenseitig bedingen. Dargestellt wird dies in der Tai Chi-Monade, dem Yin-Yang-Symbol:

Eines dieser Gegensatzpaare wurde bereits in den Übungen des vorangegangenen Abschnittes thematisiert und es wurde ganz deutlich, ohne Langsamkeit kann es keine Schnelligkeit geben.

Dieser Gegensatz kann etwa durch folgende Übung, die als Fangspiel durchgeführt werden kann, von den Kindern erlebt werden:

Schlafender Tiger

★ Ein Kind oder mehrere stellen schlafende Tiger dar, die an einem Ende eines großen Raumes oder im Freien liegen. Die anderen Mitspieler schleichen sich

---

19   Irene Flemming/Jürgen Fritz: Ruhige Spiele. Entspannungs- und Konzentrationsspiele für Grundschulkinder, Mainz [3]1996, 62

ganz langsam und vorsichtig an sie heran, um sie zu betrachten. Irgendwann aber wachen die Tiger auf und jagen die davonlaufenden »Safariteilnehmer«. Weitere Gegensatzpaare sind.[20]

Yin	Yang
dunkel	hell
Nacht	Tag
weiblich	männlich
Erde	Himmel
Mond	Sonne
empfangen	geben

Ein wichtiges Kriterium beim Tai Chi ist die Entspanntheit, worunter aber auf keinen Fall Schlaffheit zu verstehen ist. Um ein Gefühl für den Zustand von Entspannung zu bekommen, kann die Arbeit am Gegensatzpaar Anspannung – Entspannung äußerst hilfreich sein (wie es etwa bei der Progressiven Muskelentspannung oder im Hatha-Yoga praktiziert wird):

Der Gewichtheber [21]

★ Bei diesem Spiel wird pantomimisch ein Gewichtheber dargestellt, der mit all seiner Kraft schwere Hanteln hebt. Nach dieser großen Anstrengung benötigt der Gewichtheber eine Erholung – er lässt all seine starken Muskeln ganz locker werden.

Die Luftmatratze

★ Wir sind eine ganz schlappe Luftmatratze. Jemand bläst uns mit einem Blasebalg auf – wir werden immer straffer, bis der Stöpsel herausgezogen wird und wir wieder schlapp werden.

---

20   Vgl. Thomas Methessel: Tai Chi für Anfänger, Wiesbaden 1990
21   Klaus Vopel, a.a.O., 72

Die Atemblume [22]

★ Ein weiteres Gegensatzpaar mit einer großen Bedeutung für das Üben des Tai Chi ist das Wechselspiel von Öffnen und Schließen, welches der Körper, begleitet von der Atmung, während der Bewegungen in der Form ausführt. Der Rhythmus des Öffnens und Schließens findet sich auch in vielen Prozessen in der Natur, etwa bei Blüten während eines Tages:
Mit Händen, Armen und Rumpf wird das Öffnen und Schließen der Blütenblätter dargestellt: öffnen wir uns zum Licht hin, so atmen wir ein, schließen wir uns wegen der Dunkelheit, so atmen wir aus.

Achtsamkeit in der Bewegung

»Eines Tages fragte ein Mann den Meister Ikkyû: ›Meister, wollt ihr mir bitte einige Grundregeln der höchsten Weisheit aufschreiben?‹
Ikkû griff sofort zu Pinsel und Papier und schrieb ›Aufmerksamkeit‹. ›Ist das alles?‹, fragte der Mann. ›Wollt ihr nicht noch etwas hinzufügen?‹
Ikkû schrieb daraufhin: ›Aufmerksamkeit, Aufmerksamkeit.‹« [23]

Achtsamkeit entsteht aus einer Grundhaltung des aufmerksamen Wahrnehmens unserer Innen- und Außenwelt. Nehmen wir uns selbst, unser Gegenüber und unsere Umwelt aufmerksam wahr, so können wir achtsam handeln.
Tai Chi wird mit Achtsamkeit ausgeführt, die wir auf uns selber, unsere Umgebung und im Partner-Tai Chi auch auf andere richten.
Aufmerksamkeit können wir gut einüben, indem wir uns auf bestimmte Wahrnehmungsbereiche konzentrieren. Wichtig im Tai Chi ist die taktile Wahrnehmung in den Füßen.

Wahrnehmungsparcours für die Füße

★ Die Kinder durchlaufen barfuß einen Parcours mit verschiedenen Untergründen, z.B. Sand, Kies, Papierschnipsel, feuchte Erde, Mulch, Schleifpapier usw. Die Kinder sollen darauf achten, wie sich die einzelnen Untergründe anfühlen. Diese Übung kann auch als Partnerübung durchgeführt werden, wobei ein Kind mit verbundenen Augen durch ein anderes geführt wird.

---

22 Vgl. Karl Liebrich/Helga Schubert: Auf den Schwingen der Bewegung und Phantasie, Donauwörth 1993
23 Judith Bossert/Adelheit Meutes-Wilsin/: Zen für jeden Tag, Gräfe und Unzer, München [3]1995, 11

Gegenstände mit den Füßen raten

★ Unter einem großen Tuch (oder Fallschirm, Schwungtuch o. Ä.) werden markante Gegenstände gelegt (Kronkorken, Papierknäuel, Stifte, Murmeln o.Ä.). Die Kinder gehen barfuß darüber und sollen durch Tasten mit den Füßen die versteckten Gegenstände erraten.

Luftballons sammeln [24]

★ Alle Kinder haben die Augen verbunden. In dem Raum befinden sich einige Luftballons, die von den Kindern gefunden und eingesammelt werden sollen. Dabei müssen sie sehr aufmerksam und vorsichtig vorgehen, da die Ballons natürlich schwer beim Gehen zu erfühlen sind und bei leichten Berührungen mit dem Fuß schon wegspringen.

Aufgerichtet zwischen Himmel und Erde

Bei der Ausführung des Tai Chi wird, wie oben erwähnt, die Wirbelsäule gestreckt, sodass eine entspannte, aufrechte Haltung entsteht, die an kleine Kinder erinnert, die gerade Laufen lernen.[25] So können wir in der Tai Chi-Grundhaltung, mit den Füßen fest auf der Erde, mit dem Kopf gen Himmel gestreckt, auf der leiblichen Ebene die Einheit von Himmel, Mensch und Erde erkennen, die nach der taoistischen Lehre angestrebt werden soll. »Dem Menschen fällt dabei eine wichtige Vermittlertätigkeit zu.«[26] Im Tai Chi finden wir also auf körperlich-symbolhafter Ebene den »doppelten Ursprung des Menschen« (Dürckheim) wieder (★ Kap. 7). Ein wichtiger Aspekt beim Thema »Haltung« ergibt sich durch die oben angesprochene Einheit von Körper, Geist und Seele. Die Wechselbeziehungen, die zwischen körperlichen und psychischen Prozessen bestehen, eröffnen die Möglichkeit, den Körper als Medium zu begreifen, um Einfluss auf Geist und Seele zu nehmen, so wie dies in den Körpertherapien praktiziert wird.

---

24   Irene Flemming/Jürgen Fritz, a. a. O., 74

25   Vgl. Frieder Anders: Taichi. Chinas lebendige Weisheit. Köln 1985, 141f

26   Ute Engelhardt: Theorie und Technik des Taiji Quan, Schorndorf o. J., 22

Gehen wie ...

★ Mit Kindern können wir spielerische Übungen mit dem Gehen ausprobieren[27]:
Die Kinder gehen frei durch den Raum. Eltern/Lehrer/Erzieher nennen dann
verschiedene Aufgaben: gehen, als wenn man noch müde wäre, als wenn
man wütend, fröhlich oder traurig wäre – nach einer guten oder wie nach
einer schlechten Note in der Schule; gehen wie ein Angeber oder wie jemand,
der Angst hat, wie ein alter Mann, gehen wie auf Glatteis usw.
Der Zusammenhang zwischen der Körperhaltung und der inneren Befindlichkeit sollte mit den Kindern reflektiert werden: wie hält jemand den Kopf, wenn
er traurig oder fröhlich ist, wie hält man die Schultern, wenn man Angst hat
und was passiert mit unserem Brustraum usw.?

Etwas auf dem Kopf transportieren

★ Um Kindern zu einer Tai Chi-Haltung zu verhelfen, ist es sinnvoll, sie geeignete
Gegenstände (Sandsäckchen, Zeitungen, Plastikbecher o. Ä.) auf dem Kopf
balancieren zu lassen. Auch hier kann dies innerhalb von Bewegungsgeschichten geschehen, z.B. müssen die Teilnehmer einer Urwaldexpedition ihre
Lasten auf dem Kopf transportieren. Haltung und inneres Erleben kann
anschließend thematisiert werden.

Im Gleichgewicht sein

Im Gleichgewicht sein, in der eigenen Mitte sein hat eine körperliche und eine
seelisch-geistige Dimension. Am allerdeutlichsten kommt dies wohl in den
verschiedenen Künsten des Zen zum Ausdruck, wie etwa im Bogenschießen.
Nur wenn der Schütze körperlich *und* seelisch in der eigenen Mitte ruht, wenn
das innere und äußere Gleichgewicht hergestellt ist, kann der Vorgang des
Bogenschießens gelingen.
Auch Kindern kann ein solcher Zusammenhang einsichtig werden: Wie kann
ich eine anspruchsvolle Balancieraufgabe bewältigen, wenn ich große Angst
habe, sehr aufgeregt oder ärgerlich bin (also nicht in der eigenen Mitte ruhe).

---

27   Vgl. Michael Kolb: Taijiquan mit Kindern. In: Sportpädagogik 2/94, S. 29-32

Balancieren

★ Kinder haben große Freude an Gleichgewichtsübungen aller Art. Der Bewegungsweise des Tai Chi entsprechen Balancieraufgaben, wobei eine Annäherung an die typische Art zu gehen dadurch gefördert wird, dass die Kinder sich auf zwei parallel nebeneinander liegenden Linien, Bänken, Balken o. Ä. fortbewegen sollen. Das Gehen im Tai Chi ist durch den seitlich schulterbreiten Abstand der Füße gekennzeichnet.

Nachgiebig und verwurzelt

Tai Chi versucht, die Lehren des Taoismus in Haltung und Bewegung lebendig werden zu lassen. Sehr hoch achten die Taoisten alles in der Natur, das weich und nachgiebig ist: das Wasser, den Säugling oder die Weide, der auch ein starker Sturm aufgrund ihrer Biegsamkeit nichts anhaben kann. Beim Tai Chi bewegen wir uns auch entspannt, weich und nachgiebig. Übertragen auf unser alltägliches Handeln bedeutet das: vor allem im Umgang mit anderen nicht starr und dickköpfig zu sein, sondern nachgiebig und flexibel.

Tai Chi hat aber noch eine andere Dimension. Weichheit und Nachgiebigkeit sind gepaart mit einer guten Verwurzelung – sonst drohen wir unser Selbst zu verlieren und können nach Belieben manipuliert werden. Auf der körperlichen Ebene bedeutet dies: einen sicheren Stand haben, den Boden unter den Füßen spüren, die eigene Mitte im Gleichgewicht halten. Übertragen auf unser alltägliches Leben, können wir verwurzelt sein in unserer Familie, unserem Freundeskreis, in unseren Werten, unserem Glauben, unseren Zielen. Zu diesen Wurzeln haben wir immer Kontakt und spüren ihn, sie geben uns Halt für die Anforderungen des Lebens.

Der Tai Chi-Baum

★ Eine gute Tai Chi-Übung für das Gefühl von Verwurzelung und Nachgiebigkeit wie auch für das Gleichgewicht ist das Spielen eines Baumes (* Kap. 16). Die Kinder stehen auf einem Bein und halten die Hände über dem Kopf (die Äste und Zweige des Baumes). Ein Wind schaukelt und schwingt den Baum in alle Richtungen – er fällt aber nicht um, sondern biegt sich geschmeidig im Wind. Der Tai Chi-Baum kann auch von einem anderen Kind hin- und herbewegt werden, wobei die Bewegungsimpulse sanft bleiben sollten.

---

28   Nach einer Idee von Kristian Pichol

Kindern kann auch körperlich erfahrbar gemacht werden, dass Weichheit und Nachgiebigkeit günstiger ist, als sich starr und hart zu verhalten[28]. Hierzu können sich die Kinder einmal als großer, starker Baum in eine Stellung mit großer Muskelanspannung und durchgedrückten Knien begeben und ein anderes Mal als kleiner, biegsamer Baum in einen etwa schulterbreiten Stand mit gebeugten Knien (gut verwurzelt!) und entspanntem Oberkörper. Die beiden Stellungen werden von anderen Kindern, die den Wind oder Sturm spielen dürfen, durch sanftes Schieben oder Stoßen »getestet«. Die Kinder können so Einsicht in Vorteilhaftigkeit nachgiebigen Verhaltens gewinnen und erkennen, dass Stärke nicht immer etwas mit Größe und äußerlicher Kraft zu tun hat.

Auf schwankendem Untergrund

★ Die Verwurzelung kann auch geübt werden, indem ein oder mehrere Kinder sich auf einem unsicheren, sich bewegenden Untergrund befinden. Dies kann in einer Turnhalle z.B. eine Weichbodenmatte sein, die auf Medizinbällen liegt. Die Matte kann von einigen Kindern bewegt werden, während ein oder mehrere andere Kinder versuchen, sicher und gut verwurzelt darauf zu stehen.

Verwurzeln auf Kommando

★ Die Kinder gehen locker und lässig durch den Raum. Auf ein Signal des Erwachsenen oder eines Kindes sollen sie schnell einen sicheren, »verwurzelten« Stand einnehmen. Eventuell kann dieser dann durch den »Kommandogeber« durch sanftes Schieben getestet werden.

Ich und du

Ein sehr wichtiger Bereich in der Tai Chi-Praxis sind die vielfältigen Formen des Partner-Tai Chi. Hier werden die Prinzipien der Einzelübungen in verschiedenen festgelegten oder freien Bewegungsformen mit einem Partner geübt. Verbreitet sind vor allem die verschiedenen Formen des Tui Shou oder Push Hands, was in etwa mit »Händeschieben« übersetzt werden kann. In China spricht man bei Praktizierenden dieser Formen von »Tai Chi-Spielern«, was die Einstellung illustriert, mit welcher geübt werden sollte. Dies ist eine höhere Ebene der Übungspraxis, da die erlernten Prinzipien wie Entspanntheit, aufgerichtete Haltung und Gleichgewicht im Miteinander oder auch spielerischem Gegeneinander beachtet werden müssen.

Für den berühmten Tai Chi-Meister Cheng Man-ch'ing war seine Bewegungskunst für ihn vor allem so wertvoll »... wegen der besonderen Art und Weise, durch die man beim Taijiquan in Beziehung zu anderen Menschen tritt«[29]. Letztendlich ist das Partner-Tai Chi ein Übungssystem, bei dem menschliche Kommunikation und der Umgang mit anderen auf der leiblichen Ebene erlebt und vertieft werden. Die Prinzipien dabei sind die der taoistischen Lehre, in der Weichheit und Nachgiebigkeit dem Harten und Starren vorgezogen wird.

Das Tai Chi mit Partner können wir als Prisma und Lernfeld des menschlichen Miteinanders verstehen.

Aspekte des Umgangs mit anderen, die hier erfahren und vertieft werden können, sind:

– den anderen spüren,
– den anderen verstehen, empathisch sein,
– auf den anderen eingehen,
– dem anderen folgen können,
– dem anderen nachgeben können, Starrheit und Härte aufgeben,
– das eigene Gleichgewicht in der Auseinandersetzung mit anderen nicht verlieren,
– den eigenen Standpunkt in der Auseinandersetzung mit anderen behalten können, dabei trotzdem weich und nachgiebig bleiben (Verwurzelung).

Schattenbilder [30]

★ Zwei Kinder bewegen sich durch den Raum, wobei eines den Schatten des anderen darstellt und somit alle Bewegungen nachmachen muss. Um »Tai Chi-Qualität« zu erreichen, sollten die Bewegungen langsam, fließend und mit aufgerichtetem Rumpf durchgeführt werden. Eventuell kann es daher sinnvoll sein, dass die Kinder etwas auf dem Kopf balancieren müssen. Sind die Kinder schon mit Tai Chi-Figuren vertraut, können auch diese vor- und nachgemacht werden.

---

29 Wolfe Lowenthal: Es gibt keine Geheimnisse – Professor Cheng Man-ch'ing und sein Taijiquan, Hamburg 1993, 58
30 Bill Michaelis: Kreatives Bewegen: ganzheitliches Körper- und Sinnestraining für Kindergarten, Hort, Grundschule, Gruppen, Freizeiten, Ettlingen 1995, 63
31 A.a.O., 61 f.

Spiegelbilder [31]

★ Bei diesem Spiel stehen sich die Kinder gegenüber (möglichst an einer Linie).
Das eine Kind ist nun das Spiegelbild des anderen. Auch hier können die
Möglichkeiten der »Spiegelbilder« angewendet werden. Um das Sensibelwer-
den für andere über das Medium der Bewegung zu fördern, sind vor allem
Übungen und Spiele sinnvoll, bei denen die taktile und kinästhetische Wahr-
nehmung im Vordergrund steht, durch Schließen oder Verbinden der Augen.

Bildhauer [32]

★ Ein Kind ist ein »Bildhauer«, der aber nichts sehen kann (etwa weil in dem
Atelier der Strom ausgefallen ist). Ein anderes Kind ist der Ton, der sich beliebig
formen lässt. Nun soll der Bildhauer eine vorgegebene Figur nachbilden –
hierzu hat sich ein weiteres Kind in eine bestimmte Position begeben. Der
Bildhauer muss nun die Figur abtasten und dann den »Ton« entsprechend
formen.
Auch hier kann es sich anbieten, Tai Chi-gemäße Figuren einzusetzen, um
spielerisch zu einigen Figuren hinzuführen.

Blindenführung

★ Dieses Spiel ist eine sehr bekannte Vertrauensübung. Ein Kind, welches die
Augen verbunden hat, wird von einem Partner durch einen Raum oder
vorgegebenes Gelände geführt. Das führende Kind trägt die Verantwortung
für den Partner, muss also behutsam vorgehen! In diese Übung können viele
andere Tai Chi-Prinzipien integriert werden (Langsamkeit ergibt sich von
selbst):

  ○ Das »blinde« Kind soll hinterher sagen, wo der Weg hergegangen ist
  (Prinzip der Achtsamkeit).

  ○ Der Weg kann über verschiedene Untergründe führen, die mit den Füßen
  erspürt werden sollen (Prinzip der Achtsamkeit).

  ○ Auf dem Weg kann auch über etwas balanciert werden (Prinzip des
  Gleichgewichts).

  ○ Die Kinder achten auf die Tai Chi-Haltung (Kopf nach oben strecken), was
  durch Gegenstände, die auf dem Kopf balanciert werden, unterstützt
  werden kann.

  ○ Das »blinde« Kind kann auch rückwärts geführt werden (Rückwärtsbewe-
  gungen sind Teil der Tai Chi-Formen).

---

32   Andrew Fluegelmann: Die neuen Spiele 2. Mülheim an der Ruhr 1991, 77

Nicht den Kontakt verlieren!

★ Das »blinde« Kind legt die Hand in den Rücken des Partners. Es muss versuchen, diesen Kontakt zu halten, während der Partner sich durch den Raum bewegt. Dabei muss das Kind mit den offenen Augen darauf achten, dass es sich immer nur so schnell bewegt, wie der Partner den Kontakt gerade noch halten kann. Als Variation kann auch das vordere Kind die Augen schließen oder verbinden, um so der Hand des Partners, die im Rücken zu spüren ist, zu folgen.

Auch mit den Händern oder Fingern kann ein solches »Führen und Folgen« gespielt werden: die Partner stehen an einem Platz, berühren sich an den Händen (oder nur an der Spitze der Zeigefinger) und ein Kind übernimmt die Rolle des »Meisters«, dem der Partner folgen muss, bis die Rollen gewechselt werden. Mit wachsender Sicherheit können Auf- und Abbewegungen oder auch Schritte einbezogen werden.

Luftballonspiele

★ Ähnliches wie in den zuvor beschriebenen Übungen kann unter Einbeziehung von Luftballons durchgeführt werden. So können die Partner sich durch den Raum bewegen, wenn sie den Luftballon zwischen ihre Rücken, ihre Bäuche, ihre Köpfe oder ihre Hände (hierbei zwei Luftballons) nehmen. Hierdurch wird auch der wichtige Aspekt der Sanftheit miteinbezogen, da die Partner natürlich nur wenig Kraft einsetzen dürfen, um ein Platzen der Ballons zu verhindern.

Tai Chi-Form oder formloses Tai Chi?

Alle bisher vorgestellten Praxisanregungen weichen vom »üblichen« Tai Chi, vor allem durch das Fehlen einer Bewegungsform, ab. Sind die Kinder sehr motiviert, »richtiges« Tai Chi auszuüben, so kann das Erlernen einer Form natürlich sinnvoll sein. Zunächst bietet sich das Üben von vereinfachten Bewegungsfolgen an, etwa wie sie Foen Tjoeng Lie bei seinem Konzept des »10 Minuten T'ai Chi«[33] vorschlägt. Solche Figuren können dann zu längeren Folgen verknüpft werden und so langsam zu einer kleinen Tai Chi-Form werden, die sich natürlich an den Möglichkeiten und Bedürfnissen der Kinder orientieren muss und nicht an »offiziellen« Bewegungsvorschriften.

---

33   Foen Tjoen Lie: 10 Minuten T'ai Chi, Niedernhausen/Ts. 1997

Das Lernen, Beherrschen und Ausüben einer solchen Form soll aber nie zum Ziel dieser Bewegungskunst werden, denn so würde Tai Chi inhaltsleer werden. Wie auch in den Zen-Künsten (z.B. Kyodo, die Kunst des Bogenschießens), soll die Form nur ein Vehikel, eine Methode darstellen. Wenn Karlfried Graf Dürckheim über das Bogenschießen schreibt, es sei eine Lebensschule, so gilt dies ebenso für das Tai Chi. »Beim Bogenschießen, so wenig wie beim Erlernen irgendeiner anderen Kunst (z.B. Tai Chi, J.M.), geht es letzten Endes nicht um das, was herauskommt, sondern um das, was hereinkommt! Herein, d.h. *in* den Menschen hinein.«[34]

Weiterführende Literatur

Biographisch angelegte und daher gut lesbare Bücher, die einen tieferen Einblick in das Wesen des Tai Chi liefern

Al Chung-liang Huang: Lebensschwung durch T'ai Chi, München und Bern [7]1994
Wolfe Lowenthal: Es gibt keine Geheimnisse – Professor Cheng Man-ch'ing und sein Taijiquan, Hamburg 1993

Literatur zur Theorie und Praxis von Tai Chi

DAO Sonderheft Taijiquan, Kolibri Verlag Norderstedt o.J.
Foen Tjoeng Lie: Chinesisches Schattenboxen für geistige und körperliche Harmonie. Tai-Ji-Quan, Niedernhausen/Ts. 1989
Foen Tjoeng Lie: 10 Minuten T'ai Chi, Niedernhausen/Ts. 1997
Toyo und Petra Kobayashi: T'ai Chi Ch'uan: Einswerden mit dem tao, München 1989
Petra Kobayashi: Der Weg des T'ai Chi Ch'uan, München 1984
Thomas Methfessel: Tai Chi für Anfänger, Wiesbaden 1990
Wolfgang Metzger und Zhou Peifang: Taijiquan Qigong, München 1995
Klaus Moegling: Die chinesische Bewegungsmeditation Tai Chi Chuan, München [3]1993
Liane Schäfer-Happ u.a.: Gute Hoffnung – Tierisch stark. Spielerische Rückenschule mit Quigong und Taiji, München 1998

Bücher, die praktische Anregungen für die Arbeit mit Kindern liefern, ohne sich dabei speziell auf Tai Chi zu beziehen

Irene Flemming/Jürgen Fritz: Ruhige Spiele, Mainz [3]1996
Karl Liebrich/Helga Schubert: Auf den Schwingen der Bewegung und Phantasie, Donauwörth 1993
Bill Michaelis: Kreatives Bewegen: ganzheitliches Körper- und Sinnestraining für Kindergarten, Hort, Grundschule, Grupppen, Freizeiten, Ettlingen 1995
Klaus W. Vopel: Bewegung im Schneckentempo. Kinder ohne Stress. Band 1, Hamburg 1989

---

34 Karlfried Graf Dürckheim: Die wunderbare Katze und andere Zen-Texte, Freiburg [2]1996, 8

15 Sein Bewusstsein vertiefen durch Qigong

Edeltraud Rohrmoser

Kein Ding ist im Universum,
welches sich nicht bewegt.

Prof. Jiao Guorni
»Qigong Yangsheng Lehrgedicht«

Das Funktionsprinzip der Veränderung aller menschlichen Lebensvorgänge besteht in der Bewegung. Im Qigong Yangsheng wird körperliche Bewegung durch die geistige Vorstellungskraft aus einem Zustand der inneren Ruhe heraus initiiert. Dabei ist »Qi« die treibende Kraft und der Geist (Shen) der Anführer. Der Körper und die Lebenskraft Qi bilden zusammen die materielle Grundlage und sind Energiequelle für die Aktivitäten des Geistes. Diese seelischen, gedanklichen und geistigen Aktivitäten entfalten sich durch die Übungen des Qigong und haben eine positive Wirkung auf die Funktion aller Organe. Diese Ganzheitlichkeit von Körper, Geist, Seele führt stufenweise zum Erreichen eines hohen Maßes an Harmonie. Der Körper wird stark und widerstandsfähig, die Gedanken werden klar und aktiv, die Seele kann sich im Zustand der Ruhe frei entfalten.

Qigong Yangsheng – Was ist das?

Die Ursprünge der »Übungen mit der Lebenskraft zur Pflege des Lebens« sind im daoistischen und buddhistischen Gedankengut Chinas begründet und reichen bis in das 2. Jahrhundert v.Chr. zurück. Sie sind eine Selbstheilungsmethode und basieren auf den Elementen Körperhaltung, Bewegung, geistige Übungen und Atmung. Es gibt Übungen in Ruhe und in Bewegung. Sie beruhen auf den Konzepten der TCM (traditionelle chinesische Medizin).

»Qi« ist die Kraft, die alle Dinge des Kosmos durchdringt. »Gong« bedeutet beharrliches, ausdauerndes Üben, um eine harmonisierende Wirkung auf alle körperlichen und geistig-seelischen Funktionen zu erreichen. So heißt es im berühmten Medizinklassiker »Huangdi neijing suwen« (»Unbefangene Fragen des Gelben Kaisers zur inneren Medizin«, 3./2. Jh. v.Chr.) in der Abhandlung über das naturgemäße und wahrhaftige Leben im Altertum:

Wenn man gelassen und frei von Wünschen ist,
erhält man das wahre Qi,
wenn man die geistigen Kräfte im Inneren bewahrt,
wie könnte Krankheit einen da angreifen.

Symbol des Wandels von Yin und Yang

Yin/Yang

Allen Übungen liegt die Ausgewogenheit von Yin und Yang zugrunde. Diese polaren Kräfte wirken nicht nur im Menschen, sondern auch in der gesamten Natur.

Yin und Yang sind Bezeichnungen für komplementäre, sich gegenseitig fördernde als auch begrenzende Erscheinungen (wie oben/unten, innen/außen, steigen/sinken, öffnen/schließen). Das Zeichen Yin steht für die schattige Seite und verkörpert Ruhe, das Innere und das Untere, während Yang für Bewegung, Aktivität, das Äußere und das nach oben Strebende steht. Beide Kräfte sind in einem gesunden Organismus ständig im Wandel, bedingen und kontrollieren sich, und somit findet eine dauernde Verwandlung von Yin und Yang und umgekehrt statt. Ist diese Ausgewogenheit gestört, so wird Leben und Wachstum gehemmt.

Im Qigong wird dieser Wandel praktiziert als Wechsel von öffnenden und schließenden, steigenden und sinkenden Bewegungen. Die Übergänge der einzelnen Übungen sind weich und fließend, aber voll innerer Kraft und Festigkeit. Ebenso hat jede kraftvolle Bewegung auch innere Weichheit und Geschmeidigkeit. Eine hochragende Haltung mit steigender Armbewegung wird begrenzt durch eine tiefe Standhaltung. Bei den Übungen findet ein harmonischer Wechsel von Ein- und Ausatmen, An- und Entspannung, Bewegung und Innehalten statt.

Meridiane und Akupunktur-Punkte

Das Leitbahnen- oder Meridian-Konzept beschreibt ein vernetztes System von Kanälen, die den Körper durchziehen und Wege für das Qi darstellen. Damit Qi frei fließen kann, müssen diese Meridiane frei durchgängig sein. In allen Bewegungsformen werden Meridianverläufe durch Dehnungen und Kraftvorstellungen gezielt beeinflusst. Um nur einige Beispiele zu nennen: Mit der Fußsohle (Verbundenheit mit der Erde) wird der Bereich Qongquan (Niere 1) aktiviert. Oder man stellt sich vor, einen Ball in den Händen zu halten, wodurch das Bewusstsein zu den Bereichen Laogong (Herzhülle 8) gelenkt wird. Lenkt man die Aufmerksamkeit auf den Bereich des vorderen Dantian (Nabelbereich) und praktiziert eine tiefe Bauchatmung, so reguliert man den Milz-Magen-Funktionskreis. Jede Übung für sich ist eine abgerundete, in sich geschlossene, ganzheitliche Übung, die stets den gesamten Menschen miteinbezieht und die Wirkung nicht nur auf ein einzelnes Organ oder einen Funktionskreis beschränkt.

Vorstellungskraft (* Kap. 16)

Angeleitet werden die Übungen von der Vorstellungskraft, dem geistig-seelischen Aspekt des Qigong. Die Begriffe Shen und Jing gehören zur TCM. Verbunden mit Qi gehen sie auseinander hervor und beeinflussen sich gegenseitig. Dabei ist Jing die Grundlage, Qi die treibende Kraft und Shen die leitende, kontrollierende Instanz, die für die Aktivität des Geistes steht.
Ein klarer aktiver Geist wiederum nährt das Qi. Shen ist im chinesischen Verständnis nur in Zusammenhang mit dem Körper zu sehen. Denn nur in einem gesunden Körper kann die Kreativität, die Fähigkeit zu lernen und geistige Kräfte zu aktivieren, entstehen. Durch geistige Entfaltung entstehen Vorstellungsbilder, die die Bewegungen anleiten. Ein wichtiger Merksatz lautet:

Übt man mit der Vorstellungskraft,
hat die Körperhaltung Inhalt –
übt man ohne Vorstellungskraft,
so ist die Körperhaltung ein hohles Gestell.

Durch regelmäßiges Üben unter Berücksichtigung dieses Merksatzes kommt es zu einem verbesserten Gesamtzustand, einer Harmonisierung des vegetativen Nervensystems und Regulierung des Stoffwechsels.

Durch das Lenken der Aufmerksamkeit werden die geistigen Fähigkeiten aktiviert (»10 000 Gedanken durch einen ersetzen«).

Körperhaltung

Qigong Yangsheng kann man im Stehen, auf dem Stuhl sitzend oder auf dem Rücken liegend praktizieren. Jede Körperhaltung zeichnet sich durch die Art und Intensität der Muskelspannung aus. Die Muskelspannung beeinflusst das Nervensystem und somit den gesamten Organismus. Gemeinsames Prinzip aller Körperhaltungen ist eine natürliche Entspannung und eine angemessene Kraftentfaltung. Man vermeide starre Haltungen und ein zu starkes oder verkrampftes Einsetzen der Kraft; denn nur aus der Entspannung kann sich die Kraft entfalten.

Qigong Yangsheng mit Kindern

Schulung der Selbstwahrnehmung (* Kap. 13)

Qigong Yangsheng fördert in besonderer Weise die Wahrnehmung des Körpers. Die Vorstellungskraft in bestimmten Körperbereichen zu bewahren und die Gedanken auf die vorgegebene Körperhaltung zu konzentrieren, steigert das Körperbewusstsein.

Am Anfang jeder Qigongübungsfolge steht die Basisübung »Stehen wie eine Kiefer«:

> »Gehe in schulterbreiten Stand, die Füße parallel ausgerichtet, die Schultern locker, die Arme leicht nach außen aufgespannt.
> Du gleichst einer tausendjährigen Kiefer, die erhaben zum Himmel aufragt wie deine Wirbelsäule. Deine Arme formen die Äste, die sich leicht im Wind bewegen. Deine Füße stehen fest verankert auf der Erde, wie Wurzeln, die den Boden durchdringen, sodass kein Sturm dich umwerfen kann. Der Tau des Himmels durchströmt dich, die tiefen Wurzeln ernähren dich. Du stehst ganz ruhig, dein Atem ist ruhig und gleichmäßig. Beobachte deinen Bauch, wie er sich mit der Atmung bewegt. Bleibe so einige Minuten stehen.«

Durch die entspannte Körperhaltung entsteht eine ruhige, tiefe Bauchatmung; durch die Beobachtung des Bauches wird die Vorstellungskraft zur Körpermitte gelenkt. Von hier aus kann das »Qi« den Körper durchströmen, es entsteht ein Gefühl der Wärme in allen Extremitäten. Das Bewusstsein wird von außen (leichtes, schwankendes Bewegen im Wind mit den Armen) nach innen (Konzentration auf den Bauch) gelenkt. Will man die Übung beenden, so legt man die Hände übereinander auf den Nabelbereich, verharrt einen Moment in dieser Position und stellt dann die Füße wieder zueinander.

Alle Übungen sind in der Seitigkeit ausgewogen und fördern die Raumorientierung. Kinder mit wenig Raum- und Körperbewusstsein haben oft kein Gefühl der eigenen Mitte und bewegen sich »chaotisch«. Übungen, in denen rechts/links, oben/unten, vorn/hinten in ständigem Wechsel stehen, können hilfreich sein, um die eigene Mitte zu finden und sich neu zu zentrieren.

Zum Beispiel in der Übung »Trage den Ball nach links und nach rechts« stellt man sich vor, dass eine Hand einen Ball nach oben hält, während die andere Hand einen Ball nach unten ins Wasser drückt. Gleichzeitig mit der Handbewegung geht man in einen Bogenschritt und verlagert das Gewicht nach vorn und hinten. Diese Gewichtsverlagerung führt zu einer guten unteren Stabilität. Ein stabiler, fester Stand mit Konzentration auf die Erdverbundenheit sorgt für den Abbau der »oberen Fülle«. Alle Gedanken konzentrieren sich auf die Kraftfülle in der Körpermitte. Die Bewegungen werden langsam und gleichmäßig ausgeführt, wie das Spinnen eines Seidenfadens. Die Langsamkeit fördert die Selbstwahrnehmung. »In der Bewegung strebt man nach Ruhe – der Ruhe folgt die Entspannung – aus der Entspannung entsteht ein klarer Geist.«

Ruhe und Bewegung (* Kap. 14)

In der Ruhe ist Bewegung, in der Bewegung strebt man nach Ruhe.

Prof Jiao Guorni / Lehrgedicht 79

Im Qigong Yangsheng ist die Beziehung zwischen Ruhe und Bewegung nicht als voneinander getrennt zu verstehen. Der Philosoph Wang Chuangshan (1619-1692) sagt: »Bewegung kommt zur Ruhe – Ruhe kehrt zur Bewegung zurück. In der Ruhe ist Bewegung vorhanden, Bewegung trennt sich nicht von Ruhe.«
Das Verhältnis von Ruhe und Bewegung ist bei vielen Kindern einseitig in Richtung Bewegung ausgeprägt. Zappelige unruhige Kinder können sich schlecht konzentrieren, ihre Gedanken schweifen ständig ab. Jeder Außenreiz wird wahrgenommen und lenkt sie von sich selbst ab. Nur die Ruhe/Stille führt

zur Selbstbesinnung. Nur in der Stille können wir die Flut der lärmenden Außenwelt abhalten, uns selbst bewusst erfahren.

Bei allen Qigongübungen werden Ruhe und Bewegung in ständigem Wechsel trainiert, wobei die Ruhe 70%, die Bewegung 30% Anteile hat. Gerade für hyperaktive Kinder sind Übungen mit äußerer Ruhe besonders geeignet, um ruhiger zu werden, z.B.:

- Mit den Zähnen klappern
- Mit der Zunge im Mund rollen
- Die Backen blähen
- Den Speichel schlucken.

Dies sind Zwischenübungen aus den »8 Brokatübungen« von Prof. Jiao Guorni. Man sitzt im Schneider- oder Lotussitz, die Haltung ist aufrecht und entspannt. Die Atmung natürlich. Die Hände liegen entweder auf den Knien oder auf dem Bauch. Man kann die Augen schließen.

★ Mit den Zähnen klappern

Mit geschlossenem Mund werden die Zähne mit einer langsamen Bewegung auseinander geführt und dann entspannt, aber mit etwas Kraft wieder aufeinander gelegt. Mit der Einatmung beginnt das Öffnen, mit der Ausatmung das entspannte Aufeinanderdrücken. Diese Übung 8-16-mal ausführen. Wenn sich Speichel bildet, ihn schlucken und in Gedanken bis zum Bauch mitwandern, die Aufmerksamkeit dort bewahren.

★ Mit der Zunge im Mund rollen

Die Zunge in kreisender Bewegung an der Innenseite der Zähne viermal im Uhrzeigersinn, viermal anders herum entlangführen. Dann folgt die Bewegung an der Außenseite der Zähne, viermal im Uhrzeigersinn, viermal anders herum. Dabei die Zunge leicht massierend, reibend am Übergang von Zähnen und Zahnfleisch entlangführen. Die Zungenbewegung langsam ausführen, mit der Atmung begleiten (z.B. Zunge rechts oben hinter den Zähnen langsam nach links bewegen, dabei einatmen. Kurzer Halt, die Zunge nach links unten hinter die Zähne legen, nach rechts rollen, dabei ausatmen. Kurzer Halt, Zunge wieder nach rechts oben hinter die Zähne legen und den Kreis neu beginnen). Wenn sich Speichel bildet, ihn schlucken und in Gedanken bis zum Bauch mitwandern, die Aufmerksamkeit dort bewahren.

★ Die Backen blähen

In langsamer Bewegung die Backen aufblähen, sie ganz dick und rund machen. Kurzer Halt, dann die Backen wieder entspannen. Sobald dies ganz langsam ausgeführt werden kann, kann mit der Atem-Übung begonnen werden:

Backen blähen ⇨ einatmen
Backen entspannen ⇨ ausatmen
8-mal hintereinander.

★ Den Speichel schlucken

Ganz ruhig sitzen bleiben, warten bis sich der Mund mit Speichel füllt, ihn dann schlucken und in Gedanken bis zum Bauch begleiten. Zum Schluss mit den Händen über den Bauch kreisen, viermal rechts herum, viermal links herum. Nun kann man die Augen wieder öffnen.

Diese »einfachen« Übungen haben einen hohen Wert. Neben der Kräftigung von Zähnen und Zahnfleisch hat die Speichelbildung einen guten Einfluss auf die Verdauungsfunktion und dient dem Kraftnachschub für alle Organfunktionen. Das Kreisen der Zunge geht manchmal zu einer Seite etwas holperig, das ist ein Anzeichen einer Unausgewogenheit von rechter und linker Körperhälfte und dient somit der Harmonisierung der Körperseiten. Durch das Rollen werden alle Akupunkturstellen im Gesicht reguliert.

Umgang mit Emotionen

Qigong ist eine Methode, bei der der Übende selbst aktiv beteiligt ist. Kinder lernen sehr schnell ihre Probleme zu erkennen und selbst daran etwas zu verändern. Sie spüren, wie ihre Anspannung und Angst geringer wird, erleben sich selbst als kraftvoll und aktiv. Somit können auch Spannungszustände (vor Klassenarbeiten) durch Eigenübung beseitigt werden. Neben dem verbesserten körperlichen Empfinden ist es vor allem die ausgleichende Wirkung im seelisch-geistigen Bereich, die Qigong für Kinder so bedeutsam macht. Sie werden ruhiger, konzentrierter, ausgeglichener und fühlen sich insgesamt unbeschwerter und entspannter. Der geistig-emotionale Bereich wird besonders bei dem Übungssystem »Spiel der 5 Tiere« angesprochen. Emotionen werden in der TCM den inneren Faktoren zugeordnet, die Krankheiten auslösen oder zu einem Ungleichgewicht von Yin und Yang führen.

Bei dem Spiel der 5 Tiere werden nicht nur Muskeln, Sehnen und Knochen durch spezielle Körperhaltung trainiert, vielmehr gilt es, die Eigenarten der Tiere nachzuahmen. Die äußere Sanftheit und Weichheit des Bären verbindet man mit seiner inneren Kraft und Stärke. Die Eleganz und Leichtigkeit des Kranichs hilft, Trauer und Angst besser zu überwinden. Das Spiel des Tigers vermittelt Angriffslust, gepaart mit Geschmeidigkeit und Durchsetzungskraft. Die Vorstellungskraft wird auf vielfältige Weise eingesetzt und auf allen Ebenen trainiert. Die Namen der einzelnen Übungen leiten die Phantasie, man kann in die Rolle des flinken Affen schlüpfen, der in den himmlischen Garten eindringt, um die kostbaren Pfirsiche zu pflücken, und sicher wird jedes Kind sich gut vorstellen können, wie er anschließend Reißaus nimmt.

Wer auf das Nachahmen der äußeren Form der Tierbewegung Wert legt, der muss auch ihre Gewohnheiten und ihre charakteristischen Merkmale, ihre Mimik und Gestik nachahmen. Man muss das Wesen der Tiere beobachten, z.B. durch einen Besuch im Zoo, um die Einheit von Form und Geist darzustellen. Der Bär ist tapsig, schwerfällig, aber wenn er rennt, ist er sehr flink und schnell. Der Affe ist ständig in Bewegung, sein Geist sehr wach, immer zu Späßen aufgelegt, noch in der Ruhe ist er heiter. Die Heiterkeit zu kultivieren, wird in der gesamten chinesischen Tradition als Gewähr für die Widerstandsfähigkeit des Körpers gegen schädliche Einflüsse angesehen.

Eine andere Möglichkeit, die Wesensart der Tiere zu erfassen, liegt im Zeichnen oder Malen. Hierbei können die Besonderheiten z.B. des Tigers gut dargestellt werden: Er ist kein Schmusekätzchen, sondern König der Tiere, furchtlos, tapfer, stark.

> **W**enn der Tiger faucht, ist es wie ein Sturm, der den Regen peitscht. Wenn der Tiger läuft, ist es wie ein heranbrausender Wind.
> Wenn er den Schwanz schüttelt, dann brechen Bäume, Steine zerspringen.
> Wenn er ruht, ist es wie der klare Mond am Himmel.
> Wenn ein Laut den Tiger stört, durchstreift er wütend das Gebirge.

Diese Eigenschaften sollen sich auch im »Spiel des Tigers« widerspiegeln.

Das »Spiel der 5 Tiere« beinhaltet große und kleine Bewegungsamplituden, schnelle und langsame Bewegungen wechseln ständig ab, Härte wird mit Weichheit in ausgewogenem Wechsel geübt. Hua Tuo, der berühmte Arzt aus der Han-Zeit, wies auf die besondere Bedeutung dieser Bewegungsformen nach Tiervorbildern hin:

> **W**enn man sich bewegt, kann das mit der Nahrung aufgenommene Qi verbraucht werden, zirkulieren die pulsenden Säfte ungehindert.
> Es ist dabei wie mit der Türangel, die niemals rostet.

Kinder schlüpfen gern in eine Rolle und können meist die Eigenarten der Tiere gut zum Ausdruck bringen. Es ist empfehlenswert, zu Beginn nur die erste Form, den Schritt eines Tieres zu üben, um später auf dieser Basis noch weitere Formen dazuzunehmen. So kann man schrittweise eine größere Entfaltung zulassen. Welche Übung man aussucht, hängt von besonderen Vorlieben ab, z.B. emotionale Disposition, Bewegungsdrang und Wahrnehmungsfähigkeit. Allen Übungen liegen folgende Prinzipien zugrunde:
- Entspannung, Ruhe, Natürlichkeit
- Vorstellungskraft und Qi folgen einander
- Bewegung und Ruhe gehören zusammen
- oben leicht – unten fest
- Schritt für Schritt üben.

Wenn du eine Übung nicht richtig beherrschst,
so kannst du auch die weiteren 100 nicht meistern.

Wahrung der Natürlichkeit

Gerade bei Kindern mit großem Bewegungsdrang ist die Wahrung der Natürlichkeit bei allen körperlichen und geistigen Übungen wichtig. Besonders leicht zu irritieren sind Atmung und Vorstellungskraft. Dazu sollte die Atmung zunächst nicht beachtet werden. Die Vorstellungskraft sollte stets angemessen sein und den kindlichen Vorstellungsbildern entsprechen. Für Kinder, die sehr stark auf Vorstellungen reagieren und sie als unangenehm empfinden, sollte man auf Vorstellungsübungen ganz verzichten und den körperlichen Aspekt der Bewegungsübungen besonders betonen. Die Basisübungen des Qigong, »Standhaltungen«, sollen sorgfältig praktiziert werden, aber nicht von zu langer Dauer sein, um dem natürlichen Bewegungsdrang der Kinder zu entsprechen. Natürlichkeit bedeutet, dass jeder Übende die Übung ein wenig anders ausführt. Gleichgewicht, Ausgewogenheit in der Haltung und Kraftstruktur sind dynamische Prozesse, die sich sowohl als innere und äußere Korrekturbewegungen zeigen können. Dabei müssen die Prinzipien oben 3 – unten 7, außen 3 – innen 7, steigen 3 – sinken 7 berücksichtigt werden.

Kinder mit großer Unruhe neigen eher dazu, diese Prinzipien umzukehren – mehr nach außen zu verausgaben, als ihnen gut tut. Es bedarf eines erfahrenen Lehrers, um das Prinzip außen 3 – innen 7 schrittweise zu verwirklichen und die jeweiligen Übungen den individuellen kindlichen Bedürfnissen anzupassen. Beim Üben mit Kindern wird sich manche Form anders entwickeln, aber die korrekte äußere Form ist nur ein Gerüst. Das oberste Prinzip soll die Freude an der Bewegung sein.

Weiterführende Literatur

Jiao Guorni: Qigong Yangsheng, Uelzen 1988
Jiao Guorni: Das Spiel der 5 Tiere, Uelzen 1992
Jiao Guorni: Die 15 Ausdrucksformen, Uelzen 1989
Jiao Guorni: Qigong Yangsheng, Uelzen 1993
Wolfgang Schmidt: Der Klassiker des Gelben Kaisers zur inneren Medizin, Freiburg (o.J.)
Medizinische Gesellschaft für Qigong Yangsheng, Bonn. Jahresheft 1993/1996, Uelzen

Kontaktadressen über:

Medizinische Gesellschaft für Qigong Yangsheng
Herwarthstraße 21
53115 Bonn

276

16 Sein Bewusstsein vertiefen durch Yoga

In der Mitte der Seele ist eine Wohnung für Gott. Die große Freude, welche die Seele empfindet, besteht darin, dass sie wahrnimmt, wie nahe sie bei Gott ist.

Teresa von Avila

Bewusstsein ist ein Zustand des ganzen Organismus, ein Zustand der Sensibilität und des ununterbrochenen Gewahrseins dessen, was ist.

Lutz Schwäbisch und Martin Siems[1]

Die Seele wird in der altindischen Sanskrit-Sprache Atman genannt. Und was uns im Westen so gänzlich fremd und auch im gelebten Christentum vielfach bedeutungslos ist (in den Schriften der antiken Kirchenväter und der Mystikerinnen und der Mystiker des Mittelalters hatte es noch eine zentrale Bedeutung), ist im Hinduismus z.B. überaus lebendig: die innere Verbindung der Seele, des Atman, mit ihrem göttlichen Ursprung, Brahman, dem absoluten Grund allen Seins. Mehr noch: Das Innerste jeder individuellen Seele (»Jivatman«) ist eins mit der Allseele, dem höchsten Selbst, mit Gott im Innern (»Paramatman«). Weil der transpersonale Gott aber so tief in uns verborgen ist, dass wir ihn normalerweise gar nicht wahrnehmen, ist es Aufgabe von Religion und Ziel jedes religiösen Weges, diese jeder menschlichen Existenz zugrunde liegende Rück-bindung (das lateinische Wort für Re-ligio trifft diese Bedeutung genau) zu entdecken und zu finden.

Mit diesen wenigen Vorbemerkungen haben wir uns schon einem besseren Verstehen von Yoga angenähert.

---

1   Selbsterfahrung durch Meditation. Eine praktische Anleitung, Reinbek 1976, 150

Yoga – Was ist das?

Um die Rückbindung der Seele an den göttlichen Seinsgrund existentiell erfahren zu können, werden im Hinduismus mehrere religiöse Wege beschritten. Die meistgenannten sind der Weg der Erkenntnis und des Wissens, der Weg des Handelns und der guten Tat sowie der Weg der Liebe und Hingabe. Streng voneinander trennen lassen sich diese Wege nicht. Yoga hat sich seit vielen Jahrtausenden als ein Meditationsweg zu mystischer Erfahrung, d.h. zur Überwindung der Unwissenheit der Einheit von individueller Seele und transpersonalem Gott in der Tiefe der menschlichen Seele, vor allem aus dem Weg der Erkenntnis und des Wissens heraus entwickelt. Von daher wird das Wort Yoga (abgeleitet aus dem Sanskrit-Wort »Yui«) verständlich. Es bedeutet so viel wie anjochen, zusammenbinden, einen, wieder vereinigen.

Damit die Aufmerksamkeit für diese verborgene Einheit nicht von körperlichen Bedürfnissen und Empfindungen abgelenkt wird, wurden auch körperliche Übungen entwickelt. Auch der Körper soll durchlässig werden für diese Erfahrung der Einheit und den dazu notwendigen Bewusstseinswandel vom oberflächlich sichtbaren Ich zum größeren, göttlichen Selbst der Seele, die mehr ist als das Ich weiß.

Detaillierte Anweisungen zu solchen körperlichen Übungen haben zu einer Form des Yoga geführt, die Hatha-Yoga genannt wird. Das Wort »Hatha« setzt sich aus den zwei Buchstaben der indischen Ursprache Ha und Tha zusammen. Ha bedeutet Sonne und Tha Mond, das Helle und Dunkle, Wärme und Kälte, Erde und Himmel, im weiteren Sinne auch Aktivität und Ruhe, Kreativität und Empfänglichkeit, positive und negative Lebenskraft. Ähnlich wie das chinesisch-taoistische Yin und Yang sind es kosmologische Begriffe, die in Verbindung miteinander die Vereinigung entgegengesetzter Pole oder Prinzipien zum Ausdruck bringen: Yin das Weibliche, die Erde, und Yang das Männliche, den Himmel.

Besonders bei uns im Westen wird Hatha-Yoga sehr eng verstanden und praktiziert und bezieht sich auf körperliche Übungen mit den Schwerpunkten Körperstellungen (»Asanas«) und Atemübungen (»Pranayamas«). Sie sollen die im Körper wirkenden gegensätzlichen Kräfte ausgleichen und beherrschbar machen, Lebenskraft, Gesundheit und inneren Frieden bringen. Das zusammengesetzte Wort Hatha, zumal in Verbindung mit dem Wort Yoga, weist jedoch ursprünglich darüber hinaus und darauf hin, was durch diese Form des Yoga verbunden werden soll: das Helle, Transzendente, Unbegrenzte, Göttliche und das Dunkle, Immanente, Begrenzte menschlichen Daseins, dem das Seelische und das Körperliche entsprechen.

Mit Karlfried Graf Dürckheim könnten wir auch vom »doppelten Ursprung« des Menschen sprechen, seinem himmlischen und irdischen, übernatürlichen und natürlichen Ursprung, von der ihm immanenten Transzendenz seines Wesens.[2] Jetzt kann es nicht mehr verwundern, dass Yoga und besonders Hatha-Yoga eine Meditationsform ist, die den Körper einbezieht. Mehr noch: Der von Patanjali vor ca. 2000 Jahren systematisch aus der langen Yogatradition zusammengetragene, achtstufig aufeinander aufbauende Yoga-Weg schließt auch das soziale Umfeld mit ein. Er führt von der Beachtung sozial-ethischer Gebote wie Gewaltlosigkeit, Wahrhaftigkeit, Nicht-Besitz-Ergreifen, Freisein von Habsucht und Gier, rechtem Umgang mit Sexualität über individuelle Disziplin wie Genügsamkeit und Zufriedenheit, Studium heiliger Schriften in Verbindung mit dem Studium des eigenen Selbst und Selbsthingabe an Gott bis hin zu den körperlichen Übungen, den Körperstellungen und Atemübungen. Erst mit diesen beginnt die Vorbereitung im engeren Sinne zur Begegnung mit dem innersten Selbst. Das Zurückziehen der Sinne von den äußeren Objekten mündet in Konzentration, Meditation, Erleuchtung und Vereinigung.

Yoga mit Kindern

Wollen wir mit Kindern »Yoga spielen«, so sollten Eltern, Erzieherinnen und Erzieher, Lehrerinnen und Lehrer sich über diesen Gesamtzusammenhang im Klaren sein und nicht ein großes Wort für kleine Spielchen missbrauchen. Es geht dabei vor allem um den Brückenschlag zwischen Körper, Geist und Seele, um die ganzheitliche Entfaltung der Kinder, um spirituelle Impulse zur Selbstwahrnehmung im achtsamen Umgang mit sich selbst und mit ihrer mitmenschlichen und mitnatürlichen Umgebung. In diesem Zusammenhang mögen die körperlichen Übungen und Stellungen der Asanas, wie sie auf Kinder zugeschnitten entwickelt wurden (vgl. die Literaturhinweise), auch im Vorraum und zur Vorbereitung auf Meditation mit Kindern oder auch in der Ausklangphase nach einer Meditation oder aber auch in Verbindung mit anderen Elementen dieses Buchs angesiedelt sein.
Es wäre jedoch unangemessen, sie als gymnastische oder sportliche Übung zu betrachten oder sie einzig und allein zum »Abbau von Stress« zu instrumentalisieren. Natürlich können Kinder mit ihnen ein Gefühl für den eigenen Körper entwickeln, ihr körperliches Wohlbefinden verbessern, Entspannung und Konzentration lernen. Aber wir würden sie wieder einmal auf westliche Art

---

2   Karlfried Graf Dürckheim: Vom doppelten Ursprung des Menschen, Freiburg [8]1984, 11 ff.

verzwecken, würden wir sie nur in erster Linie auf Ausgleich mit der die Kinder überreizenden und überfordernden Medienwelt oder als Suchtprävention oder als Reaktion auf die viel beklagten Konzentrationsschwächen der Kinder, ihre Unruhe und Hyperaktivität in Kindergarten und Schule einsetzen.

Die Asanas (sprich »Aaßanas«), die Körperpositionen des Hatha-Yoga, sollen nicht nur unser körperlich-seelisches Wohlbefinden steigern bzw. wiederherstellen, sie können auch helfen, uns selbst besser wahrzunehmen und uns zu entfalten. Das ist erreichbar, wenn wir die symbolische Bedeutung der verschiedenen Stellungen vor unserem inneren Auge visualisieren, mit uns selbst identifizieren, mit dieser neu gewonnenen Haltung unser nur begrenztes Selbstbild erweitern und vertiefen und im alltäglichen Umgang mit uns selbst und anderen realisieren. Das ist auch Kindern möglich.

Wenn Kinder bisher noch keine Asanas kennen gelernt und geübt haben, brauchen wir etwas Zeit zur Hinführung und sollten die Übung nicht noch an einen anderen Programmpunkt anfügen. Allenfalls kommen Bewegungsspiele in Betracht ((Literaturhinweise Kap. 7) oder andere Spiele, die Kinder gern mögen. Hauptsache, sie bewegen sich, und Gewinner und Verlierer sollte es dabei auch nicht geben, weil wir uns jetzt entspannen wollen.

Eine ganze Reihe von Asanas tragen Tiernamen, und so bieten sich Tierspiele zur Einstimmung an; wir brauchen nur allen Kindern bekannten Fangspielen wie »Wer fürchtet sich vor'm schwarzen Mann« andere Namen zu geben und entsprechend abzuwandeln. Da fängt der Bär Kinder, die sich dann ebenfalls in Bären verwandeln und mitfangen. Da fängt die Katze Mäuse und der Storch auf einem Bein Frösche usw. Oder wir stellen Tiere dar: Die Kinder laufen herum, bis der Erwachsene in die Hände klatscht; dann verwandelt sich jedes Kind in ein Tier, bewegt sich und gibt Laute wie dieses Tier von sich.

Und schon sind wir beim Thema einer Asana. Der Erwachsene stellt das Tier der von ihm ausgewählten Körperstellung vor, indem er eine kleine Geschichte von ihm erzählt oder von den Kindern erzählen lässt, was sie von ihm wissen. Nun macht er die Position langsam vor, und die Kinder machen sie nach. Beim natürlichen Nachahmungstrieb der Kinder werden sie es gern und mit großer Freude tun.

Beim nächsten Mal, wenn wir die Übung in einem anderen Zusammenhang wiederholen, oder auch jetzt schon können wir den Kindern die symbolische Bedeutung dieser Tierfigur »für mich selbst« nahe bringen. Diese können wir auch mit den Kindern zusammen entwickeln, indem wir sie assoziieren lassen, was ihnen dazu einfällt.

Haben die Kinder erst einmal die eine oder andere Tierfigur kennen gelernt, nachgeahmt und in ihrer »Bedeutung für mich selbst« verinnerlicht, was ich von diesem Tier lernen kann, können wir zu anderen Asanas übergehen, die anderes darstellen: Windmühle, Buch, Kerze, Schaukel, Brücke, Dreieck, Kreisel, Pfeil, Berg, Baum.

Bei allen Übungen kommt es nicht auf die exakt »richtige« Form der Übung an, sondern auf den Inhalt, die Bedeutung, das bewusste Erleben. »Yoga ist immer eine Form von Selbsterfahrung, schafft ein Bewusstsein für sich selbst, für sich in der Umwelt und bewirkt, dass die Kinder die Tiefe ihrer eigenen Persönlichkeit entdecken und sich und ihre Wünsche besser zum Ausdruck bringen können ... Sich in den verschiedenen Yogahaltungen zu erleben, ›bedeutet‹ immer eine Erneuerung oder Erweiterung seiner Persönlichkeit. Denn kraft dieser Übungen und der dadurch bewirkten Haltungsveränderung vermag sie irgendwann auch die Welt anders zu nehmen.«[3]

Einige Asanas: Berg – Baum – Fisch – Adler

★ Einen **Berg** können wir sitzend oder stehend nachahmen. Sitzend stellen die gekreuzten Beine den Fuß eines Berges dar; der Rücken ist gerade, die Arme sind nach oben gestreckt, Handflächen oder Fingerspitzen berühren sich. Stehend verlagern wir das Gewicht auf die Fersen; wir stehen breitbeinig; auch hier stellen die Beine den Fuß des Berges dar; die Arme hängen locker herab; der Rücken ist gerade und reckt sich mit Nacken und Kopf hoch hinaus.
Bedeutung für mich selbst: Ich habe festen Boden unter den Füßen; ich stehe ganz still; ich bin die Ruhe selbst; ich stehe aufrecht; ich bin kräftig und widerstandsfähig; ich trotze Sturm und Regen. Ich bin beständig und lasse mich nicht umwerfen. Ich wachse über mich hinaus. Ich bin noch viel mehr

3   Ursula Rücker-Vogler: Yoga und Autogenes Training mit Kindern, 14

als wofür andere mich halten; ich habe Weitblick; ich habe einen klaren Blick; von hier oben sehen viele Dinge, auch die Menschen, viel kleiner aus. Ich lausche, was die vorüberziehenden Wolken mir erzählen ...

★ Stellen wir den **Baum** dar, so stehen wir zunächst gerade da wie bei der Bergstellung; die Schultern hängen locker herab; jetzt brauchen wir Standfestigkeit: das rechte Bein bleibt fest auf dem Boden; den linken Fuß legen wir innen an das rechte Knie; das Gewicht verlagern wir auf die Ferse des Standbeins; der Fuß bildet die Baumwurzel, Standbein und Rückgrat bilden den Stamm, das gekrümmte Bein einen gekrümmten Ast; wir falten die Hände (wie beim Gebet) und heben dann die Arme langsam über den Kopf; die Arme sind die belaubten Zweige, die wir dem wärmenden Sonnenlicht entgegenstrecken. Mit dem anderen Bein können wir dann die Position wiederholen.

Bedeutung für mich selbst: Ich bin fest in der Erde verwurzelt; ich stehe aufrecht und bin stark; ich brauche keine Stütze; ich bin selbständig; ich wachse und entfalte mich langsam, aber stetig weiter; an den nicht sichtbaren Baumrinden in meinem Stamm lässt sich das Schicht für Schicht, Jahr für Jahr erkennen; aus meinen Erdwurzeln fließen ständig Lebenskräfte durch meinen Stamm hoch bis in die Äste und zu den Zweigen. Meine Zweige und Blätter spielen mit dem Wind und mit dem Sonnenlicht; in meinen Zweigen zwitschern Vögel; ein Vogel hat sein Nest darin gebaut, er kann sich bei mir zu Hause fühlen; ich bin mit mir im Gleichgewicht; ich falle nicht um; mit meinen Ästen, Zweigen und Blättern reagiere ich flexibel auf die Bewegungen des Windes, auch des Sturmes; ich recke mich hoch hinauf, voller Hingabe an die Weite des Himmels; im Frühling knospe und blühe ich; im Sommer stehe ich voller Schönheit da und spende Schatten; im Herbst verschenke ich meine Früchte; im Winter warte ich geduldig auf das neue Leben, das sich schon in mir regt; in Einklang und Harmonie stehe ich inmitten meiner Umgebung.

★ Imitieren wir den **Fisch**, dann liegen wir auf dem Rücken und bilden dann ein Hohlkreuz, wobei wir uns mit dem Hinterkopf auf den Boden stützen. Mit den Ellbogen ebenfalls auf dem Boden und mit den Händen oberhalb des Pos können wir die Wölbung der Wirbelsäule unterstützen. Anfangs brauchen wir dabei vielleicht auch Hilfe, bis wir es alleine können. Dann nehmen wir die Hände vom Rücken fort und falten sie vor der Brust (das ist die Flosse). Bei einer späteren Übung winkeln wir die Beine in den Knien nach außen und legen die Füße neben den Po; wir können die Beine auch nach innen anwinkeln und übereinander legen.

Bedeutung für mich selbst: Ich muss flexibel und kräftig in der Wirbelsäule sein, um das Wasser schwimmend »spalten« zu können. Stromlinienförmig bewege ich mich durch das Wasser. Meine Bewegungen sind anmutig und elegant. Ich kann mich blitzschnell bewegen, aber auch regungslos liegen bleiben. Ich habe einen unbeugsamen Willen, damit ich dem Wasser Widerstand leisten kann. Ich kann mich auf meine Kraft verlassen. Ich kann mich tief in meine Seele zurückziehen wie der Fisch in die Tiefe des Wassers, aber auch mein Herz anderen Menschen liebevoll entgegenstrecken, so wie der Fisch aus der Wassertiefe wieder auftaucht an die Oberfläche. Aus tiefer Traurigkeit, Verletztheit oder Angst kann ich immer wieder auftauchen, ohne darin zu versinken. Sensibel nehme ich alles wahr, was mir gefährlich werden könnte; ich kann blitzschnell ausweichen, ohne zusammenzustoßen. Ich behalte die Klarsicht, wenn ich vom Meer meiner Gefühle überschwemmt zu werden drohe. Ich fühle mich schwerelos und frei wie der Fisch im Wasser.

★ Die Asana des **Adlers** ist wieder eine Übung im Stehen, für die wir ein hohes Maß an Konzentration brauchen und die Fähigkeit zur Balance; denn das ganze Körpergewicht ruht wie beim Baum nur auf einem Bein. Wir wickeln das andere Bein um das Standbein: Oberschenkel auf Oberschenkel, den Unterschenkel des anderen Beins bringen wir so nach hinten, dass das Schienbein die Wade berührt und die Zehen an der Innenseite des Knöchels anlehnen. Dann schlingen wir einen Arm um den anderen und legen die eine Hand auf die andere. Wenn wir die Übung wiederholen, wechseln wir das Standbein und legen die Arme in entgegengesetzter Richtung ineinander.

Bedeutung für mich selbst: Ich habe die Kraft in mir, mich vom Boden zu erheben und hoch in die Lüfte zu steigen. Von hier habe ich einen weiten Blick und erspähe mit meinen scharfen Augen alles, was sich unten auf dem Boden bewegt; mir entgeht nichts. Ich weiß genau, was ich will. Gefahren erkenne ich schon von weitem und kann rechtzeitig etwas dagegen unternehmen. Ich lasse mich nicht einfangen – von nichts und niemandem. Ich kreise ruhig über meinem Revier und verliere nicht das Gleichgewicht. Wo ich etwas Böses entdecke, gehe ich zum Angriff über. Erkenne ich Fehler an mir, muss ich das ändern. Sie hindern mich daran, wie der Adler zu schweben. Ich bin fähig, mich selbst zu beobachten.

Diese Beispiele mögen dazu anregen, weitere Asanas für Kinder symbolisch zu deuten[4]: Vögel wie den Hahn, den Pfau, den Kranich, den Schwan und den Storch, andere Tiere wie die Kobra, die Schildkröte, den Skorpion, die Heuschrecke, die Schlange, die Maus, den Schmetterling, das Krokodil, die Katze, den Hund, die Kuh, das Kamel und den Löwen, Pflanzen wie den Lotus und die Sonnenblume und auch Geräte wie den Pflug, Pfeil und Bogen, Schaukel, Brücke, Boot und Windmühle.

Nicht jede Übung ist zur Visualisierung geeignet. Spielen wir mit den Kindern Yoga und stellen wir ein aufeinander aufbauendes Programm zusammen[5], so genügt es, *eine* Position zur Visualisierung auszuwählen, welche die Kinder bereits beherrschen und bei dieser ein wenig zu verweilen, um sodann im Programm fortzufahren. Bevor wir dann diese Übung durchführen, lassen wir die Kinder brainstormartig erzählen, was ihnen alles zu dieser Asana einfällt, damit sie sich diese Aspekte während der eingenommenen Position verinnerlichen können. Sie wird selbstverständlich in völliger Stille durchgeführt, während das bei den anderen Programmpunkten meistens nicht notwendig ist.

Unter Aufnahme der von den Kindern geäußerten Bedeutungsaspekte der einzunehmenden Stellung sollte »die Bedeutung für mich selbst« während der Übung anfangs noch in der Ichform (ähnlich wie in den oben ausgeführten Beispielen) von der Übungsleiterin/dem Übungsleiter leise in die Stille hineingesprochen werden. Nach mehrmaliger Wiederholung derselben Stellung in unterschiedlichen Stellungsprogrammen genügen oft nur geringe Impulse, um die Kinder an deren Bedeutung für sie selbst zu erinnern.

Um sie auch im Alltag vergegenwärtigen zu können, wäre es hilfreich, die Kinder anzuregen, die Symbolik zu bestimmten Tageszeiten oder in bestimmten Situationen (wie ein Mantra) sich vorzustellen oder auch sich vorzusagen: »Ich bin wie ein Berg ...« – »Ich bin wie ein Baum ...« – »Ich bin wie ein Fisch ...« – »Ich bin wie ein Adler ...«. Denn diese Symbolik soll ja zu einer veränderten Lebenshaltung verhelfen und zur Wirkung kommen. Warum sollten nur so heilige Worte und Silben wie das tibetisch-buddhistische OM oder das christliche AMEN uns in eine meditative Lebenspraxis begleiten können?

Wenn also unser Asana-Programm ausklingt und die Kinder sich zur Entspannung und Einkehr der Ruhe noch einige Minuten zur »Totenstellung« flach hinlegen, können wir ihnen das knapp formulierte Mantra zur Erinnerung mit auf den Weg geben.

---

4   Dazu hilfreich: Swami Sivananda Radha: Geheimnis Hatha-Yoga
5   Das Grundprogramm und das Beispiel eines Programms in: Mary Stewart und Kathy Phillips: Kinder spielen Yoga, 11

In der »Totenstellung« zur Meditation

Wir können die »Totenstellung« aber auch unabhängig von einem Asana–Programm zur Meditation nutzen.

★ Haben wir uns flach auf den Rücken gelegt, winkeln wir die Beine erst einmal an und kreuzen die Arme über der Brust. Nach einigen Minuten strecken wir die Beine wieder flach auf den Boden und lassen die Arme neben dem Körper auf den Boden fallen. Tief atmen wir ein und aus und spüren, wie unser Körper bei jedem Ausatem tiefer und schwerer in den Boden versinkt.
Nun verbinden wir den Atemvorgang mit den beiden Wörtern »Ich bin«. Während wir uns auf die Einatmung konzentrieren, denken wir »Ich«. Während wir uns auf die Ausatmung konzentrieren, denken wir »bin«. Mit jedem Ein- und Ausatmen konzentrieren wir uns erneut auf das »Ich bin«.
Das ist jetzt unser Mantra, mit dessen Hilfe wir in die Meditation hinübergleiten können. Wir lassen den Atem frei strömen und gleichen das Denken des Mantra »Ich bin« dem Atemrhythmus an.
Tauchen andere Gedanken oder Gefühle auf, so lösen wir sie durch die beiden Wörter »Ich bin« auf. Nach und nach erlauben wir uns eine Erlebnispause: Wir denken nicht mehr »Ich bin«, aber bleiben offen dafür, es einfach zu erleben. Auch konzentrieren wir uns jetzt nicht mehr auf den Atemrhythmus.
Wenn sich wieder andere Gedanken oder Gefühle einstellen, lösen wir sie immer wieder mit »Ich bin« auf. Langsam werden die Erlebnispausen zu einem länger anhaltenden Erlebnisraum, in dem wir etwas anderes erleben als das, was wir allgemein mit Ich bezeichnen: das Selbst.

Weiterführende Literatur

Rachel Carr: Bewegungsspiele und Yoga mit Kindern, München [2]1987
Esther Jenny Dasappa Keshava: Yoga. Grundkurs für Anfänger, München [3]1994
Mircea Eliade: Yoga. Unsterblichkeit und Freiheit, Frankfurt/M. 1984
Elisabetta Furlan: Komm wir spielen Yoga, Freiburg 1991
André van Lysebeth: Yoga für Menschen von heute, München 1988
Michaelle: Beten mit Körper, Seele und Geist. Übungen aus dem Hatha-Yoga, Mainz 1979
Paramahans Swami Maheshwarananda: Yoga mit Kindern, München [2]1992
Patanjali: Die Wurzeln des Yoga, München 1976
Gisela Preuschoff: Kinder zur Stille führen, Freiburg [4]1997
Petra Proßowsky: Kinder entspannen mit Yoga. Kleine Übungen für Grundschule und Kindergarten, Mülheim an der Ruhr 1996
Swami Sivananda Radha: Geheimnis Hatha Yoga. Symbolik – Deutung – Praxis, Freiburg 1991
Ursula Rücker-Vogler: Yoga und Autogenes Training mit Kindern, München [4]1995
Mary Stewart und Kathy Philips: Kinder spielen Yoga, München 1994
Swami Vivekananda: Raja Yoga, Freiburg 1988
Hartmut Weiß: Quellen des Yoga, München 1986
Hubert Wurz: Das indische Sonnengebet, Augsburg 1996

17 Sein Bewusstsein vertiefen durch Meditation

Das Erste, die unbedingte Bedingung dafür, dass etwas getan werden kann, das Erste also, was getan werden muss, ist: schaffe Schweigen, führe Schweigsamkeit ein. Der Mensch, dieser kluge Kopf, ist gleichsam schlaflos geworden, um neue, immer neue Mittel zu erfinden, den Lärm zu vermehren, um möglichst schnell im größten Maßstab das Getöse und das Nichtssagende auszubreiten – schaffe Schweigen.

Sören Kierkegaard[1]

Wir sollten versuchen, den wahren Wert des Lebens in uns selbst zu suchen, um unser eigenes Glück zu finden, das uns nie mehr verlassen wird. In der Regel suchen wir unser Glück immer außerhalb von uns, bei anderen. Wenn wir uns dessen bewusst wären, würde die Welt weniger zu leiden haben und das Leben mehr Sinn machen.

Thich Nhu Dien[2]

Meditation ist zu einem Schlagwort geworden. Es wird benutzt für eine breite Skala von einfachen Übungen zur Stille bis hin zur anspruchsvollen Zen-Meditation. Eine stille Bildbetrachtung oder das besinnliche Nachdenken über einen Text, für die wir einige Minuten Schweigen einräumen, sollten wir nicht vorschnell mit Meditation gleichsetzen. Um deren Nähe zur Meditation anzudeuten oder unser Tun als Vorform oder Vorübung zur Meditation zu charakterisieren, würde es genügen, Wortverbindungen zu benutzen wie meditative Übung, meditative Phase, meditative Bildbetrachtung, meditatives Musikhören, meditatives Malen, meditatives Naturerleben.
Andererseits: Wenn es der Meditation darauf ankommt, »den Menschen zu sich selbst kommen zu lassen, damit er sich selbst findet, sich selbst entdeckt«[3], so tragen bereits alle Bausteine ästhetisch-religiöser Entfaltung und spiritueller Erziehung in diesem Buch meditativen Charakter, beginnend schon mit Übun-

---

1   Religion der Tat, Stuttgart 1948, 187
2   Wie ein großer Stein, an dem wir täglich schleifen, in: Publik-Forum Extra, Meditation (1996), 21
3   Thomas und Gertrud Sartory: Erfahrungen mit Meditation, Freiburg 1976

gen zur Erfahrung des Körpererlebens, zur Sensibilisierung der Sinne und zum sensitiven Naturerleben (* Kap. 1 und 2).

Darüber hinaus wäre zu fragen, ob wir überhaupt schon mit Kindern im eigentlichen Sinne meditieren können. Bringt das Kind gute Voraussetzungen zur Meditation mit? »Es schaut an, es hört an, es tastet an, seine Sinne sind geöffnet, aber weit weg über die Sinne hinaus führt es seine Frage.«[4]

Seine natürliche Neugierde, sein Fragen und seine Offenheit, mit der es sich der Umwelt zuwendet, auch sein Wunsch zur vielfachen Wiederholung beim Hören von Märchen oder Anschauen von Bilderbüchern lassen Klemens Tilmann von der »spontanen, natürlichen Meditation des Kindes« sprechen. »Es geht dem Kind um eine Tiefendimension der Wahrheitsaufnahme, die beim ersten Hören, wie das Kind ganz natürlich und richtig empfindet, nicht erreicht werden kann. Das aber, was es da will, ist Meditation.«[5]

Auch Felicitas Betz erinnert daran, dass Kinder »normalerweise ein Talent ... zu innerer Sammlung « und konzentrierter Versenkung mitbringen. »Diese Fähigkeit sollten wir schützend pflegen. Denn sie steht in Gefahr, ausgerottet zu werden. In unserer hektisch-verplanten Welt, wo jeder Erwachsene seinen Tagesplan hat, nach dem er antritt und laufen muss, ... in einer solchen Welt wird es den Kindern schwer gemacht, gesammelt bei sich zu bleiben.«[6]

Diese ursprüngliche Gabe der Kinder zu erhalten, dienen besonders Übungen der Stille und zum meditativen Naturerleben, Phantasiereisen und Autogenes Training (* Kap. 3 und 4), aber auch eine Reihe weiterer Elemente ästhetisch-religiöser Entfaltung und Erziehung. Sie alle sind geeignet, in Verbindung mit Meditation die Seele der Kinder zu befreien.

Aber was ist Meditation überhaupt und auf was zielt sie ab?

Es gibt viele Formen der Meditation, geprägt jeweils von ihrer geschichtlichen und geographischen Herkunft sowie von ihrer religiösen und weltanschaulichen Heimat. Entsprechend ist auch nicht jede Meditationsmethode für alle Menschen geeignet; folglich kommt auch nicht jede für Kinder in Frage. Und doch bedarf es wenigstens einer Annäherung an den Kern, um was es der Meditation geht, damit nicht alles und jedes Meditation genannt wird, was zu Unrecht mit

---

4   Philippp Dessauer: Die naturale Meditation, München 1961, 12
5   Die Führung der Kinder zur Meditation, Würzburg 1959, 13f.
6   Erfahrung vorbereiten, München 1976, 75; dies.: Die Seele atmen lassen. Neuausgabe, München 1996

diesem Wort belegt wird, um sodann entscheiden zu können, ob und wie wir mit Kindern meditieren können. Karlfried Graf Dürckheim versteht unter Meditation in ihrer heutigen Bedeutung

> »eine Verwandlungsübung, und zwar eine Übung zur Verwandlung des ganzen Menschen als Leib, Seele und Geist. Das Ziel dieser Verwandlung ist eine Verfassung, in der der Übende durchlässig geworden ist für sein Wesen, genauer gesagt, für das in seinem Wesen anwesende transzendente Sein, das in ihm und auch durch ihn offenbar werden möchte in der Welt.«[7]

Das erinnert an die Mystik, und so interpretiert Klaus Thomas denn auch den Begriff »Meditation« als »eine Sammelbezeichnung vieler verschiedener Wege der Mystik, besonders im Buddhismus und im Christentum«[8].

Zum Kern dieser Wege gehört die Hochschätzung der Wahrnehmung, und zwar der sinnlichen und geistigen Wahrnehmung. Vor allem die geistige Wahrnehmung spielt eine wichtige Rolle, weil sie das Bindeglied bildet zwischen der Wahrnehmung unserer Umwelt und unseres Körpers mit unseren fünf Sinnen, den Toren zur Welt, durch die die Welt bei uns ein- und ausgeht, und der Rationalität, dem analysierenden und diskursiven Denken, das fortwährend die bei uns ein- und ausgehende Welt zergliedert, unterscheidet, beurteilt und bewertet.

Wir beobachten seit langem bei vielen Jugendlichen und jungen Erwachsenen und zunehmend auch bei Kindern eine Überaktivierung der Rationalität, die eine überwältigende Fülle an Informationen, unzusammenhängendem Einzelwissen, Eindrücken und Meinungen zu verarbeiten hat, die nicht zuletzt via Medien auf sie einstürmt. Grell und laut kommt sie daher und lässt die Sinne abstumpfen. Die geistige Wahrnehmung, welche im traditionellen Buddhismus das achtsame Bewusstsein genannt wird, das die Welt in ihrer Ganzheit wahrnimmt und – neurologisch betrachtet – in der rechten Gehirnhälfte angesiedelt ist, wird von den Außeneinflüssen so überrannt, dass der viel beklagten Selbstentfremdung Tür und Tor geöffnet ist. Die Linien zwischen außen und innen, Außenwelt und eigenem Selbst verwischen immer mehr und führen zu innerer emotionaler Leere, in der das einzelne Ich zu versinken droht, oder zu einer Verwirrung der Gefühle, von denen das Ich hin- und hergeworfen wird. Beides beobachten wir heute auch bei Kindern und Jugendlichen.

Eine Reihe von therapeutischen und spirituellen Wegen suchen Erwachsene für sich, um dieser seelischen Not zu entkommen. Einer ist der der Meditation. Er trifft den wunden Punkt insofern, weil er geeignet ist, die ganzheitliche

---

7   Meditation als Verwandlungsübung, in: Nachrichten aus Rütte 7/1974, zit. nach Liselotte M. Boden: Meditation und pädagogische Praxis, München 1978, 21

8   Meditation, Stuttgart 1973, 158

Selbstwahrnehmung zu stärken und übend zu entfalten, um (wieder) »Herr im eigenen Haus« zu sein und zu sich selbst zu finden. (Wahre Selbstfindung darf nicht verwechselt werden mit narzisstischer Ichbespiegelung und -verherrlichung.)

Förderung der ganzheitlichen Wahrnehmung geschieht in der Meditation durch den Ausbau bzw. Aufbau einer Pufferzone zwischen Außenwelt und mir selbst. Es ist die durch Martin Buber bekannt gewordene Distanz, die erst die Nähe in einer Beziehung zwischen Ich und Du, *zwischen* mir und der Welt, mein *Gegenüber* zur Welt ermöglicht.[9]

In der Meditation können wir Abstand nehmen von der Außenwelt und ihren Inhalten, die uns oft rund um die Uhr beschäftigen, die uns bedrängen und mit denen wir so verhakt sind, dass wir nur selten noch zu uns selbst finden. Rational suchen wir mit ihr klar zu kommen, um sie bewältigen zu können. Die westliche Kultur hat unsere – in der linken Gehirnhälfte angesiedelte – Denkfähigkeit so konditioniert, dass wir kaum in der Lage sind, auch unsere ganzheitliche Wahrnehmungsfähigkeit, die auch die geistige genannt wird und auf dem Erkenntnisweg der sinnlichen folgt und dem rationalen Denken vorgelagert ist, ebenfalls in Anspruch zu nehmen. Es kommt nicht von ungefähr, dass wir heute sprachlich die Adjektive geistig und rational fälschlicherweise gleichsetzen. Das im Buddhismus so genannte achtsame Bewusstsein bzw. die geistige, ganzheitliche Wahrnehmung, welche die Quelle der Weisheit ist, erfährt auch in der schulischen Bildung kaum Hochschätzung! Hier besitzen die nach Fächern aufgeteilten Wissensstoffe Priorität vor jeder musischen, sozialen, ethischen und religiösen Erziehung. Ja auch in der religiösen Erziehung spielt die Rationalität eine größere Rolle als die ganzheitliche Welt- und Selbstwahrnehmung. Die so Missachtete und Vernachlässigte steht nun aber im Zentrum der Meditation.

Je nach der religiösen oder nicht-religiösen Tradition, die einen Meditationsweg geprägt hat, werden dabei körperlich-sinnliche Wahrnehmung als Vorbedingung geistiger Wahrnehmung mehr (z.B. Yoga und Tai Chi) oder weniger (z.B. Zen) mit einbezogen. Entscheidend aber ist das Innehalten und Verweilen in der geistigen Wahrnehmung, dem achtsamen Bewusstsein.

Gewöhnlich lassen wir der sinnlichen Wahrnehmung (wir nehmen etwas wahr, wenn auch nur kurz und oberflächlich, ohne bei dem mit den Sinnen Wahrgenommenen zu verweilen) sogleich das Denken folgen: wir überlegen, bestimmen, beurteilen und eilen von einem Gegenstand und Denkinhalt zum anderen (in der Schule im 45 Minuten-Takt).

Nicht so in der Meditation, bei der wir in der bewusst absichtslosen, unerzwungenen Wahrnehmung eine gewisse Zeit verbleiben, um uns auf neue Erfahrun-

---

9   Ich und Du, in: Werke Bd. 1, München 1962, 79 ff. – Elemente des Zwischenmenschlichen, ebd., 269 ff. – Urdistanz und Beziehung, ebd., 411 ff.

gen mit uns selbst einzulassen, die wir nicht hätten, würden wir sogleich wieder ins Denken fallen. Halten wir die unruhigen Bewegungen unseres Denkens an, verspricht uns das Yogasutra des weisen Patanjali, so erkennen wir unser wahres Selbst. Durch Abbremsen des vorschnellen rationalen Denkens und durch Einschalten des ihm vorgelagerten intuitiven Bewusstseins, das wir gewöhnlich gern überspringen, wird es möglich, unser wahres Wesen wahrzunehmen, das mehr ist als Ich weiß.

In der Meditation verlangsamt sich der Erkenntnisprozess. Wir könnten es mit dem Autofahren vergleichen: Ohne immer im 4. Gang durch die Welt zu fahren, können wir hin und wieder auch im 2. Gang fahren. Weniger ist mehr; wir nehmen quantitativ zwar nicht so vieles, qualitativ dafür umso mehr wahr, ganzheitlich und intensiv. Im 2. Gang zu fahren oder gar das Auto stehen zu lassen und zu wandern, ist nicht nur erholsam und regeneriert unsere vitalen Kräfte, sondern lässt uns auch neue, bisher unausgeschöpfte oder verkümmerte Potentiale in uns entdecken, die weniger am Haben der Dinge und am Bewältigen des Lebens orientiert sind als an Sein und Sinn der Dinge des Lebens – Potentiale, mit denen wir in eine neue Beziehung zu unserer Umwelt und zu uns selbst eintreten können. »Verglichen mit dem, was wir sein sollten und sein könnten«, sagte William James, »sind wir alle nur halb wach. Nur von einem kleinen Teil der in uns liegenden Möglichkeiten machen wir Gebrauch. Es geht darum, Wachheit zu erreichen und unsere schlummernden Kräfte und Fähigkeiten für unser tägliches Leben zu erschließen.«

Meditation lässt das bisher unausgeschöpfte Potential in uns entdecken, durch Loslassen unserer fortwährend sich in das Geschehen um uns herum einmischenden Kopftätigkeit, welche analysierend und reflektierend die Dinge im Subjekt-Objekt-Verhältnis zu erfassen und zu bewältigen bestrebt ist, die Dinge (also die Objekte) wie auch mein Ich (also das Subjekt) einfach sein und geschehen zu lassen. Der »Gewinn« immer wieder geübter Meditation ist das allmähliche Heranwachsen eines anderen, eines neuen, eines alternativen Bewusstseins, das wir auch Bewusstheit nennen können. Es ist die aufwachende Bewusstheit des »wahren Selbst« in der Tiefe unserer Seele; je wacher es werden kann, umso befreiter kann unser Ich an der Frontlinie zur Außenwelt aufatmen und aufhören, sich ständig ihrer bemächtigen zu wollen und sich abmühen zu müssen, um mit Macht in dieser Welt zu überleben. Und somit greifen die drei Grundprinzipien der Meditation Nicht-Denken, Nicht-Wollen und Nicht-Tun in unsere atemlos gewordene Lebenshaltung ein, lassen uns aufatmen und geben uns die Chance, in der Bewusstheit des wahren Selbst uns rückverbunden (re-ligiös) mit dem göttlichen Seins- und Sinngrund unser selbst zu erfahren, aus dem wir je schon leben – und nicht nur wir. Hier können wir anfanghaft auch die Erfahrung machen, dass wir nicht die von allen getrennten Einzelwesen sind, als die wir uns unablässig denken, und öffnen die Seele für unser tieferes, mit anderen verbundenes Wesen.

Mit Kindern meditieren?

Meditation eröffnet und fördert auch eine schon bei den Kindern zu verkümmern drohende Grundhaltung gegenüber der Welt und sich selbst: die Dinge und die Menschen wahrzunehmen, um sie sein zu lassen, so wie sie sind, ohne sogleich denkend und handelnd in sie einzugreifen, sie zu verarbeiten und zu verändern, wie uns unsere wissenschaftlich-technische Ideologie ständig einsuggeriert. Schon früh wird von den Kindern

> »ein hektisches, ehrgeiziges und leistungsorientiertes Verhalten gefordert. Sie werden immer häufiger zu einem kritischen und vergleichenden Vorgehen angehalten und zu einem immer abstrakteren Umgang mit sich und der Welt aufgefordert. Ein zärtliches und gelassenes Eingehen auf ihre Umwelt wird kaum noch geschätzt oder gefördert ... Viele gehen lieblos mit sich und ihren Mitmenschen um. Ungeduldiges und aggressives Verhalten nehmen deutlich zu ... Mit Kindern meditieren fördert ihre Fähigkeit und ihre Bereitschaft, sich anzunehmen und achtsam auf ihre Mitwelt und Umwelt zu antworten. So wird ihr Vertrauen in die Welt gestärkt und auch die Erfahrung ihrer überweltlichen, transpersonalen Existenz erleichtert. Auf diese Weise helfen wir mit, dass sie ihre eigene Würde erkennen und achten.«[10]

Mit Kindern zu meditieren kann also auch ihre ethische und religiöse Entfaltung fördern. Aber das ist eine Ethik, die nicht aus Vorsätzen und Willensappellen erwächst, »sondern von innen her, aus der tiefen Erfahrung des eigenen Wesens ... Das bringt eine Transformation des Bewusstseins mit sich und eine Weltsicht, die über den engen Kreis des Ichbewusstseins hinausgeht ... Der Mensch ist dann aus seinem individuellen und individualistischen Bewusstseinsinteresse herausgeführt in eine größere Gemeinschaft und schließlich in den Kosmos hinein. Er entfaltet sich in diesem Reifungsprozess zu einem Individuum, dessen sittliches Handeln Ausdruck seines innersten Wesens ist.«[11]

Können wir also mit Kindern so meditieren, dass sie Fühlung mit ihrem innersten Wesen und der Weisheit in ihnen aufnehmen, die sie mit allem verbindet, und dem Göttlichen, das alles und uns selbst durchwirkt, »sodass wir in allem, was wir tun, von Weisheit gelenkt werden«[12]? Denn Meditation heißt in der Sprache des Sanskrit nichts anderes als Weisheit erleben, in Beziehung kommen mit der *mehda*, der Weisheit.

Wenn wir also überlegen, ob und wie wir mit Kindern meditieren können, sollten wir uns von dem Gedanken frei machen, Meditation habe den Zweck,

---

10   Reinhard Brunner: Hörst du die Stille? Hinführung zur Meditation mit Kindern, München [7]1997, 8

11   Willigis Jäger: Suche nach dem Sinn des Lebens. Bewusstseinswandel durch den Weg nach innen, Petersberg 1991, 168 f.

12   Deborah Rozman: Meditation für Kinder, Freiburg [3]1996, 26

ihnen Ruhe und Stille zu ermöglichen, ihre Aggressionen abbauen zu helfen o.Ä. ... Das mag eine Nebenwirkung sein, ist aber kein Maßstab; das ist kein Ziel von Meditation – auch nicht für Kinder. Wir sollten uns Gopi Krishnas Rat zu Eigen machen:

> »Je mehr ich die Europäer über Meditation reden höre, desto mehr empfinde ich, dass ich ihnen eigentlich davon abraten muss. Die verstehen ja gar nicht, worum es geht. Lesen Sie in Ihren Heiligen Schriften, Sie finden dasselbe wie in unseren: Du sollst deinen Mitmenschen lieben; du sollst Gott lieben; du sollst deinen Mitmenschen in Gott lieben. Und alles andere ist überflüssig. Nirgends steht: Du sollst meditieren. Wenn du aber Gott lieben willst und deinen Mitmenschen und du entdeckst die große Wahrheit, dass meditieren dir dazu helfen kann und eine ganz entscheidende Hilfe dazu sein kann, dann sollst du meditieren, und wenn du das nicht entdeckst, sollst du es bleiben lassen.«[13]

Meditation will Hilfe zur Selbstwahrnehmung und Selbstentfaltung in unserer kleinen und großen Mitwelt sein; sonst hat sie keine Bedeutung, und wir können auf sie verzichten. Die Bewusstheit, die sie mit jeder Einzelübung anstrebt, ist die Bewusstheit einer achtsam-liebevoll mit sich selbst und der Mitwelt umgehenden Lebensweise im Alltag. Sie will keine großen und tiefen Gedanken über Gott und die Welt in uns erzeugen, sondern das Gegenteil: die Gedanken über und an Gott und die Welt und das eigene Ich loslassen und hinter sich lassen. Gedanken unterscheiden, zergliedern, trennen, beurteilen und werten. Sie gehen in die Vergangenheit und führen in die Zukunft. Meditation hält den Gedankenfluss an, lässt uns in der Gegenwart des Hier und Jetzt verweilen und uns Fühlung aufnehmen mit uns selbst, dem kleinen und dem großen Haus, in dem wir wohnen, unserem Körper und dem Universum, das uns hervorgebracht und leben lässt – eine Einheit und Ganzheit, die wir in Gedanken und Worten voneinander trennen, in der Meditation aber als Einheit und Ganzheit erfahren können, um sie im alltäglichen Dasein in achtsam-liebevoller Bewusstheit zu leben vermögen.

Das macht die Meditation für den in sich selbst zerrissenen Menschen in einer zerissenen Welt so bedeutsam. Kinder, je jünger sie sind, mögen diese Einheit und Ganzheit ihrer selbst und der Welt, in der sie leben, noch ungebrochener erfahren. Aber auch ihnen können meditative Übungen helfen, diese Erfahrung lebendig zu erhalten oder – wo sie schon verblasst ist – wiederzugewinnen.

Eher leichter als wir Erwachsene können Kinder diese hilfreiche Erfahrung machen, weil sie die intuitive, ganzheitliche Wahrnehmung noch nicht überspringen, die sinnliche Wahrnehmung der Dinge und deren rationale Verarbeitung noch nicht so kurzgeschlossen haben. Sie können noch bei den Dingen aufmerksam verweilen, die ihnen begegnen, und haben noch nicht den nüchtern abschätzenden rationalen Blick, der alles schon zu kennen meint und

---

13   In: Publik-Forum Extra, Meditation (1996), 36

einzuordnen gelernt hat. Für sie ist die Welt noch voller ungelöster Rätsel, geheimnisvoll. Sie können die Dinge und die Menschen noch so sein lassen, wie sie sind, statt sie unter dem Kalkül ihres Gebrauchswertes zu betrachten. Sie stehen noch nicht unter dem Druck sich stellender Probleme, die zu beurteilen und zu lösen sind. Sie haben sich noch nicht die Haltung zugelegt, alle Probleme in den Griff bekommen, sich der Dinge und der Menschen bemächtigen zu müssen. No problem! Alles im Griff! Alles ist machbar! heißen die Devisen der Erwachsenen.

So aber, könnten die Kinder mit dem Dichter sagen, »bringt ihr mir alle die Dinge um« (Rainer Maria Rilke). Kein Ding ist euch mehr wunderbar.

Ohne den Nutzen und die Verwertbarkeit zu berechnen, zeit- und zweckfrei im Hier und Jetzt der Gegenwart verweilen ist Anfang und Weg von Meditation, auf dem wir unsere »allverbundene Einmaligkeit« (Thomas von Aquin) oder »dich in allen diesen Dingen, denen ich gut und wie ein Bruder bin« (Rainer Maria Rilke), entdecken können. Zeit- und zweckfrei ganz im Hier und Jetzt verweilen, können Kinder noch. Wir brauchen sie deshalb nicht zur Meditation hinzuführen, aber wir können ihnen diese Gabe und Fähigkeit durch Meditation zu erhalten suchen.

Mit Kindern meditieren – aber wie?

Viele der bereits dargestellten Bausteine ästhetisch-religiöser Entfaltung und Erziehung sind eine geeignete Vorschule zum Meditieren mit Kindern. Und einige von diesen wie auch die gerade in den vorangegangenen Kapiteln dargestellten körperbezogenen Übungen (Eutonie, Yoga, Tai Chi, Qigong) eignen sich, um mit einer Meditation verbunden zu werden. Aber sie sind nicht identisch mit Meditation: dem Anhalten analysierenden und diskursiven Denkens mit seinem ständigen Bestimmen, Vergleichen, Bewerten, Beurteilen und Verurteilen der Dinge und Geschehnisse um uns herum, das sich oft zum inneren Geschwätz ausweitet. Unser Inneres haftet an den äußeren Begebenheiten und vermag sie nicht loszulassen. Anhalten des Anhaftens, lautet der Rat der buddhistischen Weisheits- und Meditationstradition.

Dies kann auf objektgebundene oder auf objektfreie Weise geschehen. Ein für Kinder modifizierter Weg mag das zeigen.

Wie schon bei den Übungen zur Stille und zum meditativen Naturerleben wie auch zur Durchführung von Phantasiereisen braucht auch die Meditation einiges an Vorbereitung. Das soll jetzt hier nicht wiederholt werden. Zu denken ist an einen geeigneten Raum ohne eventuelle optische und akustische Störungen oder an einen stillen Ort in der Natur, die zum Meditieren einladen; an die für die Meditation geeignetste bequeme Sitzhaltung; an nicht einengende Kleidung (Gürtel, Schuhe); vielleicht an stille einstimmende Musik; an tiefes, ruhiges Einatmen und langes, langsames Ausatmen (zwischen zehn- und zwanzigmal, bei jüngeren Kindern weniger). Wenn die Musik verklungen ist, kann die Meditation beginnen.

Für Kinder, die noch ungeübt im eigenständigen Meditieren sind, ist es angezeigt, zuerst einige Wochen lang oder länger Übungen aus dem Bereich sensitiven und meditativen Naturerlebens und der Stilleerfahrungen zu machen. Es sind von Mutter oder Vater, Erzieherin oder Lehrer gelenkte Übungen.[14] Sie können auch später immer wieder mit eigenständigen Meditationen wechseln, wenn die Kinder es wünschen.

Zu der folgenden gelenkten Vorübung für Kinder ab vier Jahren brauchen wir z.B. eine besonders schön blühende Blume:

> »Beginnt langsam im Raum herumzugehen. Ich habe diese Blume mitgebracht für euch alle, ein Geschenk von mir für euch ... Stellt euch vor, dass dies eine Zauberblume ist. Wer sie in seiner Hand hält, kann unhörbar mit ihr sprechen, sich an der Schönheit der Blume erfreuen. Und vor allem kann jeder von euch sich etwas Schönes von der Blume wünschen. Etwas Schönes für diesen Tag oder diese Woche oder für dieses Jahr, irgendetwas Schönes und Angenehmes.
> Ich gebe die Blume gleich an jemanden von euch weiter, und derjenige kann langsam mit der Blume herumwandern. Und wenn er der Blume seinen Wunsch gesagt hat, leise, ganz leise, dann kann das Kind die Blume einem anderen Kind geben, das die Blume noch nicht hatte. Und so wandert ihr alle langsam herum, voll Erwartung in Gedanken an die Blume, an das Schöne, das ihr kennt und das ihr euch wünscht.«[15]

Ein Objekt oder Gegenstand wie diese Blume kann nun aber auch hilfreich sein, wenn das Kind nicht gelenkt, sondern eigenständig meditieren möchte, um nicht durch die Worte des Erwachsenen und durch das Tun anderer Kinder abgelenkt zu werden. Nun kann es ganz allein bei sich sein – zu Beginn der Meditation auch noch bei der Blume oder der Kerze oder dem Stein oder dem Bild oder was auch immer anregt, ins Meditieren hineinzukommen.

> »Im Frühling seiner Kindheit lief Anselm durch den grünen Garten ... Alles war schön, alles war Anselm willkommen, befreundet und vertraut, aber der größte Augenblick des Zaubers und der Gnade war in jedem Jahr für den Knaben die erste Schwertlilie. In ihrem Kelch hatte er irgendeinmal, im frühsten Kindestraum, zum ersten Mal im Buch der Wunder gelesen, ihr Duft und wehendes vielfaches Blau war ihm Anruf und Schlüssel der Schöpfung gewesen ... Die blaue Lilie war dem Knaben mehr als jede andere Blume lieb und wichtig geworden, sie wurde ihm Gleichnis und Beispiel alles Nachdenkenswerten und Wunderbaren. Wenn er in ihren Kelch blickte und versunken diesem hellen träumerischen Pfad mit seinen Gedanken folgte, zwischen den gelben wunderlichen Gestäuden dem verdämmernden Blumeninneren entgegen, dann blickt seine Seele in das Tor, wo die Erscheinung zum Rätsel und das Sehen zum Ahnen wird ...

---

14 Empfehlenswert dazu auch von Reinhard Brunner: Hörst du die Stille? A.a.O. (mit Tonkassette)
15 Klaus W. Vopel: Ausflüge im Lotussitz. Kinder ohne Stress Bd. 5, Salzhausen ³1994, 26

Jede Erscheinung auf Erden ist ein Gleichnis, und jedes Gleichnis ist ein offenes Tor, durch welches die Seele, wenn sie bereit ist, in das Innere der Welt zu gehen vermag, wo du und ich und Tag und Nacht alle eines sind ... Wenige freilich gehen durch das Tor und geben den schönen Schein dahin für die geahnte Wirklichkeit des Innern.«

Hermann Hesse hat dieses Märchen erzählt.[16] Wer könnte einfühlsamer von dem erzählen, was Kinder in der Meditation erfahren können?

Spontan kann diese sein, manchmal auch nachhaltig. Wenn wir den Kindern helfen wollen, ihr einen entscheidenden Platz im Leben einzuräumen, bedarf es der regelmäßigen Übung. Aber bevor wir mit Kindern meditieren und ihnen helfen können, eigenständig zu üben, und wir selbst noch kaum Meditationserfahrung haben, sollten wir zuerst einmal selber damit anfangen.[17]

Um Kinder zu selbständiger *objektbezogener* Meditation anzuleiten, bedarf es eigentlich nur solcher eigenen Erfahrungen und einiger weniger inspirierender Hinweise zur gedanklichen Sammlung auf das gewählte Objekt oder zur Identifikationsmöglichkeit des Kindes mit dem gewählten Objekt, um sich darin gleichnishaft und intuitiv selbst wahrnehmen zu können. Die Grenzen zwischen gelenkter und eigenständiger Meditation sind fließend.

Um Kindern die Möglichkeit zur Meditation zu geben, kommen
— zahlreiche Objekte aus der Natur, aus Wald und Wiese, Feld und Garten, Bach und Meer in Frage,
— aber auch ruhige Instrumental-Musik (besonders Panflöte, Blockflöte, Gitarre, Laute),
— eine kleine Erzählung, ein Satz, ein Wort, ein Gedicht,
— Symbole[18] (Weg, Labyrinth, Haus, Kreis, Kreuz, Herz, Brot, Hand, Auge, Ohr, Baum, Adler, Stein, Regenbogen, Wasser, Wüste, Sonne),
— Bilder[19] (Chagall, van Gogh, Klee, Marc, Miro, Monet, Picasso, u.a.),

16   Hermann Hesse: Iris, in: Die Märchen, Frankfurt [8]1979, 186-189
17   Eine von mehreren guten Einstiegshilfen: Peter Henrici und Peter Wild: Entdeckung der Stille. Übungen zur gegenständlichen Meditation. Meditationskurs Bd. 1, München 1991. Eine Einführung in die Zen-Meditation geben Michel Bovay, Laurent Kaltenbach und Evelyn de Smedt: Zen, München 1996, sowie Karlheinz Bartel: Meditation – was ist das? Stuttgart 1996 mit einem Verzeichnis von Meditationsstätten in Deutschland, Österreich und der Schweiz.
      Für Erwachsene und Kinder gemeinsam sehr gut geeignet Gerda und Rüdiger Maschwitz: Gemeinsam Stille entdecken. Übungen für Kinder und Erwachsene, München [2]1997.
18   Hubertus Halbfas: Religionsunterricht in der Grundschule, Lehrerhandbuch 1-4, Düsseldorf 1983 ff. – Peter Biehl: Symbole geben zu lernen, Bd. 1 und 2, Neukirchen [2]1991f. – Hermann Kirchhoff: Urbilder des Glaubens, München [3]1987. – Klaus Schilling: Symbole erleben, Stuttgart 1991. – Friedrich Johannsen: Was der Regenbogen erzählt. Wasser - ein biblisches Symbol, Gütersloh 1987. – Sigrid Berg: Biblische Bilder und Symbole erfahren. Ein Material- und Übungsbuch, München [2]1997.
19   Zur Erschließung von Bildern beachte Kap. 12.

- Farben[20] (schauend, malend)
- und Mandalas[21] (zum Betrachten, Ausmalen, Selbermalen, Legen, Pflanzen, Streuen, Sticken, Nähen, Darstellen mit dem Körper).

Das *Mandala*, ein altindisches Sanskrit-Wort für Kreis, ist insofern ein geeigneter Meditationsgegenstand, als es zunächst einmal eben die sammelnde Bewegung von außen nach innen, von den Rändern zur Mitte, von der Außenwelt zur Innenwelt symbolisiert, welche auch jede Meditation anzielt. Haben wir in der Meditation zu unserer Mitte, zu uns selbst aus den Zerstreuungen des Alltags gefunden, können wir wieder gesammelter, zentrierter, als wir selbst den Anforderungen des Alltags in der Außenwelt begegnen, ohne uns von ihnen zerstückeln und treiben zu lassen. Beide Bewegungen, von außen nach innen sowie von innen nach außen, können wir in der Mandala-Meditation nachvollziehen.

Darüber hinaus ist das kreisrunde Mandala Symbol des Selbst, sowohl – im Mittelpunkt – Symbol des innersten Kerns, der inneren Mitte des Menschen, Archetyp der menschlichen Entfaltung und des Wachstums aus seiner Tiefenseele (C.G. Jung) *zu* seelischer Ganzheit als auch – in der Kreisform – Symbol *der* seelischen Ganzheit, die zu entfalten unsere Seele sich sehnt.

Kinder fasziniert das Mandala-Malen mit verschiedenen Materialien (★ Kap. 5). Ist es ein Zeichen dafür, dass sie ein Gespür für ihre inneren Kräfte haben, die nach Wachstum, Entfaltung und Heilung ihrer verletzten Seelen drängen? Oder suchen sie darin Beruhigung und Entspannung ihrer oft aufgewühlten und zersplitterten Seelen? Die Bewegung des Kreises malend immer wieder nachzuvollziehen und im Kreis Quadrate, Dreiecke und immer auch wieder Kreise zu malen, wirkt sich wohltuend auf unsere Seelen aus. Ahnen wir hier eine geheime Verbindung zum kreisrunden Ursymbol der Menschheit für Vollkommenheit und Heil der Menschen und der Erde ohne Ende? Denn auch der Kreis ist ohne Ende, sammelt alle Kräfte um eine innere Mitte und birgt sie in seiner nie endenden Rundgestalt. C. G. Jungs Gewohnheit, am Morgen oder am Abend ein Mandala zu malen, könnte auch uns ein Beispiel sein, auf diese Weise hin und wieder sinn-voll den Tag zu beginnen oder zu beschließen.

---

20 Otto Betz: Elementare Symbole, Freiburg 1987. – Ingrid Riedel: Farben, Stuttgart 1983. – Albert Biesinger/Gerhard Braun: Gott in Farben sehen. Die symbolische und religiöse Bedeutung der Farben, München 1995

21 Wolfgang Hund: Mandalas für Kinder, Mülheim 1996. – Gerda und Rüdiger Maschwitz: Aus der Mitte malen – heilsame Mandalas, München ⁵1998, und: Neue Mandalas – Aus der Mitte wachsen, München 1998 – Helga Fiala: Selbsterfahrung mit Mandalas, Steyr 1996 – Bruno Dörig: Schenk dir ein Mandala, Bd. 1, 2, 3,4, Eschbach 1996 – Bruno Dörig (Hrsg.): Mandalas zum Ausmalen, 2 Malblocks, Eschbach 1997 – Rüdiger Dahlke: Mandalas der Welt, München 1994 – Gisela Preuschoff: Kinder mit Mandalas zur Stille führen, Freiburg 1997

In der Natur finden wir mandalaförmige Dinge, die uns zur meditativen Betrachtung der Symbolik des Kreisrunden und der Kreismitte anregen: Blumen[22], Blüten, durchgeschnittene Früchte und Gemüse, Baumscheiben mit ihren Jahresringen, die wir uns vom Schreiner zurechtschneiden lassen. Jedes Kind sollte selber in der Hand halten dürfen, was wir gemeinsam betrachten. Auch das Auge, ein Spinnennetz, eine Muschel, ein Schneckenhaus, ein Wagenrad regen zur Besinnung auf die Symbolik des Runden an.

Das Kreisornament des Mandala ist auch vorzüglich geeignet, vor oder nach einer anderen gegenständlichen oder objektfreien Meditation gemalt, gelegt, gepflanzt, aus Papier, Ton oder Emaille geformt zu werden (★ Kap. 3). Dabei kann passende Musik begleiten. Aus der Kreismitte wird das Bild von innen nach außen mit Farben und Formen intuitiv entwickelt, ohne zu sprechen.

Nach der Meditation sollte jedes Kind zumindest die Gelegenheit haben, von dem zu erzählen, was es bei der Meditation erlebt hat, bevor die Kinder zum Ausgleich aktiv werden: künstlerisch, handwerklich oder sportlich. In einer größeren Gruppe empfiehlt sich das paarweise Auswertungsgespräch, in dem sich je zwei Kinder über die Meditation austauschen können.

Wollen wir mit Kindern das Meditieren üben, schlage ich vor, folgende Schritte zu beachten, die Kinder dazu anleiten, bis sie ihnen in Fleisch und Blut übergegangen sind und den Weg zur Meditation selbständig beschreiten können.

1. Schritt: Hinwendung

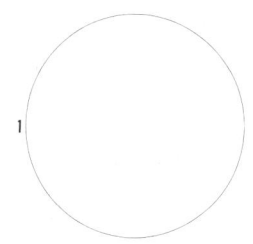

★ Wir setzen eine Zäsur im üblichen Tagesablauf. Das kann durch eine Stilleübung, die eine oder andere Übung aus dem Autogenen Training, der Eutonie oder dem Yoga geschehen. Auch eine geeignete Musik, kurz angespielt, kann die innere Bereitschaft wecken, sich jetzt der Meditation zuzuwenden. Vielleicht genügt auch schon eine Sitz- oder Stehhaltung, die der Einzelne als förderlich zum Meditieren empfindet. Tiefes gleichmäßig ruhiges Durchatmen trägt ebenfalls dazu bei, sich auf den 2. Schritt vorzubereiten.

---

22   Dazu regen an: Sabine und Suanne Hufmann: Blumen der Sonne. Naturmeditationen mit Kindern, München 1997

2. Schritt: Einlassung

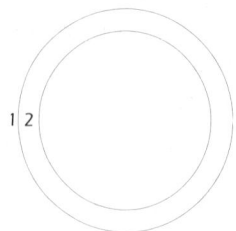

★ Wir lassen uns mit unseren Sinnen auf den ausgewählten Gegenstand, ein Symbol, ein Bild, eine Farbe, ein Mandala, Musik, eine kleine Erzählung, ein kurzes Gedicht oder einfach ein für uns bedeutsames Wort oder einen geheimnisvollen Satz ein: schauend, tastend, hörend, vielleicht auch schmeckend, riechend, eventuell lesend.

3. Schritt: Zentrierung

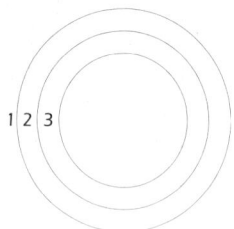

★ Wir richten unsere Aufmerksamkeit auf etwas, was uns wichtig oder bedeutsam oder überraschend neu an diesem Objekt erscheint. Was ist es, was meinen Blick anzieht, was mich hellhörig macht, was mir zu denken gibt, was mich beeindruckt, was mir rätselhaft oder geheimnisvoll daran ist, was mich staunen lässt. Spätestens ab hier geht jedes Kind (auch in einer Gruppe) seinen eigenen, persönlichen Meditationsweg.

4. Schritt: Übertragung / Identifikation[23]

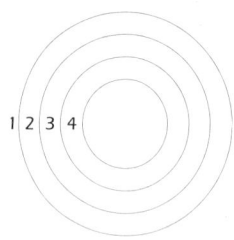

★ Kann ich einen Bedeutungs- oder Sinnzusammenhang erkennen zwischen dem zentrierten Einzelaspekt oder dem Meditationsobjekt als Ganzem und meinem Alltag, meinem Leben, einer anstehenden Entscheidung, meiner Beziehung zu einem Menschen, einem noch ungelösten Problem, meinem jetzigen Befinden etc.?

5. Schritt: Loslassen / Distanzierung

★ Habe ich einen Zusammenhang erkannt, ist es gut. Habe ich keinen Zusammenhang erkannt, ist es auch gut. In beiden Fällen kann ich jetzt die Dinge so sein lassen, wie sie sind. Ich lasse das Erkannte jetzt ebenso los wie das meditierte Objekt. Ich bleibe eine Weile im Hier und Jetzt, so lange es mir gefällt.
Auftauchende Gedanken lasse ich vorüberziehen ...
Ich kann jetzt auch meine Hand auf mein Herz legen: Ich bin mit mir einverstanden.

Ich kann meinem Herzschlag nachspüren: Dankbar bin ich, dass ich leben darf.
Gebet: Wem verdanke ich das?
Ich kann jetzt auch an jemanden denken, den ich lieb habe und ihm meine Liebe schicken.

Gelegenheit zum Auswertungsgespräch:

Wenn wir bemerken, dass einige Kinder die Meditation beendet haben, stellen wir leise Musik an zum Zeichen, dass auch die anderen Kinder jetzt langsam ihre Meditation beenden sollten. Nun setzen wir uns paarweise zusammen und tauschen uns über das in der Meditation Erlebte aus: Konntest du die einzelnen Schritte gehen? Wo bist du stehen geblieben? Was hat dich gestört? Wo war die Meditation am schönsten für dich? Hatte der Gegenstand, das Symbol, das Bild, die Farbe, das Wort ... eine Bedeutung für dich?
Solche Fragen, die ein Kind dem andern (oder auch jedes sich selbst) stellt, sind wichtig. Sie helfen uns, es das nächste Mal »besser« zu können. Meditieren will geübt sein.

Auch die *objektfreie* Meditation können wir schon mit älteren Kindern durchführen, etwa

* indem wir liegend und die Augen geschlossen anfangs nur auf den Atem achten (der Bauch hebt und senkt sich beim Ein- und Ausatmen rhythmisch wie die Meereswellen);
* oder indem wir sitzend zuerst Einatem und Ausatem von eins bis zehn zählen, ohne zu sprechen (die ungerade Zahl beim Einatmen, die gerade Zahl beim Ausatmen); damit die Aufmerksamkeit nicht zu sehr auf die Zahlen gelenkt wird, empfiehlt sich auch, nur die Eins bei jedem Ausatem innerlich zu sprechen;
* oder indem jeder sich zu Beginn der Meditation auf einen Punkt vor sich und etwas oberhalb von sich konzentriert;
* oder indem wir in den ersten Minuten mehrere Male zusammen einen wohlklingenden tiefen Ton summen (a, o, u, m).

Die objektfreie Meditation eignet sich besonders gut als eine Phase in Verbindung mit anderen meditativen Übungen, z.B. der kreativen Visualisierung.[24]
Wir können den Kindern das Meditieren erleichtern, wenn wir ihnen vorher den Rat geben: Kommen dir noch Gedanken in den Kopf, ärgere dich nicht über sie. Lass sie einfach vorüberziehen! Gib sie den Wolken mit, die vorüberziehen, oder dem Vogel, der vorüberfliegt. Muss noch eigens betont werden, dass Form, Inhalt und Zeit einer Meditation individuell, dem Alter entsprechend sowie im Einverständnis und Einklang mit den Kindern auszuwählen sind?

---

23 Eine ähnliche Schrittfolge in: Vreni Merz: Von außen. Nach innen, Zürich [2]1995, 20 ff.
24 Jennifer Day: Schließe deine Augen und stell dir einmal vor ... Wie Kinder durch Visualisierung ihr Selbstvertrauen stärken und Probleme lösen, München 1996

Sein Bewusstsein verändern

18 Sein Bewusstsein verändern in kreativer Bibelbegegnung

Wollen wir uns mit den Kindern auf den Weg kreativer Begegnung mit der Bibel begeben, müssen wir uns an erster Stelle Gedanken über unsere eigene Einstellung, unsere eigenen Erfahrungen mit der Bibel machen.
Haben wir selbst die darin verborgenen Lebens- und Lernangebote für uns entdeckt? Hat die Bibel uns selbst etwas Wesentliches zu sagen?

Ich träume einen Traum

T: Dom Helder Camara
M: Ludger Edelkötter
Aus: Herr, gib uns deinen Frieden (Liedtitel: Wenn einer alleine träumt)
Alle Rechte Impulse Musikverlag Ludger Edelkötter, 48317 Drensteinfurt

Ich träume den Traum (und vielleicht doch einige mit mir), dass wir in kreativer Bibelbegegnung wieder ganz Ohr werden für die Worte, Sätze und Geschichten, die uns einladen, die Vision von einer anderen Welt mitzuträumen. Ich träume, dass der Geist der Gerechtigkeit und der Hoffnung, der die biblischen Schriften durchzieht, uns die Augen öffnet, damit wir sehen, dass die zahlreichen Bedrohungen der Gegenwart – Kinderfeindlichkeit, Vereinsamung, Beziehungslosigkeit, Arbeitslosigkeit, Ausbeutung von Natur und Mensch – nicht die endgültige und ausweglose Antwort auf unsere Lebensfragen sein müssen.

Ich träume, dass die lebensbejahende Botschaft der Geschöpflichkeit des Menschen uns sensibilisiert für Selbstwahrnehmung, damit wir trotz unserer Erfahrungen der Begrenztheit und Fehlerhaftigkeit in Achtung voreinander, in Liebe und Solidarität miteinander zu leben vermögen. Nur so kann ein jeder seinen Platz in dieser Welt finden und ausfüllen, mutig handeln und von einem erweiterten Blickwinkel, mit einem veränderten Bewusstsein zur Veränderung der Welt beitragen (★ Kap. 19).

»Dein Leben kann gelingen«

Die Bibel erzählt sowohl im Alten Testament wie auch im Neuen Testament von Grunderfahrungen der Menschen mit ihrem Gott. Diese Menschen leben ihr Leben im Glauben an ihn. Ihr Gottvertrauen ermutigt sie immer wieder neu, ihr Leben in die Hand zu nehmen, auch wenn ihre primären Erfahrungen der Ohnmacht, Unterdrückung, Verfolgung, Erniedrigung und Wertlosigkeit den Weg in Richtung Verzweiflung, Lethargie und Resignation zu weisen vermuten ließen. Sie suchen nach Chancen der Veränderung, der Befreiung und des Neuanfangs.

Die Grund- und Lebenserfahrungen der Menschen in den biblischen Büchern können für uns heute Impulse sein, unsere eigenen Erfahrungen zu verstehen. Dabei stellen sie keine direkt übertragbaren Modelle bereit, sie stellen uns Gegenwelten vor – Gegenwelten, in denen das Nicht-Übliche, das Nicht-Normative, das Nicht-Anerkannte die Energie erzeugt, festgelegte Verhaltensweisen und festgefahrene Situationen zu überwinden, um dem Neuen, dem Kleinen und Unscheinbaren Raum zu geben.

Diese Gegenwelten können »als Beispiele oder Anfänge erfahrenen, gelebten neuen Lebens erscheinen, die die gewohnten Perspektiven, die verhärtete Lebenspraxis in Frage stellen und damit erst neue Erfahrungen ermöglichen«[1].

---

1 Horst Klaus Berg: Biblischer oder thematischer Unterricht? In: Friedrich Schweitzer und Gabriele Faust-Siehl (Hrsg.): Religion in der Grundschule, Frankfurt ³1996, 113

So können auch wir mit unseren Kindern den Anruf der Bibel in der Begegnung mit ihr hören: »Dein Leben kann gelingen«. Welche Hoffnung kann doch darin stecken in einer Welt, die individuelle und gesellschaftliche Zukunft zunehmend fragwürdig werden lässt.

»Ihr seid das Licht der Welt«

Die biblischen Bilder begegnen uns immer wieder als Symbole, gefüllt mit Erfahrungen, Hoffnungen, Ängsten und Emotionen. Gerade weil das Symbol »in die Gefühlswelt des Menschen und die Tiefe seiner Seele«[2] hineinzureichen vermag, fühlen wir uns auch so unmittelbar und persönlich von ihm angesprochen.

Eine auf diese Weise entstehende Wechselwirkung zwischen Bildern und Symbolen der Bibel und Bildern eigener Erfahrung kann dabei helfen, die eigene Lebenssituation besser zu verstehen, bewusster wahrzunehmen und zu vertiefen. Die symbolische Sprache lässt den Angesprochenen verschiedene und vielschichtige Deutungsmöglichkeiten offen, die je nach ihren eigenen Grund- und Grenzerfahrungen ausfallen. Durch die so unmittelbare Ansprache findet sich der Leser/Hörer in einem Dialog, in einem kommunikativen, interaktiven Prozess mit dem Bibelwort wieder.

Kleine bibeldidaktische Hinweise

Wenn wir uns mit den Kindern auf den Weg der kreativen Bibelbegegnung machen, kann es hilfreich sein, die folgenden Blickpunkte zu beachten.

1. Blickpunkt: Auswahl der Texte

In erster Linie sollten wir uns bei jeder biblischen Textstelle, bei jedem Bildwort oder biblischen Symbol die Frage stellen: »Hat diese Bibelstelle mir selber etwas zu sagen?« und »Was kann sie mir sagen?« bzw. »Was sagt sie mir?«.

---

2   Hubertus Halbfas: Religionsunterricht in der Grundschule, Bd. 1, Zürich 1983, 257. Vgl. dazu auch Rainer Oberthür: Kinder fragen nach Gott und Leid. Lernen mit der Bibel im Religionsunterricht. Ein Praxisbuch, München 1998

Sodann müssen wir die aktuelle Lebenssituation der Kinder berücksichtigen, wobei das jeweilige Alter eine große Rolle spielt. Die Bibelstelle sollte die Kinder unmittelbar erreichen und ansprechen können.

Die Praxis hat gezeigt – vor allem was die Schule betrifft –, dass weniger bekannte Texte oft größeren Entdeckungsspielraum lassen, da wir unvoreingenommener an sie herangehen und uns offener auf sie einlassen können.

Eine kleine Auswahl bekannterer und unbekannterer Bibelstellen veranlasst uns vielleicht zur Suche nach weiteren Texten, die uns persönlich etwas sagen, und die wir den Kindern nahe bringen möchten.

Genesis 1	Die Schöpfung der Welt
Genesis 6-9	Die Arche Noah
Genesis 13,1-13	Abraham und Lot
Exodus 2,1-10	Moses Geburt und Rettung
Exodus 2,15-25	Mose im Land Midian
Exodus 11-12	Der Auszug aus Ägypten
Exodus 16	Die Israeliten hungern
Exodus 19-24	Gott gibt seinem Volk die zehn Gebote
Numeri 6,24 ff.; Hosea 8,5	Der Tanz ums goldene Kalb
Deuteronomium 31-34	Mose sieht das Land
Josua 6,1-25; Josua 24,1-25	Der Einzug in das Land Kanaan
1 Samuel 1, 21-3, 21	Samuel
1 Samuel 17	David und Goliath
Jona 1-4	Jona geht nach Ninive
Jeremia 1; 7; 26	Der Prophet Jeremia
Daniel 6	Daniel in der Löwengrube
Matthäus 2,13-23	Die Flucht nach Ägypten
Matthäus 5-7	Die Bergpredigt
Matthäus 12,9-15	Jesus heilt am Sabbat
Matthäus 14,13-21	Die Speisung der Fünftausend
Matthäus 28,16-20	Jesus sendet seine Jünger aus
Lukas 2,1-7	Jesus wird geboren
Lukas 2,41-51	Der zwölfjährige Jesus im Tempel
Lukas 6,12-16	Jesus wählt die zwölf Apostel
Lukas 7,36-50	Jesus wird von einer Sünderin gesalbt
Lukas 13,10-17	Die Heilung der verkrümmten Frau
Lukas 14,25-27	Jesus Forderung an seine Nachfolger
Lukas 22,39-46	Jesus betet im Garten Getsemani
Lukas 24,13-35	Jesus erscheint den Jüngern auf dem Weg nach Emmaus
Markus 4,1-10	Das Gleichnis vom Sämann
Markus 10,13-16	Jesus segnet die Kinder
Johannes 10,11-18	Jesus ist der gute Hirt
Johannes 13,1-20	Die Fußwaschung
1 Korinther 11,23-29	Das Herrenmahl

2. Blickpunkt: Das Erzählen

Jüngeren Kindern, aber auch Grundschulkindern werden wir die Geschichten erzählen. Sie verlangen geradezu danach, erzählt zu werden. Es kommt nicht darauf an, dass wir uns an den genauen Wortlaut der Bibelübersetzung halten. Wichtig ist, dass wir die wesentlichen Elemente in unsere Erzählung aufnehmen und entfalten.

Dabei können wir unbekannte, vor allem Kindern schwer verständliche Begriffe (z.B. Gnade) erzählend umschreiben und erst am Ende verwenden.

Ebenso machen wir es mit Situationen, die den Kindern aus ihrem eigenen Umfeld heraus unbekannt sind (z.B. blind-sein oder Außenseiter-sein).

Wie bei jeder Erzählung sollten wir natürlich auch den Spannungsbogen bewahren; so erzählen, dass der Text frag-würdig und geheimnisvoll wird und hinter den oberflächlichen und augenfälligen Ereignissen tiefere Schichten zu erahnen sind.

Eine verständliche Erzählweise in kurzen Hauptsätzen unter Einschluss von wörtlicher Rede empfiehlt sich vor allem bei jüngeren Kindern. Gleiches gilt aber auch für ältere Kinder, denen wir die biblischen Geschichten auch als Lesetexte vorlegen.

3. Blickpunkt: Erfahrungsorientierung

Verknüpfungen zwischen biblischen Texten und Bildern einerseits und dem Alltagserleben der Kinder andererseits erreichen wir nur durch erfahrungsorientierte Zugänge.

Vor dem Erzählen oder Lesen eines Bibeltextes bietet es sich an, Bilder und erfahrungsgeladene Schlüsselwörter aus dem Text auszuwählen, damit die Kinder sich erst einmal auf diese – losgelöst vom entsprechenden Bibeltext – einlassen können.

Dazu bieten sich unterschiedliche Methoden an:
- Wir können einen Satz vorsprechen und die Kinder ihre Assoziationen nennen lassen. Wir können ihn auch gut lesbar aufschreiben und für alle sichtbar aufhängen. Ältere Grundschulkinder können ihre Assoziationen auf vorbereiteten Pappkarten notieren und rund um den Satz ein Wandbild gestalten.
- Wir erzählen uns von erlebten Situationen, in denen wir den Satz selber hätten sagen können.
- In einer kurzen Imagination oder Phantasiereise führen wir die Kinder behutsam zu dem Schlüsselwort oder dem Bild hin.
- Verschiedene biblische Bilder (z.B. Baum, Hand, ...) wollen zunächst ganz konkret und anschaulich erfahren werden.

- Einige Sätze bieten sich auch zum gemeinsamen Nachsprechen an. Vielleicht probieren wir auch in einer Sprechrunde jeder selber aus, wie wir dem Satz durch Lautstärke und Betonung einen eigenen Ausdruck verleihen können.

  Nach dem ersten Erzählen oder Lesen eines Bibeltextes versuchen wir »Zeit dafür zu schaffen, dass die Kinder sich mit ihren Alltagserfahrungen, Gefühlen, Vorbehalten und Betroffenheiten artikulieren und sich darüber austauschen können, um so auch mit dem Text in Beziehung zu kommen«[3].

  Diesen Prozess können wir immer wieder neu in Bewegung bringen, wenn wir den Kindern verschiedene Ausdrucksmöglichkeiten anbieten: So können wir gemeinsam ein Lied lernen und es evtl. auch spielerisch umsetzen.

- Viele biblische Erzählungen erfordern gemeinsames oder individuelles Ausdrucksspiel. Streitgespräche und Beziehungsgeschichten können im Ausdrucksspiel die verschiedenen Aspekte hervorheben und so unterschiedliche Sichtweisen im direkten Erleben nachvollziehbar werden lassen.

- Bildworte können wir imaginieren, indem wir z.B. selber einmal das Weizenkorn oder Senfkorn werden, das aus seiner Schale bricht, durch die Erde stößt und heranwächst und wieder neue Frucht hervorbringt. Berücksichtigen wir bei jeder Begegnung mit einem Bibeltext, einem Bibelwort, einem Bildwort oder Symbol die gegenwärtige Subjektivität und Individualität sowie die biographischen Erfahrungen des einzelnen Kindes (und von uns selbst), kann diese Begegnung zu einem echten Erlebnis werden, zu erlebter Zeit. Diese bedeutet dann eine Erfahrungsbereicherung und Hilfe, um uns selbst besser und mehr zu verstehen.

4. Blickpunkt: Ästhetisch-religiöses Lernen

Wollen wir uns und die Kinder offen halten oder öffnen für die Sinnlichkeit des Glaubens, bedürfen wir einer Form des Lernens, die sinnenhafterem und sinnvollerem, ästhetisch-religiösem Lernen Raum gibt:

Ein Lernen, das jeden Einzelnen in seinem Einssein und Ganzsein zu Wort kommen lässt. Ein Lernen, das nicht festlegt und jedem Kind individuelle und ganzheitliche Erfahrungen ermöglicht, aus dem Neues wachsen kann.

---

3 Georg Hilger: Langsamer ist mehr! Vorschläge für eine produktive Verlangsamung des Lernens im Religionsunterricht, in: Friedrich Schweitzer und Gabriele Faust-Siehl (Hrsg.): Religion in der Grundschule, Frankfurt am Main [3]1996, 219

Solches Lernen braucht Zeit. »Gewollt verlangsamtes Lernen im Religionsunterricht ist produktiv und effizient, wenn es hilft, die Menschen für Neues, Fremdes, Unerwartetes zu öffnen. Warten, Ruhe, Stille, Unterbrechungen des Üblichen sind für religiöses Lernen höchst bedeutsam, wenn dadurch für neue Wahrnehmung sensibilisiert wird.«[4]

Solches Lernen bedarf aber auch einer methodischen Vielfalt. Die folgenden Praxisbeispiele wollen einige Anregungen geben. Es sind aber längst nicht alle Methoden ausgeschöpft. Die unten angegebenen Stichpunkte mögen zu eigenen kreativen Methoden führen.

Praxisbeispiele zu 5 Themenkreisen

Die Anregungen auf den folgenden Seiten sind leicht übertragbar auf andere Themenkreise. So wie wir den Symbolen Hand und Baum begegnen, können wir auch mit den Symbolen Herz, Auge, Ohr, Fuß, Haus, Weg, Brücke, Licht, Brot, Wasser, Sonne, u. v. m. umgehen.[5]

Auch die Anregungen zu »David und Goliath« oder zum »Gleichnis vom guten Vater« sind auf fast alle biblischen Erzählungen übertragbar.

---

4   Ebd., 216
5   Dazu Sigrid Berg: Biblische Bilder und Symbole erfahren. Ein Material- und Arbeitsbuch, a.a.O.

Mit Bildworten aus dem Alten Testament und dem Neuen Testament verfahren wir in Analogie zu den Praxisbeispielen bei den Psalmen. Mit älteren Schülern können wir so z.B. sehr schön den Seligpreisungen bei Matthäus 5,3-11 begegnen.

1. Symbol Hand

Halte zu mir guter Gott

T: Rolf Krenzer
M: Ludger Edelkötter
Aus: Halte zu mir guter Gott/Weil Du mich so magst/Wir sind Kinder dieser Erde
Alle Rechte Impulse Musikverlag Ludger Edelkötter, 48317 Drensteinfurt

2. Du bist jederzeit bei mir. Wo ich geh' und steh',
   spür ich, wenn ich leise bin, dich in meiner Näh'.
   Halte zu mir, guter Gott, heut' den ganzen Tag.
   Halt' die Hände über mich, was auch kommen mag.

3. Gibt es Ärger oder Streit und noch mehr Verdruss,
   weiß ich doch, du bist nicht weit, wenn ich weinen muss.
   Halte zu mir, guter Gott, heut' den ganzen Tag.
   Halt' die Hände über mich, was auch kommen mag.

4. Meine Freude, meinen Dank, alles sag ich dir.
   Du hältst zu mir guter Gott, spür ich tief in mir.
   Halte zu mir, guter Gott, heut' den ganzen Tag.
   Halt' die Hände über mich, was auch kommen mag.

Anmerkung: Wenn wir das Lied singen, führen wir beim letzten Satz jeder Strophe die Hände über unserem Kopf zusammen.

Die Hand spielt eine wesentliche Rolle im Leben der Menschheit (phylogenetisch) wie des einzelnen Menschen (ontogenetisch). Sie ist bedeutsam im Hinblick auf ihre wahrnehmende und erkennende Funktion (z.B. Erkennen durch Tasten), auf die Funktion der Arbeit und Gestaltung (z.B. schöpferische Tätigkeiten) wie auch des Ausdrucks (Gesten und Gebärden). Die Hand ist überhaupt entscheidend beteiligt an der Auseinandersetzung auch der Kinder mit ihrer Welt. Gelingende und misslingende Beziehungen spiegeln und verdichten sich in so elementaren Hand-lungen wie Geben und Nehmen, Halten und Loslassen, Streicheln und Schlagen, Annehmen und Ablehnen, die Hand geben und verweigern ...
In Verbindung mit den unterschiedlichen Hand-lungen, in denen wir sie als Ausdrucksmittel einsetzen – in Situationen und Erfahrungen von Geborgenheit, Beziehung, Freundschaft, Liebe, Vergebung, Versöhnung, Macht, Gewalt ... – wird die Hand genuiner Ausdruck des Menschen. Sie ist mehr als nur ein Teil des menschlichen Körpers, sie repräsentiert in hohem Maße die Person selbst. Auch die religiöse Sprache und hier im Besonderen die Sprache der Bibel greift auf die vielfältigen Ausdrucksmöglichkeiten der Hände zurück.
In der Bibel wird sehr häufig von der Hand Gottes oder den Händen Gottes gesprochen. In der Bibel wird erzählt, dass die Menschen von Gottes Hand »gemacht« sind (im Hebräischen bedeutet das Wort für Hand zugleich auch Macht): Gott als der Schöpfer allen Lebens.
Wir können zwei unterschiedliche biblische Sprechweisen von der Hand Gottes finden. Die eine – viel seltenere – erzeugt Gefühle der Abhängigkeit und der göttlichen Allmacht, die allgegenwärtig ist und der man nicht zu entfliehen vermag. Die andere – der wir hier vor allem begegnen möchten – weiß davon zu sagen, dass wir in Gottes Hand aufgehoben sind und von ihr getragen werden. Sie erzeugt Gefühle der Geborgenheit und des Vertrauens. Sie erzählt immer wieder von der schöpferischen, führenden und begleitenden, schützenden und rettenden Hand Gottes.

Auch im Neuen Testament finden wir immer wieder Textstellen, in denen sich Gott in den helfenden und heilenden Händen Jesu offenbart.

In der wechselseitigen Auseinandersetzung der Kinder (und uns selbst) zwischen biblischen Sprechweisen und Texten und eigenen Hand-lungen und Handerfahrungen können wir diese bewusster machen, reflektieren und unter Umständen auch verändern.

★ Das ist meine Hand

Die Kinder sitzen im Kreis auf ihren Stühlen. Sie werden gebeten, ihre rechte oder linke Hand etwa in Gesichtshöhe vor sich zu halten. Die Innenfläche ist dem Gesicht zugewandt. Die Kinder erhalten die Anweisung, die Bewegungen, von denen sie im folgenden Text hören, mitzumachen.[6]

Ich beuge den Mittelfinger,
den Zeigefinger,
den Ringfinger und den kleinen Finger.
Dann strecke ich sie alle wieder aus.
Das ist meine Hand.
Ich beuge den Daumen und streck ihn wieder aus.
Er ist breit und stark.
Ich lasse ihn sich bewegen
hin und her und hin und her.
Das ist meine Hand.
Ich betrachte die Hand
und ich betaste die Hand.
Sie fühlt sich an, warm oder nicht so warm.
Das ist meine Hand.
Ich schließe sie zu einer Faust.
Sie ist stark,
kraftvoll und fest.
Ich öffne sie wieder.
Das ist meine Hand

Auswertung:

○ Wir vergleichen unsere Hände mit denen eines Partners und erkennen die Unterschiedlichkeit.

○ Wir machen einen Abdruck unserer Hände (eine oder beide) in Salzteig. Wenn der Salzteig getrocknet ist, können wir ausprobieren, welcher Abdruck zu unserer Hand gehört.

○ Wir gestalten eine Collage aus Handabdrücken. Dafür bemalen wir unsere Hände mit Fingerfarben oder Wasserfarben und drucken sie dann auf einen großen Bogen Plakatkarton.

---

6   Nach einer Idee von Reinhard Brunner: Hörst du die Stille? München [7]1997

○ Wir legen unsere Hände (nacheinander) auf einen Bogen Zeichenblockpapier und umranden sie mit einem Bunt- oder Filzstift. Wenn wir möchten, können wir das Bild an einer Wand aufhängen und vergleichen.

○ In einer kleineren Gruppe von Kindern können wir versuchen, ein Kind aus der Gruppe mit verbundenen Augen nur an dessen Händen zu erkennen.

★ Handgesten und Handlungen

Wir setzen uns im Kreis zusammen, legen die Hände auf unsere Oberschenkel. Wir betrachten unsere Hände und überlegen, was wir mit ihnen alles tun können. (Hinweis: Was können wir nur mit den Händen machen, ohne Material?). Nach einer kurzen Überlegungszeit stellen wir unsere Gesten und Handlungen der Gruppe pantomimisch vor.

Auswertung:

○ Wir stellen die gefundenen Gesten und Handlungen mit entgegengesetzten Aussagen einander gegenüber.

streicheln	hauen
festhalten	fallen lassen
geben	nehmen

○ Wir suchen in Zeitungen und Zeitschriften nach Bildern von Handgesten und stellen sie in einer Collage wie oben zusammen.

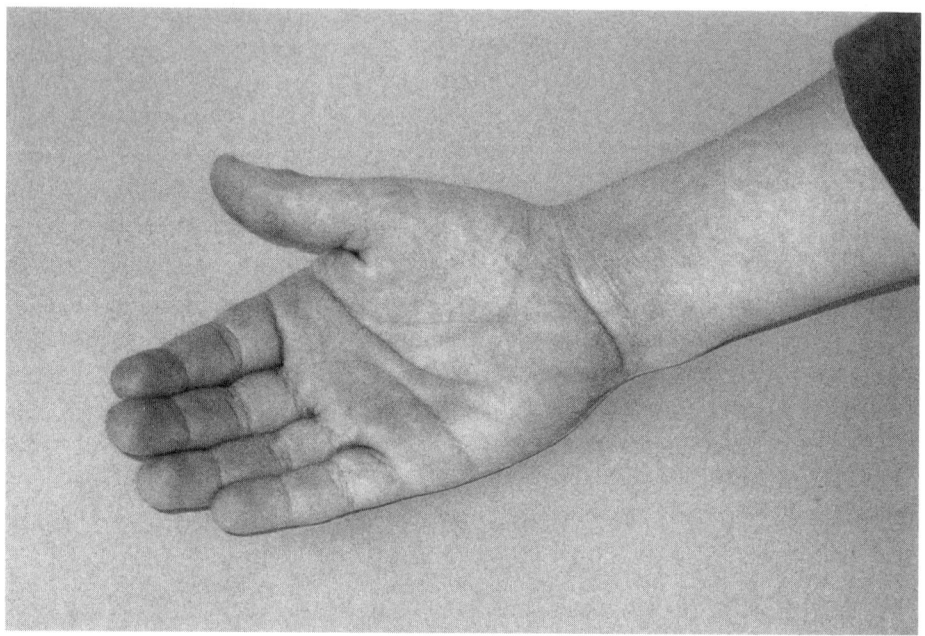

★ Jesus erzählt eine Geschichte

Ein Mann geht von Jerusalem nach Jericho. Unterwegs wird er von Räubern zusammengeschlagen. Sie lassen ihn schwer verletzt liegen. Schon bald kommt ein Mann vorbei, aber er hilft ihm nicht. Wieder kommt ein Mann vorbei, aber auch er geht weiter und beachtet ihn nicht. Doch dann kommt ein Mann, der hat Mitleid. Er geht zu ihm, beugt sich herab und reicht ihm die Hand. Er hilft ihm. Er verbindet die Wunden und bringt ihn dann zu einem Gasthaus. Er sorgt für ihn. Jesus sagt: Mache du es auch so. (Lukas 10,30-37)

Psalmsätze

– Du umschließt mich von allen Seiten und legst deine Hand um mich. (Psalm 139,5)
– In deine Hände lege ich voll Vertrauen mein Leben. (Psalm 31,6)
– Nun bleibe ich immer bei dir, denn du hältst mich bei meiner rechten Hand. (Psalm 73,23)

Auswertung:

○ Wir kopieren das Foto einer geöffneten Hand auf Din A4-Format. In diese geöffnete Hand kann jedes Kind ein Bild von sich selbst hineinmalen oder ein Foto einkleben.

○ Mit älteren Grundschulkindern betrachten wir den Holzschnitt »In manibus tuis« von Walter Habdank oder ein anderes passendes Kunstbild. Wir kopieren den Holzschnitt für jedes Kind und lassen sie einen der drei Psalmsätze dazuschreiben.

2. Symbol Baum

Der Baum gehört in allen Regionen und Kulturen zu den Ursymbolen menschlichen Lebens. Er bietet dem Menschen zahlreiche Identifikationsmöglichkeiten, die auch Kindern schon zugänglich sind.
Der Baum berührt alle Bereiche und Ebenen des menschlichen Lebens.
Der Baum wächst aus der Erde, in der sein Leben begonnen hat. Dort ist er mit seinen Wurzeln fest verankert. Das verleiht ihm Standfestigkeit. So nur kann er gerade wachsen, seine Äste und Zweige dem Himmel entgegenstrecken, sich ausbreiten und eine prächtige Krone entwickeln. Mit der Ausbildung von Blättern und Früchten im Frühling und im Sommer zeigt der Baum seine Lebenskraft. Immer wieder neu treibt sein Lebenswille ihn an, aus vergangenem Leben wieder neues Wachstum hervorzubringen.
Die Blätter benötigt der Baum zum eigenen Leben in der Gegenwart. Mit den Früchten aber zeigt er, dass er Leben weitergeben kann. So wächst der Baum Jahr um Jahr, sein Stamm wird immer dicker, jeder Jahresring mehr weist auf sein Lebensalter hin.

Wie mit dem Baum ist es auch mit den Menschen. Das Kind wächst allmählich aus der Geborgenheit und dem sicheren Schoß der Familie, in der sein Leben begonnen hat, hinaus in die weitere Welt. Es breitet sich in immer weitere Lebensbereiche aus. Das gelingt dem jungen Menschen aber nur dann, wenn er – wie der Baum – fest verwurzelt ist und gute Nahrung erhält. Nahrung im Sinne von verlässlicher Lebensorientierung.

So wie die Lebensbedingungen des Baumes sich auf sein Wachstum, seine Blätter- und Blütenpracht auswirken, so sind auch die Lebensbedingungen des Menschen – soziales Umfeld, Erziehung, religiöse Orientierung, Beziehungsgeflecht – von Bedeutung für seine Entfaltung, Selbstwerdung und Bewusstseinserweiterung und für die Art und Weise, wie er Frucht bringt. Auch die Bibel bedient sich immer wieder der Symbolik des Baumes, um menschliche Lebensweisen und Erfahrungen zum Ausdruck zu bringen.

Der fest verwurzelte, aufrecht stehende Blätter und Früchte tragende Baum steht stets für ein glückliches und gelingendes Leben des Menschen mit Gott. Wenn wir uns mit den Kindern auf den Weg machen, die biblischen Baumbilder für uns selbst aufzuschließen, können wir ihn als Symbol für unsere eigenen Wachstumsmöglichkeiten entdecken.

In der wechselseitigen Auseinandersetzung eigener Erfahrungen und tradierter Hoffnungsbilder, die die Bibel mit ihrer Baumsymbolik zum Ausdruck bringt, können wir uns unseres eigenen Wachstums und unserer Wachstumswünsche bewusster werden.

★ Freundschaft schließen mit einem Baum

Für diese Übung gehen wir mit den Kindern ins Freie. Wir sollten einen Ort aufsuchen, an dem mehrere (auch unterschiedliche) Laubbäume stehen, sodass sich maximal 4 Kinder einen Baum »teilen« müssen.

Heute wollen wir Freundschaft mit einem Baum schließen. Zuerst darf sich jetzt jeder einen Baum aussuchen, der ihm gefällt. Geht nun langsam auf euren Baum zu. Betrachtet ihn dabei genau, versucht alles an ihm zu entdecken, sodass ihr ihn gut kennen lernen könnt.

Wenn du ganz dicht an deinem Baum angekommen bist, begrüße ihn, sage ihm »Hallo«. Betaste nun vorsichtig die Rinde an seinem Stamm. Wie fühlt sie sich an? Ist sie rau oder glatt, fest oder

rissig? Versuche mit deinen Händen den Stamm zu umgreifen. Fühlst du die Stärke, den Umfang des Baumes? Lehne dich mit deinem ganzen Körper an den Baum und umarme ihn. Spürst du seine Nähe am Bauch, an deinen Oberschenkeln ...? Lehne auch dein Gesicht an den Baum. Was fühlst du jetzt? Kannst du die Rinde des Baumes auch riechen? Riecht sie frisch oder moderig? Streichle deinen Baum noch einmal, bevor du nun einige Schritte rückwärts gehst. Betrachte beim Rückwärtsgehen den Stamm deines Baumes. Stark und kraftvoll steht er da, getragen von seinen Wurzeln im Erdboden. Lass deinen Blick nun zur Krone deines Baumes hinaufwandern. Schau dir seine Äste an. Wie verzweigt sind sie? Wohin greifen sie? Schau dir auch seine Blätter an. Welche Form haben sie? Sind sie groß oder klein, sind sie alle gleich? Wie dicht ist das Laub deines Baumes? Siehst du die Wolken am Himmel durch das Laub hindurch oder ist es ein dichtes Blätterdach?
Wer wohnt in deinem Baum?

Auswertung:

- Wir nehmen ein Blatt unseres Baumes mit, pressen es und kleben es auf farbiges Tonpapier.
- Aus der Erinnerung malen wir unseren Baum mit Buntstiften oder Wasserfarben.
- Auch ein Wachsstifteabdruck von einem Stück Rinde kann ganz reizvoll sein.
- (* Kap. 2, S. 42)
- Wir treffen uns im Kreis und erzählen uns, was wir gefühlt haben.

★ Imagination 1
Wachsen – wie ein Baum

Heute wollen wir einmal versuchen, selber wie ein Baum zu wachsen. Sucht euch einen Platz, macht euch ganz klein und schließt die Augen.
Stell´ dir vor, du bist ein kleines Senfkorn in der Erde. Es ist ganz warm um dich herum, die Sonne wärmt dich. Es geht dir gut. Du möchtest wachsen. Deine Wurzeln strecken sich in die Tiefe. Sie wollen das Wasser in der Erde trinken. Du wirst größer. An deinem Stämmchen wachsen Äste. Sie strecken sich aus. Sie breiten sich aus. An deinen Zweigen wachsen Blätter. An deinen Zweigen wachsen Früchte. Du stehst da im warmen Sonnenlicht. Du spürst deine Wurzeln, stehst gerade mit deinem Stamm; deine Zweige strecken sich in die Weite des Himmels und zur Sonne. Geht es dir gut?

- Alternativ zur Imagination können wir das Wachsen im Zusammenhang mit dem folgenden Lied **pantomimisch** darstellen:

Kleines Senfkorn Hoffnung

Klei - nes Senf - korn Hoff - nung, mir um - sonst ge - schenkt:

wer - de ich dich pflan - zen, dass du wei - ter wächst,

dass du wirst zum Bau - me, der uns Schat - ten wirft,

Früch - te trägt für al - le, al - le die in Ängs - ten sind.

T: Alois Albrecht
M: Ludger Edelkötter
Aus: Weil du mich so magst, Drensteinfurt
Alle Rechte Impulse Musikverlag Ludger Edelkötter, 48317 Drensteinfurt

2. Kleiner Funke Hoffnung,
mir umsonst geschenkt,
werde ich dich nähren,
dass du überspringst,
dass du wirst zur Flamme,
die uns leuchten kann.
Feuer schlägt in allen,
allen, die im Finstern sind.

3. Kleine Münze Hoffnung,
mir umsonst geschenkt,
werde ich dich teilen,
dass du Zinsen trägst,
das du wirst zur Gabe,
die uns leben lässt.
Reichtum selbst für alle,
alle, die in Armut sind.

4. Kleine Träne Hoffnung,
mir umsonst geschenkt,
werde ich dich weinen,
dass dich jeder sieht,
dass du wirst zur Trauer,
die uns handeln macht.
Leiden lässt mit allen,
allen, die in Nöten sind.

5. Kleines Senfkorn Hoffnung,
mir umsonst geschenkt,
werde ich dich streuen,
dass du manchmal bremst,
dass du wirst zum Grunde,
der uns halten lässt.
Neues wird mit allen,
allen, die in Zwängen sind.

★ Imagination 2
Aufrecht stehen – wie ein Baum

(Für diese Übung gehen wir ins Freie. Vor Beginn leiten wir die Kinder zu einer kurzen Baumbetrachtung an.)

Heute wollen wir versuchen, uns selbst wie ein Baum zu fühlen. Sucht euch einen Ort, an dem ihr etwas Freiraum um euch herum habt. Stellt euch gerade hin und schließt die Augen.

Stell' dir vor, du bist ein Baum. Stehen deine Füße fest auf dem Boden? Bist du fest verbunden mit dem Boden, so wie der Baum mit seinen Wurzeln fest in der Erde verankert ist? Stelle deine Füße etwas auseinander, wie stehst du jetzt?

Wie hältst du deinen Oberkörper? Steht er gerade oder bist du gekrümmt? Versuche deine Schultern ganz locker zu lassen, aber richte deine Wirbelsäule ganz gerade auf.

Was machst du mit deinen Armen? Magst du sie zum Himmel strecken? Lege deinen Kopf zurück in den Nacken. Wie atmest du jetzt? Bleibe eine Weile so stehen und atme tief durch.

Wenn du tief durchgeatmet hast, lasse deine Arme nach vorne fallen und schüttele deine Beine aus. Wie ist es, sie nun wieder zu bewegen?

Auswertung:
Wir sprechen im Kreis über unsere Erfahrungen und Erlebnisse.

Baum-Erfahrungen

Der ist wie ein Baum,
gepflanzt an den Wasserbächen,
der seine Frucht bringt zu seiner Zeit
und dessen Blätter nicht verwelken.

(Psalm 1,3)

★ Jesus erzählt eine Geschichte vom Wachsen
Ein Mann säte ein Senfkorn auf einem Acker. Das Senfkorn ist das kleinste Samenkorn von allen. In der Erde geht das kleine Senfkorn auf, es wächst heran, es wird größer als alle Gartengewächse. Es treibt starke Zweige und Äste und wird ein großer Baum. In seinem Schatten bauen die Vögel ihre Nester.
Jesus sagt:
So wie aus dem kleinen Senfkorn ein großer Baum wächst, kann aus kleinen Anfängen auch immer etwas Großes wachsen. So ist es auch mit dem Leben der Menschen mit Gott.

Auswertung:
Wann sind wir so wie Bäume? Wachsen wir auch? Wohin? Tragen wir Früchte? Treiben wir Blätter? Wohin wachsen unsere Zweige? Was brauchen wir zum Wachsen? Wem gefallen wir? Wer versorgt mich? Wer sorgt sich um mich?

Zwei Baum-Lieder

– »Ich bin ein Baum« heißt ein Lied von Dorothée Kreusch-Jacob (Mit Liedern in die Stille, Düsseldorf 1996, 90), zu dem sie Übungen zum sensitiven Naturerleben, zur Stille und zur Entspannung sowie einen einfachen Tanz vorschlägt.

– »Im Samen der Baum« heißt ein Lied von Luis Zett, zu dem Elke Hirsch (Kommt, singt und tanzt, Düsseldorf 1997, 79) einen Tanz für ältere Grundschulkinder beschreibt.

★ Kreative Gestaltung

○ Wir bieten den Kindern das Bild eines Baumes mit (fast) kahlen Zweigen an, z.B. malen wir den Stamm mit den Ästen mit Wachskreide auf einen Tonkarton im Din A2-Format oder schneiden ihn aus Tonpapier aus und kleben ihn auf. An die Zweige hängen wir 2-3 Blätter mit Ich-Aussagen aus der Sicht des Baumes:
Ich bin mit meinen Wurzeln fest im Boden verankert. Ich liebe das Säuseln des Windes in meinen Zweigen. In meinen Zweigen bauen die Vögel ihre Nester ...
Wir fordern die Kinder nun auf, auch Blätter auszuschneiden und Aussagen aufzuschreiben.

○ Wir bieten den Kindern das Bild eines Baumes wie oben an, schreiben aber auf die Blätter Ich-Aussagen aus eigener Sicht.
Ich kann ...
Ich bin ...
Ich habe ...
(Diese Übung eignet sich erst für ältere Kinder, die die Symbolebene des Baumes schon auf sich übertragen können.) Die Kinder gestalten weitere eigene Blätter.

○ Wir können die Blätter auch an einem Zweig aufhängen, statt sie auf einem Bild zusammenzukleben.

○ Verklanglichen mit einigen Orff-Instrumenten: »Der Spross aus dem Baumstumpf« (* Kap. 6, Klangliches Gestalten: Trommeln)

– Weitere Anregungen zu den Themen »Baum« und »Samenkorn« finden sich bei Margarete Mix und Gerhard Rödding (Symbole im Kindergarten verstehen und gestalten. Ein Praxisbuch für die religiöse Früherziehung der 3-7jährigen. Gütersloh 1997).

3. Selbstwahrnehmung in den Psalmen

Vom Aufgang der Sonne

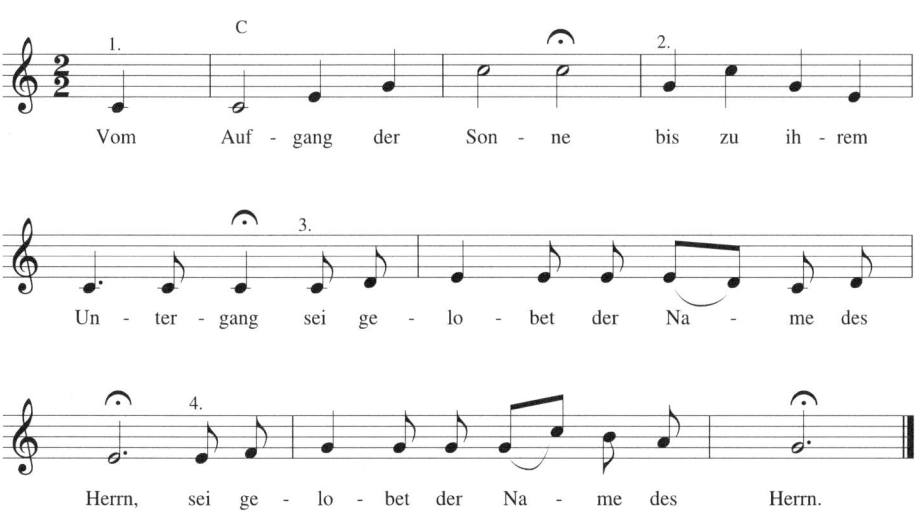

Vom Auf - gang der Son - ne bis zu ih - rem

Un - ter - gang sei ge - lo - bet der Na - me des

Herrn, sei ge - lo - bet der Na - me des Herrn.

T: Psalm 113,3 / Kanon: Paul Ernst Ruppel
Aus: Paul Ernst Ruppel, Kleine Fische
© Möseler Verlag, Wolfenbüttel

Zum besseren Verständnis lässt sich der dem Psalm 113 entnommene Text auch abändern: »Vom Aufgang der Sonne bis zu ihrem Untergang sei gelobet der Schöpfer der Welt.«
Diesen Kanon können wir auch einstimmig singen, stellen uns dazu im Kreis auf und reichen uns die Hände.

»Vom Aufgang der Sonne ...	Wir heben die Arme hoch.
bis zu ihrem Untergang ...	Wir lassen die Arme sinken.
sei gelobet der Schöpfer ...	Wir drehen uns nach rechts und gehen zwei Schritte nach rechts.
der Welt.«	Wir wenden uns zur Mitte und wiegen uns seitwärts erst nach rechts, dann nach links.

Der auf diese Weise getanzte Kanon wird einige Male ohne Unterbrechung wiederholt.

Klagepsalm eines Einzelnen

Das Wasser geht mir bis zum Halse.
Ich versinke im tiefen Schlamm,
wo kein Grund ist.
Ich bin in tiefe Wasser geraten
und die Flut will mich ertränken.
Ich habe mich müde geschrien,
meine Kehle ist ganz trocken.
Meine Augen sind trübe geworden ...
Es sind mehr, die mich ohne Grund hassen,
Die mir zu Unrecht Feinde sind und
mich verderben wollen, sind mächtig.
Ich soll zurückgeben, was ich nicht geraubt habe.

(Psalm 69,1-5)

Dank für die Geborgenheit

Du kennst mich!
Ob ich sitze oder stehe, du weißt es;
du verstehst meine Gedanken von ferne.
Ob ich gehe oder liege, mit all meinen
Wegen bist du vertraut.
Es gibt kein Wort auf meiner Zunge, das du nicht weißt.
Von allen Seiten umgibst du mich
und hältst deine Hand über mich.
Ich danke dir, dass du mich so
wunderbar erschaffen hast.
Meine Seele kennst du gut.

(Psalm 139,1-5,14)

Wer die Sinnmitte dieses Psalms mit älteren Grundschulkindern singen und tanzen möchte, findet Anregungen dazu bei Elke Hirsch: Kommt, singt und tanzt, Düsseldorf 1997, 125 f. Auch zu den Psalm-Liedern 104 »Die Herrlichkeit des Herrn«, 133 »Hine matow« (»Sieh, wie schön und lieblich ist es, wenn Brüder einmütig beieinander wohnen«), 67 »Lobet und preiset ihr Völker« und 113 »Vom Aufgang der Sonne« finden sich dort auch für Vorschulkinder leicht einzuübende Tanz-schritte.

150 Psalmen finden wir im »Buch der Preisungen« (jüd.: sefer tehillim) zusammengefasst. Aber wir finden Psalmen auch an anderen Stellen des Alten Testaments.

Psalmen sind die Lieder, Gesänge und Gebete des biblischen Israel. Wir können sie als Antwort Israels auf seine Erfahrungen mit seinem Gott verstehen. Dem Gott, der seine Schöpfung und sein Volk liebt und führt. Diese Antwort ist vielschichtig und vielstimmig. Sie umfasst das Ganze des Lebens mit all seinen Erfahrungsqualitäten und Dimensionen. Die Antwort reicht von angstvollen, schmerzreichen Erfahrungen, tiefer Trauer und Gefühlen der Einsamkeit und Mutlosigkeit über Wut und (An-) Klage bis hin zu Gefühlen der Geborgenheit, des Vertrauens und der Freude, die in Dank und Lobpreis münden.

Diese grundlegenden Erfahrungen der Menschen (auch heutiger Menschen) kommen in den Psalmen in verdichteter Form und in ganz elementaren Bildern zur Sprache, z.B. »Ich bin ausgeschüttet wie Wasser« (Psalm 22,15); »Ich bin am Ende« (Psalm 6,4).

Diese Bild- und Symbolsprache der Psalmen bietet uns und unseren Kindern zahlreiche Identifikationsmöglichkeiten. »Die Bilder der Klagepsalmen sind nicht nur innere, sondern auch äußere Bilder ... Das scheint mir der Schlüssel zu sein: Die Kinder gehen so mühelos mit diesen Bildern um, weil sie in ihnen die Bilder ihrer eigenen Träume wieder erkennen.«[7]

Gegen die Erfahrungen der Angst, der Mutlosigkeit ... bieten die Psalmen Gegen-Bilder, z.B. »du bist bei mir« (Psalm 27,10); »du tröstest mich, wenn ich Angst habe« (Psalm 4,2).

Sie beinhalten damit Bilder, nach denen sich Menschen und besonders Kinder immer wieder sehnen: nach vertrauensvoller Zuwendung und Geborgenheit. Wenn wir uns mit den Kindern auf die kreative Begegnung mit den Psalmen einlassen, werden wir entdecken, wie sehr sie sich mit ihren eigenen Ängsten und Nöten, aber auch Hoffnungen und Wünschen in den Psalmen wieder erkennen können (★ Kap. 4).

Ein Beispiel: Psalm 69,2 »Ich bin in tiefe Wasser geraten und die Flut will mich ertränken.«

Dieser Psalmsatz ist Kindern, die z.B. im Elternhaus täglich den Kampf gegen Arbeitslosigkeit, Kündigung der Wohnung und Schuldenberg miterleben, sicher nicht unverständlich.

Der Psalmsatz vermag so konkreten Lebenserfahrungen und Lebensgefühlen Ausdruck zu verleihen und eine Sprache zu geben, die sonst vielleicht unverarbeitet und unbesprochen geblieben wären.

---

7   Ingo Baldermann: Wie Kinder sich selbst in den Psalmen finden. In: Friedrich Schweitzer und Gabriele Faust-Siehl: Religion in der Grundschule, a.a.O., 189

Darin steckt eine besondere Chance für Kinder heute, die durch unterschiedliche Einflüsse ihrer Gefühlswelt beraubt werden und durch ein Übermaß an Leid und Aggression abstumpfen und sprachlos bleiben.

Auch Ängsten gegenüber der täglichen Nachrichtenflut – Umweltzerstörung, Reaktorunglück, Verstrahlung, Tankerunfall, Ölseuche, Genmanipulation, Kriege, Bürgerkriege und Terror – vermag der o.a. Psalmsatz einen Ausdruck zu geben.

Beginnen wir die Psalmen für uns und unsere Kinder zu entdecken, werden wir bald merken, welchen Schatz wir da ausgegraben haben.

Auch die Lobeshymnen wollen wir den Kindern nahe bringen. Sie bringen immer wieder die Sehnsüchte, die Wünsche und Träume der Menschen deutlich zum Ausdruck. Ein Beispiel: Psalm 139,1 »du verstehst meine Gedanken von ferne« lässt die Kinder Vertrauen und Geborgenheit fühlen und vermag ihnen vielleicht Trost zu spenden, wenn sie wieder niemanden gefunden haben, der ein Ohr für sie und ihre Gedanken hat und dem sie ihre Erlebnisse erzählen können.

Klagepsalmen

Ich bin am Ende und frage dich:
Wie lange noch?
(Psalm 6,4)

Auch in der Nacht schreie ich,
ich komme nicht zur Ruhe.
(Psalm 22,3)

Ich bin ein Wurm und kein Mensch mehr.
Die Leute verspotten und verachten mich.
(Psalm 22,7)

Gewaltige Stiere haben mich umgeben.
(Psalm 22,13)

Ich bin ausgeschüttet wie Wasser.
Meine Knochen fallen auseinander.
(Psalm 22,15)

Ich bin einsam und elend.
Die Angst meines Herzens ist groß.
(Psalm 25,16)

Vater und Mutter haben mich verlassen.
(Psalm 27,10)

Ich bin wie ein zerbrochenes Gefäß.
(Psalm 31,13)

Ich höre, wie viele über mich lästern.
(Psalm 31,14)

Ich bin verstummt und still. Ich schweige und fresse mein Leid in mich hinein.
(Psalm 39,3)

Ich habe viele Fehler, mehr Fehler als Haare auf meinem Haupt.
(Psalm 40,13)

Ich bin elend und voller Schmerzen.
(Psalm 69, 30)

Lob- und Dankpsalmen

Du richtest mich auf.
(Psalm 3,4)

Du tröstest mich, wenn ich Angst habe.
(Psalm 4,2)

Du gibst mir Geborgenheit.
(Psalm 4,9)

Ich freue mich. Ich bin sehr glücklich.
Ich will dir singen.
(Psalm 9,3)

Mit dir überwinde ich alle Hindernisse und überspringe Mauern.
(Psalm 18,30)

Du hast mir mein Trauerkleid genommen
und mich in Freude gehüllt.
(Psalm 30,12)

Du kennst mich bei meinem Namen.
(Psalm 91,14)

Du verzeihst mir meine Fehler.
(Psalm 103,3)

Du hast mein Leben vom Verderben erlöst.
(Psalm 103,4)

Du bewahrst meine Augen vor Tränen und meine Füße vor dem Stolpern.
(Psalm 116,8)

Ich danke dir, dass du mich so wunderbar erschaffen hast.
(Psalm 139,13)

Wir beginnen mit einem einzelnen Psalmsatz. Die oben aufgeführten Sätze mögen Beispiele sein; wenn wir uns auf die Suche in der Bibel begeben, werden wir jedoch noch auf viele andere Sätze stoßen, die unsere Kinder anzusprechen vermögen.

Jüngeren Kindern sprechen wir den ausgewählten Satz vor. Für ältere Grundschulkinder schreiben wir ihn auf einen größeren Pappkarton, der für alle sichtbar aufgehängt wird.

★ Im Kreisgespräch haben die Kinder Gelegenheit, eigene Gedanken und Assoziationen zu äußern.

★ Wir bieten den Kindern Fotos an, die zur Aussage des Psalmsatzes passen (z.B. Kinderfotos mit unterschiedlichem Gesichtsausdruck).

★ Die Kinder malen ein Bild. Wir bevorzugen dazu großformatige Papiere und ausdrucksstarke, kräftige Farben (z.B. Plakafarben).

★ Zu dem selbstgemalten Bild überlegen die Kinder eine Überschrift. Vielleicht können einige einen eigenen Psalmsatz formulieren.

★ Wir experimentieren mit unterschiedlichen Instrumenten. Wie können wir einen Psalmsatz verklanglichen und ihm Ausdruck verleihen?

★ Manche Psalmsätze lassen sich auch in ein Rollenspiel oder eine Pantomime umsetzen, z.B. »Gewaltige Stiere haben mich umgeben« (Psalm 22,13).

★ Für eine längere Auseinandersetzung mit den Psalmen legen wir eine Psalmwortkartei an, wie sie Rainer Oberthür (in seinem Buch »Kinder und die großen Fragen«) vorschlägt. Hier finden wir zahlreiche Anregungen, vor allem zum kreativen Schreiben eigener Psalmen.

Die Klagepsalmen haben eine feste Struktur:
1. Anruf des Gottesnamens (Herr, mein Gott, du)
2. Klage, d.h. die Schilderung der Notlage (Angst, Ausweglosigkeit, Einsamkeit ...)
3. Bitte – meistens in Verbindung mit Vertrauensbekundungen (Erbarme dich meiner, Hilf mir, du hältst mich)
4. Dank – viele Klagepsalmen enden damit.

Nach dieser Struktur können wir mit den Kindern eigene Psalmen schreiben:

Gott –
keiner hört mir zu.
Höre du mir zu.
Danke.

Gott –
ich fühle mich wie ein
Samenkorn im hart gefrorenen Boden.
Du bist wie die Sonne.
Schmilz den Boden und
lass mich wachsen.
Ich will wachsen und meinem Gott reiche Frucht bringen.

★ Nach einer längeren Beschäftigungszeit mit den Klagepsalmen gestalten wir gemeinsam eine **Klagemauer**.
Dazu benötigt jedes Kind einen ausgedienten Schuhkarton, dessen Längsseiten gestaltet werden. Auf die eine Längsseite schreibt das Kind einen Psalmsatz seiner Wahl, auf die andere Seite malt es ein Bild dazu.
Die Schuhkartons bauen wir nachher so übereinander, dass die eine Seite der Mauer die Bilder zeigt, die andere die Sätze.

Lobe den Herrn, meine Seele!
Herr mein Gott, wie groß bist du! (Psalm 104,1)

Psalm 104 ist einer der zahlreichen Lobeshymnen im Buch der Preisungen. Er ist erfüllt vom Staunen und Jubeln der Menschen über die Vielfalt und Schönheit der Schöpfung und von der Freude über Gottes Zuwendung und Liebe.
Am Ende mündet der Psalm im Lobpreis, im Halleluja. Er fordert dazu auf, in den Lobgesang einzustimmen.
Kindern können wir die Freude und den Jubel erlebbar machen, wenn wir ein geeignetes Loblied auswählen und es gemeinsam singen. Sehr gut geeignet sind Lieder, die wir als Kanon singen können, z.B.:

Lobet und preiset, ihr Völker, den Herrn

1. Lo - bet und prei - set, ihr Völ - ker, den Herrn,

2. freu - et euch sei - ner und die - net ihm gern.

3. All ihr Völ - ker, lo - bet den Herrn.

T: nach Psalm 67,4-6
M: mündlich überliefert

Wenn wir uns ausführlicher mit Lobpsalmen beschäftigen wollen, finden wir eine sehr schöne und interessante Anregung bei Ingo Baldermann. In seinem Buch »Wer hört mein Weinen« stellt er vor, wie Kinder »das schönste Lied der Welt« selber machen. Aus Psalmsätzen der Bibel und selbst geschriebenen Psalmsätzen entsteht so ein eigenes Lied.

Begegnung mit einem einzelnen Psalm

Der Herr ist mein Hirt,
mir wird nichts mangeln.
Er weidet mich auf einer grünen Au
und führt mich zum frischen Wasser.
Er erquickt meine Seele.
Er führt mich auf rechter Straße um seines Namens willen.
Und wenn ich wandere im finstern Tal,
fürchte ich kein Unglück, denn du bist bei mir.
Dein Stecken und Stab trösten mich.
Du breitest mir einen Tisch im Angesicht meiner Feinde.
Du salbtest mein Haupt mit Öl und schenktest mir voll ein.
Gutes und Barmherziges werden mir folgen mein Leben lang;
und ich werde bleiben im Haus meines Herrn immerdar.

(Psalm 23)

★ Pantomime zu Psalm 23

Je zwei Kinder stellen sich mit zugewandtem Gesicht einander gegenüber auf.

Der Herr ist mein Hirt,	Mit sich langsam hebenden Händen gehen die Kinder aufeinander zu und reichen sich über dem Kopf die Hände.
mir wird nichts mangeln.	Kinder machen einen Rückwärtsschritt, breiten die Hände zur Seite aus. Die Handinnenflächen zeigen nach oben.
Er weidet mich auf grüner Au	Kinder geben sich die Hände und gehen vier Schritte rechts herum im Kreis.
und führt mich zu frischem Wasser.	Kinder lassen die Hände los, bücken sich zum Boden und »schöpfen« mit geöffneten Händen Wasser.
Er erquickt meine Seele.	Hände gehen zum Brustraum und machen von da eine weite Bewegung nach oben.
Er führt mich auf rechter Straße um seines Namens willen.	Kinder geben sich die Hände und gehen vier Schritte im Kreis herum.
Und wenn ich wandere im finsteren Tal,	Die Hände verdecken das Gesicht, der Kopf ist dabei leicht nach vorn gebeugt.
fürchte ich kein Unglück, denn du bist bei mir.	Die Hände ziehen sich vom Gesicht zurück. Kopf und Blickrichtung wandern nach oben. Die Hände werden hoch über dem Kopf ausgestreckt.
Dein Stecken und Stab trösten mich.	Kinder gehen aufeinander zu und reichen sich über dem Kopf die Hände.
Du bereitest vor mir einen Tisch im Angesicht meiner Feinde.	Im Schneidersitz setzen die Kinder sich einander gegenüber auf den Boden.
Du salbtest mein Haupt mit Öl und schenktest mir voll ein.	Die Kinder streicheln sich gegenseitig sanft über den Kopf (evtl. das Einschenken auch pantomimisch darstellen).
Gutes und Barmherzigkeit werden mir folgen mein Leben lang,	In Embryohaltung kuschelt sich jedes Kind ganz eng zusammen.
und ich werde bleiben im Hause meines Herrn immerdar.	Die Kinder stehen auf, stellen sich dicht zusammen und reichen sich über dem Kopf die Hände.

★ Wir entwerfen ein Bilderbuch

Zu jedem Vers aus Psalm 23 malen die Kinder ein Bild. Die Bilder werden mit dem jeweiligen Psalmsatz beschriftet. Die einzelnen Bilder binden wir zu einem Bilderbuch.
Die Kinder können einzeln arbeiten oder aber in kleinen Gruppen.

★ Bildbetrachtung

Mit den Kindern betrachten wir das Wandbild »Der gute Hirte« von Thomas Zacharias (Farbholzschnitte zur Bibel).

★ Singen und musizieren

Das folgende Lied singen wir als Kanon. Können wir es auch mit Instrumenten begleiten? Mit welchem? Was passt zum Hirten?

Der Herr ist mein Hirte

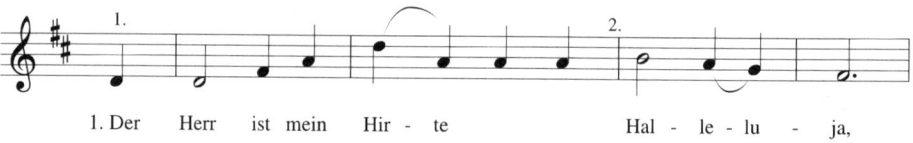

T: M. Geiger/J. Kindt, Strophe 3 – 6 H. Schlegel
M: M. Geiger/J. Kindt. Quelle unbekannt

2. Er führt mich zur Weide, Halleluja,
und zum frischen Wasser, Halleluja.

3. Und ob ich schon wanderte im finsteren Tal,
fürcht ich doch kein Unglück, Halleluja.

4. Denn du bist bei mir, Halleluja.
Dein Stab stützt und tröstet mich, Halleluja.

5. Ich fürcht keine Feinde, Halleluja,
denn du hilfst mir siegen, Halleluja.

6. Gutes und Barmherzigkeit, Halleluja,
die werden mir folgen, Halleluja.

7. Und so werd ich bleiben bei dir allezeit
in Jesu Namen in Ewigkeit.

Nach Psalm 23

4. David und Goliath

Die Erzählung von David und Goliath

Es ist Krieg zwischen den Philistern und den Israeliten. Jeden Tag wird gekämpft. Jeden Tag fordert der große Anführer der Philister, Goliath, die Israeliten zum Kampf heraus. Er ist groß und stark. Er trägt einen Panzer und einen schweren Helm. Er ist bewaffnet. Er hat ein großes Schwert. Goliath beschimpft die Israeliten. Er sagt, dass sie klein sind und keinen Mut haben. Eines Tages hört David, was Goliath sagt. David ist ein israelitischer Schafhirte. Er ist klein, aber er ist mutig.
David will gegen Goliath kämpfen. Die Israeliten wollen David nicht kämpfen lassen. Sie sagen, er ist zu klein, und sie sagen, er kann nicht kämpfen. David sagt zu seinem König, dass er mutig ist. Er sagt, er hat keine Angst, weil Gott bei ihm ist. Da lassen die Israeliten ihn kämpfen. David steht Goliath gegenüber. Goliath verhöhnt David. Er beleidigt ihn. Da holt David einen Stein aus seiner Tasche. Mit der Steinschleuder zielt David auf Goliath. Der Stein trifft Goliath am Kopf. Goliath fällt vornüber zu Boden. Die Israeliten jubeln. Die Philister laufen weg. Sie haben jetzt Angst.

Die Erzählung von David und Goliath steht im Alten Testament bei 1 Samuel 17 und gehört damit zur Geschichte der Könige Israels. Diese Geschichte können wir nur in ihrem Gesamtzusammenhang verstehen, nicht auf der Grundlage einer einzelnen Anekdote.
Die Geschichte der Könige Israels ist gekennzeichnet von Spannungen zwischen den verschiedenen Stämmen des Landes und Spannungen mit Stämmen außerhalb des Landes. Innerhalb der Geschichte der Könige gibt es stets Mächtige und Ohnmächtige, Kleine und Große, Freunde und Feinde, Reiche und Arme. Die Positionen der verschiedenen Stämme, aber auch einzelner Menschen verschieben sich jedoch immer wieder, sie liegen niemals fest. Das ist das Besondere und das Bedeutsame der Geschichte insgesamt und einzelner Erzählungen. Der Mächtige kann ohnmächtig werden und der Ohnmächtige mächtig. Aus Feinden werden Freunde, aber aus Fremden können auch Feinde werden. Kleine können plötzlich Großes vollbringen und die Großen bringen nur noch wenig zustande. Das geschieht immer da, wo Gott seine Hand im Spiel hat. Kinder in unserer Zeit und in unserer Gesellschaft sind oft in der Lage des Kleineren, des Machtlosen. »Um sie herum sind doch lauter Erwachsene, die übermächtig sind. Die so groß und so gut bewaffnet sind, dass ein Kind keine Chance hat. Die so gewalttätig sein können, dass ein Kind erdrückt werden kann. (...) Und da helfen Geschichten, in denen der Kleine siegt.«[8]

---

8   Katechetisches Institut des Bistums Trier (Hrsg.): Der neue Trierer Plan. Eine Didaktik der religiösen Erziehung im Elementarbereich, Trier 1996, 63

Den Kindern brauchen wir nicht den Gesamtzusammenhang der Geschichte der Könige zu erklären oder den Sinn der Erzählung zu entfalten. Wir wollen versuchen, mit den Kindern der Erzählung von David und Goliath so zu begegnen, dass sie zu einem echten Erlebnis wird, indem sie sich selbst in ihrer Lebenssituation wieder finden können und aus der sie mit mehr Selbstvertrauen und Gottvertrauen hervorzugehen vermögen.

★ Imagination

Jedes Kind benötigt eine Decke oder eine Turnmatte. Die Kinder sollen sich mit angezogenen Beinen auf die Decke oder Turnmatte setzen. Dabei umfassen die Arme die Beine, und der Kopf wird auf die Knie gelegt. Die Augen sind geschlossen. So sind die Kinder wie kleine Pakete.
Wir erzählen:

Ganz klein sitzt du auf dem Boden. Ganz fest umklammerst du deine Beine. Du spürst den Boden unter dir.

Aus dem Boden strömt nun ganz viel Kraft durch deine Füße in deine Beine. Ganz viel Kraft. Sie verteilt sich in deinem Körper und wird immer mehr. In den Oberschenkeln, im Bauch. Nun wandert die Kraft auch in die Arme. Du lässt deine Beine los und stützt die Arme auch auf den Boden. Du richtest deinen Kopf auf, lässt deine Augen aber noch geschlossen. Nun fließt die Kraft auch durch deine Arme und Oberarme in deine Schultern.

Du hast ganz viel Kraft in dir. Hole noch einmal tief Luft und dann, ... drücke dich fest vom Boden weg und mache einen hohen Luftsprung. Recke die Arme weit nach oben und öffne nun die Augen.

Jetzt kannst du dich locker hinstellen und deine Arme und Beine noch ein bisschen hin- und herschütteln. Hole ein paar Mal ruhig Luft und, wenn du möchtest, setze dich wieder ganz entspannt auf deine Decke oder Matte.

◦ Wer möchte, kann erzählen, wie er die Übung erlebt hat.

★ David ist ein Schafhirt. Er vertraut auf Gott. Mit seiner Harfe spielt er gerne Musik. Oft singt er ein Lied:

D er Herr ist mein Hirt,
mir wird nichts mangeln.
Auf grünen Wiesen lässt er mich lagern,
er führt mich zum frischen Wasser.
Er erfreut meine Seele und zeigt mir
den richtigen Weg.
Und wenn ich wandere im finsteren Tal,
ich fürchte kein Unglück.
Du bist bei mir,
dein Stecken und dein Stab trösten mich.

(Psalm 23,1-4)

○ Wir sprechen das Lied nach und experimentieren dabei mit Lautstärke und Betonung. Wenn die Kinder es auswendig lernen, können sie es nachher in ihrer individuellen Art vortragen. So entsteht eine Vielzahl an »Liedern«. Vielleicht gibt es auch das eine oder andere Kind, welches das Lied auf eine spontan erfundene Melodie singen kann?

★ Rollenspiel

Die biblische Erzählung von David und Goliath kann auch gespielt werden.

○ Mit den Kindern überlegen wir gemeinsam die Ausgestaltung einzelner Rollen und möglicher Kostüme. Eine Verkleidung scheint sinnvoll, da es sich um ein darstellendes Spiel handelt und weniger um ein Identifikations-spiel. Kein Kind soll in irgendeine Rolle hineingedrängt werden. Wir können die Erzählung aber auch mit selbstgebastelten Stabpuppen spielen.

○ Nachdem wir die Erzählung schon hörend und spielend kennen gelernt haben, lassen wir sie uns noch einmal durch den Kopf gehen. Wer/Wie ist David? Wer/Wie ist Goliath?
Wir modellieren David und Goliath nun aus Ton oder Salzteig. Welche Gestalt geben wir ihnen?
Mit einem Partner spielen wir die Erzählung mit unseren gestalteten Figuren.

★ Verklanglichen

○ Mit unterschiedlichen Orff-Instrumenten, aber auch mit verschiedenen Trommeln, Bongos oder anderen afrikanischen Instrumenten (Regenma-cher u.a.) können wir die Erzählung von David und Goliath verklanglichen. Voraussetzung ist, dass die Kinder schon etwas Erfahrung mit verschiede-nen Instrumenten und mit dem Verklanglichen einer Szene haben (* Kap. 6). In kleinen Gruppen besprechen die Kinder, was sie mit ihren Musikinstru-menten erzählen wollen. Sie experimentieren, überlegen neu, verändern und üben.
Die entstehenden Musikgeschichten werden anschließend vorgestellt, evtl. nehmen wir das Stück auch mit Hilfe eines Kassettenrekorders auf Kassette auf.

★ Wir überlegen mit den Kindern kleine **Gebete**

Gott –
manchmal habe ich Angst.
Wenn ich allein bin, können mir
meine Mama und mein Papa nicht helfen.
Du bist immer bei mir.
Danke.

G ott –
ich kann dich fühlen, wenn ...
... ich abends einschlafen kann, obwohl ich Angst habe.
... ich den Mut habe, an dem großen Hund vorbeizugehen.
... ich eine schwere Aufgabe lösen muss.

5. Das Gleichnis vom guten Vater

Jesus erzählt eine Geschichte:

Ein Mann hat zwei Söhne. Sie helfen dem Vater bei der Arbeit. Später werden sie einmal alles erben, was dem Vater gehört. Der jüngere Sohn sagt zum Vater: »Ich bin jetzt groß. Ich will fort. Gib mir das Erbe, das mir gehört.« Der Vater gibt ihm das Geld. Der jüngere Sohn packt alles zusammen und geht fort. Er freut sich. Er gibt das Geld aus. Er kauft sich alles, was ihm gefällt. Bald hat er kein Geld mehr. Da sitzt er und hat Hunger. Er hat nichts anzuziehen. Er muss frieren. Er ist durstig. Er ist traurig. Er ist verzweifelt. Er denkt an seinen Vater. Er will zu ihm zurück. Er geht wieder nach Hause. Der Vater sieht den Sohn kommen. Er geht ihm entgegen. Er freut sich. Er nimmt seinen Sohn in seine Arme. Der Vater sagt: »Ich freue mich, dass du wieder da bist. Das müssen wir feiern. Ich lade alle zu einem Fest ein.« Der ältere Sohn kommt nicht zum Fest. Er ist wütend, weil er immer gearbeitet hat und der Vater mit ihm kein Fest feiert.

Das Gleichnis »vom guten Vater« steht im Evangelium nach Lukas (15,11-32) im Zusammenhang mit den Gleichnissen »vom verlorenen Schaf« und »von der verlorenen Drachme« (15,4-7 und 15,8-10). Alle drei Gleichnisse richtet Jesus in der Lukas-Erzählung an »die Pharisäer und Schriftengelehrten«, die sich darüber empören, dass er sich mit »Zöllnern und Sündern« abgibt und sogar mit ihnen isst (vgl. Lukas 15,1-3). Mit dem Handlungsgleichnis »vom guten Vater« rechtfertigt er sein Verhalten und weist damit auf neue, nicht ausgrenzende, sondern »aufnehmende« Handlungsmöglichkeiten hin. Die verwendete Erzählstrategie der Parabel fordert die Zuhörer dabei zur Auseinandersetzung heraus.
Ein nach Hause zurückkehrender Sohn wird von seinem Vater in Freude und Liebe wieder aufgenommen, obwohl er innerhalb kurzer Zeit sein gesamtes Erbe in einem verschwenderischen Lebensstil ausgegeben hat. Nicht genug, der Vater geht ihm sogar entgegen und schließt ihn in seine Arme. Dieses Verhalten ist nicht selbstverständlich. So ist dem älteren Sohn – im zweiten Teil des Gleichnisses – dieses väterliche Verhalten ja auch völlig unverständlich, und er ist empört über das Verhalten des Vaters, ein Wiedersehensfest zu geben.
Die Aussage der Parabel korreliert unmittelbar mit dem Leben vieler Kinder (auch vieler Erwachsener) in unterschiedlichen Situationen. Viele Momente der Erzählung können Kinder heute in Eigen- und Fremderfahrung nachvollziehen: sich von zu Hause lösen, eigene Wege gehen wollen, Fehler machen können,

sich einsam fühlen, sich nach Geborgenheit sehnen, Reue verspüren, Mut fassen, (wieder) Vertrauen zu sich selbst und anderen schöpfen, Zärtlichkeit und Liebe annehmen lernen, den ersten Schritt tun, verzeihen können, sich freuen und mitfreuen können.

Jesus zeichnet mit diesem Gleichnis auch ein anderes Bild von Gerechtigkeit, als es bis dahin herkömmlicherweise besteht. Er zeigt, wie der jüngere Sohn vom Vater wieder in die Familiengemeinschaft aufgenommen wird. Auch diese dem älteren Sohn ungerecht erscheinende Situation ist für Kinder nachvollziehbar. Das offene Ende der Parabel (Kommt der ältere Sohn nun zum Fest oder nicht?) lässt einen großen Spielraum zur kreativen Auseinandersetzung.

Die Begegnung mit diesem Gleichnis erlaubt vielfältige Identifikationsmöglichkeiten, die Veränderung von Sehweisen und Standpunkten und eine bewusstere Wahrnehmung für zwischenmenschliche Beziehungen – und vielleicht auch für die Gottesbeziehung.

★ Imagination 1

Lege dich bequem auf den Rücken und schließe deine Augen.
Stell' dir vor, du hast einen Sack voll Geld. (Wir können ein Säckchen mit Geld ein paar Mal kurz zum Klingen bringen.). Du kannst damit machen, was du willst. Du kannst gehen oder fahren, wohin du willst. Du kannst dafür kaufen, was du willst. Du ganz alleine kannst auswählen, was du damit machst. (Zeit zum Träumen geben.)

Auswertung:

Was würden wir mit dem Geld tun? Wir tauschen unsere Vorstellungen im Gespräch aus. Dabei müssen wir es vermeiden, Bewertungen vorzunehmen.

★ Imagination 2

Setze dich im Schneidersitz auf den Boden und schließe die Augen.
Stell' dir vor, du bist ganz allein auf einem großen Acker. Die Sonne scheint heiß auf deinen Kopf, sie brennt auf deinen Rücken. Du findest nirgends Schutz im Schatten.
Du bist hungrig. Du bist durstig. Die Luft ist schwer, sie steht. Kein Luftzug regt sich. Es stinkt nach Schweinemist. Deine Situation ist ausweglos. Du bist allein. Verzweifelt sitzt du zusammengekauert am Boden.
Plötzlich steht jemand neben dir und beugt sich zu dir herab. Er streichelt dir deine Wange. Er nimmt dich in den Arm. Er nimmt deine Hand und ihr geht zusammen davon.
(Leise Musik einspielen.)
Hole nun tief Luft und setze dich aufrecht hin. Öffne langsam die Augen.

Auswertung:

- Wir verweilen noch in der Imagination und versuchen, unsere Erlebnisse mit Wasserfarben aufs Papier zu bringen.

- Dasselbe könnten wir auch mit einem Stück Ton oder Salzteig versuchen. Können wir unseren Erlebnissen Gestalt geben?

- Wir suchen uns einen Partner und genießen eine vertrauensvolle Umarmung.

★ Bildbetrachtung

Wir betrachten die Bilderfolge von Kees de Kort zum Gleichnis vom guten Vater. Die Bilder sind alle sehr eindrucksvoll und gefühlsbetont gemalt. Trotz ihres plakativen Charakters kommen Gestik und Mimik deutlich zum Ausdruck. Besonders die Bilder 7 und 8 (der Sohn ist völlig verzweifelt) und 9 und 10 (der Sohn wird vom Vater mit offenen Armen empfangen) laden zur Nachahmung und zum Gespräch ein.

  ○ Wir lenken unsere Aufmerksamkeit auf den älteren Sohn (Bild 12). Können wir sein Nicht-Erscheinen zum Fest verstehen? Würden wir nicht auch so handeln?

★ Rollenspiel

Wir spielen die Geschichte nach. Dabei lassen wir den Kindern freie Hand bei der Ausgestaltung. Sie sollen die Rahmenhandlung mit ihrer eigenen Gestik und Mimik und mit ihren eigenen Sätzen, ihrer eigenen Sprache füllen.
Nachher können wir in einem Gespräch zum Ausdruck bringen, welche Gefühle wir innerhalb unserer Rolle erlebt haben.

★ Kreatives Schreiben

Wir hören das Gleichnis nur bis zu der Stelle, wo der jüngere Sohn völlig verzweifelt ist. Nun finden wir ein eigenes Ende der Geschichte.
Mit älteren Schülern können wir versuchen, eine Identifikationsgeschichte zu schreiben. Wann ist es uns ähnlich ergangen? Wann haben wir uns einmal so gefühlt,

  ○ wie der jüngere Sohn

  ○ wie der Vater

  ○ wie der ältere Sohn?

★ Malen und Gestalten

Jeder malt eine Szene des Gleichnisses, welche ihm/ihr am meisten bedeutet. Sind wir eine größere Gruppe, hängen wir die Bilder an einer Wand in der entsprechenden Reihenfolge auf und erhalten so unsere eigene Bildergeschichte. Wir können auch kleinformatige Blätter wählen (Din A5 oder Din A4) und ein eigenes Buch binden.

Quellen und weiterführende Literatur

Ingo Baldermann: Der biblische Unterricht, Braunschweig 1969

Ingo Baldermann: Wer hört mein Weinen? Neukirchen [4]1993

Ingo Baldermann: Gottes Reich – Hoffnung für Kinder, Neukirchen [2]1993

Horst Klaus Berg: Ein Wort wie Feuer – Wege lebendiger Bibelauslegung, München [3]1998

Horst Klaus Berg: Grundriss der Bibeldidaktik – Konzepte, Modelle, Methoden, München 1993

Sigrid Berg: Kreative Bibelarbeit in Gruppen. 16 Vorschläge, München [3]1995

Sigrid Berg: Biblische Bilder und Symbole erfahren. Ein Material- und Arbeitsbuch, München [2]1997

Max Bolliger: Joseph; Mose; David; Daniel; Jesus. Ravensburger Taschenbücher. (Geschichtliche Erzählungen)

Elisabeth Burk: Bewegter Religionsunterricht, Göttingen 1997

Deutsche Bibelgesellschaft: Meine Bilderbibel, Stuttgart 1990

Margarete Goecke-Seischab: In Farben und Formen. Biblische Texte gestalten, 60 Vorschläge, München 1993

Albert Höfer: Gottes Wege mit den Menschen. Ein gestaltpädagogisches Bibelwerkbuch, München 1993

Albert Höfer: Ins Leben kommen. Ein gestaltpädagogisches Bibelwerkbuch, München 1995

Ich entdecke die Welt der Bibel. Band 1: Altes Testament. Band 2: Neues Testament, Ravensburg 1990/91

Katechetisches Institut des Bistums Trier: Der neue Trierer Plan – Grundlegung. Eine Didaktik der religiösen Erziehung im Elementarbereich, Trier 1996

Christine Klaes: Der kleine Goliath. Bibliodrama mit Kindern, Haan 1996

Lothar Knecht und Martin Knecht: Lebendige Bibelarbeit. Beispiele für Schule und Gemeinde, Freiburg 1992

Rolf Krenzer und Detlev Jöcker: Und sie fingen an fröhlich zu sein. Ein Singspiel zum Gleichnis vom verlorenen Sohn für Kindergarten, Kindergottesdienst und Schule, Münster 1989

Gerhard Krombusch und Ludger Edelkötter: Weil du so mich magst. Religionsunterricht/Katechese im Spiegel religiöser Kinderlieder, Drensteinfurt [2]1989

Gertrud Lorenz: Mit Kindern Jesus kennen lernen, Freiburg 1997

Hannelore Morgenroth: Den Brunnen aufschließen. Selbstentdeckungen mit biblischen Geschichten, München [4]1996

Margarete Mix und Gerhard Rödding: Symbole im Kindergarten verstehen und gestalten, Gütersloh 1997

Rainer Oberthür: In Sprachbildern der Bibel sich selbst entdecken, in: ru. Ökumenische Zeitschrift für die Praxis des Religionsunterrichts 2/1993, 75-79

Rainer Oberthür: Kinder und die großen Fragen. Ein Praxisbuch für den Religionsunterricht, München [2]1996

Rainer Oberthür: Kinder fragen nach Leid und Gott. Lernen mit der Bibel im Religionsunterricht. Ein Praxisbuch, München 1998

Joachim Pletsch (Hrsg.): Mit Kindern biblische Geschichten spielen und verkünden, Dillenburg 1997

Anneliese Pokrandt und Reinhard Herrmann: Elementarbibel. Teil 1-8, Lahr 1975 ff.

Klaus Schilling: Wege ganzheitlicher Bibelarbeit. Glauben erfahren mit Hand, Kopf und Herz, Stuttgart 1992

Reinmar Tschirch: Bibel für Kinder, Stuttgart 1995

Reinmar Tschirch: Biblische Geschichten erzählen, Stuttgart 1997

Irmgard Weth und Kees de Kort (Ill.): Neukirchener Kinder-Bibel, Neukirchen-Vluyn [2]1989

Bernhard Wilde und Klaus W. Vopel: Glaube und Selbsterfahrung im Vaterunser. Ein Kurs für lebendiges Lernen im kirchlichen Unterricht, Salzhausen 1995

Hildegunde Wöller und Isolde Huppenbauer: Ein buntes Alphabet der Bibel, Stuttgart 1994

Zugänge zu biblischen Texten: Eine Lesehilfe zur Bibel für die Grundschule. Zwei Bände: Neues Testament und Altes Testament, Düsseldorf 1980

19 Sein Bewusstsein verändern im weltökumenischen Lernen

Wir sind Kinder einer Erde

Wir sind Kin-der ei-ner Er-de, die ge-nug für al-le hat.

Doch zu vie-le ha-ben Hun-ger, und zu we-ni-ge sind satt.

Ei-ner prasst, die andern zah-len, das war bis-her im-mer gleich.

Nur weil vie-le Län-der arm sind, sind die rei-chen Län-der reich.

T: Volker Ludwig (c)
M: Birger Heymann (c)
Aus: Grips-Liederbuch. Verlag Heinrich Ellermann, München

2. Wir sind Kinder einer Erde, doch es sind nicht alle frei.
   Denn in vielen Ländern herrschen Militär und Polizei.
   Viele sitzen im Gefängnis, Angst regiert von spät bis früh.
   Wir sind Kinder einer Erde, aber tun wir was für sie?

3. Viele Kinder fremder Länder sind in unsrer Stadt zu Haus.
   Wir sind Kinder einer Erde, doch was machen wir daraus?
   Ihre Welt ist auch die unsre, sie ist hier und nebenan.
   Und wir wollen sie verändern. Kommt, wir fangen bei uns an!

338

Unsere Verbundenheit mit allen Menschen dieser Erde und die Notwendigkeit, alles was wir tun und lassen, auf den ganzen bewohnten Erdkreis und sein Weiterleben zu beziehen, sind heute unaufgebbare Lernvoraussetzung und Lernperspektive.

Die Eine Welt ist längst schon Realität; sie tangiert, beeinflusst und überspannt unsere privaten, gesellschaftlichen, kulturellen und religiösen Lebensräume. Auch unsere Kinder spüren und wissen um die Zusammenhänge: Im Sommer dürfen sie sich nicht mehr unbefangen und zu jeder Zeit im Freien bewegen, weil das Ozonloch sich negativ auf ihre Gesundheit auswirken kann. – Im Kindergarten sind jetzt drei afrikanische Kinder aus Ruanda. Sie sprechen noch kein Wort deutsch und spielen ständig Kriegsszenen nach. Sie können nicht mehr in ihrem Land leben, weil dort Bürgerkrieg herrscht. Plötzlich ist der Unfriede und die Lebensgefahr für alle Kinder greifbar nahe gerückt. – Sarahs Papa hat vor zwei Monaten seine Arbeitsstelle verloren. Der Chef seiner Firma hat die Produktion ins Ausland verlegt, weil dort die Arbeitskräfte billiger sind. Die Autoherstellung bleibt so kostengünstiger und die Preise stabil. Sarahs Papa kann sich jetzt aber kein Auto mehr leisten; denn die Familie lebt vom Arbeitslosengeld.

Ungerechte Güterverteilung, mangelnde Solidarität, immer wieder neu ent-flammende kriegerische Auseinandersetzungen in unterschiedlichen Teilen der Welt sowie die zunehmende Zerstörung unserer Umwelt bedrohen das Mit-einander und Weiterleben von Natur und Mensch nachhaltig.

Unsere Menschheitsfamilie und die ganze bewohnbare Erde haben nur dann eine Chance zum Überleben, wenn wir mit unseren Kindern, denen die Zukunft gehört, den Blick für die globale Lebensproblematik schulen, Fehlent-wicklungen wahrnehmen und daraus Konsequenzen für unseren Lebensalltag ziehen – wenn wir neue Wege finden und neue Wege gehen.

Diese Aufgabe ist und wird nicht leicht sein. Eine neue, andere und erweiterte Wahrnehmung bedarf eines komplexen und langandauernden Lernprozesses in Wechselwirkung mit einem tief greifenden »Bewusstseinswandel«[1].

Im weltökumenischen Lernen wollen wir mit unseren Kindern kleine Ansätze zur not-wendenden Bewusstseinsveränderung versuchen.

Das ist Oikos: das Welthaus

---

1   Carl Friedrich von Weizsäcker: Bewusstseinswandel, München 1988

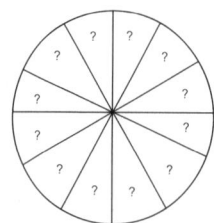 Das ist Oikumene: was das Welthaus bewohnbar macht

Das hier zugrunde liegende Ökumene-Verständnis leitet sich unmittelbar vom griechischen Wort oikos ab. »Wir reden dann von Ökumene, wenn wir vom Zusammenhang der Einen Welt reden, von der Zusammengehörigkeit aller Menschen und von der Aufgabe, die ganze bewohnte Erde für alle Menschen bewohnbar zu machen ...«[2] (Hans-Jürgen Schultz)

Das Ziel solchen weltökumenischen Lernens ist die Eine Welt, in der wir und alle anderen gut und menschenwürdig miteinander leben können, in der jeder (mindestens) seine Grundbedürfnisse befriedigen kann. Die Eine Welt, in der Gerechtigkeit und solidarisches Teil-geben und Teil-nehmen das Zusammenleben bestimmen und die gesamte Schöpfung als Mit-Welt geachtet und ernst genommen wird.

Der Begriff und die Bewegung weltökumenischen Lernens hat in den letzten 15 Jahren zwei wesentliche Konkretisierungen erfahren.

1. 1983 entscheiden sich im Vorfeld der sechsten Vollversammlung des Ökumenischen Rates der Kirchen (ÖRK) in Vancouver Christen aus aller Welt, sich in einem »Konziliaren Prozess« zu einem Bund gegenseitiger Verpflichtung für Gerechtigkeit, Frieden und Bewahrung der Schöpfung zusammenzuschließen. Während der Versammlung wird die Vorbereitung einer Weltkonferenz in Seoul für das Jahr 1990 beschlossen. Von dieser Konferenz gingen zahlreiche Initiativen aus: Seither arbeiten Menschen auf unterschiedlichsten Ebenen zusammen, formulieren Ziele und Inhalte und versuchen, sie in die Tat umzusetzen.

2. 1990 postuliert Hans Küng in seinem Buch »Projekt Weltethos«: »Wir brauchen eine neue Ethik, die der Individualisierung und Privatisierung die Solidarität gegenüberstellt, dem Gewinnstreben das Teilen und dem Konkurrenzkampf ein Leben in Beziehungen.«[3] Dass eine neue Ethik im Weltmaßstab möglich ist, hat das »Parlament der Weltreligionen« 1993 in

2 Zit. nach Werner Simpfendörfer: Sich einleben in den größeren Haushalt der Erde. Ökumenisches und ökologisches Lernen, in: Heinrich Dauber und Werner Simpfendörfer (Hrsg.): Eigener Haushalt und bewohnter Erdkreis. Ökologisches und ökumenisches Lernen in der »Einen Welt«, Wuppertal 1981, 66

3 Hans Küng: Projekt Weltethos, München ³1991, 53 f.

Chicago gezeigt. Religiös engagierte Frauen und Männer einigten sich auf einen Grundkonsens verbindender Werte und moralischer Grundhaltungen – wiederum ein Zeichen der Hoffnung, dass ein globaler Bewusstseinswandel in Gang gekommen ist.[4]

Erkläre mir
und ich werde vergessen;
zeige mir
und ich werde mich erinnern;
beteilige mich
und ich werde verstehen.

Unbekannte Quelle

Die pädagogische Herausforderung weltökumenischen Lernens können wir im Wesentlichen in drei Lernschritten zusammenfassen.

1. Erweiterung der Wahrnehmungsfähigkeit: Wir müssen lernen, uns sensibler auf die Lebens- und Denkweisen anderer Menschen, auch fremder Kulturen und Religionen einzulassen, uns in sie hineinzuversetzen und mit ihren Augen und mit ihrem Herzen zu sehen und zu fühlen.
2. Aufspüren der vielfältigen Wechselwirkungen innerhalb der Einen Welt: »Es gilt das Globale im Lokalen, das Fremde im Bereich der eigenen Lebenssituation zu entdecken, um so die eigene Situation in ihren Bedingungen und Verflechtungen wahrzunehmen.«[5] Exemplarisch versuchen wir die Konsequenzen eigenen Verhaltens für die Mit-Welt aufzuspüren.
3. Erschließen von Handlungsperspektiven: Wir müssen lernen, kleine und in die Tat umsetzbare Schritte zu finden. Oftmals werden wir uns vielleicht auch damit begnügen müssen, das Schädliche zu unterlassen. Es geht aber in jedem Fall um ein »learning by doing«, um die Verpflichtung zu eigenem Tun in verbindlicher Beziehung zu unseren Mitmenschen und zur ganzen Schöpfung.

---

4   Vgl. Hans Küng (Hrsg.): Ja zum Weltethos, München [2]1996, 14 f.
5   Evangelische Kirche Deutschlands (EKD): Ökumenisches Lernen. Grundlagen und Impulse – Eine Arbeitshilfe, Gütersloh 1985, 17

Wie können wir mit unseren Kindern im weltökumenischen Lernen unser Bewusstsein verändern und die not-wendenden, aber anspruchsvollen Ziele und Lernschritte bewältigen?

Die bisherigen Ausführungen lassen bereits erkennen, dass weltökumenisches Lernen ohne die Beziehungsfähigkeit des Einzelnen nicht möglich ist. Weltökumenisches Lernen mit Kindern ist immer ein Lernen in Beziehungen und ein soziales Lernen. Es beginnt im zwischenmenschlichen Dialog, im Hier und Heute, im eigenen Oikos, im eigenen Haus unserer jeweiligen konkreten Daseinserfahrung.

Da, wo wir mit den Kindern in Beziehung zueinander und zur gesamten Schöpfung treten, rückt das bisher Ferne in die Nähe, das Vereinzelte wird zu einer Gemeinschaft und die Eine Welt rückt in den Bewusstseinshorizont..

Für Vor- und Grundschulkinder ergeben sich aufgrund ihres unterschiedlichen Entwicklungsstandes unterschiedliche Lernperspektiven.

Weltökumenisches Lernen mit Vorschulkindern

Im Vorschulalter beginnt das Kind, sich in einem ersten Wachstumsschritt aus seinem kleinkindhaften Narzissmus herauszulösen. Es lernt, zwischen Ich und Nicht-Ich, zwischen eigenen Gefühlen und den Gefühlen anderer, zwischen Phantasie und Wirklichkeit zu unterscheiden und sich als Teil eines Ganzen zu fühlen.

Das Sozialverhalten des Kindes können wir in dieser Entwicklungsphase durch eine »Spielkultur des Teilens, Teilnehmens und Teilgebens«[6] fördern. So helfen wir ihnen, sich aus ihrer Ichhaftigkeit zu lösen, Sozialkontakte aufzubauen, Freundschaften zu schließen und teilen zu lernen. Diese lokalen Erfahrungen der Kinder im eigenen Oikos sind erste Lernschritte auf dem Weg zu den globalen Zielen weltökumenischen Lernens.

Weltökumenisches Lernen mit Grundschulkindern

Etwa um das Schuleintrittsalter herum beginnt das Kind ein individuelles Unabhängigkeitsbewusstsein auszubilden. Es wächst schrittweise zu einer selb-

---

6   Vgl. Wolfgang G. Esser: Gott reift in uns. Lebensphasen und religiöse Entwicklung, München 1991, 101 ff.

ständigen, urteilsfähigen und verantwortungsbewussten Persönlichkeit heran. In einem dialektischen Lerngeschehen können wir diese zu leistende Entwicklungsaufgabe des Kindes unterstützen:

– indem wir das einzelne Kind *aufschließen* für die Entdeckung der Erde als Raum, in dem wir sinnvoll und verantwortungsbewusst miteinander leben können

– indem wir die Erde als *diesen* Raum erschließen.[7]

Auf dieser Grundlage vermag das Kind dann auch positive und negative Gefühle zu kontrollieren und von einem »impulsiven Selbst« zu einem »souveränen Selbst« heranzuwachsen (Robert Kegan).

Der Bewusstseinshorizont der Kinder weitet sich aus auf die Eine Welt, in der wir uns alle miteinander verbunden und aufgehoben fühlen und fühlen können. Weltökumenisches Lernen bedeutet hier, dass der Lernort immer zugleich auch der Lebensort ist, aber wir lernen stets mit den Kindern im Nahen das Ferne wahrzunehmen, im Lokalen das Globale zu entdecken, und umgekehrt.

Mögliche Zugänge zum weltökumenischen Lernen

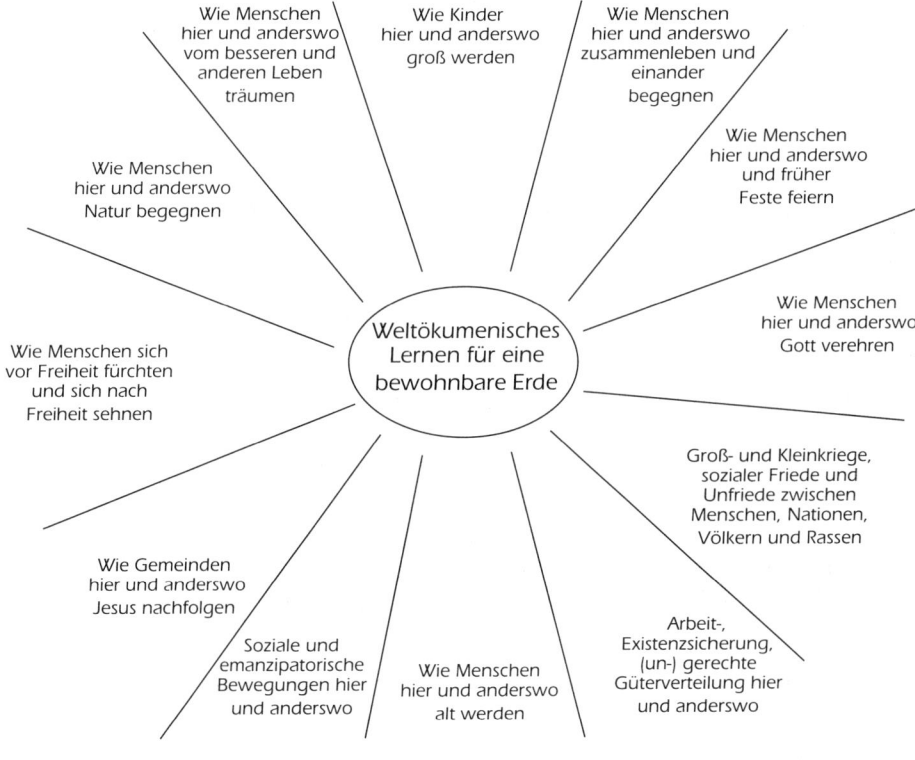

---

7   Vgl. ebd., 131 ff.

Praktische Anregungen zu zwei ausgewählten Zugängen

Wie Kinder hier und anderswo groß werden

Die Vorstellung von einem Oikos, vom gemeinsamen Haus, in dem die gesamte Menschheitsfamilie beheimatet ist, bedingt eine nachbarschaftliche Verbundenheit mit allen Menschen der Einen Welt.

Die Lebenssituation von Kindern – und allen Menschen – stellt sich jedoch aufgrund unterschiedlicher Einflüsse kultureller, religiöser, wirtschaftlicher, sozialer, ethnischer, geographischer ... Art sehr differenziert dar.

Wollen wir uns mit den Kindern immer mehr als »Kinder einer Erde« – wie es im Lied zu Beginn des Kapitels heißt – verstehen, können wir mit ihnen gemeinsam nicht früh genug damit beginnen, andere, auch fremde Lebensweisen und Lebenssituationen kennen zu lernen.

Verantwortliches Zusammenleben lässt sich nur lernen, wenn wir aufeinander zugehen, uns in unseren Gemeinsamkeiten und Verschiedenheiten wahrnehmen lernen, aufmerksam miteinander umgehen und uns auseinander setzen.

So können wir mit den Kindern unseren Horizont erweitern und kommen in die Lage, die Welt noch mit anderen Augen, ohne »Scheuklappen« zu betrachten und eine veränderte Perspektive einzunehmen.

Da, wo wir erfahren »wie Kinder anderswo groß werden«, ist es uns möglich, unsere eigene Lebenssituation neu sehen zu lernen und zu reflektieren.

Das kindliche Ich wächst am Du. »Damit Kinder ihre Identität formen können, brauchen sie die anderen.«[8] Kinder begegnen heute schon sehr früh und in ihrem unmittelbaren Umfeld religiös und kulturell Andersartigem, familiär und sozial unbekannt Fremdem. Das Asylantenkind im Kindergarten, der Mann in der Kebap-Bude an der Ecke oder die ausländischen Spielkameraden auf der Straße können ein erstes Interesse dafür wecken, »wie Kinder hier und anderswo groß werden.« Als Eltern und Erzieher können wir dieses Interesse fördern, indem wir auf fremdländische Mitbürger und Familien genau so offen und freundlich zugehen wie auf einheimische. Vielleicht laden wir sie einmal ein und lernen ihre Lebensweise etwas besser kennen und verstehen. Wenn wir uns mit den Kindern gemeinsam auf andere, uns fremd erscheinende Haltungen, Einstellungen und Werte einlassen, uns mit ihnen auseinander setzen und uns von ihnen anregen lassen, können wir sie für neues *gemeinsames* Handeln und Denken

---

8   Katechetisches Institut des Bistums Trier: Der neue Trierer Plan. Eine Didaktik der religiösen Erziehung im Elementarbereich, Trier 1996, 39

nutzen. Aber auch ohne den konkreten und unmittelbaren Anlass können und wollen wir mit den Kinder entdecken, »wie Kinder hier und anderswo groß werden.«

★ Mit jüngeren Kindern erarbeiten wir mit Hilfe einer Collage die eigene Familienstruktur und Lebensweise. Dazu bringt jedes Kind ein Foto aller Familienangehörigen mit und einen Gegenstand, den es besonders mag. Die Kinder malen dann noch Bilder aus ihrem Lebensalltag (z.B. was ich gerne esse, was ich gerne spiele ...). Fotos, Gegenstand und Bilder je eines Kindes formieren wir zu einer Collage. Im Vergleich der Collagen entdecken die Kinder Gemeinsamkeiten und Unterschiede und können sich füreinander öffnen.

★ Im Kindergarten oder in der Schule laden wir Menschen aus anderen Ländern oder anderer Religionszugehörigkeit ein und lassen sie von ihrer Lebensart und Lebensweise berichten. Was erscheint den Kindern anders und fremd? Wo entdecken sie Gemeinsamkeiten?

★ Vielleicht hat der/die Eingeladene etwas Landestypisches mitgebracht: ein Lied, das wir gemeinsam singen können; eine Speise, die wir probieren dürfen; Fotos zum Anschauen.

★ Wir lernen ein Kind aus einem anderen Land durch ein Bilderbuch oder eine Geschichte aus einer Zeitschrift kennen. (Z.B. Hermann Schulz: Jackeline – Ein Mädchen aus Nicaragua, Wuppertal 1990; Nancy Durrell Mc Kenna: Kwa Zulu – Ein Mädchen aus Südafrika erzählt, Wuppertal 1988; Veronika Schmidt: Ich bin Paco – Ein Junge aus den Anden erzählt, Wuppertal 1980)

★ Wir erstellen selber ein Bilderbuch zu unserem eigenen Leben und vergleichen die Lebensbereiche Wohnen, Essen, Lernen, Familie, Schule, Spielen, Feiern ...

★ Die kennen gelernten Lebensweisen anderer Kinder greifen wir auf und erleben sie konkret nach.

★ Wir kochen afrikanisch: Maisbrei mit Fu-Fu

1 l Wasser
500 g Maisgrieß
etwas Salz und Öl
1 Zwiebel, 3 EL Erdnussbutter, 3 Tomaten

Aus Wasser und Maisgrieß kochen wir einen dicken Maisbrei. Die Zwiebel schmoren wir in Öl kurz an, geben die Erdnussbutter und die gewürfelten Tomaten hinzu, schmecken das Ganze mit Salz ab und lassen die Soße (Fu-Fu) sämig einkochen.

★ Zum Essen setzen wir uns rund um den Topf auf den Boden. Jeder bekommt ein Schälchen mit Fu-Fu. Mit der Esshand formt jeder für sich kleine Kugeln vom Maisbrei, tunkt sie in die Soße und steckt sie in den Mund. Vor und nach dem Essen wird eine Schüssel mit Wasser zum Reinigen der Esshand herumgereicht. (Genauso können wir auch einmal einfach asiatische, südamerikanische oder arabische Gerichte kochen.)

★ Wir stellen etwas Afrikanisches her: Strohdeckchen. Wir schneiden Strohhalme vorsichtig der Länge nach auseinander und bügeln sie glatt. Dabei können wir unterschiedliche Farbtöne erreichen, wenn wir das heiße Bügeleisen unterschiedlich lange auf die Strohhalme setzen.

Aus 4 Strohhalmen kleben wir eine Umrandung.

Streifen an Streifen füllen wir die Umrandung aus und kleben die Streifen an ihren Enden fest.

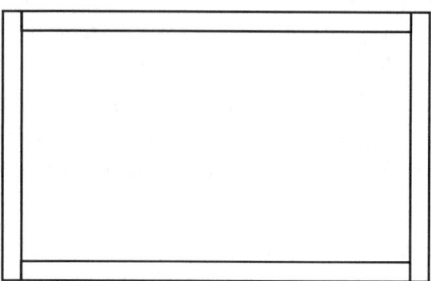 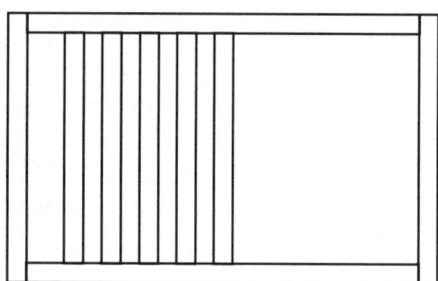

Nun können wir in die bereits befestigten Streifen andere Strohhalme mit und ohne Muster hineinflechten. Zur Stabilisierung können wir zum Schluss die Rückseite des Deckchens mit Filz bekleben.
(Auch aus Maisblättern, dünnen Weidenruten oder dicken Grashalmen lassen sich einfache Flechtarbeiten herstellen, wie sie in vielen Ländern der »Dritten Welt« Tradition sind.)

★ Vielleicht haben wir durch die Berichte oder Geschichten über Kinder anderer Länder auch deren Musik und Musikinstrumente kennen gelernt. Finden wir mit den Kindern eine Möglichkeit, solche Musik anzuhören und mit fremden Musikinstrumenten zu spielen? (Musikinstrumente aus fremden Ländern finden sich oft in großer Zahl in »Eine-Welt-Läden« oder bei entsprechenden Versandadressen.)

★ Mit größeren Kindern planen wir eine kleine Ausstellung. Dazu schreiben wir mit ihnen gemeinsam verschiedene Institutionen an (siehe Adressenliste) und bitten um Informationsmaterial. Das Material wird gesichtet und zusammengestellt (Collagen, Bilderbücher, Infotafeln, Stellwände ...). Zur Ausstellung werden andere Kinder (Schulklassen, evtl. Kindergarten) und Eltern eingeladen.

★ Wenn wir uns vorher ein Projekt ausgesucht haben, bei dem wir Kinder anderswo in ihrem Leben unterstützen könnten, bietet es sich an, selbsthergestellte Speisen, Getränke oder kleine Arbeiten für diesen Zweck zu verkaufen.

★ Mit den jüngeren Kindern planen wir ein Fest zum Thema, indem sie auf affektive Weise noch einmal erfahren können, dass wir alle »Kinder einer Erde« sind und zur ganzen Schöpfung dazugehören.(* Kap. 20)

★ Kinderhände

Ein Holländerkind,
ein Negerkind,
ein Chinesenkind
drücken beim Spielen die Hände in Lehm –
nun sag: Welche Hand ist von wem?

Hans Baumann

Hierzu gestalten wir vielleicht eine Gemeinschaftscollage. Jedes Kind druckt seine Hände in einer anderen Farbe auf einen großen Plakatkarton. »Welche Hand ist von wem?«

★ Viele kleine Leute

Viele kleine Leute
an vielen kleinen Orten,
die viele kleine Schritte tun,
können das Gesicht der Welt verändern.

Das von Detlev Jöcker vertonte afrikanische Sprichwort (am Schluss dieses Kapitels) können wir auch im Kanon singen. Elke Hirsch (Kommt, singt und tanzt, Düsseldorf 1997, 121 f.) hat dazu einfache Tanzschritte aufgeschrieben, die auch schon von Vorschulkindern getanzt werden können. Die Mitte des Tanzkreises können wir mit ausgeschnittenen Füßen gestalten, auf die die Namen der tanzenden Kinder geschrieben werden.

Wie Menschen hier und anderswo Natur begegnen

In meiner Sprache gibt es kein Wort für Natur. Im Englischen scheint »Natur« einen Bereich zu bezeichnen, der von Menschen getrennt ist. Das ist eine Abgrenzung, die für uns nicht gilt.

Audrey Shenandoah[9]

In großen Teilen unseres Welthauses ist die Natur aus dem Gleichgewicht geraten. Autobahnen schlagen Schneisen in bislang unberührte Wälder und verhindern die natürliche Fortpflanzung des Waldes. Der Einsatz von Insektiziden entzieht zahlreichen Kleinlebewesen und Vögeln die Lebensgrundlage. Pflanzen und Tiere sterben aus. Letztendlich beschneidet sich die Menschheit ihrer natürlichen Lebensgrundlagen, wenn die Natur weiterhin zum Zweck technisch-industriellen Wachstums ausgebeutet wird.

Dabei ist die Naturzerstörung nicht ein rein technisches Problem, sondern vielmehr ein religiös-ethisches.

Die Natur wird als ein vom Menschen getrenntes Objekt wahrgenommen, welches konsumistisch und egoistisch eigenen Bedürfnissen untergeordnet und »passend gemacht« wird.

Kinder lernen diese Einstellung schon sehr früh: Die Biene, die über dem Pflaumenkuchen auf der Kaffeetafel kreist und »da nicht hingehört«, muss ihre Nahrungssuche mit dem Leben bezahlen. Für das wintersportliche Skivergnügen werden riesige Schneisen in die Bergwälder geschlagen. Am Stadtrand fällt der letzte Waldspielplatz dem mehrspurigen Ausbau der Bundesstraße zum Opfer.

Vielen Kindern fehlt heute auch der direkte und emotionale Bezug zur Natur: da, wo das Wasser aus dem Wasserhahn kommt und ein Bach oder eine Quelle niemals erlebt werden konnte;

da, wo Obst und Gemüse eingeschweißt in Plastiktüten aus dem Supermarkt kommt, ohne je gesehen zu haben, wo und wie es wächst.

Bei der Frage, »wie Menschen hier und anderswo Natur begegnen«, geht es um die Entfaltung einer veränderten Einstellung zur Natur, wo wir uns wieder (mehr) als Teil der Natur erfahren können. Diesen Weg wollen wir in zwei Schritten gehen:

---

9   Zit. nach Käthe Recheis und Georg Bydlinski: Kreisender Adler, singender Stern. Alltag und Spiritualität der Indianer, Freiburg 1996, 50; Neuausst. 1998. Die Autoren erklären: »Audrey Shenandoah ist eine Clanmutter vom Aal-Clan der Onondaga, eines Volkes der Irokesenliga.«

10 Karin Ardey u. a.: Religion – einmal anders, Paderborn 1996, 15

1. Sensibilisierung für Naturerfahrungen

In Anlehnung an unseren Grundsatz »vom Nahen zum Fernen«, »im Lokalen das Globale entdecken« spüren wir mit den Kindern gemeinsam in ihrem konkreten Lebensumfeld und ihrem Erfahrungsbereich »Anlässe zum Staunen, Danken und Loben auf. Aber auch der sanfte Umgang mit der Schöpfung sollte von Anfang an bewusst gemacht und eingeübt werden«[10].

Weitere Impulse könnten sein: das Erleben des Naturschönen, die Liebe zur heimatlichen Natur, Bescheidenheit und das Erlernen von Verantwortung.

2. Von der Begegnung anderer Menschen mit der Natur lernen

Die Einstellung zur Natur hat sich durch die gesamte Menschheitsgeschichte hindurch gewandelt. Von der Begegnung anderer Menschen mit der Natur können wir lernen. Ein erster Anknüpfungspunkt könnten die Lobpsalmen sein, in denen die Kinder die Natur bestaunend, lobend und dankend wieder entdecken können. Die Kinder sollten auch Franz von Assisi kennen lernen, an dem sie miterleben können, wie wir mit der Schöpfung gut und geschwisterlich umgehen könnten. Im Sonnengesang besingt er Pflanzen, Tiere und die Naturelemente als seine Brüder und Schwestern, als seine Mitgeschöpfe.

Die Zusammengehörigkeit des Menschen mit der gesamten Natur ist besonders in den Naturreligionen (Indianer) und den östlichen Religionen (Hinduismus, Buddhismus) beheimatet. »Wenn dort der göttliche Charakter der Natur betont wird, wenn ihre Heiligkeit geachtet wird, hört sie auf, dem Menschen ausgeliefert zu sein.«[11]

★ Wir gehen mit den Kindern gemeinsam in die **Natur** – in den Garten, in den Wald, ins Feld, an einen See ... – und erleben sie mit allen Sinnen. Wir schauen, hören, riechen, schmecken und fühlen, was es Staunens- und Lobenswertes zu entdecken gibt. (* Kap. 2 und 3)

★ Schön wäre es, wenn wir den Kindern zu Hause, im Kindergarten oder auch in der Schule die Möglichkeiten zur Garten- und/oder Tierpflege schaffen könnten. Das eigene Beet, die Arbeit im Schulgarten, einige Stallhasen im Kindergarten ... führen zu einer emotionalen, affektiven Verbindung mit der Natur, so dass wir lernen, ihr verantwortungsbewusst zu begegnen.

★ Wie kommt das Wasser in den Wasserhahn? Woher kommt das Brot auf unserem Tisch? Was passiert mit den leeren Getränketüten? Wann tragen die Bäume wieder Blätter und Früchte? Diesen und vielen weiteren Fragen können wir auch mit unseren Kindern nachgehen. (* Kap.8)

★ Die beiden folgenden **Psalmen** sind gekürzt und sprachlich so verändert, dass Kinder sich mit ihrem eigenen Staunen und Loben darin wieder finden können.

---

11   Katechetisches Institut des Bistums Trier: Der neue Trierer Plan. Eine Didaktik der religiösen Erziehung im Elementarbereich, Trier 1996, 48

Du sorgst für das Land und überschüttest es mit Reichtum.
Du wässerst die Furchen des Landes, ebnest seine Schollen, machst sie weich durch den Regen und segnest seine Gewächse.
Du krönst das Jahr mit deiner Güte
Deinen Spuren folgt Reichtum und Überfluss.
Auf den Weiden tummeln sich die Herden und in den Tälern strahlt das goldene Korn.
Alles jauchzt und singt.

Psalm 65,10 -14

Du hast die Erde geschaffen mit allem, was lebt.
Du sorgst für deine Erde und alle Lebewesen.
Du lässt Wasser aus den Quellen sprudeln, Wasser für die Tiere,
damit sie ihren Durst stillen können.
Wasser für die Pflanzen,
damit sie wachsen können.
Du sorgst für die Menschen.
Wenn das Korn reif ist, können wir Brot backen und essen.
Wenn die Trauben reif werden, können wir Wein und Saft pressen und trinken.
Du bist gut und mächtig.

Psalm 104,10 -15

★ Die Psalmen lesen wir vor, sprechen sie nach, vielleicht lernen wir sie auswendig. Auch eine bildnerische Gestaltung bietet sich an, als Einzel- oder Gemeinschaftsarbeit. Psalmen, die zum Singen mit Kindern umgedichtet und vertont wurden, können wir auch tanzen.(* Kap. 18)

★ Zum Leben des **Franz von Assisi** finden wir zahlreiche gut strukturierte Bilder- und Kinderbücher. Um die Lebensweise – besonders die Einstellung zur Natur – des Heiligen zu verstehen, bieten solche Bücher eine gute Basis.[12]

★ Als »Kernstück« franziskanischer Lebensweise dürfen wir den Kindern den »Sonnengesang« nicht vorenthalten, auch wenn er auf den ersten Blick zu

---

12   Georges Berton: Der mit den Vögeln sprach. Eine Erzählung über Franz von Assisi, Lahr 1996. Masahiro Kasuyo: Franziskus begegnet dem Wolf, Hamburg 1982

schwer erscheinen mag. Ich habe gute Erfahrungen gemacht, wenn sich die Kinder während des langsamen und ruhigen Vorlesens mit geschlossenen Augen bequem auf den Rücken legen konnten (möglichst auf einer Wiese, sonst muss ein Teppich ausreichen).

Der Sonnengesang des Franziskus

Sei gelobt, mein Herr,
mit all deinen Geschöpfen,
vor allem Bruder Sonne,
der den Tag bringt und uns leuchtet;
schön ist er und strahlend im großen Glanz:
von dir, höchster allmächtiger und
gütiger Herr, ist er uns ein Gleichnis.

Sei gelobt, mein Herr,
durch Schwester Mond und die Sterne,
an den Himmel hast du sie gestellt,
klar und strahlend schön.

Sei gelobt, mein Herr,
durch Bruder Wind und die Lüfte
und Wolken und heiteren Himmel
und jegliches Wetter,
durch welches du deine Geschöpfe erhältst.

Sei gelobt, mein Herr,
durch Schwester Wasser,
sehr nützlich und demütig
und köstlich und keusch.

Sei gelobt, mein Herr,
durch Bruder Feuer,
durch den du die Nacht erleuchtest.
Schön ist er und fröhlich
und kräftig und stark.

Sei gelobt, mein Herr,
durch unsere Schwester, die Mutter Erde,
die uns trägt und ernährt und vielerlei Frucht bringt
und bunte Blumen und Gras.

Sei gelobt, mein Herr, durch jene,
die verzeihen um deiner Liebe willen,
und Unsicherheit und Traurigkeit ertragen.
Selig, die in Frieden verharren. Sie werden von dir gehört.
Sei gelobt, mein Herr,
durch unsere Schwester, den leiblichen Tod.
Selig die, die sich in deinem heiligen Willen finden,
denn der zweite Tod wird ihnen kein Leid antun.

Im folgenden Lied können wir den Sonnengesang mit den Kindern gemeinsam
verkürzt nachvollziehen

Du hast uns deine Welt geschenkt

1. Du hast uns dei - ne Welt ge - schenkt: Den
Him - mel, die Er - de. Du hast uns dei - ne Welt
ge - schenkt: Herr wir dan - ken dir.

T: Rolf Krenzer
M: Detlev Jöcker
Aus Buch, CD und MC: Viele kleine Leute
Alle Rechte im Menschenkinder Verlag, 48157 Münster

2. Du hast uns deine Welt geschenkt: die Länder – die Meere.
   Du hast uns deine Welt geschenkt: Herr, wir danken dir.
3. ... und die Sonne – die Sterne ...
4. ... die Berge – die Täler ...
5. ... die Blumen – die Bäume ...
6. ... die Vögel – die Fische ...
7. ... die Tiere – die Menschen ...
8. Du hast uns deine Welt geschenkt: Du gabst mir das Leben.
   Du hast mich in die Welt gestellt, Herr, ich danke dir.
9. Du hast uns deine Welt geschenkt: Du gabst uns das Leben.
   Du hast uns in die Welt gestellt, Herr, wir danken dir.

– Vielleicht fallen
uns zu den einzel-
nen Strophen
auch Gesten ein,
die wir pantomi-
misch darstellen
können.

★ Mit älteren Grundschulkindern können wir den Sonnengesang auch tanzen. Wolfgang Sülz hat ihn zum Singen mit Kindern abgeändert und vertont. Elke Hirsch hat zu dieser fröhlichen Melodie Tanzschritte aufgeschrieben. Mit weiteren zum Sonnengesang passenden Liedern, die wir tanzen können, ergibt sich sogar ein ganzer Tanzzyklus (Elke Hirsch: Kommt, singt und tanzt. Düsseldorf 1997, 116 ff.).

★ Die **Indianer** sehen in vielen Naturphänomenen »Manifestitionen der alles durchwirkenden Schöpferkraft. (...) Alles in der Schöpfung gehört zusammen und ist aufeinander bezogen; nichts im Universum ist ohne Seele, ohne geistige Bedeutung.«[13]

○ Mit den Kindern lernen wir die Lebensweise und die Einstellung der Indianer zur Natur durch Bilder- und Kinderbücher kennen, über kürzere Geschichten und einfache Erzählungen (siehe Literaturliste).- Auch im Indianerspiel kann eine erste Verbundenheit mit der anderen Lebensweise erreicht werden. Dabei leiten wir die Kinder an, für ihre »Verkleidung« (Kopfschmuck, Gürtel, Werkzeug) Naturmaterialien zu verwenden. Eine selbstgefundene Vogelfeder, an einen Pappring geklebt, ist viel wertvoller als ein üppiger bunter Kunststoffkopfschmuck aus dem Spielzeugladen.

○ Kinder bekommen im Allgemeinen einen starken emotionalen Bezug zum Namen z.B. eines Indianerkindes. Wir versuchen, der Bedeutung des Namens auf die Spur zu kommen und suchen für uns selbst einen indianischen Namen.

○ Eine sehr schöne, einfühlsame und älteren Kindern zugängliche Darstellung indianischen Glaubens und indianischer Naturspiritualität findet sich in Hubertus Halbfas: Religionsbuch für das 4. Schuljahr (Düsseldorf 1986): Das Welthaus der Sioux. Er schlägt vor, mit den Kindern gemeinsam zu überlegen, mit welchem Teil der Schöpfung sie sich identifizieren können und für den sie dann die volle Verantwortung übernehmen (ein Bachlauf oder Teich, im Wald, eine Wiese ...)[14]. Mannigfache Anregunen mit eindrücklichen Fotos auch in Rudolf Kaiser: Geh mit leisen Schritten. Indianische Wegweisung, München [2]1995.

○ Zum Nachdenken über die Art und Weise, wie wir Natur begegnen, eignet sich eine Vielzahl indianischer Weisheiten und Sprichwörter:[15]

---

13   Käthe Recheis und Georg Bydlinski: Kreisender Adler – Singender Stern, Freiburg 1996; Neuausst. 1998

14   Vgl. Hubertus Halbfas: Religionsunterricht in der Grundschule. Lehrerhandbuch 4, Düsseldorf 1986, 486 f.

15   Einen wahren Schatz indianischer Lebensweisheit finden wir bei: Käthe Recheis und Georg Bydlinski: Weißt du, dass die Bäume reden, Wien [24]1997; Neuausgabe 1998 – Dies: Freundschaft mit der Erde, Wien [6]1995; Neuausgabe 1998 – Dies: Auch das Gras hat ein Lied, Wien 1995; Neuausst. 1998

Der Frosch trinkt den Teich nicht aus, in dem er lebt.

Sprichwort der Teton-Sioux

Wie schön! Schau, die Wolke, die Wolke ist da!
Wie schön! Schau, der Regen, der Regen kommt näher!«
Wer hat das gesagt?
Es war die kleine Maisblüte hoch oben auf dem Stängel, sie sang und sah
mich an.
Ich hörte, wie sie sprach:
»Vielleicht kommt die Regenflut hierher zu uns –
oh, möge sie doch zu uns kommen.

Lied der Zuni

Jeder Teil dieser Erde ist meinem Volk heilig (Kanon)

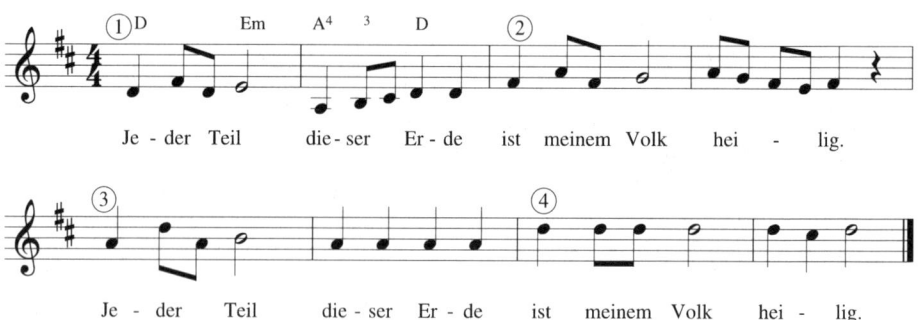

T: Häuptling Seattle 1854
M: Stefan Vesper
Quelle: Rede des Indianerhäuptlings Seattle
Aus: Mein Liederbuch, Band 1, 1981
Alle Rechte im tvd-Verlag, Düsseldorf

Ausschnittweise können wir den Kindern auch die Rede des Indianerhäuptlings
Seattle vorlesen.

Weiterführende Literatur

Materialsammlungen, Arbeitshilfen, Kinderbücher

K. Anan und O. Amonde – Schulstelle Dritte Welt (Hrsg.): Das Lied der bunten Vögel. Spiel- und Arbeitsmappe, Mülheim a. d. Ruhr

Ute Andersen und Monika Popp: Bruder Löwenherz und Schwester Maus. Geschichten von der Maus, Ravensburg 1989

Arbeitskreis Grundschule (Hrsg.): Dritte Welt in der Grundschule. Projekt, in: Grundschule H. 4/1987

Hans Baumann: Ein Reigen um die Welt, München o. J.

S. Bausch u. a.: Anahi, ein Campesinomädchen aus Paraguay. Schülerheft, Brot für die Welt. Stuttgart 1990

Susanne Beck u. a. (Hrsg.): Vorlesebuch Ökumene. Geschichten vom Glauben und Leben der Christen in aller Welt, Kevelaer 1991

Antoinette Becker: Meine Religion – deine Religion, München 1990

Hartwig Berger und Ruthild Großhennig u.a.: Von Ramadan bis Aschermittwoch. Religionen im interkulturellen Unterricht, Weinheim 1989

Marieluise Bernhard – von Luttitz: Die Kinderregierung, Würzburg 1992

J. Bernhauser und K. H. Stockheim: Kinder erleben die Dritte Welt (Materialpaket), Misereor Aachen 1987

Max Bolliger und Georges Lemoine: Das Buch der Schöpfung, Freiburg 1992

Brot für die Welt Hamburg: Amazonasindianer. Arbeitsmappe für Kindergarten und Grundschule, Hamburg 1988

J. Bruns und S. Goth: Die Erde ist für alle da. Eine Geschichte aus Südamerika, mit Beiheft für Lehrer, Brot für die Welt Stuttgart 1990

Michael Doris: Fremde, Ravensburg 1996

Ludger Edelkötter: Wir sind Kinder dieser Erde. 132 Lieder und Gedichte zur Gefährdung der Schöpfung, Drensteinfurt 1991

Erklärung von Bern: Dritte Welt. Empfehlenswerte Kinder- und Jugendbücher, Zürich 1987

Ursula Floeth u. a.: Eine Brücke nach Peru. Kinder im Andenhochland. Aachen (Kindermissionswerk)

Fremde Welten. Kinder- und Jugendbücher zum Thema Dritte Welt und ethnische Minderheiten. Ein Nachschlagwerk. Buch- und Medienvertrieb, Postfach 200328, Bern 1994

Hans Martin Große-Oetringhaus: Kinder haben Rechte – überall. Ein Informations- und Aktions-buch, Berlin 1993

Hans Martin Große-Oetringhaus: Wenn Leila Wasser holt. Kinder in der Dritten Welt, Reinbek 1993

Gudrun Hanke und Ulrike Saile(Hrsg.): Guck mal übern Tellerrand! Lies mal wie die anderen leben. Neue Geschichten von Kindern aus der einen Welt, Wuppertal 1993

R. Jung: Kleine Hände – kleine Füße. Der Kampf der Kinder in Lateinamerika, Reinbek 1984

Rudolf Kaiser: Sterne, die singen. Begegnungen mit indianischer Weisheit, München 1997

Ursula Kersting u. a.: Komm mit nach Bolivien. Arbeitsbuch zum Bilderbuch »Tris Tras«, Aachen o. J.

Ursula Kersting u. a.: Tris Tras – Paulina aus Bolivien erzählt, Aachen o.J.

Kindermissionswerk: Kindergarten und Mission. Religionspädagogische Arbeitshilfen (Zeitschrift erscheint zweimal jährlich)

Kindermissionswerk: Schule und Mission. Hilfen für Religionsunterricht, Katechese, Predigt (Zeit-schrift erscheint viermal jährlich)

Barnabas und Anabel Kindersley: Kinder aus aller Welt, Bindlach 1995

Ilse Kleberger: Erzähl mir von Melong. Geschichten über Kinder aus fremden Ländern, Düsseldorf 1992

Raingard Knauer und Petra Brandt: Ich schütze nur, was ich liebe. Freiburg 1995

Rudolf R. Knirsch: Komm mit, wir machen was! Das Umweltbuch für alle, die mit Kindern leben, Münster 1990

Klaus Kordon: Annapurna, München 1991

Hetty Krist und Georg Telemann: Die Kürbisrassel. Geschichten von Kindern aus fernen Ländern, Freiburg 1995

Gudrun Pausewang: Ich habe Hunger – ich habe Durst, Ravensburg 1981

Dietmar Peter: Straßenkinder. Texte, Materialien, Kopiervorlagen, Arbeitshilfen Sonderpädagogik 1, Loccum 1996

Diana Pitcher: Erstermann und Erstefrau, Wuppertal 1991

Karen Prers und Shelly Sachs: Der kleine gelbe Bagger. Fünf Geschichten aus Südafrika, Wuppertal 1989

Käthe Recheis: Die Stimme des Donnervogels, Wien 1997

Käthe Recheis: Kleiner Wa-gusch, Ravensburg 1997

Käthe Recheis und Georg Bydlinski: Kreisender Adler – singender Stern. Freiburg 1996

Regine Schindler: Deine Schöpfung – meine Welt, Lahr [4]1990

Veronika Schmidt: Ich bin Paco. Ein Junge aus den Anden erzählt, Wuppertal 1980

Rudolf Schmitt (Hrsg.): Dritte Welt in der Grundschule, Frankfurt/M 1989

Georg Schwikart und Markus Humbach: Gott hat viele Namen. Kinder aus aller Welt erzählen von ihrem Glauben, Düsseldorf 1996

Peter Sichrowsky: Mein Freund David, Zürich 1983

J. Skrotzki: Dritte Welt – wo liegt denn das? Mit Kindern die »eine Welt« entdecken, Offenbach 1985

Dietrich Steinwede und Kerstin Lüdke: Religionsbuch Oikumene Bd. 1: Sehen lernen, Bd. 2: Wege gehen, Bd. 3: Leben in einem Haus, Bd. 4: Den Frieden suchen (mit Lehrerhandbuch), Düsseldorf 1995

Rainer Strätz u. a.: Natur und Umwelt im Kindergarten, Köln 1996

Gordian Troeller: Denn sie wissen, was sie tun. Ein Bericht über Kinderarbeit in der Dritten Welt am Beispiel Boliviens. Radio Bremen, Reihe »Kinder der Welt«, Teil V (o. J.)

Monika und Udo Tworuschka: Die Weltreligionen Kindern erklärt, Gütersloh 1996

Unicef: Kinder haben Rechte. Eine Materialsammlung, Köln 1991

Unicef: Die kleinen Köche. Rezepte aus aller Welt für Jungen und Mädchen, Köln o. J.

Barbara Veit und Hans-Otto Wiebus: Dritte Welt – Buch für Kinder, Ravensburg 1988

Reinhard Veit: Bewahren der Schöpfung. Zehn Unterrichtsentwürfe für 1.- 4. Schuljahr, Lahr 1991

Reinhard Veit: Ich und die anderen. Fünf Unterrichtsentwürfe für die Grundschule, Lahr 1994

Gertrud Wagemann: Feste der Religionen – Begegnung der Kulturen, München 1996

Karin von Welck: Bisonjäger und Mäusefreunde. Wie die Indianer in Nordamerika früher lebten und wie es ihnen heute geht, Ravensburg 1992

Ursula Wölfel: Die grauen und die grünen Felder, Mülheim a. d. Ruhr 1970

Ursula Wölfel: Fliegender Stern, Ravensburg 1996

Zentrum für entwicklungspolitische Bildung (Hrsg.): Lernen für die »Eine Welt« in der Grundschule, Unkel 1993

Spiele

Dritte Welt Haus Bielefeld: Dritte Welt im Spiel. Auflistung und teilweise Kommentierung von 36 entwicklungspolitischen Spielen, Bielefeld 1987

M. und W. Jehn: 28 Kinderspiele aus aller Welt, eres edition, Bremen/Lilienthal o. J.

Misereor: Ein Tag mit Poko (ab 3 Jahre). Aachen o. J.

Misereor: Brot für die Welt, Jambro Afrika. Aachen o. J.

Truus Nijhus: Afrikanische Kinderspiele, Wuppertal 1986

Hans Martin Große-Oetringhaus: Spiel- und Aktionsbuch Dritte Welt, Berlin 1991
Unicef (Hrsg.): Spiele rund um die Welt. 38 Spielblätter verschiedener Art und Herkunft (kostenlos), Unicef – Deutsches Komitee (Adresse s. u.)
Unicef (Hrsg.), Komm wir bauen eine Brücke zu den Kindern in Afrika! Zum Spielen mit 3- bis 6-jährigen, Köln o. J.

Adressen

Bei den folgenden Adressen kann man zahlreiche und zum großen Teil kostenfreie Arbeits- und Unterrichtshilfen anfordern. (Material- und Medienverzeichnis anfordern!)

Brot für die Welt
Stafflenbergstraße 76
70184 Stuttgart
Tel.: (0711) 2159-441

*Bund der Deutschen Katholischen
Jugend (BDKJ)*
Carl-Mosterts-Platz 1
40477 Düsseldorf
Tel.: (0211) 4693-0

*BUND – Bund für Umwelt- und
Naturschutz Deutschland e. V.*
Bund-Jugend
Im Rheingarten 7
53225 Bonn

Dritte Welt Haus Bielefeld
August-Bebel-Str. 62
33602 Bielefeld
Tel.: (0521) 62802

Welt für alle e. V.
Tieckstr. 7
50825 Köln

*Evangelisches Missionswerk
Deutschland (EMW)*
Normannenweg 17-21
20537 Hamburg
Tel.: (040) 25456-0

Kindermissionswerk
Stephanstraße 35
52064 Aachen
Tel.: (0241) 21067

Misereor
Mozartstr. 9
52064 Aachen
Tel.: (0241) 4420

Missio Aachen
Goethestraße 43
52064 Aachen
Tel.: (0241) 750700

Projekt »Eine Welt« in der Grundschule
Universität Bremen FB 12
Postfach 330440
28334 Bremen
Tel.: (0421) 2182963

Schulstelle Dritte Welt Schweiz
Monbijoustraße 31
CH 3011 Bern
Tel.: (031) 38211234

Terre des Hommes
Ruppenkampstraße 11a
49084 Osnabrück
Tel.: (0541) 7101-146

Unicef (Deutsches Komitee)
Höninger Weg 104
50939 Köln
Tel.: (0221) 93650-230

Zentralstelle für Umwelterziehung
Universität Essen, GHS
Postfach 103764
45141 Essen

Viele kleine Leute (Kanon)

Vie - le klei - ne Leu - te an
vie - len klei - nen Or - ten, die
vie - le klei - ne Schrit - te tun,
kön - nen das Ge - sicht der Welt ver - än - dern.

T: afrikanisches Sprichwort
M: Detlev Jöcker
Aus Buch, CD und MC: Viele kleine Leute
Alle Rechte im Menschenkinder-Verlag, 48157 Münster

Viele kleine Leute
an vielen
kleinen Orten,
die viele
kleine
Schritte tun,
können
das Gesicht
der Welt verändern

Menschen-Friedensband um die Erde
Eine Tuchbatik an der Altarwand der Martin Luther Kirche in Rotenburg a.d. Fulda

(»Postkartenaktion VIELE KLEINE LEUTE ...« Martin Luther Kirche, 36199 Rotenburg.
Tel: 06623/2797. Erlös der Poster und Postkarten für Projekte in Mittelamerika)

20 Sein Bewusstsein verändern im Feiern von Festen

In jeglichem geglückten Fest – und sei es auch nur im landläufigen Sinne weltlich – äußert sich religiöses Bewusstsein.

Horst Schiffler[1]

In allen Völkern und in allen Ländern der Erde feiern Menschen seit alters, durch alle Traditionen hindurch und bis in unsere Zeit hinein die unterschiedlichsten Feste. Zu jeder Zeit und in jeder Kultur hatten und haben Feste einen besonderen Stellenwert im Leben der Menschen. Durch ihre regelmäßige Wiederholung haben Feste über Jahrhunderte und Jahrtausende hinweg charakteristische Formen und Eigentümlichkeiten entwickelt.

Entstanden und erwachsen aus Ritualen und Bräuchen, die die Menschen schon in frühgeschichtlicher Zeit begingen im Glauben an eine heilende und wandelnde Wirkung, finden wir auch heute bei jedem Fest alte Symbole. Gerade die Symbole sind es, die das Fest beleben und dessen religiöse Dimension aufscheinen lassen, weil sie den Menschen in seiner Ganzheit und Einheit anzusprechen vermögen; mit seinem Herzen, seinem Geist und seiner Seele.

Sie vermögen tiefe seelische Vorgänge, emotionale zwischenmenschliche Geschehnisse und ganzheitliche Lebenserfahrungen, die uns »unbedingt angehen« (Paul Tillich), sowohl auszulösen als auch zu deuten. Der Mensch vermag sich in einer sonst nur ersehnten Weise zu erleben.

So wird das Bewusstsein des Menschen in jedem Fest in seiner ganzen Tiefe angesprochen, während sich gleichzeitig religiöses Bewusstsein äußert.

Feste stehen auch immer im Zusammenhang mit Gemeinschaft. Durch das gemeinsame Feiern von Festen findet eine Gemeinschaft – Familie, Gemeinde, Kindergartengruppe, Schulklasse, Glaubensgemeinschaft ... – Bestätigung in ihrem Leben und in ihren Lebensgewohnheiten. Jeder Einzelne realisiert »die Zustimmung zu seinem Leben, zu seinem je eigenen Entwurf von Menschsein in der Welt«[2]. Das Fest antwortet damit sozusagen auf die Lebendigkeit des Alltags.

---

1   Horst Schiffler: Feste feiern in der Grundschule, Freiburg 1980
2   Rainer Bucher: feiern, in: Gottfried Bitter und Gabriele Miller (Hrsg.): Handbuch religionspädagogischer Grundbegriffe 1, München 1989, 400

Feste übersteigen den Rahmen des Alltäglichen und Gewohnten, sie treten heraus aus Gleichförmigkeit und »Alltagstrott«. Damit bieten sie Möglichkeiten zur Erweiterung der Erlebnisfähigkeit und verhindern, dass der Erlebnis-, Erkenntnis- und Erfahrungsvorrat des Einzelnen und seines gesellschaftlichen Umfeldes nur aus Alltagssituationen besteht. Festumzüge und Prozessionen, Tanz und Spiel, Essen und Trinken in Gemeinschaft lösen die oft allzu engen Verhaltensmuster auf, schaffen Raum für neue lebensbejahende zwischenmenschliche Beziehungen.

In aufgelockerter und ungezwungener Atmosphäre werden neue Kontakte geknüpft und alte Freundschaften intensiviert, wir können »neu auf andere zugehen und uns dabei selbst verwandeln«[3].

Feste ermöglichen so neue Formen von Gemeinschaftsgefühl und wirken der Gefahr zunehmender Beziehungslosigkeit entgegen. Kommunikation als Grundbedürfnis aller Menschen findet hier seine Entsprechung.

Das Feiern mit anderen fördert die Beziehungsfähigkeit und ermöglicht das Ausleben von sozialen Wünschen. Das gemeinsame Feiern lehrt Beziehungsdenken und ist somit ein Stück Sozialisierung.

Feste können auch einen kulturübergreifenden Aspekt haben. Die Kinder gewinnen Einblick in andere Kulturen und andere Religionen. Sie lernen verschiedene Feste und Festbräuche kennen und das Brauchtum und die Glaubensüberzeugung anderer achten.

Die regelmäßige Wiederkehr bestimmter Feste bedingt eine erwartungsvolle Rhythmisierung und nachhaltige Unterbrechung des manchmal mühsamen und sorgenvollen Alltags. Sie bieten Zeit und Gelegenheit zum vertiefenden Verweilen. Sie laden uns ein, über uns selbst und unsere (Um-) Welt nachzudenken und vermögen es so manchmal, Veränderungen herbeizuführen.

»Feste sind stets konkretes Handeln vor Ort. Feste, die wirklich gefeiert werden, sind immer Sache des ganzen Menschen.«[4] Sie wollen mit allen Sinnen er- und durchlebt und mit Leib und Seele begangen werden.

Feste haben immer auch eine betont affektive Dimension und entfalten emotionale Kräfte, die in einer zunehmend »verkopften« Gesellschaft immer mehr vernachlässigt werden. Inhalte und Ausdrucksformen entwickeln sich dabei aus den bestehenden Verhältnissen und Bedürfnissen und den gewachsenen Traditionen. Das Fest erhält seine prägende Form, Gestalt und Farbigkeit durch die feiernden Menschen und den gesteckten und vorbereiteten festlichen Rahmen.

---

3   Lena Kuhl: Feste, in: Friedrich Schweitzer und Gabriele Faust-Siehl (Hrsg.): Religion in der Grundschule, Frankfurt/M. [3]1996, 268

4   Hubertus Halbfas: Religionsunterricht in der Grundschule. Lehrerhandbuch 3, Düsseldorf 1985, 348

Feste

Anlässe für das Feiern eines Festes gibt es zahlreiche und unterschiedliche. Sie begegnen uns an Knotenpunkten des individuellen und persönlichen Lebens wie auch auf dem Hintergrund des gesellschaftlichen und religiösen Lebens – z.B. Nationalfeiertage und Kirchenfeste – oder aber auch im Zusammenhang mit dem Naturjahr – z.B. Jahreszeitenfeste, Sonnenwendfeiern. Die meisten Feste wiederholen sich in festen Abständen und sind großenteils über Jahre, Jahrzehnte, manchmal auch Jahrhunderte tradiert.

Häufig erkennen wir auch Mischformen der Feste. So können viele christliche Feste nicht immer klar von kosmischen Festen oder Naturfesten unterschieden werden. Das christliche Weihnachtsfest hat seinen Ursprung beispielsweise im heidnischen Fest der Wintersonnenwende, an dem das Sonnenlicht wieder zu wachsen beginnt.

Wenige Feste, zumeist im individuellen, persönlichen Leben angesiedelt, haben Einmaligkeitscharakter. Hierzu zählen Taufe, Geburtsfeste oder die Hochzeit. Innerhalb des Familien- oder Kindergartenalltags, aber auch in der Schule finden sich im Laufe des gemeinsamen Zusammenlebens sicherlich viele (weitere) Anlässe für das Feiern eines Festes und das Feiern des Lebensalltags. Diese Feste setzen Glanz- und Lichtpunkte in unserem Leben, an die wir uns gerne erinnern, auf die wir hinleben und aus denen wir Mut, Kraft, Zuversicht und Lebensenergie zu schöpfen vermögen.

Ein Fest ist wie ein Baum[5]

Ein Fest ist wie ein Baum.
Mit seinen Wurzeln dringt er
tief ins Erdreich ein,
in dunkle Zonen, die Halt und Nahrung geben.

Ein richtiges Fest kommt von weit her.
Es ist nicht wie ein Maibäumchen
ohne Wurzeln und Halt
und schon am nächsten Tag verwelkt.

---

[5] Hubertus Halbfas: Religionsbuch für das 3. Schuljahr, Patmos Verlag, Düsseldorf

Ein richtiges Fest wurzelt in der Tiefe,
in den Anfängen der
Geschichte Gottes mit den Menschen.

Ein Fest ist wie ein Baum,
der blüht von Jahr zu Jahr zu Jahr
immer anders, immer gleich, immer neu
für uns heute.
Es muss ja unser Fest sein,
nicht das von gestern, unser Fest,
das uns neu macht!

Ein Fest ist wie ein Baum.
Mit seiner Krone badet er im Licht,
füllt er den Himmel aus.

Ein richtiges Fest holt den Himmel auf die Erde,
greift der Zukunft vor,
gibt Mut und neue Liebe zum Leben.

Ein Fest ist wie ein Baum,
der eine Himmelsleiter ist,
Mitte der Welt,
Fülle des Lebens.

Mit Kindern gemeinsam Feste feiern

Wollen wir mit den Kindern gemeinsam ein Fest feiern, besinnen wir uns als Eltern, Lehrer und Erzieher auf den ursprünglichen Sinn jeglichen Festes, wie er zu Beginn beschrieben wurde.

In einer Gesellschaft, die Konsum und Kommerzialisierung bewusst oder unbewusst zunehmend in den Lebensmittelpunkt rückt, in der Glück käuflich zu sein scheint, in der sich fast jeder seine materiellen Wünsche erfüllen kann, besteht die Gefahr, echte Festfähigkeit im Sinne einer nach innen gerichteten Sensibilität und eines selbsttätigen, freudvollen und erlebnistiefen Feierns aufzugeben und zu verlernen.

Selbst Kinder wissen heute häufig nicht mehr, wie sie – z.B. ihren Geburtstag – feiern sollen. Das Resultat sind dann Besuche im Zoo, in Erlebnisbädern und Freizeitparks, Schiffstouren, Kegeln und Abendessen bei Mc Donalds, weil viele

Erwachsene auch keine Alternative kennen und den Kindern nur selten Anregungen zum echten Feiern bieten können.

In einer festlichen und feierlichen Atmosphäre gemeinsam zu singen, zu spielen, zu tanzen, zu erzählen, auch mal still zu sein, genießen sie als un-alltägliche Erlebensweise. Und nur da, wo es uns gelingt, aus dem Alltag mit den Kindern gemeinsam herauszutreten, da kann Feiern und ein Fest auch gelingen.

Zur Gestaltung von Festen

Feste lassen sich vielfältig und formenreich gestalten. Die Formen erwachsen einerseits aus dem alltäglichen gegenwärtigen Leben der feiernden Menschen und haben sich andererseits aus alten Traditionen entwickelt.

Einige wesentliche Elemente werden wir bei den meisten Festen antreffen:

Feste feiern wir zu bestimmten Festzeiten. Sie sind z.T. durch den Festkalender vorgegeben (Weihnachten, Ostern ...), andere Festzeiten legen wir innerhalb der Familie, im Kindergarten oder in der Schule selber fest (Jahreszeitenfest, Familienfeste ...).

Festtage und **Festzeiten** gliedern das Jahr, wenn wir sie bewusst erleben, gestalten und feiern. Feste leben nicht nur von Spontaneität und Kreativität, sondern im Besonderen auch von Traditionen und **Bräuchen**. Bräuche haben symbolischen Charakter und begleiten so zeichenhaft ein Fest. In ihnen verdichtet sich das Wesentliche. Sie manifestieren sich in Symbolen (Weihnachtsbaum, Adventskranz, Osterfeuer, Osterei, Brot und Wein ...) und Symbolhandlungen (gemeinsam Mahlhalten, Händereichen, Freudentanz, Segnen, Taufen ...).

Jedes Fest braucht einen **festlichen Rahmen**. Erst ein festlicher **Raum** – vielleicht mit Kerzen, Blumenschmuck, u.a. –, festliche **Kleidung, Musik** und ein **Festmahl** lassen sehen, hören, begreifen, riechen und schmecken, was es zu feiern gibt, und laden ein zu verschiedenen symbolhaften Interaktionsformen: Essen und Trinken, Tanzen, Teilen, Geben und Nehmen ...

Schließlich braucht jedes Fest auch ein »Programm«, das sich um eine thematische Mitte herum aufbaut.

Wir sollten uns etwas zur Begrüßung überlegen, zum folgenden Programmteil, zur Gestaltung des gemeinsamen Essens und Trinkens und zum Abschied.

Zur Planung von Festen

- Welches Fest feiern wir? (Name)
- Wann feiern wir? (Datum und zeitlicher Rahmen)
- Wo feiern wir? (Raum)
- Wer nimmt am Fest teil? (Einladungen)
- Welches Programm planen wir? (Lieder, Theaterstück, Musik, Tanz, Spiel, Essen und Trinken)
- Wie gestalten wir den Raum?
- Was benötigen wir beim Fest? (Kerzen, Lebensmittel, Getränke, CD-Player ...)
- Wer übernimmt welchen Planungsbereich?

Im folgenden Praxisteil finden sich Anregungen zu drei sehr unterschiedlichen Festen:

»Wir feiern den Advent« zeigt beispielhaft, wie wir eine Festzeit gestalten können; wie wir uns besinnen, innehalten und uns so auf das Weihnachtsfest vorbereiten. *Das »Schöpfungsfest«* verbindet religiöse, biblische und naturreligiöse, auch aktuelle gesellschaftskritische Aspekte miteinander. Wir können es jederzeit feiern. Im Zusammenhang mit dem erwachenden Frühling oder dem herbstlichen Erntedankfest bekommt es für Kinder einen greifbaren Sinn.

Beim Feiern eines *»Kinderfestes«* versuchen wir bestehende Grenzen zwischen den Kindern verschiedener Länder zu überschreiten, Brücken zu bauen und ein Gemeinschaftsgefühl zu wecken und zu stärken.

Wir feiern den Advent

Am ersten Adventssonntag beginnt für die katholischen und evangelischen Christen das so genannte Kirchenjahr. Damit beginnt auch die Adventszeit, die Vorbereitungszeit auf das Weihnachtsfest.

Advent bedeutet – vom lateinischen *adventus* abgeleitet – Ankunft: Ankunft Gottes als Mensch, als Kind mitten unter uns. In der Vorweihnachtsfest haben Christen sich schon immer auf das große Fest und seine Bedeutung vorbereitet. In unterschiedlichen symbolischen Handlungen und Bräuchen haben »Innehalten, Umschalten und Einschwingen Raum bekommen. (...) Langsam werden, sich einstellen, ruhig werden, offen werden und sich öffnen für das Neue – das kommt (...) in unserer Welt weithin zu kurz.«[6]

Heute ist von der Bedeutung der Adventszeit und vom Sinn des Weihnachtsfestes oft nur noch wenig zu spüren:

Menschen hasten eilig durch grell erleuchtete Einkaufsstraßen, um all die vielen kostspieligen Geschenke zusammenzukaufen; aus den Lautsprechern verschiedener Weihnachtsmarktstände dröhnt schon Ende November »Stille Nacht« und den Kindern begegnet an jeder Straßenecke ein neuer »Nikolaus«. Wir könnten die Aufzählung negativer Beispiele an dieser Stelle beliebig fortführen.

Viele Gewohnheiten sind auch aufgrund des gesellschaftlichen Drucks nur sehr schwer zu verändern, dennoch wollen wir mit den Anregungen auf den nächsten Seiten versuchen, andere Wege zu gehen, mit den Kindern jeden Adventstag neu zu feiern, dem Advent in seiner ursprünglichen Bedeutung Raum zu geben und uns auf das Weihnachtsfest einzustimmen.

Vielleicht fallen uns dann auch neue Festformen für das Weihnachtsfest selbst ein, ohne dass es nur in Jubel, Trubel, Heiterkeit, Geschenkerausch und Familienstreitigkeiten aufgrund unerfüllter Erwartungen verrinnt.

---

6   Hans Gerhard Behringer: Die Heilkraft der Feste. Der Jahreskreis als Lebenshilfe, München 1997, 29

Christliche Überlieferung und altes Brauchtum

Der biblischen Überlieferung nach wird Jesu Geburt seinen Eltern Maria und Josef durch einen Engel verkündet. Einige Zeit vor der Geburt müssen sich Maria und Josef von Nazareth in Galiläa aus auf den Weg nach Betlehem in Judäa machen, da Kaiser Augustus angeordnet hat, dass sich alle Männer mit ihren Familien in ihrem Heimatort zählen lassen müssen.

Als die beiden in Betlehem ankommen, finden sie keine Herberge und müssen in einem Stall übernachten. Dort gebiert Maria ihr Kind – Jesus.

Diese Kindheitsgeschichte Jesu wurde von einigen Evangelisten lange nach seinem Tod aufgeschrieben, als das Leben und Wirken Jesu für immer mehr Menschen Bedeutung gewann und nicht in Vergessenheit geraten sollte.

Das Weihnachtsfest wurde später auf den 25. Dezember festgelegt. Damit gab man dem ehemals heidnischen Sonnenwendfest (»Geburtsfest der unbesiegbaren Sonne«) einen christlichen Sinn (Jesus als das »Licht der Welt«). Damals wie heute verbinden Menschen mit der Sonnenwende und der Geburt Jesu Hoffnung und Zuversicht: Die Tage werden wieder länger, die Pflanzen bekommen wieder mehr Licht und Wärme und wachsen, die Zukunft erscheint nicht mehr so trostlos und dunkel.

»Seit alters her werden in den Wochen vor Weihnachten diese tiefen Wünsche, unsere Hoffnungen auf Erfüllung, unsere Hoffnungen überhaupt, angesprochen, zugelassen, in den Blick gerückt und thematisiert.«[7]

Das ist es, was wir auch mit den Kindern gemeinsam tun wollen. Unseren Lebenswünschen, unseren Sehnsüchten und An-Trieben auf die Spur zu kommen, unserem Hunger nach Liebe und Geborgenheit Ausdruck zu geben und gleichzeitig dessen Erfüllung zu erhoffen und zu erleben.

In den letzten beiden Jahrhunderten haben sich in unserem Kulturkreis vor allem zwei Adventsbräuche verbreitet und durchgesetzt, die wir in ihrer ursprünglichen Bedeutung kennen lernen und mit neuem Sinn füllen möchten.

1. *Der Adventskranz oder* **Lichter***kranz*

   Der Brauch geht auf den Theologen J. H. Wichern zurück, der im Jahre 1839 in dem von ihm gegründeten Waisenhaus für Straßenjungen – dem so genannten »Rauhen Haus« – in Hamburg einen Holzkranz mit vier großen Kerzen für die Adventssonntage und mit kleinen Kerzen für die Wochentage aufhängte. Er wollte damit den Jungen, die bisher kaum Wärme, Licht und Geborgenheit erlebt hatten, eine Freude machen. Der Brauch verbreitete sich rasch. Als Zeichen des immer währenden Lebens schmückten die Menschen den Kranz bald mit Tannengrün.

---

7   Vgl. ebd., 33

2. *Der Adventskalender oder der **Weg** nach Betlehem*

Um die Jahrhundertwende erfand eine Mutter für ihren ungeduldigen Sohn einen Adventskalender. Für jeden Tag steckte sie eine kleine Überraschung in ein Schächtelchen, welches von einem Pappkarton abgenommen wurde. Die Zeit bis Weihnachten schrumpfte für den Jungen, wie auch die Schächtelchen an seinem Kalender. Heute gibt es zahlreiche Varianten von Adventskalendern: mit Süßigkeiten, manche mit Bildern oder kleinen Texten. Den Adventskalender können wir symbolhaft als Weg verstehen, als Weg zum Kind im Stall in Betlehem.

Die folgenden Anregungen berücksichtigen diese beiden alten Adventsbräuche, versuchen sie aber auch neu sehen zu lernen und neu zu deuten. Manchmal bietet sich dann auch eine leicht veränderte Form an.

★ Wir besinnen uns

Jeden Tag, zu einer vorher festgelegten Zeit, wollen wir uns in der Familie, in der Schule und im Kindergarten einige Minuten oder auch länger gemeinsam besinnen. In Schule und Kindergarten beginnen wir so vielleicht den Tag. In der Familie bietet sich wahrscheinlich eher der Abend an, wenn alle Familienmitglieder zu Hause sind und die tägliche Arbeit getan ist.

○ Wir löschen alle Lichter und erleben die Dunkelheit. Macht uns die Dunkelheit Angst? Wir können uns auch gegenseitig erzählen, wie wir die Dunkelheit empfinden und was wir fühlen. (Kinder, die Angst haben, sollten wir neben uns holen.)

○ Dann zünden wir die Kerze(n) am Adventskranz an, oder auch eine andere Kerze. Wie schön das Licht brennt. Flackert es? Es macht hell und warm und vermittelt Geborgenheit. Wie fühlen wir nun?

○ Wir singen gemeinsam ein Lied:

Das Licht einer Kerze

1. Das Licht ei - ner Ker - ze ist im Ad - vent er wacht.

Ei - ne klei - ne Ker - ze leuch - tet durch die Nacht.

Al - le Men - schen war - ten hier und ü - ber - all,

war - ten vol - ler Hoff-nung auf das Kind im Stall. Kind im Stall.

T: Rolf Krenzer
M: Peter Jannssen
Aus: Ich schenke dir einen Sonnenstrahl, 1985
Alle Rechte im Peter Janssens Musik Verlag, Telgte-Westfalen

2. Wir zünden zwei Kerzen jetzt am Adventskranz an.
   Und die beiden Kerzen sagen´s allen dann:
   Lasst uns alle hoffen hier und überall
   hoffen voll Vertrauen auf das Kind im Stall.

3. Es leuchten drei Kerzen so hell mit ihrem Licht.
   Gott hält sein Versprechen. Er vergisst uns nicht.
   Lasst uns ihm vertrauen hier und überall.
   Zeichen seiner Liebe ist das Kind im Stall.

4. Vier Kerzen hell strahlen durch alle Dunkelheit.
   Gott schenkt uns den Frieden. Macht euch jetzt bereit.
   Gott ist immer bei uns hier und überall.
   Darum lasst uns loben unsern Herrn im Stall.

★ Am Ende solch einer kurzen adventlichen Besinnungszeit sollten wir uns stets die Zeit und Muße gönnen, uns gegenseitig zuzuhören, was uns am Herzen liegt. Wovor haben wir Angst? Was belastet uns? Worüber haben wir uns gefreut? Was wünschen wir uns? (Vielleicht gelingt es uns, auch nicht-materielle Wünsche auszudrücken. Kinder können das oft noch leichter als Erwachsene.)

★ Das Licht entzünden – Lichtertanz

Auf den Boden eines größeren Raumes legen wir mit Tannenzweigen einen spiralförmigen Kreis, dessen Weg in den Mittelpunkt führt. Dort stellen wir eine brennende Kerze auf. Der Raum ist sonst dunkel. Wir setzen uns um den Kreis herum auf den Boden. Jedes Kind bekommt ein Teelicht. Nacheinander gehen die Kinder langsam den Weg zur Mitte und holen sich Licht von der großen Kerze.

Lied vom Licht

T/M: Wolfgang Spode
Aus: Der Ohrwurm
Fidula-Verlag, Boppard/Rhein und Salzburg

★ Wir sitzen im Kreis um eine brennende Kerze. Jedes Kind hat selbst eine nicht-brennende Kerze in der Hand. Ein Kind holt sich nun Licht von der Kerze in der Mitte. Das Licht wird dann während des Singens immer weitergereicht.

★ Mit jedem entzündeten Teelicht wird es im Raum heller. Wir lassen dieses Spiel von Dunkelheit und Licht auf uns wirken.

★ Wenn wir schon über unsere Licht-Erfahrungen und Licht-Gefühle und unsere damit verbundenen Hoffnungen und Wünsche gesprochen haben, können die Kinder ein Bild dazu malen oder einen Brief schreiben. Auf ihren Weg in die Mitte nehmen sie Bild oder Brief mit und legen sie bei der Kerze ab. Das sind dann unsere Er-Wartungen an das an Weihnachten zu uns kommende Licht.

★ Wir können auch einen Lichtertanz tanzen. Zu dem Kanon »Mache dich auf und werde licht« und zu dem Lied » Wir tragen dein Licht« sowie zum Largo

»Der Winter« aus Antonio Vivaldis »Vier Jahreszeiten« hat Elke Hirsch für Grundschulkinder Vorschläge für leichte Kerzentänze gemacht (Kommt, singt und tanzt, Düsseldorf 1997, mit eingelegter CD).

★ Meine kleine Kerze

○ Wir stellen selber Kerzen her. Am einfachsten geht das, wenn wir Bienenwachsplatten kaufen (z.B. im Bastelgeschäft oder auf dem Weihnachtsmarkt), die wir dann nur ganz fest um einen Docht aufrollen müssen. Billiger ist es, wenn wir aus Kerzenresten neue Kerzen selber gießen. Dazu schütten wir das erhitzte und flüssige Wachs in ausgediente Konservendosen oder Papprollen, die wir später leicht entfernen können. (Docht nicht vergessen!)

○ Einfache Stumpenkerzen verzieren wir mit adventlichen Ornamenten. Aus Wachsplatten unterschiedlicher Farbe (Bastelgeschäft!) schneiden oder stechen wir Ornamente aus (Backförmchen) und drücken sie auf der Kerze fest.

○ Meine kleine Kerze vermag nicht nur mit ihrem Licht die Dunkelheit im Raum zu durchdringen und Wärme zu spenden. Im übertragenen Sinne vermag sie auch eisiges Schweigen zu brechen; wo Streit war, zu schlichten. Im täglichen Umgang mit den Kindern können wir ihnen durch konkrete Handlungen oder einfache Erzählungen einen Sinn dafür aufzeigen und vorleben.

○ Wem können wir unser Licht/unsere Kerze bringen? Wem wollen wir eine Freude machen?

○ In einem Gespräch überlegen wir mit den Kindern, wann wir selber Licht sein können. Der Symbolcharakter des Lichtes würde auf diese Weise deutlich.
Ich kann Licht sein, ... wenn ich meiner kleinen Schwester eine Geschichte vorlese.
Ich kann Licht sein, ... wenn ich meinem Großvater im Garten helfe.
Ich kann Licht sein, ... wenn ich mit Jakob meinen Apfel teile.

★ Der Weg nach Betlehem
Durch die Adventszeit hindurch wollen wir den Weg nach Betlehem gehen. Dem Ziel kommen wir dabei jeden Tag ein Stückchen näher.

○ Wir benötigen:
1 halbkreisförmige Holzplatte (ca. 80 cm)
4 dicke Kerzen (für die Adventssonntage)
Teelichter (für jeden Adventswerktag eins)
Moos
Krippenfiguren (evtl. ein Stall)

Vor dem ersten Advent befestigen wir gemeinsam mit den Kindern die dicken Kerzen (Nägel einschlagen!) und die Teelichter (doppelseitiges Klebeband) im Halbkreis am Rande der Holzplatte. Auf der gesamten Holzplatte verteilen wir dann Moos. In der Adventszeit zünden wir jeden Tag eine Kerze mehr an. In der Mitte der Holzplatte bauen wir nach und nach die Krippe mit ihren Figuren auf (Vielleicht basteln wir die Figuren auch selber?): Zuerst Maria und Josef, vielleicht mit dem Esel; dann Schafe und Hirten; dann den Stall und den Stern; schließlich sind Maria und Josef im Stall angekommen und das Kind liegt auf Stroh.

- ○ Wenn wir die Lichter auf unserem Weg anzünden, hören wir dazu eine Geschichte. Manchmal können wir auch ein Lied singen.
- ○ In manchen Gemeinden werden die Krippen in den Kirchen auch über die ganze Adventszeit hindurch aufgebaut und immer wieder verändert. Wenn sich Gelegenheit bietet, lohnt sich vielleicht ein Besuch.
- ○ Wir können den Kindern von einem Esel erzählen, der auf dem Weg nach Betlehem mit Maria und Josef alles tragen muss, was sie unterwegs brauchen. Aber er muss nicht nur Decken, Proviant, Wasser usw. tragen, sondern auch noch andere Lasten: Sorgen, Ängste und Kummer, die ihm von Menschen aufgeladen werden, denen sie unterwegs begegnen. Diese Erzählung lässt sich veranschaulichen mit einem kleinen Esel (z.B. einem Stoffesel), der seine Lasten rechts und links in zwei kleinen Joghurtbechern trägt.[8]
- ○ Auch ohne diese Erzählung können wir unserem Eselchen auf dem Weg nach Betlehem kleine Briefe, Wortkärtchen oder Bilder zustecken, die unsere eigenen Sorgen, Ängste, aber auch Hoffnungen und Wünsche zum Ausdruck bringen. Das alles trägt der Esel dann zum Stall in Betlehem und zum Kind in der Krippe.

★ Unsere Lichterstadt

Bevor der Advent beginnt, bastelt jedes Kind aus schwarzem Tonkarton und Transparentpapier ein Haus. Die Häuser platzieren wir vor dem Fenster auf der Fensterbank und stellen in jedes ein Teelicht hinein. An jedem Adventstag werden ein oder zwei Häuser mehr erleuchtet, bis unsere Lichterstadt ganz hell erleuchtet ist.

★ Weitere Ideen

- ○ Ein grüner **»Adventskalender«**: Zu Beginn der Adventszeit stellen wir Tannenzweige in eine Vase. Jeden Tag hängen wir einen anderen Schmuck dazu. Oder: Jedes Kind hängt ein kleines Geschenk zu Beginn der Adventszeit an die Zweige. Jeden Tag darf ein anderes Kind etwas davon aussuchen und auspacken.

---

8   Vgl. Hans Freudenberg (Hrsg.): Religionsunterricht praktisch. Unterrichtsentwürfe und Arbeitshilfen für die Grundschule, 2. Schuljahr, Göttingen 1990, 69 ff.

- Was wäre eine Adventszeit ohne das ganzheitliche Erleben von **Plätzchenbacken**? Den Teig mit den Händen bearbeiten, die Gewürze riechen und vom Teig naschen. Schöne Formen ausstechen und dabei zusehen, wie die Plätzchen im Backofen knusprig braun werden. Da läuft einem schon das Wasser im Munde zusammen. Wenn wir sie dann gemeinsam verzehren, ist die Freude groß. Das ist doch etwas ganz anderes als Spekulatius und Spritzgebäck aus dem Supermarkt, wo man es schon seit September liegen sieht.
- **Wichteln**: Vielleicht eher etwas für die größeren Kinder: Vor Beginn der Adventszeit schreibt jeder Teilnehmer seinen Namen auf einen Zettel. Die Zettel werden gesammelt und gemischt. Nun darf jeder wieder einen Zettel herausnehmen. Für das Kind, dessen Name auf dem Zettel steht (nicht verraten!), ist man nun die ganze Adventszeit hindurch der Wichtel. Das heißt, man versucht ihm immer mal wieder eine Freude zu bereiten, ohne sich zu verraten, z.B. können wir kleine Überraschungspäckchen verstecken oder auch einfach sehr hilfsbereit sein. Ob wir als Wichtel wohl entdeckt werden oder unseren Wichtel herausfinden?
- Im Advent feiern wir auch die **Namensfeste einiger Heiliger**. An den jeweiligen Tagen könnten wir ihre Geschichte erzählen und uns in diesem Zusammenhang an das eine oder andere Brauchtum erinnern:

4. Dezember: Barbaratag
Wenn wir an diesem Tag Zweige von Kirschbäumen in die Vase stellen, werden sie am Heiligen Abend blühen.

6. Dezember: Nikolaustag
Am Vorabend des Nikolaustages stellen wir die Stiefel vor die Türe und hoffen, dass sie am Morgen reich gefüllt mit Äpfeln, Nüssen und Mandeln sind. Es wäre schön, wenn wir unsere Gaben mit anderen teilten: Auch Teilen bereitet Freude, uns selbst und den anderen.

13. Dezember: Luciatag
Am Luciatag (Lucia = Lichtmädchen) stellen wir vor allen Fenstern brennende Kerzen auf. Wenn wir einen Abendspaziergang durch die Straßen unternehmen, können wir feststellen, wer diesen Brauch kennt.

Wir feiern ein Schöpfungsfest

Benjamins Lied
(Der kleine Narr mit der großen Hoffnung)

Die Welt ist so groß,
und das Leben ist schön.
Die Schöpfung ist wirklich mein Zuhaus.
Ich lebe, ich atme, ich weiß, dass ich bin;
ich singe den Dank weit hinaus.
Ich singe dir, Gott, mit all meiner Kraft.
Ich singe vom Wunder der Zeit.
Ich singe vom Mut,
und wie gut Hoffnung tut.
Das macht die Gedanken so weit.

Die Welt ist so groß,
und das Leben ist schwer.
Die Erde ist voller Hass und Neid.
Ich denke, ich lebe, ich weiß wie ich bin.
Ich klage euch allen mein Leid.
Ich singe dir, Gott, mit all meiner Kraft.
Ich singe vom Wunder der Zeit.
Ich singe vom Mut,
und wie gut Hoffnung tut.
Das macht die Gedanken so weit.

Die Welt ist so groß,
und das Leben ist tief.
Ich suche das Ziel und den Sinn.
Erzähl mir vom Leben, vom Anfang und Grund,
damit ich auch weiß, wer ich bin.
Ich singe dir, Gott, mit all meiner Kraft.
Ich singe vom Wunder der Zeit.
Ich singe vom Mut,
und wie gut Hoffnung tut.
Das macht die Gedanken so weit.

Peter Spangenberg [9]

---

9   Gott im Spiegel, Düsseldorf 1989

Ein Schöpfungsfest können wir zu jeder Jahreszeit feiern. Im Frühjahr und im Herbst jedoch sind die Veränderungen in der Natur am deutlichsten zu beobachten und zu spüren. Im Frühjahr sehen wir ein Schöpfungsfest im Zusammenhang mit dem erwachenden Leben in der Natur, dem Aufblühen der ersten Frühlingsboten, der Wiederkehr der ersten Singvögel, dem Längerwerden der Tage und dem Erspüren der helleren und wärmenden Sonnenstrahlen. Alles sieht so hoffnungsvoll aus; es grünt und blüht (grün wird ja auch als die Farbe der Hoffnung bezeichnet) und überall scheint die Natur vor Energie zu strotzen. Der Frühling erheitert das Gemüt der Menschen, und die Lebensfreude bekommt nach dem kalten, dunklen Winter wieder neuen Schwung. Die Be-Sinnung auf die Schöpfung und die gute Schöpferkraft beinhaltet die Chance, sein Bewusstsein für die (gefährdete) Mit-Welt zu schärfen und zu verändern. Wir wollen in einem Fest die gute Schöpfung loben, sie uns vertraut machen – wie es Saint-Exupérys »Kleiner Prinz« mit seiner Rose gemacht hat –, damit wir ein Verantwortungsgefühl entwickeln, aus dem heraus wir unser Verhalten der gesamten Mit-Welt gegenüber angemessen abzuleiten vermögen. Im Herbst feiern wir ein Schöpfungsfest zum Erntedank. Immer wieder neu bringt die Schöpfung alle guten Gaben für uns und die ganze Welt hervor. Für dieses Geschenk wollen wir danken. Danken auch all denen – Menschen und Tieren –, die zu dieser guten Ernte ihren Teil beigetragen haben: bei der Vorbereitung der Felder, bei der Saat, bei der Pflege, bei der Ernte, bei der Verarbeitung und Zubereitung der Gaben.

Schöpfungsfest im Frühling

Frühlingslied

T: Susanne Dank
M: überliefert
Aus: Susanne Dank: Probier's mal mit Musik
Verlag modernes lernen, Dortmund 1994

2. Du fühlst ihn an den Händen,
   und du fühlst ihn im Gesicht,
   er bläst durch´s offne Fenster,
   der Wind ist kühl, du siehst ihn nicht,
   er spielt in deinen Haaren,
   und er streichelt deinen Fuß,
   er kitzelt an der Nase,
   sodass du manchmal niesen musst!

   Frühlingswind, du bläst für mich,
   langweilig wär es ohne dich,
   wehst du zu unsrem Fenster rein,
   dann sind wir nicht mehr so allein!

3. Du fühlst ihn an den Händen,
   und du fühlst ihn im Gesicht,
   wenn nasse Tropfen fallen,
   dann weißt du, dass es Regen ist,
   er tropft dir auf die Haare,
   deine Kleider werden nass,
   er kitzelt deine Nase,
   du fragst dich, was bedeutet das?

   Frühlingsregen, du fällst auf mich,
   viel zu trocken wär´s ohne dich,
   denn im Regen spazierengeh´n,
   ist immer wieder wunderschön!

4. Du fühlst mich an den Händen,
   und du fühlst mich im Gesicht,
   wenn wir zusammen singen,
   dann zählt nur das, was wichtig ist,
   ich spiel mit deinen Haaren,
   und ich streichle deinen Arm,
   ich kitzle deine Nase,
   ich bin dein Freund und halt dich warm!

   Du kannst spüren, ich bin bei dir,
   und wir mögen dich alle hier,
   wenn wir uns zusammen freu´n,
   ist keiner von uns mehr allein!

Im Zusammenhang mit dem Lied bietet sich eine *Wettermassage* an. (★ Kap. 1)
Statt einer leisen Musik können wir auch den folgenden Text langsam und leise
zur Massage sprechen:

Es wird Frühling.
Der Winter ist bald vorbei.
Zum ersten Mal scheint die Sonne.
Du liegst auf einer Wiese.
Du spürst die Sonnenstrahlen.
Ganz warm wird dir davon.
Du freust dich auf die warme Jahreszeit.
Was wirst du alles tun?
…
Es weht ein sanfter Wind.
Du hörst, wie er durch die Bäume streicht.
Der Wind haucht der ganzen Schöpfung
neuen Atem ein.
Er treibt gute, unverbrauchte Luft zu dir.
Hm, wie das riecht und duftet.
Du atmest die Luft ganz tief ein.
Du spürst den Lebensodem bis
in deine Lungenspitzen.

…
Es ist Frühling.
Manchmal fällt Regen.
Er ist schon ganz warm.
Es macht Spaß, ihn zu spüren.
Der Regen hilft den Pflanzen wachsen.
Die Erde saugt sich voll Wasser und
spendet all den neuen Pflänzchen so Leben.
Die Bäume werden wieder grün.
…
Jetzt macht es wieder Spaß, im Freien zu
spielen. Mit Freunden auf der Wiese zu lie-
gen.
Gemeinsam schöne Sachen zu erleben.

Auch dieses Lied eignet sich gut zu einem Schöpfungsfest:

Eine Handvoll Erde

T: Reinhard Bäcker
M: Detlev Jöcker
Aus Buch, CD und MC: Viele kleine Leute
Alle Rechte im Menschenkinder Verlag, 48157 Münster

2. Auf der Erde kannst du stehen –
    stehen, weil der Grund dich hält
    und so bietet dir die Erde
    einen Standpunkt in der Welt.

    In die Erde kannst du pflanzen –
    pflanzen einen Hoffnungsbaum,
    und er schenkt dir viele Jahre
    einen bunten Blütentraum.

    Refrain: Eine Hand voll Erde …

3. Auf der Erde darfst du leben –
leben ganz und jetzt und hier
und du kannst das Leben lieben,
denn der Schöpfer schenkt es dir.

Uns're Erde zu bewahren –
zu bewahren das , was lebt,
hat Gott dir und mir geboten,
weil er seine Erde liebt.

Refrain: Eine Hand voll Erde …

★ Stille-Übung »Eine Hand voll Erde«
Die Kinder sitzen im Kreis um ein großes farbiges Tuch. In der Mitte steht eine Schale mit dunkler Gartenerde. Die Schale geht nun reihum und jedes Kind kann etwas Erde in die Hand nehmen. Es kann mit der Erde spielen, sie anfühlen, durch die Finger rieseln lassen, daran riechen und sie feste zusammendrücken. Wir erzählen den Kindern dann langsam und leise von der Erde:

Die Erde.
Dunkel, warm und weich,
bröselig, krümelig, fein.
Die Erde.
Voller Leben ist sie.
Das Leben erwächst aus ihr.
Die Erde.
Uns geschenkt, damit wir gut mit
ihr umgehen.
Sie vermag es, aus dem kleinsten
Samenkorn Wiesen und Wälder
wachsen zu lassen.
So sorgt sie für uns, damit wir
haben, was wir zum Leben brauchen.
Die Erde.
Wie gut, dass es sie gibt.

○ Anschließend erhält jedes Kind ein Tontöpfchen und etwas Samen, evtl. auch nur ein Samenkorn. Welchen Samen wir nehmen, ist relativ gleichgültig. Mit kleineren Kindern säen wir vielleicht Kresse. Sie wächst schnell. Größere Kinder haben schon mehr Geduld. Dann wählen wir Sonnenblumensamen oder eine dicke Blumenzwiebel. Kindern bereitet es in jedem Fall Freude, ihre Pflanze wachsen zu sehen, und sie wird ein Andenken an ihr Schöpfungsfest sein.

○ Wir können auch einen Schöpfungsreigen tanzen, z.B. zu Joseph Haydns »Schöpfung« oder zu einem Kanon wie »Blau und gelb, grün und rot« wie auch »Vom Aufgang der Sonne« oder zu den Liedern »Im Samen der Baum«, »Menschenkinder auf Gottes Erde«, »Wir pflügen und wir streuen«

oder auch zum »Sonnengesang« des Franz von Assisi. Leichte bis mittel-
schwere Tanzschritte hat dazu für Grundschulkinder wieder Elke Hirsch
aufgeschrieben (Kommt, singt und tanzt, Düsseldorf 1997). Mit noch
einfacheren Schrittkombinationen lassen sich diese Schöpfungslieder aber
auch mit Vorschulkindern tanzen. Noch einfacher ist die gestische Umsetzung eines Liedes, z.B. »Du hast uns deine Welt geschenkt« (* Kap.19).

★ Essen und Trinken
Im Rahmen der Festvorbereitungen säen wir ca. 14 Tage vor dem Ereignis
gemeinsam mit den Kindern Kresse. Am Festtag selbst schneiden wir die Kresse
ab und mischen sie mit Quark. Abgeschmeckt mit Salz und wenig Pfeffer
schmeckt der Kressequark gut auf Weißbrot.

Schöpfungsfest im Herbst

Erntetanz

Tan - zen wir den Ern - te - tanz,
Was wir al - les ern - ten durften,

wol - len wir uns dre - hen.
soll ein je - der se - hen.

Dank für die Ern - te,
Dank für die Ga - ben,
dass wir zu es - sen,

was zu es - sen ha - ben.

Tan - zen wir den Ern - te - tanz,
Was wir al - les ern - ten durften,

dreh'n wir uns im Rei - gen.
wol - len wir euch zei - gen.

T: Rolf Krenzer
M: Ludger Edelkötter
Aus: Wir feiern heut' ein Fest/Weil du mich so magst
Alle Rechte Impulse Musikverlag Ludger Edelkötter, 48317 Drensteinfurt

★ Wenn wir das Lied gelernt haben, versuchen wir, es in einen Tanz umzusetzen.
Zunächst umwickeln wir einen großen Holzreif mit buntem Krepppapier und
befestigen verschiedenfarbige Kreppbänder in der Anzahl der mittanzenden
Kinder in ausreichender Länge (ca. 2,5 m) daran. Den Holzreif bringen wir an

einem Deckenhaken an (Bänder sollen den Boden berühren). Auf dem Boden breiten wir eine Decke aus oder stellen einen niedrigen Tisch bereit. Dort sammeln wir unsere Erntegaben. Die Kinder stellen sich um die Gaben herum im Kreis auf, mit ihrer rechten Hand halten sie ein Bandende fest, in der linken tragen sie verschiedene Erntegaben. Sie treten einen Schritt nach außen und beginnen zu singen. Zum Refrain gehen sie abwechselnd linksherum und rechtsherum im Kreis. Bei den einzelnen Strophen bleiben sie stehen und die Kinder, die eine zur Strophe passende Erntegabe in der Hand halten, legen diese in der Mitte ab. So entsteht ein reich gedeckter »Tisch«, der auf die Fülle der Schöpfung hinweist.

★ Während der Wochen vor dem Fest sammeln wir unterschiedliche Erntegaben. Aus den zusammengetragenen Erntegaben bereiten wir eine kleine Mahlzeit zu. Aus den Früchten stellen wir einen Obstsalat her. Zur Verfeinerung bringen wir zusätzlich etwas Zitronensaft, Honig, ein paar Nüsse oder Rosinen mit. Ein leicht und schnell zubereitetes Mahl ist eine Kartoffelsuppe. Dazu benötigen wir für jedes Kind:

1 dicke Kartoffel
1 dicke Möhre
1 kleines Stück Sellerie
Pfeffer, Salz
Küchenkräuter (Liebstöckel, Dill, Petersilie, Schnittlauch, Salbei ...)
1 kleines Glas Milch (ca. 100 ml)

Das Gemüse wird geschält, klein geschnitten und ca. 20 Min. gekocht. Dann schüttet man das Kochwasser ab und gibt die Milch und die Küchenkräuter hinzu. Mit einem Pürrierstab pürrieren wir das Gemüse mit der Milch, bis die Suppe schön sämig ist. Noch mal kurz aufkochen lassen und mit Pfeffer und Salz abschmecken.

★ Jede Erntegabe hat auch eine Geschichte. Die Kinder können sie bei der Zubereitung der Speisen oder beim Essen und Trinken erzählen:
Der Apfel ist aus Nachbars Garten. Der Baum ist noch ganz klein und hat zum ersten Mal Früchte getragen. Für die Pflaumen aus dem eigenen Garten musste die große Leiter geholt und angestellt werden. Die Kartoffeln sind vom Markt. Wer hat sie wohl geerntet und wo sind sie gewachsen?

★ Mit Kindern, die in der Stadt wohnen und die nur selten oder gar keine Ernte-Erfahrungen sammeln können, organisieren wir vor unserem Fest einen Ausflug aufs Land. Vielleicht entdecken wir eine Möglichkeit, bei einem Bauern Obst oder Gemüse miternten zu dürfen.

★ Wir können aber auch gleich das ganze Fest in die Natur verlegen. Vielleicht haben wir Kinder in unserer Gruppe oder in unserer Klasse, deren Eltern einen großen Obst- oder Gemüsegarten haben, wo wir auch etwas ernten dürfen. Wir bereiten dann Teig für Stockbrote vor, die wir über einem offenen Feuer an langen Stöcken »garbacken«. Am besten eignet sich ein ganz normaler Weißbrot-Hefeteig, den wir portionsweise an einem langen Stock aufspießen.

* Für unser Fest dekorieren wir den Raum mit Kornähren und Strohgebinden.

* Jüngeren und älteren Kindern macht es viel Freude, in einem Heu- oder Strohhaufen zu tollen. Wo können sie die Natur auch noch hautnah erfahren? Oft reicht es als Spielangebot für ein Erntedankfest, einen dicken Stroh- oder Heuballen beim Bauern zu besorgen.

* Am Ende des Festes kann jeder etwas von den übrig gebliebenen Gaben mit nach Hause nehmen, in der Familie oder in der Nachbarschaft verschenken. Vielleicht gibt es auch in der Nähe eine Asylantenunterkunft, wo wir mit dem Obst und Gemüse sicherlich auch noch anderen Menschen eine Freude bereiten können. Die Kinder aus meiner Klasse wollten ihre gesammelten Gaben gerne mit einer anderen Klasse teilen. Sie konnten dabei sehr deutlich erfahren, welch große Freude sie anderen und sich selbst bereiten können, wenn sie miteinander teilen.

Wir feiern ein Kinderfest

Die Idee zu einem Kinderfest kam mir beim Lesen eines Berichtes über das türkische Kinderfest *Cozuk bayrami*.

Dieses Fest wird in der Türkei seit etwas mehr als 70 Jahren gefeiert und geht auf Kemal Atatürk zurück. Er rief am 23. April 1920 als Vorsitzender der ersten Nationalversammlung in der Türkei die Demokratie für sein Land aus. Atatürk hat diesen Tag allen Kindern gewidmet. Sie sollten an diesem Tag symbolisch alle »Regierungsgeschäfte« und Aufgaben der Erwachsenen übernehmen, da sie die Erwachsenen der Zukunft sind und diese auch bestimmen.

Anlässlich des türkischen Kinderfestes Cozuk bayrami werden heute auch in vielen anderen Ländern (auch in Deutschland) Feste gefeiert.

Die multikulturelle Situation in Schule, Kindergarten, Gemeinde und Nachbarschaft zwingt längst schon zum Zusammenleben und Zusammenlernen mit den »anderen« und »fremden« Kindern. Warum nicht einmal zusammen feiern und dieses »Anderssein« aufgreifen und Grenzen überschreiten?

Wir wollen auf den folgenden Seiten einige Anregungen zu einem Kinderfest unter dem Motto »Alle Kinder dieser Erde« geben. Wesentlich erscheint uns dabei, dass wir die Kultur und Religion aller beteiligten Kinder berücksichtigen. Das Fest wird umso bunter und erfüllt seine beziehungsstiftende und verbindende Funktion, je mehr Kinder beteiligt und eingeladen sind.

Besonders in der Schule und im Kindergarten wäre es daher schön, wenn wir mit allen Kindern der jeweiligen Einrichtung feiern könnten. Die Vorbereitungsphase könnte in Form einer Projektwoche verlaufen. In klassen- und gruppenübergreifenden Projekten werden die einzelnen Festelemente erarbeitet, hergestellt, einstudiert und geübt. Zum Fest bekommen Eltern, Großeltern und Freunde ein Einladungsschreiben.

In der Gemeinde könnte ein solches Fest mit den verschiedenen Kinder- und Jugendgruppen über mehrere Wochen vorbereitet werden.

Auch als Straßen- oder Nachbarschaftsfest hat ein »Kinderfest« sicher seinen Platz.

Die hier aufgeführten Anregungen können nur fragmentarischen Charakter haben. Viele weitere Ideen, Vorschläge und Materialien finden sich auf der Literaturliste am Ende des Kapitels.

Festverlauf

Thema: Alle Kinder dieser Erde

Begrüßung:	Lied »Alle Kinder dieser Erde«
Programm:	1.
	2.
	3.
	…
	(Theaterstücke, Tänze, Gedichte, Erzählungen, Lieder aus den Kulturen und Religionen der beteiligten Kinder)
Essen und Trinken:	Speisen- und Getränkeangebot nach internationalen Rezepten
Abschluss:	Gemeinsames Lied »Schalom chaverim«

Lied

Alle Kinder dieser Erde

1. Al - le Kin - der die - ser Er - de sind vor

Got - tes An - ge - sicht ei - ne rie - si - ge Fa -

mi - lie, ob sie's wis - sen o - der nicht.

T: Christel Süßmann (c)
M: Klaus Theyßen (c)

2. Der Indianerbub im Westen
   ob in China Li-Wang-Lo,
   auch das Afrikanermädchen
   und der kleine Eskimo.

3. Alle sind genauso gerne
   froh und lustig auf der Welt
   Freun sich über Mond und Sterne
   unterm gleichen Himmelszelt.

4. Spielen, singen, lernen, lachen,
   raufen sich auch mal geschwind.
   Alle sind sie Gottes Kinder,
   welcher Farbe sie auch sind.

(Mit den Kindern gemeinsam können wir auch weitere Strophen hinzudichten,
z.B. nach dem Muster der 2. Strophe.)

Gedichte

Kinder [10]

Wir Kinder
mit der weißen Haut
sind nicht die einzigen Kinder auf der Erde

Wir Kinder
mit der schwarzen Haut
sind nicht die einzigen Kinder auf der Erde

Wir Kinder
mit der gelben Haut
sind nicht die einzigen Kinder auf der Erde

Wir Kinder
mit der roten Haut
sind nicht die einzigen Kinder auf der Erde

Wir sind alle gleich

Wenn Kinder mit roter Hautfarbe
und Kinder mit schwarzer Hautfarbe
und Kinder mit weißer Hautfarbe
und Kinder mit gelber Hautfarbe
zusammen spielen
dann streiten sie sich schonmal
um einen Ball eine Puppe oder wer Erster ist
aber wir Kinder vertragen uns immer wieder

Wir Kinder
mit gelber roter weißer und schwarzer Hautfarbe
Auch wenn wir uns einmal streiten
wir vertragen uns immer wieder
Wir die Kinder auf der ganzen Welt

Rainer Schnurre

---

10   Aus: Hans-Joachim Gelberg (Hrsg.): Die Stadt der Kinder. Bittner Verlag

Ich weiß einen Stern

Ich weiß einen Stern
Gar wundersam,
Darauf man lachen
Und weinen kann.

Mit Städten, voll
von tausend Dingen.
Mit Wäldern darin
Die Vögel singen.

Ich weiß einen Stern,
Darauf Blumen blühn,
Darauf herrliche Schiffe
Durch Meere ziehn.

Er trägt uns, er nährt uns,
Wir haben ihn gern:
Erde, so heißt
Unser lieber Stern.

Josef Guggenmoos

★ Jedes Kind bringt zur Feier ein Foto von sich selbst mit. Mit den Fotos gestalten
wir eine runde Pappscheibe in Weltkugel-Design (kann vorbereitet werden).
Bei einer kleineren Kindergruppe ist es auch möglich, die Fotos am Festtag
selbst mit einer Sofortbildkamera zu machen.

★ Ein kleines Spiel: »Wenn die Erde kleiner wär', aus fern würd' nah«[11]

---

11 Aus der Zeitschrift »Global Education Associates«, in: KINDERMISSIONSWERK (Hrsg.): Schule und
Mission, Materialheft 3/93, Trái dat mói, Eine neue Erde, damit Kinder heute leben können, 27

Wenn die
Erde nur ein paar Meter
Durchmesser hätte und ein paar Meter
irgendwo über einem Feld schwebte, kämen
die Leute von überall hier, um sie zu bestaunen. Die
Leute würden um sie herum gehen, ihre großen Wasserla-
chen, ihre kleinen Pfützen und das Wasser, das zwischen den
Pfützen fließt, bestaunen. Die Leute würden den tiefen reichen
Boden auf ihr bestaunen, und sie würden die ganz dünne Gas-
schicht, die sie umgibt, und das im Gas schwebende Wasser
bestaunen. Die Leute würden die Geschöpfe, die auf der Oberfläche
der Kugel spazierengehen, und die Geschöpfe im Wasser bestaunen.
Die Leute würden die Erde als heilig erklären, weil sie die einzige
wäre, und sie würden sie beschützen, damit ihr nichts geschehe. Die
Kugel wäre das größte Wunder überhaupt, und die Leute würden
kommen, um zu ihr zu beten, um geheilt zu werden, um Wissen
zu erlangen, Schönheit zu erkennen und die Zukunft zu
erfahren. Die Leute würden die Erde lieben und sie mit
ihrem Leben verteidigen, denn irgendwie würden sie
wissen, daß ihr eigenes Leben, ihre eigene Ganzheit ohne sie nichts wäre. Wenn die Erde
nur ein paar Meter Durchmesser
hätte.

Mit älteren Grundschulkindern erarbeiten wir vorher die wesentlichen Elemente des Textes. Nach eigenen Ideen der Kinder stellen wir Sätze wie folgende zusammen:

Wenn die Erde nur ein paar Meter Durchmesser hätte ...

... wären Selim und Michael Nachbarn.

... könnte Susanne Leila und Halef beim Essen zuschauen.

... würden Sarah und David, Hassan und Suleika, Michèle und Tom zusammen zur Schule gehen.

... müssten Mariella und Viktor nicht bis zu den Sommerferien warten, um ihre Großeltern zu sehen.

... könnte Kwezi erfahren, ob sein Papa noch am Leben ist.

Als Requisiten benötigen wir landestypische Kleidungsstücke für die jeweiligen Kinder und eine Weltkugel im Durchmesser ca. 1,5 - 2 m. Diese bauen wir selber. Aus Draht stellen wir ein kugelförmiges Gestell her, verkleiden es mit Papier und Kleister, malen es blau an und kleben evtl. noch die Erdteile aus braunem Tonpapier auf.

Die Kinder teilen sich in zwei gleichgroße Gruppen auf: die Vorleser und die Spieler. Die »Spieler« stellen sich im Kreis um den Ball auf und treten einige Schritte zurück. Die Vorleser lesen langsam je einen Satz vor, wobei die Spieler einen Schritt zur Mitte treten. Beim letzten Satz stehen sie eng an der Weltkugel und reichen sich die Hände.

Vielleicht finden wir ein Lied, das wir an dieser Stelle noch gemeinsam singen können?, z.B. »Viele kleine Leute« einstimmig oder als Kanon, auch getanzt (Elke Hirsch: Kommt, singt und tanzt, Düsseldorf 1997).

★ Rätsel

Welche Krieger sind so furchtlos, dass sie einzeln in den Krieg ziehen?	... die Bienen
Wo lässt der Fussgänger keine Spur zurück?	... im Wasserlauf
Wer vernimmt den Ruf zum Essen, genießt aber nichts?	... die Nase
Wer schläft nicht, wenn alle schlafen?	... das Herz
Wer ist stets auf Wanderschaft und kommt doch nicht zur Erde?	... Sonne und Mond
Du magst mich mit dem Messer durchschneiden, kannst mich aber nicht trennen. Wer bin ich?	... das Wasser
Mit welchem Faden kann man kein Paket verschnüren?	... mit dem Faden der Spinne
Wer geht immerzu und bleibt doch hinten?	... die Ferse
Was schaut zugleich auf die Straße und ins Haus?	... die Haustür
Wer erklettert eine Palme und hat doch weder Hand noch Fuß?	... die Schlange

★ Musikinstrumente selber bauen

Für einige Länder gibt es einfache typische Musikinstrumente, die wir auch selber nachbauen können. Papp- und Konservendosen werden leicht zu verschiedenartigen Rasseln, wenn wir sie mit Steinchen, Erbsen, Bohnen ö. Ä. füllen. Aus Schilfrohr lässt sich mit etwas Geschick eine kleine Flöte schnitzen. Auch Trommeln können wir bauen, wenn wir einige Zeit vorher schon Kokosnussschalen sammeln und beim Metzger Schweinsblasen besorgen. Je eine halbe Kokosnuss wird dann mit einer getrockneten, dann eingeweichten Schweinsblase fest umspannt. ... (* Kap. 6, S. 112)

★ Für Musikkonserven (CD, Kassetten ...) können die Kinder sicher aus dem eigenen Bestand sorgen. Wir treffen dann nur noch mit ihnen gemeinsam eine Auswahl oder stellen eine Kassette für das Fest zusammen.

★ Speisen verschiedener Länder

○ Kalte Speisen, die vorher zubereitet werden können:

1. Obstteller (Amerika, Europa, Afrika, Asien)
In einer Schale sammeln wir Obstsorten der verschiedenen Kontinente.

2. Backlava – Nussschnitten (Arabien)

	Sirup:
2 Packungen Blätterteig	250 g Zucker
250 g gehackte Nüsse	125 ml Wasser
3 EL Zucker	EL Zitronensaft
250 g zerlassene Butter	1 EL Orangensaft

Für den Sirup Zucker im heißen Wasser auflösen, Zitronensaft und Orangensaft hinzufügen. Abkühlen lassen. Blätterteig dünn ausrollen. In einer gefetteten Auflaufform 6 Lagen Blätterteig übereinander legen. Jede Lage mit Butter bestreichen. Dann die mit Zucker gemischten gehackten Nüsse auf dem Blätterteig verteilen. Darüber weitere 6 Lagen Blätterteig, je mit Butter bestrichen. Rautenförmig einschneiden und bei 180°C im Backofen 45 Minuten backen. Den erkalteten Sirup darüber verteilen und später kalt servieren. (Hält sich einige Tage.)

3. Kulitsch-Hefekuchen (Russland)

500 g Mehl
42 g Hefe
100 g Zucker
100 g Butter
etwas Milch
200 g Rosinen

Alle Zutaten zu einem Hefeteig verarbeiten und an einem warmen Ort zugedeckt 40 Minuten gehen lassen. Dann den Teig nochmal durchkneten und in eine gefettete hohe Auflaufform geben. Nochmal 20 Minuten gehen lassen. Dann 45 Minuten im auf 220°C vorgeheizten Backofen backen. Schmeckt frisch am besten.

○ Warme Speisen, die kurzfristig zubereitet werden müssen:

1. Chappaties (Indien)

2 Tassen Weizenmehl
2 Tassen Vollkornmehl
1 TL Salz
ca 120 g Butter
etwas Wasser

Mehl und Salz mischen. Die zerlassene Butter hinzugeben und gut durchkneten. Danach so viel Wasser dazugießen, bis ein leicht formbarer Teig entsteht. Teig ruhen lassen. Danach kleine Bällchen formen und sehr dünn ausrollen. In einer ungefetteten Pfanne ca. 2–3 Minuten von jeder Seite abbacken.

2. Bananenpuffer (Afrika)

8 reife Bananen (püriert)
2 Tassen Weizenmehl
4 EL Zuckerwasser (halb Zucker, halb Wasser)
etwas Muskat

Alle Zutaten zu einem Teig verarbeiten. In einer Pfanne Öl erhitzen und aus je einem Esslöffel Teig kleine Puffer in die Pfanne setzen. Bei mittlerer Hitze backen.

3. Pizza (Italien)

250 g Quark
4 EL Öl
2 Eier
500 g Mehl

Aus diesen Zutaten einen Quark-Öl-Teig zubereiten. Teig auf einem gefetteten Backblech ausrollen. Mit Tomaten und Mozzarellakäse belegen und mit Basilikum bestreuen. Backofen auf 200° C vorheizen. Pizza 15 Minuten abbacken.

★ Als Getränke bieten sich Kakao (Südamerika), grüner Tee (Ostasien), Milchkaffee (Frankreich), Säfte, die wir selber pressen (Südeuropa), und vieles mehr an. Die Kinder wissen sicher, was sie am liebsten mögen.

★ Mit einem vierstimmigen Kanon – auch als einstimmiges Lied zu singen –, der das ganze Kinderfest begleiten und auch einen stimmungsvollen Abschluss bilden kann, rufen wir uns zu: Friede, liebe Freunde, Friede, Friede! Auf Wiedersehen, auf Wiedersehen, Friede, Friede!

Schalom chaverim

T/M: aus Israel

Scha - lom, cha - ve -rim, scha - lom cha - ve -rim, scha - lom, scha -

lom. Le - hit - ra - ot, le - hit - ra - ot, scha - lom, scha - lom.

Elke Hirsch hat für Grundschulkinder wieder Tanzschritte und auch ein Arrangement für Orff-Instrumente dazu geschrieben (Kommt, singt und tanzt, Düsseldorf 1997).

Quellen und weiterführende Literatur

Marianne Austermann und Gesa Wohlleben: Bunte Feste für kleine Gäste, München 1993

Almuth und Manfred Bartl: Spiele, Feste, Feiern in der Schule, München 1988

Hans Gerhard Behringer: Die Heilkraft der Feste, München 1997

R. Beilharz und G. Frank: Feste – Erscheinungs- und Ausdrucksformen. Hintergründe, Rezeption, Weinheim 1991

Gottfried Bitter und Albert Gerhards (Hrsg.): Glauben lernen – Glauben feiern, München 1997

Juliane Bonin und Angela Weinhold: Tolle Tipps für Spiele beim Kinderfest, Würzburg 1994

Elisabeth Burk: Bewegter Religionsunterricht, Göttingen 1997

Die Grundschulzeitschrift: Feste und Feiern, Heft 25/Juni 1989

Hans Freudenberg (Hrsg.): Feste feiern – Religionsunterricht praktisch 1-4, Göttingen 1996

Klaus W. Hoffmann und Jule Ehlers-Juhle: Fantastische Feste aus aller Welt, Neuwied 1997

Eva Jürgensen u.a.: Feste und Gestalten im Jahreslauf. Pfingsten, 1992. Erntedank, 1993

Hubertus Halbfas: Religionsunterricht in der Grundschule, Lehrerhandbuch 2 und 3, Düsseldorf 1984/1985

Hermine König: Das große Jahresbuch für Kinder. Feste feiern und Bräuche neu entdecken, München ²1996

Johann Friedrich Konrad: Wo die Flöte ertönt, Gütersloh 1984

Rolf Krenzer und Detlev Jöcker: Kleine Kerze leuchte, Münster ⁶1995 (dazu auch eine MC/CD)

Lena Kuhl: Feste, in: Friedrich Schweitzer und Gabriele Faust-Siehl (Hrsg.): Religion in der Grundschule, Frankfurt ²1995

Elke Kuhn (Hrsg.): Gott in vielen Namen feiern. Interreligiöse Schulfeiern mit christlichen und islamischen Schülerinnen und Schülern, Gütersloh 1998

Matthias Mala und Hildegard Müller: Kinderfeste. Würzburg 1996

Karin Mönkemeyer: Mit Kindern Umwelt und Natur entdecken. Band 1: Frühling, Band 2: Sommer, Band 3: Herbst, Band 4: Winter, Reinbek 1991

Hildegard Schaufelberger: Alte und neue Bräuche im Kinderalltag, Freiburg 1993

Horst Schiffler: Feste feiern in der Grundschule, Freiburg 1980

Sybil Gräfin Schönfeldt und Uta Schmitt: Spaghetti, Rösti, Kaiserschmarren. Leckere Rezepte aus aller Welt, Ravensburg 1993

Gertrud Wagemann: Feste der Religionen – Begegnung der Kulturen, München 1996

Georg Weigand: Fröhlich lernen und spielen im Jahreskreis, München 1990

(Siehe auch Literaturempfehlungen Kap. 19)

Rückblick

Warum spirituelle Entdeckungen mit Kindern?

Wir müssen damit anfangen zu erkennen, dass metanoia oder Bewusstseinsverän-
derung (zur Heilung der Erde) bei uns selbst beginnt.
Wir brauchen heilende Therapien und spirituelle Wege zum inneren Wachstum,
um unsere Ängste loszulassen und uns einander und der Welt um uns herum zu
öffnen, um zu lernen zu sein statt uns abzumühen. Der Kampf um die Verände-
rung des nekrophilen Systems muss tief in der Freude am Guten im Leben
verwurzelt sein.
Wir müssen auch unsere Verbindung zwischen Leib, Seele und Geist neu entde-
cken, um wieder atmen zu lernen, um unsere Lebensenergie zu empfinden.

Rosemary Radford Ruether[1]

Nicht nur wir müssen damit anfangen, sondern wir *mit* unseren Kindern.
Dann erben sie von uns nicht nur eine kranke Erde, sondern auch unsere
Hoffnungen, Vorstellungen und Wege zu ihrer Heilung, die bei uns selbst
beginnen.

---

1   Rosemary Radford Ruether: Gaia & Gott. Eine ökofeministische Theologie der Heilung der Erde, Luzern
     1994, 282

Es wird nicht allzu viel sein, was sie da von uns lernen. Eher können wir von ihnen lernen; denn das meiste, was wir dazu brauchen, bringen sie schon mit: Neugierde, Staunen- und Sich-wundern-Können, Lernen-Wollen, Sich-entwickeln-Wollen, geistige Aufgeschlossenheit und Sensitivität, Phantasie und Imagination, Lust am Spiel und Kreativität, Spontaneität, innere Elastizität und Flexibilität, Fröhlichkeit und Lebensfreude, Liebe und mitfühlendes Verständnis, Lachen- und Weinen-Können, Hoffen, Glauben und Vertrauen.

Damit können sie auch uns begaben und unser oft schon tot geglaubtes »inneres Kind« wieder zum Leben erwecken, wenn wir uns zusammen mit ihnen auf den Weg machen, ihnen und uns Freiräume schaffen zu Bewusstseinsveränderung, innerem Wachstum, zur Empfindung unserer Lebensenergie und Suche nach alternativen Lebensquellen. Kurz: Schon unsere Kinder brauchen zweckfreie, nicht-instrumentalisierbare Tabuzonen, in denen sie sich selbst fühlen und wahrnehmen können. Ohne Realisierung dieser heilenden Kräfte in uns und erst recht in unseren Kindern wird es eine Heilung der Erde nicht geben. Was uns heil macht, wird auch die Erde heil machen; denn was die Erde kaputt macht, macht auch die Menschen kaputt.

Heute beginnen wir die Tragweite des Jesus-Wortes »Was wird es dem Menschen nützen, wenn er die ganze Welt gewinnt, aber seine Seele Schaden erleidet?« erst recht zu begreifen (vgl. Matthäus 16,26).

Als Antoine de Saint-Exupéry den »Kleinen Prinzen« auf die Reise zu den Asteroiden schickte, um sich auf ihnen zu bilden, wollte er wohl genau diese Lebensweisheit Kindern und Erwachsenen vor Augen führen. Denn alle diese Typen von Erwachsenen, die er dort auf den Planeten antrifft, haben über ihrer Lebensbeschäftigung – Macht gewinnen, Besitzanhäufung und Rotation um das eigene Ich betreiben – ihre Seele verloren. Ihr inneres Leben ist darüber todkrank geworden. Ihr Bewusstsein von sich und der Welt ist zusammengeschrumpft, weil sie ihr Leben einzig und allein dem Zweck unterwarfen, andere zu beherrschen und sie von sich abhängig zu machen – so der König –, von anderen bewundert zu werden – so der Eitle –, ihren Besitz zu zählen – so der Geschäftsmann –, totes, lebensunbedeutsames Wissen zu horten – so der Gelehrte –, sinnlos gewordene Anweisungen zu befolgen – so der Lampenanzünder: alles Tätigkeiten, womit Erwachsene sich zeitlebens abmühen, um sich nicht schämen zu müssen, dass es sie überhaupt gibt; um nicht zu verzweifeln am sinnlos gewordenen Dasein – wie der Säufer –, um die tief in der Seele gründende Frage nach dem Lebenssinn vergessen zu können.

Von ihnen, ihr Kinder und alle, die ihr euch mit dem kleinen Prinzen identifiziert, so Exupéry, könnt ihr für das Leben nichts lernen. Schließt keinen Pakt mit ihnen, wenn ihr nicht wollt, dass eure Seele Schaden erleidet, ihr euch dem Leben entfremdet und euch selbst fremd bleibt.

Wie lässt doch Khalil Gibran den »Propheten« zu den Erwachsenen sprechen?

>>*Eure Kinder sind nicht eure Kinder,*
Sie sind die Söhne und Töchter der Sehnsucht des Lebens nach sich selber ...
Ihr dürft ihnen eure Liebe geben, aber nicht eure Gedanken,
Denn sie haben ihre eigenen Gedanken.
Ihr dürft ihren Körpern ein Haus geben, aber nicht ihren Seelen.
Denn ihre Seelen wohnen im Haus von morgen, das ihr nicht besuchen könnt, nicht
einmal in euren Träumen.
Ihr dürft euch bemühen, wie sie zu sein, aber versucht nicht, sie euch ähnlich
zu machen ...«[2]

Versucht also nicht, durch eure Erziehung sie von sich selbst zu entfremden, indem ihr wollt, dass sie so werden wie ihr. Ihr könnt ihnen nur die Möglichkeiten geben, sich selbst in ihrer Welt wahrzunehmen statt sie für eure Welt zuzurichten.

Weil die Zerstörung der Erde und des Menschen die gleiche Wurzel hat, die Entfremdung des Menschen von sich selbst als Voraussetzung für sein entfremdetes Verhältnis zur Erde wie zu seinen Mitmenschen, hat auch die Heilung der Erde und des Menschen die gleiche Wurzel. Heilung seiner Selbstentfremdung wird ihm in dem Maße möglich, wie er sich selbst in seiner Welt *wahr*zunehmen vermag.

Im traditionellen Buddhismus bildet Wahrnehmung die Vorbedingung für die Achtsamkeit des Bewusstseins. Achtsames Bewusstsein ist wiederum die Voraussetzung für die Weisheit, welche zu unterscheiden vermag zwischen dem, was für den Menschen heilsam und schädlich ist. Die unterscheidende Weisheit ist es auch, die den Kreislauf unserer Verblendung, »Samsara«, unterbricht und zur Erleuchtung von »Nirvana«, der Erkenntnis der heilsamen Wahrheit hinter unseren unheilsamen Wirklichkeitsillusionen und -entfremdungen führt.

Zur heute not-wendigen Selbstwahrnehmung gehört es, nicht nur die Kinder, sondern auch sich selbst als erwachsener Mensch als entwicklungsbedürftig und entwicklungsfähig, wandlungsbedürftig und wandlungsfähig wahrzunehmen, sich die Freiheit zu persönlichem Wachsen zu nehmen statt in Lebensstillstand zu verharren und in regressive Lösungs-»antworten« auf das Problem menschlicher Existenz zu flüchten.[3] Ohne diese Grundeinstellung und neue Beziehung zu sich selbst gibt es weder einen persönlichen noch einen politischen Bewusstseinswandel – keinen persönlichen, um Lebenserfüllung zu finden, und keinen politischen, um unseren bedrohlichen Weltzustand zu verändern. Mehr noch:

---

2   Khalil Gibran: Der Prophet, Solothurn [28]1993, 16 f.

3   Vgl. Wolfgang G. Esser: Gott reift in uns, München 1991, 201 ff.

Ebenso wie unser noch wenig entwickeltes politisches Bewusstsein um die Weltkrise seine Voraussetzungen im persönlichen Bewusstsein hat, so auch hat ein gemeinsamer politischer Bewusstseins*wandel* seine Voraussetzungen im *persönlichen* Bewusstseinswandel.

Diesen entwickeln zu helfen, ist Aufgabe spiritueller Erziehung, die christlich aus der Umkehr zum nahen Gottesreich, dem Zentrum christlichen Glaubens und christlicher Hoffnung, lebt, das *in den Kindern* schon seinen Anfang genommen hat. Erwachsene sollten deshalb nicht Kinder über das Gottesreich belehren, sondern von den Kindern lernen, worin es besteht.

»Das Gottesreich wäre zum Greifen nah«, und wir brauchten es nicht auf die lange Bank zu schieben, um »die Gottunmittelbarkeit (zu) leben, die Jesus wollte«[4]. Hat er es nicht auch so gesehen, dass es nur dieses kleinen Schrittes bedarf? »Wenn ihr nicht umkehrt und wie die Kinder werdet, könnt ihr nicht in das Himmelreich kommen ... Menschen wie ihnen gehört das Reich Gottes« (Markus 10,13-16; Matthäus 18,3; 19,13-15; Lukas 18,15-17).

Auch spirituell-religiöse Erziehung bedarf deshalb der Umkehr, der Abkehr von belehrender Erziehung und der Hinkehr zu den Kindern als Trägern des Gottesreichs, um in ihnen zu fördern und hervorzuziehen, zu er-ziehen, was das Gottesreich ausmacht und was in ihnen schon in Anfängen vorhanden und lebendig ist. Das erfordert ein umfassendes Umdenken über religiöse Erziehung: weg vom Primat der Belehrung über Glaubens-»Sachen« hin zu Selbstwahrnehmung, Selbsterkundung und Selbstvergewisserung.[5]

Selbst-wahr-nehmung, Selbst-Aisthesis, ist die Aufgabe einer ästhetisch-religiösen Entfaltung und Erziehung, die den jungen und erwachsenen Menschen hilft, an sich selbst wahrzunehmen, an sich selbst gewahr zu werden und zu wahren, was dem Leben dient und was lebendiges Leben gelingen lässt, aber auch was die Wahrheit eigenverantworteten Lebens verfälscht, Leben krank macht und zerstört.

Das Leben der Seele entdecken

Die Welt ist voll von fertigen Menschen – von Erwachsenen, die nicht mehr wachsen und nicht mehr wachsen wollen. Sie durchlaufen nur noch die Jahre, überdauern alle Veränderungen in der äußeren Welt oder laufen ihnen nach, um up to date zu sein, um mit den anderen Zeitgenossen mithalten zu können, nicht abgehängt, sondern wie ihre Mitläufer mit dem Leben fertig zu werden.

---

4   Eugen Drewermann/Friedrich Schorlemmer: Tod oder Leben, Freiburg [2]1997, 49
5   Vgl. Deutscher Katecheten-Verein: Religionsunterricht in der Schule, München 1992, 3

Wer Kindern dieses Schicksal ersparen will, kann sich zu ihren Verbündeten machen, mit ihnen das Leben entdecken lernen statt mit ihm fertig zu werden. Staunen und Fragen stehen am Anfang jeder gesunden Religiosität (٭ Kap. 1 bis 4 und 8). Kinder sind von Natur aus Entdecker. Von Geburt an sind sie beseelt davon, das Leben zu entdecken – wie jeder Entdecker, der von seiner Sache beseelt ist, wenn er auf Entdeckung geht. Aber nicht die Sache allein löst Entdeckungsfreude und Begeisterung aus. Es ist das Erlebnis der möglichen Übereinstimmung zwischen dem Bild, der Vorstellung, der Idee, der Ahnung, die Wirklichkeit könnte so sein, wie wir sie uns vorgestellt und geahnt haben. Es ist das Erlebnis der inneren Verbundenheit unser selbst mit der Wirklichkeit, die zu entdecken wir uns auf den Weg machen.

Übereinstimmung und Verbundenheit mit der Wirklichkeit des Lebens können wir jedoch nur erleben, wenn unsere Seele wach und lebendig genug ist, um dem Geheimnis und den Rätseln des Lebens auf die Spur zu kommen. Wie können wir aber noch wach und lebendig genug für Entdeckungen sein, wenn unsere Seele verhärtet, zerrissen, beschädigt, in Beschlag genommen, gehetzt oder fertig ist? – Deshalb suchen heute viele Menschen nach spirituellen Wegen, ihre Seele zu befreien, damit sie ihre lebendige Seele wieder entdecken können. Auch viele Kinder brauchen heute schon Zugänge zur Wiederentdeckung der Seele. Vielen anderen Kindern können wir ihre angeborene Entdeckerfreude mit Elementen dieses Buches auch erhalten, vertiefen und erweitern helfen.

Fast alle Anregungen dieses Buches sind kindgemäß körperorientiert, besonders Kapitel 1 und 2, 4, 5, 6 und 7 sowie 11, 13, 14, 15 und 16. Denn es genügt nicht, dass die Seele im Körper dahinlebt. Sie will ihren Körper auch er-leben, ihn bejahen, vital begreifen, ihn durchdringen, mit ihm ein einziges Wesen sein. Nur im Körper kann die Seele zu ihrer Ganzheit gelangen und nur in ihm vollkommen glücklich sein; das wusste im 13. Jahrhundert schon Thomas von Aquin, der mittelalterliche Theologe und spirituelle Lehrer.

Das Leben der Seele zu entdecken und es nicht unter dem Druck seelenfeindlicher Verhältnisse zu vernachlässigen, erfordert ein Bewusstsein, das nicht nur theoretisch-abstrakt, sondern ein lebendiges, mit allen Sinnen erlebendes Bewusstsein ist (٭ Kap. 2 und 3, 5 und 6, 7 und 11, 12 und 20).

Wer die Sensation sucht, wer das unstillbare Verlangen nach schnell wechselnden Reizen hat, signalisiert, dass seine Erlebniskraft stumpf geworden ist. Ein Ohr, dessen Gehör nachlässt, reagiert nur noch auf das Laute. Das Auge, dessen Sehvermögen geschwächt ist, registriert nur noch grelle Lichteffekte. So auch wird eine abgestumpfte Erlebniskraft nur noch durch das Feuerwerk der Sensation belebt. Weil aber die Erlebniskraft stumpf geworden ist, wird sogar das sensationelle Ereignis nicht mehr in seinen wahren Ausmaßen, nicht mehr »realistisch«, sondern nur noch oberflächlich und blass wahrgenommen. Die Seele bleibt ungerührt, unberührt, empfindungsunfähig und wenig empfänglich für die Wahrheit des wirklichen Lebens. Sie nimmt kaum noch wahr, was wirklich geschieht.

Die Eindrücke, die schon Kinder heute bedrängen, häufen sich und überschlagen sich. Sie wahr-zunehmen, dazu werden schon Kinder immer weniger empfänglich. Sie schalten ab, das Fernsehen an und ihre erlebnishungrige Seele verkümmert.

Gegen diesen schleichenden Verfall der Innenwelt unserer Kinder brauchen wir kluge und engagierte pädagogische Gegenmaßnahmen, damit sie nicht ihre Erlebnisfähigkeit verlieren und sich selbst fremd werden. Wer nicht mehr »mit ganzer Seele« erleben kann und sich selbst fremd wird, wird auch unfähig zum Erleben anderer Menschen und seiner ganzen Mitwelt. Auch sie werden ihm fremd wie er sich selbst, und seine Beziehungs- und Liebesfähigkeit erlahmt. In einer käuflichen Warenhauswelt und einer multimedialen Sensations- und Nervenkitzel-Wirklichkeit »aus zweiter Hand« wird der Erlebnisraum für unmittelbare Begegnungen und folglich Selbstbegegnungen immer enger.

Wenn wir mit unseren Kinder anfangen, spirituelle Wege zu beschreiten, um uns selbst zu erleben, werden wir auf Dauer weniger anfällig für den Konsumterror, mit dem wir täglich überzogen werden. Unsere Bedürfnisse werden eigenbestimmter, weniger fremdbestimmt von einer Werbung, die suggerieren möchte, der Kauf dieser oder jener Ware steigere das Selbstgefühl und den Lebenssinn. Wir werden immuner gegen das permanente Bombardement mit Pseudosymbolen von Glück und Lebensfülle – z.B. durch kultische Markenartikel dieser oder jener Klamottenmarke, die »in« ist –, welche nicht nur kindliche und erwachsene Eigenbedürfnisse unterhöhlen, sondern auch kindliche Beziehungen zu anderen Kindern, die das nicht »haben« und deshalb an Ansehen und Respekt verlieren.

Die eigene spirituelle Kraft entfalten

»Es ist nicht der Mangel an Lebensmitteln, sondern der Mangel an Lebenssinn, Lebensaufgaben, Lebensqualität, der uns am meisten zu schaffen macht; von diesen muss man Vorstellungen haben, für diese den richtigen Weg finden.«[6]
Der in diesem Buch vorgeschlagene Weg betont eine Kultur der Wahrnehmung unser selbst wie der uns umgebenden natürlichen und menschlichen Mitwelt mit allen Sinnen – in Verbindung mit einer Kultur der Stille: Dies schenkt uns einen von der Alltagsrealität sich abgrenzenden Raum und erschließt Zeit, wo wir uns mit den Kindern öffnen können für unsere Lebensenergie, die heilende und stärkende Kraft tief in unserem Inneren, die uns zum Leben erweckt hat

---

6   Hartmut von Hentig: Bildung, München 1996, 32

und uns stets neu zum Leben erweckt, uns mit allen Geschöpfen und mit unserem schöpferischen Ursprung verbindet.

Das ist keine Idylle oder Flucht vor der harten Realität, in die wir uns da zurückziehen; vielmehr nehmen wir hier wieder Fühlung auf mit dem sonst nicht Wahrnehmbaren. Wir fühlen uns tief verwurzelt in der Freude am Guten im Leben, die uns neugierig macht und aufschließt für anderes und anderer Leben. Was mit der Sensibilisierung der Sinne auch für die kleinen und unscheinbaren Dinge sowie mit der Stille als »Gespräch der Seele mit sich selbst« (Ludwig Feuerbach) und ihrer eigenen Unendlichkeit beginnt, wird Einfluss nehmen auf sensibleres und einfühlenderes ethisches Handeln (Kap. 11 und 19). Auch hier gilt: Der Blick für das »Schöne« geht dem »guten« Handeln voraus. Wenn der Mensch die Welt in ihrer Schönheit erkennt, wird er vielleicht auch erkennen, dass es nicht zu spät ist, die Welt vor ihrer Zerstörung zu bewahren.

In einer Kultur der Sinneswahrnehmung und Stille kann auch die Phantasie gedeihen, die uns angeborene, aber immer wieder belächelte und unterdrückte Fähigkeit, welche uns aus den Mauern unserer Selbstsicherheit und Starre heraustreibt ins Offene und uns nötigt, das bisher Selbstverständliche kritisch in Frage zu stellen. Phantasie ist die »Mutter der Tugenden von morgen« (Dorothee Sölle), weil sie die Begrenzungen verkrusteter Strukturen zu überschreiten vermag. Hier kann die Unterscheidungsfähigkeit wachsen zwischen kleinformatigen Wunschbildern, wie sie uns die Konsumwelt täglich suggeriert, und den großen Sehnsüchten, die aus der Entfremdung von uns selbst erwachsen.

In Phantasiereisen, bildnerischem und klanglichem Gestalten, in kreativer Bewegung und Bibelbegegnung, im Nachdenken über das Leben, mit Märchen und therapeutischen Geschichten sowie im Feiern von Festen (★ Kap. 4 bis 10, 18 und 20) nehmen wir unsere Phantasie in Anspruch und üben sie. Sie ist »eine natürliche Lebenstätigkeit, welche den Keimen der seelischen Entwicklung zum Durchbruch verhilft« (Carl Gustav Jung).

Alle, die mit Kindern leben, können nicht früh genug anfangen, mit ihnen spirituelle Kräfte zu entfalten, damit ihre Seelen kreativ und authentisch, glaubwürdig vor sich selbst und vor dem Ganzen der Wirklichkeit auch im Haus von morgen wohnen können, das wir nicht besuchen können, nicht einmal in unseren Träumen.

Quellenverzeichnis

7 Rechte beim Autor – **12** Aus: Ders., Der Seelenvogel. Mit Bildern von Na'ama Golomb. Aus dem Hebräischen von Mirjam Pressler. Carlsen Verlag, Hamburg 1991 – **35** Grille. © Hans-Christian Kirsch – **132** Der Meister. Aus: Richard Bach, Illusionen. Ullstein, Berlin/Frankfurt 1978 – **161** © 1994 by K. Thienemanns Verlag, Stuttgart-Wien-Bern – **163** Aus: Ders., Warngedichte, © 1964 Carl Hanser Verlag, München-Wien – **224 a** Pablo Picasso, Mädchen mit Taube, 1901, Öl, 73 x 54 cm. Collection The Dowager Lady Averconway, London. © Succession Picasso/VG Bild-Kunst, Bonn 1998 – **224 b** Marc Chagall, Noah in der Arche, 1931, Gouache. Museé National Message Biblique Marc Chagall, Nizza. © VG Bild-Kunst, Bonn 1998 – **374** Rechte beim Autor – **387** Aus: Josef Guggenmoos, Ich will dir was verraten. Beltz Verlag, Weinheim und Basel 1992. Programm Beltz & Gelberg, Weinheim – 359 Tuchbatik © Evangelische Kirchengemeinde Martin-Luther-Kirche, Rotenburg a.d.F.